Bernard · Die Revokation des Edikts von Nantes und die Protestanten in Südostfrankreich (Provence und Dauphiné) 1685–1730

deutsches
historisches
institut
historique
allemand

paris

Pariser Historische Studien

herausgegeben vom
Deutschen Historischen Institut Paris

Band 59

R. Oldenbourg Verlag München 2003

Die Revokation des Edikts von Nantes und die Protestanten in Südostfrankreich (Provence und Dauphiné) 1685–1730

von
Anna Bernard

R. Oldenbourg Verlag München 2003

Pariser Historische Studien
Herausgeber: Prof. Dr. Werner Paravicini
Redaktion: Dr. Mareike König
Institutslogo: Heinrich Paravicini, unter Verwendung eines Motivs am Hôtel Duret de Chevry
Anschrift: Deutsches Historisches Institut (Institut Historique Allemand)
Hôtel Duret de Chevry, 8, rue du Parc-Royal, F-75003 Paris

Bibliografische Information Der Deutschen Bibliothek
Die Deutsche Bibliothek verzeichnet diese Publikation in der Deutschen Nationalbibliografie; detaillierte bibliografische Daten sind im Internet über <http://dnb.ddb.de> abrufbar.

Umschlagabbildung: Le Roy de France, aus: „Les Héros de la Ligue“. Deutsches Historisches Museum, Berlin.
Umschlaggestaltung: Dieter Vollendorf, München

Gedruckt auf säurefreiem, alterungsbeständigem Papier (chlorfrei gebleicht).
Gesamtherstellung: Oldenbourg Graphische Betriebe Druckerei GmbH, München

ISBN 3-486-56720-9
ISSN 0479-5997

INHALT

Vorwort

Das vorliegende Buch basiert auf einer 1998 in Frankfurt am Main eingereichten Dissertation, die für den Druck überarbeitet wurde. Bei der Anfertigung der Arbeit habe ich vielfältige fachliche, finanzielle und ideelle Unterstützung erhalten.

Die Vereinigung von Freunden und Förderern der Johann Wolfgang Goethe-Universität Frankfurt ermöglichte mir durch ein Ernst-Teves-Gedächtnisstipendium für Frankreichstudien im Akademischen Jahr 1993/94 die Sichtung von Quellen in Pariser Archiven und Bibliotheken. Mein Aufenthalt am Department of History des Europäischen Hochschulinstituts in Florenz 1994–1998 wurde anfangs durch die großzügige Förderung des Deutschen Akademischen Austauschdienstes, im letzten Jahr durch ein Stipendium des Instituts unterstützt. Einen weiteren Paris-Aufenthalt 1996 verdanke ich einem Forschungsstipendium des Deutschen Historischen Instituts (DHI) in Paris. Ich freue mich sehr, daß meine Arbeit in der Schriftenreihe „Pariser Historische Studien“ des DHI Aufnahme fand. Hierfür bin ich Herrn Prof. Dr. Werner Paravicini, dem Direktor des Instituts und Herausgeber der Reihe, sowie Frau Dr. Mareike König als Redakteurin des Bandes zu Dank verpflichtet.

Die Herren Professoren Dr. Michael Müller und Dr. Gérard Delille betreuten den Fortgang der Arbeit am Europäischen Hochschulinstitut in Florenz. In Paris fand ich freundliche Aufnahme im Stipendiatenkolloquium des DHI unter Leitung von Herrn Professor Paravicini. Mein besonderer Dank gilt Herrn Prof. Dr. Jürgen Voss vom DHI in Paris. Er hat die Entstehung dieses Buches von den ersten Anfängen bis zur Drucklegung begleitet und stand mir zu jeder Zeit mit fachlichem Rat und aufmunternden Worten zur Seite. Wertvolle Hinweise für die Recherche erhielt ich auch von französischen Historikern: Régis Bertrand, Gabriel Audisio, Pierre Bolle, François-Xavier Emmanuelli, Jean-Paul Desaive und Pierre Burger. Schließlich hätte ich diese Arbeit ohne das effiziente Funktionieren der französischen Archive (Archives départementales bzw. Archives municipales Südostfrankreichs; Archives de France, Paris; Bibliotheque Nationale, Paris; Archives des Armées de la Terre, Paris) und ohne ihre engagierten Archivare nicht schreiben können.

Prof. Dr. Notker Hammerstein war freundlicherweise bereit, das Zweitgutachten zu schreiben. Die Hauptverantwortung für das Entstehen dieses Buches aber trägt außer mir selbst ohne Zweifel mein Doktorvater, Herr Prof. Dr. Ulrich Muhlack aus Frankfurt. Er hat mich nachdrücklich dazu ermutigt, dem französischen Absolutismus und seinem Verhältnis zu den Protestanten einen Abschnitt meines Lebens zu widmen, eine Entscheidung, an deren Richtigkeit ich mehr als einmal gezweifelt habe. Doch haben mich die offenkundige Begeisterung, die Professor Muhlack selbst für das Thema hegte, sowie die vorbehaltlose fachliche, methodische und moralische Unterstützung aus Frankfurt noch während jeder Durststrecke zu neuen Taten angestachelt.

Danken möchte ich auch Jürgen Meissl, dem weitgehend konfessionalisierungsresistenten Katholiken an meiner Seite, und meinen Freunden aus Frankfurt, Florenz und Paris, die verhindert haben, dass ich zwischen den konfessionellen Fronten aufgerieben wurde, sowie meinen geduldigen Eltern, die mit unermüdlichem Einsatz sämtliche Versionen der Arbeit bis hin zur Druckfassung gelesen und kritisch kommentiert haben.

Berlin, im Januar 2003 Anna Bernard

1. EINLEITUNG

1.1. Forschungsgegenstand und Fragestellung

In seinen „Lettres persanes" läßt Montesquieu den weisen Usbek an seinen Freund Mirza schreiben: „Einige Minister Schah Solimans hatten, wie Du weißt, Mirza, den Plan gefaßt, alle Armenier Persiens dazu zu zwingen, das Land zu verlassen oder Mohammedaner zu werden. Sie meinten, unser Land wäre auf ewig befleckt, wenn sich diese Ungläubigen darin befänden. Es wäre um die Größe Persiens geschehen gewesen, wenn das blinde Eiferertum in dieser Angelegenheit Gehör gefunden hätte. Wie der Plan fehlschlug, weiß man nicht. Die den Vorschlag gemacht hatten, wußten so wenig wie die, die ihn ablehnten, welche Folgen er gehabt hätte: Der Zufall spielte die Rolle der Vernunft und der Politik und rettete das Reich vor einer größeren Gefahr, als es der Verlust einer Schlacht und die Einnahme zweier Städte gewesen wären"[1].

Die Vermutung liegt nahe, daß der französische Aufklärer, der hier am Anfang des 18. Jahrhunderts für religiöse Toleranz plädierte, direkt auf die Revokation des Edikts von Nantes anspielte[2]. Ludwig XIV. jedenfalls, Zeitgenosse von Schah Soliman (1666–1694), hatte in einer ähnlichen Situation anders entschieden. Am 18. Oktober 1685 entzog er dem Protestantismus seine Existenzgrundlage als zweite Religion im Staate. In Fontainebleau widerrief er das Edikt von Nantes (1598), das den Protestanten bis dahin bestimmte religiöse, soziale sowie – bis 1629 – politische und militärische Sonderrechte garantiert hatte.

Durch das protestantische Europa ging ein Aufschrei der Empörung und bis heute erscheint diese Maßnahme manchen Historikern als unerklärlicher Rückfall in den Konfessionalismus des 16. Jahrhunderts. War Schah Soliman nach den Worten Usbeks der Gefahr knapp entronnen, die so ein Akt der Intoleranz mit sich brachte, so hatte Ludwig XIV. sie anscheinend nicht erkannt. Die Folge: Durch die Auswanderung und Flucht Tausender für das Wirtschaftsleben wertvoller calvinistischer Facharbeiter ging es mit der französischen Wirtschaft bergab, so glaubte man lange Zeit. Im übrigen sei die Revokation auch innenpolitisch ein Fehlschlag gewesen: Die durch Zwangsmaßnahmen zum Katholizismus bekehrten Protestanten seien nur oberfläch-

[1] Charles de MONTESQUIEU, Perserbriefe, aus dem Französischen v. Jürgen v. STACKELBERG, Frankfurt a. M. 1988, S. 152ff.: Fünfundachtzigster Brief, Usbek an Mirza, in Ispahan.

[2] Vgl. den Kommentar des Übersetzers, ibid., 297, der meint, es sei „deutlich, daß Montesquieu Schah Soliman sagt und den französischen König meint, der [...] die Hugenotten des Landes verwies. [...] Montesquieu nimmt also in diesem Brief Stellung zur ‚Révocation de l'édit de Nantes'."

lich konvertiert, hätten aber heimlich weiter an ihren protestantischen Traditionen festgehalten.

Hat man die wirtschaftlichen Folgen des Revokationsedikts für Frankreich inzwischen weitgehend relativiert, so bedarf die scheinbar völlig unzeitgemäße und noch dazu erfolglose Maßnahme Ludwigs XIV. weiterhin einer Erklärung. Das ist auf den ersten Blick um so erstaunlicher angesichts der beachtlichen Zahl von Studien zur Geschichte des französischen Protestantismus. Bei genauerer Betrachtung löst sich dieser Widerspruch aber auf. Die Erforschung der Geschichte des Revokationsedikts hat in Frankreich lange Zeit in den Händen von meist protestantischen Theologen oder Kirchenhistorikern gelegen. Diesen ging es, getreu ihrem Anliegen, die Geschichte des Protestantismus zu schreiben, in erster Linie um den Nachweis, daß und unter welchen Bedingungen es nach 1685 in Frankreich noch Protestanten gegeben habe. Entsprechend beschäftigten sich ihre Arbeiten mit verschiedenen „Überlebensstrategien" und Formen von Widerstand des französischen Kryptoprotestantismus. Zahlreiche Beispiele wurden dafür gebracht, 1. daß sich ein religiöses Leben begrenzt und improvisiert fortsetzte (etwa in Form geheimer Gottesdienste), 2. mit welchen Tricks sich zwangskonvertierte sogenannte Neukonvertierte dem Einfluß der katholischen Kirche zu entziehen suchten und 3. wie schließlich sogar im Untergrund kirchliche Strukturen entstanden. Mehr als mit den Hintergründen und Motiven französischer Konfessionspolitik haben sich diese Forscher mit deren Folgen für die Protestanten beschäftigt.

Erst in den letzten Jahrzehnten haben sich auch französische Historiker der Geschichte des Protestantismus zugewandt. Sie stellten für die französische Geschichtswissenschaft typische Fragen der Sozial-, Alltags- und Mentalitätengeschichte an ihren Forschungsgegenstand. So konnte Vovelle nachweisen, daß die Testamente von Neukonvertierten bis weit ins 18. Jahrhundert hinein nach Sprache und Inhalt protestantisch geprägt waren[3]. Die obrigkeitliche, institutionen- und politikgeschichtliche Perspektive blieb allerdings weitgehend unberücksichtigt.

Diese Arbeit kombiniert verschiedene Perspektiven.

1. Sie untersucht Motive, praktisches Vorgehen und Erfolg von Staat und Kirche bei der Durchführung der Protestantenpolitik – und nimmt somit zunächst einen obrigkeitlichen Blickwinkel ein.
2. Sie beschäftigt sich dazu zwangsläufig mit den weltlichen und geistlichen Institutionen und dem jeweiligen Personal, die die Protestantenpolitik konzipierten und ausführten, und berührt damit die Institutionengeschichte.
3. Sie möchte schließlich auch den Erfolg dieser Politik beurteilen. Ein zentraler Parameter hierfür sind Reaktion und etwaiger Widerstand der Prote-

[3] Michel VOVELLE, Jalons pour une histoire du silence: les testaments réformés dans le sud-est de la France du XVIIème au XVIIIème siècle, in: Cinq siècles de protestantisme à Marseille et en Provence. Actes du colloque de Marseille 1976, Marseille 1978, S. 41–59.

stanten. Daher wurde auch die religions- und kirchengeschichtliche Forschung mit einbezogen, die sich mit solchen Fragen beschäftigt hat.
4. Sie beleuchtet die genannten Aspekte auf zentraler und regionaler Ebene. Es wurden überwiegend Quellen und Literatur herangezogen, die den Südosten Frankreichs (Provence und Dauphiné) betreffen.
5. Betrachtet durch ein solches „Kaleidoskop von Perspektiven“[4] erscheint der französische Protestantismus nicht als isoliertes Phänomen, sondern als Teil größerer Zusammenhänge der Politikgeschichte. So erfahren wir am Beispiel der Protestantenpolitik, wie „der Absolutismus“ in der politischen Praxis funktionierte. Andererseits geben uns die von ihm eingesetzten Methoden zur Durchsetzung der Protestantenpolitik Anhaltspunkte dafür, ob und inwieweit die Revokation des Edikts von Nantes als Bestandteil eines frühneuzeitlichen Prozesses der Konfessionalisierung zu verstehen ist.

1.2. Forschungsdiskussion

1.2.1. Absolutismus

Die Absolutismusforschung hat sich seit ihren Anfängen mehrmals umorientiert, sowohl was die Inhalte der Forschung, als auch was die Beurteilung des Absolutismus angeht, ein Diskurs, den diese Arbeit aufgreift. Mit ihrer stärker politik- und institutionengeschichtlichen Ausrichtung knüpft sie dabei an Themen aus der frühen Absolutismusforschung an, denen erst in jüngster Zeit wieder vermehrt Aufmerksamkeit geschenkt wird.

Wenn im folgenden von Absolutismus[5] oder absoluter Fürstenherrschaft die Rede ist, so bezeichnet das zunächst einmal den Versuch mittel- und westeuropäischer Territorien, auf inner- und zwischenstaatliche Herausforderungen mit Kompetenz- und Machterweiterung des Staates zu antworten[6]. Das Scheitern sowohl des päpstlichen wie auch des kaiserlichen Universalismus hatte zur Entstehung einer Mehrzahl von Kirchen, Staaten und Territorien und somit – nicht zuletzt durch den damit einhergehenden steigenden

[4] Vgl. zu diesem Begriff Hans-Jürgen GOERTZ, Umgang mit Geschichte. Eine Einführung in die Geschichtstheorie, Reinbek bei Hamburg 1995, S. 11.
[5] Der Begriff Absolutismus ist nicht zeitgenössisch. In Deutschland wurde er zuerst in der Zeit des Vormärz als Kampfbegriff gegen neoabsolutistische Tendenzen gebraucht. In Frankreich ist er seit dem Ende der französischen Revolution, genauer gesagt, seit 1797 nachgewiesen. Ihm liegt der zeitgenössische Begriff von „absoluter Fürstenmacht“ zugrunde. Der wiederum wird abgeleitet vom berühmten Satz des römischen Rechts: „princeps legibus solutus est“, was im ursprünglichen Kontext hieß, daß der Fürst nicht an die Ehegesetze gebunden war. Vgl. hierzu zuletzt Richard BONNEY, L'absolutisme, Paris ²1994, S. 5ff. sowie Heinz DUCHHARDT, Absolutismus – Abschied von einem Epochenbegriff?, in: HZ 258 (1994), S. 113–122.
[6] Dieses und das folgende nach Heinz DUCHHARDT, Das Zeitalter des Absolutismus, München ³1998, S. 37.

Konkurrenzdruck und Legitimationszwang – zu einer Intensivierung der zwischenstaatlichen Beziehungen geführt. Im Innern bedrohten die konfessionellen Bürgerkriege die territoriale und soziale Integrität der Staaten in einem Maße, dem sich die alten Ordnungskräfte und die in sich konfessionell zerrissenen Stände nicht mehr gewachsen sahen. Die Wiederherstellung von Ordnung und Sicherheit schien nur durch eine Stärkung fürstlicher Kompetenzen und eine mehr oder weniger energische Verringerung ständischer Mitbestimmungsrechte – zumindest auf zentraler Ebene – erreichbar. In der Entwicklung des modernen Staates bezeichnet der Absolutismus jene Phase, die „den souveränen, auf territoriale Integrität und einheitlichen Untertanenverband gestützten Anstaltsstaat der Neuzeit"[7] hervorbrachte.

Die Begründer der Absolutismusforschung sahen in der Machtkonzentration dieses „Anstaltsstaates" im allgemeinen einen begrüßenswerten und erfolgreichen Prozeß. Ranke beispielsweise, der stark vom Gedanken des nationalen Machtstaates geprägt war, betonte die Stärke und Durchsetzungskraft des Absolutismus[8]. Diese positive Bewertung wurde nach dem Zweiten Weltkrieg abgelöst, als der moderne „Machtstaat" seine Vorbildfunktion verloren hatte. Die Forschung zeigte nun verstärkt die Mängel und Widersprüchlichkeiten des absolutistischen Systems auf und tendierte dazu, den Absolutismus als fragiles, prekäres Gebäude zu beschreiben. So attestierte Oestreich ihm „Strukturprobleme"[9]. Es wurde herausgestellt, daß die Handlungsfreiheit des Monarchen durch den enormen Geldbedarf für Bürokratie, Hofsystem und Heerwesen beeinträchtigt wurde, da zu ihrer Finanzierung Verschuldung (ausländische und inländische Kreditgeber, Anleihen bei ständischen Institutionen, Ämterschöpfung, direkte Auflage von Staatspapieren) notwendig war, die notgedrungen zu einem Verlust an politischer Mobilität führte[10].

Auch die verfassungsgeschichtliche Wirksamkeit der alten ständischen Institutionen wurde betont: „Auch für Frankreich ... erkennt die Forschung die ständischen Einrichtungen des Ancien Régime in ihrer regionalistischen Bedeutung klarer. Es fehlte trotz der Institutionen der königlichen Intendanten an Exekutivorganen der absolutistischen Staatsverwaltung in der Provinz, um eine geschlossene Durchführung zentralistischer politischer Willensbildung zu ermöglichen. Man spricht sogar von einer Rückbildung, von sozialer Regionalisierung jener Institutionen, die von der Zentralgewalt geschaffen worden waren, und meint eine Unterwanderung königlicher Be-

[7] Johannes KUNISCH, Absolutismus. Europäische Geschichte vom Westfälischen Frieden bis zur Krise des Ancien Régime, Göttingen 1986, S. 20.
[8] Gerhard OESTREICH, Strukturprobleme des europäischen Absolutismus, in: DERS., Geist und Gestalt des frühmodernen Staates. Ausgewählte Aufsätze, Berlin 1980, S. 179–197, hier S. 181.
[9] Ibid. Vgl. auch Ernst HINRICHS (Hg.), Absolutismus, Frankfurt 1986, S. 9f.
[10] Ibid., S. 13f.

hörden durch ständisch ... gesinnte Beamte"[11]. Diese Forschungsrichtung gipfelte jüngst in der These, es habe in Frankreich – ebenso wie in England – überhaupt nie einen Absolutismus gegeben[12]. Tatsächlich waren dem französischen Absolutismus durchaus Grenzen gesetzt, etwa durch die lois fondamentales; er nahm daher unter den europäischen „Absolutismen" einen eher mittleren Rang ein – beispielsweise im Vergleich zu Schweden und Dänemark, wo die absolute Herrschaft geradezu positivrechtlich fixiert wurde[13].

Dieser Trend in der Absolutismusforschung, bevorzugt die Mängel des Systems hervorzuheben, ist nicht unwidersprochen geblieben. So wurde für das Heerwesen die These vom „eingeschränkten" Königtum verworfen[14]. Auch wurde die Durchsetzungskraft der Zentralregierung gegenüber den Provinzialständen betont[15]. Eine Relativierung dieser interpretatorischen Gegen-

[11] OESTREICH, Strukturprobleme, S. 184. Ebenso Wolfgang MAGER, Frankreich vom Ancien Régime zur Moderne. Wirtschafts-, Gesellschafts- und politische Institutionengeschichte 1630–1830, Stuttgart 1980, S. 139f.: „In den landständischen Provinzen betätigte sich eine ständische Provinzialregierung, die den eingesessenen Eliten einen oft bedeutsamen Wirkungskreis gab. Im 17. und 18. Jahrhundert entwickelten sich die Landtage und deren Behörden häufig zu einem Instrument der Selbstbehauptung und Abschirmung der regionalen Kräfte gegen den Zentralismus der Regierung." Vgl. hierzu für die zweite Hälfte des 18. Jahrhunderts auch François-Xavier EMMANUELLI, Pouvoir royal et vie régionale en Provence au déclin de la monarchie. Psychologie, pratiques administratives, défrancisation de l'intendance d'Aix 1745–1790, 2 Bde., Lille 1974. Auch DERS., Un mythe de l'absolutisme bourbonien: l'intendance du milieu du XVIIème siècle à la fin du XVIIIème siècle, Aix-en-Provence 1981. – Robert MANDROU, La France aux XVIIe et XVIIIe siècles, Paris ⁵1993, S. 219: „La volonté royale ... s'oppose ... au particularisme provincial, d'origine médiévale, qui ... est d'abord nourri d'une résistance à l'unification qui n'a pas cessé pendant tout l'Ancien Régime." William BEIK, Absolutism and Society and Seventeenth-Century France. State Power and Provincial Aristocracy in Languedoc, Cambridge 1985, hebt die Partnerschaft von Provinzialständen und Zentralregierung seit der Fronde hervor.

[12] Nicolas HENSHALL, The Myth of Absolutism. Change and Continuity in Early Modern European Monarchy, London/New York 1992. Der Diskussion dieser These widmete sich zuletzt ein ganzer Sammelband: Ronald G. ASCH u. Heinz DUCHHARDT (Hg.), Der Absolutismus – ein Mythos?, Köln 1996, darin auch: Nicolas HENSHALL, Early Modern Absolutism 1550–1700: Political Reality or Propaganda?, S. 25–53.

[13] DUCHHARDT, Absolutismus, S. 54f. Vgl. zum Absolutismus in anderen europäischen Ländern: Manfred ASENDORF u. a., Geschichte. Lexikon der wissenschaftlichen Grundbegriffe, Reinbek bei Hamburg 1994, S. 11ff. KUNISCH, Absolutismus, 22f. Günter BARUDIO, Das Zeitalter des Absolutismus und der Aufklärung 1648–1779, Frankfurt 1981, S. 13–21.

[14] Ulrich MUHLACK, Absoluter Fürstenstaat und Heeresorganisation in Frankreich im Zeitalter Ludwigs XIV., in: Johannes KUNISCH (Hg.), Staatsverfassung und Heeresverfassung in der europäischen Geschichte der frühen Neuzeit, Berlin 1986, S. 249–278.

[15] Jacques ELLUL, Histoire des institutions, Bd. 16: Seizième au dix-huitième siècles, Neuaufl., Paris 1991, S. 88: „Les états deviennent simplement des rouages de l'administration provinciale du Roi. Ils votent, sans pouvoir réel de refus, les impôts demandés par le Roi ... Ils ont des pouvoirs d'administration locale, modestes d'ailleurs ... avec un budget local totalement contrôlé par le Roi."- Im Prinzip dieselbe Aussage schon bei MAGER, Institutionengeschichte, S. 213, der ebenfalls meint, bei Konflikten zwischen Regierung und regionalen Obrigkeiten habe seit Ludwig XIV. das letzte Wort bei der

sätze versuchte Oestreich mit seinem Vorschlag, zur Untersuchung des absolutistischen Herrschaftsapparates verschiedene Ebenen von Staatlichkeit zu unterscheiden, u.a. eine zentrale, eine regionale und eine lokale, auf denen sich Zentralregierung und Sozialdisziplinierung in unterschiedlichem Maße durchzusetzen vermochten[16]. Miller weist im Zusammenhang mit der Beurteilung des Absolutismus auf die grundsätzliche Schwierigkeit hin, Maßstäbe für die Schwäche oder Stärke von Regimen aufzustellen. Die Suche nach solchen Kriterien der Bewertung setze außerdem voraus, daß die Interessen der Regierung mit den Interessen der Regierten im Konflikt standen, was unter Umständen irreführend sei. Miller schlägt daher vor, sich deren Verhältnis eher als auf Verhandlung und Vermittlung und im übrigen als auf einem gemeinsamen Wertesystem beruhend vorzustellen: „It may be more helpful to think in terms of negotiation and mediation within a broadly accepted framework of laws and values“[17].

Inhaltlich waren die Forschungen Rankes und anderer – wie etwa Reinhold Koser, Otto Hintze und Friedrich Meinecke – von der Überzeugung geprägt, daß die nationalen Monarchien des 17., 18. und frühen 19. Jahrhunderts sozusagen die Voraussetzung für das Entstehen des modernen Nationalstaates waren. Man hob daher „vor allem jene Strukturelemente heraus ..., die diesen Charakter des historischen Vorläufers in besonderem Maße unterstrichen: die Behördenorganisation, die Diplomatie (und mit ihr die Außenpolitik und die Kriegs- und Friedenspolitik), die Finanz- und Steuerpolitik“[18]. Die Absolutismus-Forschung nach Ranke im Zeitalter der Nationalstaaten „ging ... der Entstehung gesamtstaatlicher Organisationen und zentralistischer Institutionen nach als den Herrschaftseinrichtungen, die der neue konstitutionelle und liberal-demokratische Staat ... von seinem Vorgän-

Regierung gelegen, auch wenn in den Alltagsangelegenheiten die autonomen Obrigkeiten einen „erheblichen Handlungsspielraum“ behalten hätten, „zumal ihre Träger und Gehilfen das Personal der Regierungsbehörden um ein Vielfaches übertrafen.“

16 OESTREICH, Strukturprobleme, S. 185.

17 John MILLER (Hg.), Absolutism in Seventeenth Century Europe, London 1990, S. 20. Ebenso Roger METTAM, Power and Faction in Louis XIV.'s France, New York 1988, S. 10: „The central government had no wish to extend its influence into all aspects of domestic affaires, many of which were simply not suitable matters for the royal attention. The king left much routine administration to the corporations, institutions and social elites which had traditionally been responsible for it – and which usually shared his desire for an orderly society where the laws were respected and enforced.“ Auch METTAM, S. 11, betont dabei den notwendigerweise kooperativen Charakter zwischen Zentrale und Provinz: „Here the crown had to rule by negotiation rather than by Diktat, aware that the local notables could obstruct the execution of policies which they did not like.“ Die Kompromißbereitschaft des Königs gegenüber den Kräften der alten Ordnung betonen auch David PARKER, The Making of French Absolutism, London 1983 sowie Peter Robert CAMPBELL, The Ancien Régime in France, New York 1988, S. 49.

18 HINRICHS, Absolutismus, S. 8. Vgl. auch OESTREICH, Strukturprobleme, S. 181f.

ger übernahm und bejahte"[19]. Sie befaßte sich mit dem Werden der Bürokratie, der Geschichte der Behördenbildung und des Beamtentums, neuen staatlichen Institutionen und ihren antiständischen Kämpfen, dem Entstehen der stehenden Heere, nationalen Formen des europäischen Merkantilismus, Regierung und Verwaltung, Struktur des zentralen Herrschafts- und Staatsapparates, Militär, Wirtschaftspolitik, Außenpolitik und Diplomatie.

Mit der Neubewertung des Absolutismus nach dem Zweiten Weltkrieg verschoben sich auch die inhaltlichen Interessen. Mousnier und Hartung etwa beklagten 1955 die Defizite in der Erforschung der sozialen Grundlagen der absoluten Monarchie. Es sollte auch die Frage „nach den Beziehungen zwischen den absoluten Monarchen und den von ihnen beherrschten Völkern"[20] gestellt werden, sowie danach, „wo sie ihre soziale Basis hatten, d.h., auf welche Gruppen, welche Stände, welche Klassen sie sich stützten, wie weit sie von ihnen abhängig waren, ob und in welchem Maße sie sich von ihnen unabhängig machen konnten". Erst in jüngster Zeit schlägt das Pendel hier wieder zurück. Mandrou plädierte für eine „histoire administrative", eine Geschichte der Bürokratie des Ancien Régime: „Il reste à retrouver les réalités de la vie administrative, à différents niveaux, et finalement les rapports entre les administrations et les sujets de la monarchie. Les méthodes employées par les bureaux de finance, de police, les représentations admises des agents royaux, la résistance passive ou directe des administrés – toutes ces attitudes, ces comportements, qui constituent les données réelles de la vie administrative des Français sous la monarchie, n'ont pas encore fait l'objet de recherches systématiques"[21]. Gerade bei vergleichenden Forschungen zum europäischen Absolutismus spricht sich auch Hinrichs[22] dafür aus, in der Zukunft „jene Strukturmerkmale ins Zentrum stellen, in denen sich in besonderem Maße spiegelt, wie die absolute Monarchie politische Herrschaft organisierte, wie sie ‚funktionierte' und Disfunktionalitäten zu überwinden trachtete." Den Einwand, daß damit wieder der alten, staatsbezogenen Betrachtungsweise „von oben" das Wort geredet werde, entkräftet er mit dem Argument, die Analyse staatlicher Politik in einzelnen europäischen Staaten werde nicht nur in der Form bloßer Beschreibung von Institutionen, Funktionen und Zuständlichkeiten durchgeführt, sondern mit der Analyse der zugrundeliegenden wirtschaftlichen, sozialen, politischen Voraussetzungen und Auswirkungen verbunden.

[19] Ibid., S. 181 f. – Auch HINRICHS, Absolutismus, S. 9. DUCHHARDT, Absolutismus, S. 161.

[20] Dieses und das folgende nach HINRICHS, Absolutismus, S. 9f.

[21] MANDROU, La France aux XVIIe et XVIIIe siècles, S. 261 f. Vgl. auch ibid. das Kapitel: „L'éternel retour du politique", S. 415–430. Auch die Geschichte Frankreichs von Emmanuel LE ROY LADURIE, L'Ancien Régime, 2 Bde., Paris 1991, konzentriert sich ausdrücklich „sur le devenir du Politique et de l'État souverain" (Bd. 1, 7).

[22] Dieses und das folgende nach HINRICHS, Absolutismus, S. 23 f.

1.2.2. Konfessionalisierung

Wer sich heute im deutschsprachigen Raum mit dem Entstehen und Funktionieren moderner Staatlichkeit im weitesten Sinne befaßt, kommt kaum um eine Beschäftigung mit dem Konzept der sogenannten Konfessionalisierung herum. Dieses sieht in der Konfession – seit dem 16. und zum Teil bis ins 18. Jahrhundert hinein – einen gesamtgesellschaftlich wirksamen Faktor und in der Konfessionalisierung der Territorien einen oder den Motor der modernen Staatsbildung. Die Vertreter dieser Theorie heben auf die „funktionalen Äquivalenzen"[23] der Konfessionalisierung in den verschiedenen Großbekenntnissen ab, denn sie nehmen an, daß jene nicht als eine Aufeinanderfolge von Reformation und Gegenreformation, sondern – nach einer relativ kurzen evangelischen Bewegung – in allen drei konfessionellen Bereichen, bei Calvinisten, Lutheranern und Katholiken, „sachlich weitgehend und zeitlich einigermaßen" parallel verlief. Auch die europäische Dimension dieses „Fundamentalvorgangs"[24] (Schilling) wird unterstrichen.

Die allgemeine Anwendbarkeit dieses Konzepts wurde aber für die Niederlande bereits von Mörke widerlegt. Hier war die Konfessionalisierung kein Fundamentalvorgang[25]. Für Frankreich hat Reinhard die Revokation des Edikts von Nantes als ein spätes Beispiel von Konfessionalisierung klassifiziert – allerdings ohne den Fall im einzelnen zu untersuchen[26]. Entsprechend plädiert Schilling für eine „Auseinandersetzung mit der französischen Forschung", wobei er vorneweg konstatieren muß, daß die französischen Historiker „keinen akzentuierten Umbruch durch so etwas wie Konfessio-

[23] Dieses und das folgende nach Wolfgang REINHARD, Zwang zur Konfessionalisierung? Prolegomena zu einer Theorie des konfessionellen Zeitalters, in: ZHF 10 (1983), S. 258f.

[24] Heinz SCHILLING, Die Konfessionalisierung von Kirche, Staat und Gesellschaft. Profil, Leistung, Defizite und Perspektiven eines geschichtswissenschaftlichen Paradigmas, in: Die katholische Konfessionalisierung. Wissenschaftliches Symposion der Gesellschaft zur Herausgabe des Corpus Catholicorum und des Vereins für Reformationsgeschichte 1993, hg. v. Wolfgang REINHARD und Heinz SCHILLING (Schriften des Vereins für Reformationsgeschichte, 198), Heidelberg 1995, S. 1–49, hier S. 8f.: Der Konfessionalisierungsansatz fördert eine „universalgeschichtliche, interkulturell vergleichende Sicht. Dadurch ist es möglich, ... das spezifische, entscheidend religionssoziologisch mitgeprägte Profil der europäischen Neuzeit oder der Kultur Europas generell herauszuarbeiten." [...] Hierzu „sind konfessionsgeschichtlich geleitete Fallstudien besonders erhellend, d.h. Untersuchungen zu den Konfessionalisierungen einzelner Städte, Landschaften, Staaten oder Nationen in ihrer Verzahnung mit der allgemeinen Geschichte der betroffenen Gesellschaft sowie zu den spezifischen Konsequenzen, die sich aus diesen religionssoziologischen Strukturen ergaben."

[25] Olaf MÖRKE, Die politische Bedeutung des Konfessionellen im Deutschen Reich und in der Republik der Vereinigten Niederlande. Oder: War die Konfessionalisierung ein Fundamentalvorgang?, in: R. G. ASCH u. H. DUCHHARDT (Hg.), Der Absolutismus ein Mythos?, S. 125–164.

[26] REINHARD, Zwang zur Konfessionalisierung?, S. 262.

nalisierung" ansetzen[27]. In der Tat gibt es im Französischen nicht einmal einen entsprechenden Terminus, wie der Katholizismus-Forscher Jacques Le Brun jüngst feststellte[28].

Die vorliegende Arbeit überprüft die Anwendbarkeit des Konfessionalisierungskonzepts auf Frankreich und beantwortet damit im Schlußteil auch die Frage, warum es in der französischen Forschung kaum Resonanz erfährt. Betrachten wir im folgenden zunächst kurz die wesentlichen Bestandteile des Konzepts. Das Konzept der Konfessionalisierung beschäftigt sich mit der Bedeutung des Faktors Konfession für die Entstehung des modernen Staates. Es geht davon aus, daß Konfessions- und Staatsbildung parallel und auch in Verknüpfung miteinander verliefen. Den im Entstehen begriffenen frühmodernen Staaten hätten die Konfessionen, die sich nach der Reformation ausformten, nach innen als Mittel zur Vereinheitlichung und Konsolidierung und nach außen als Legitimation und Abgrenzung gedient. Gleichzeitig bedeuteten sie durch den inneren und äußeren Konfessionskonflikt aber auch eine existenzbedrohende Gefährdung[29]. Die Konfessionen andererseits hätten in der Auseinandersetzung mit anderen Konfessionen den Schutz des Staates gesucht, allerdings um den Preis einer zunehmenden Vereinnahmung durch diesen.

Zeeden hat diese Konfessionalisierung allgemein beschrieben als „die geistige und organisatorische Verfestigung der seit der Glaubensspaltung auseinanderstrebenden christlichen Bekenntnisse zu einem halbwegs stabilen Kirchentum nach Dogma, Verfassung und religiös-sittlicher Lebensform"[30]. Die Verzahnung dieses Prozesses mit der politischen und gesellschaftlichen Entwicklung hebt Schilling besonders hervor: „‚Konfessionalisierung' meint einen gesellschaftlichen Fundamentalvorgang, der das öffentliche Leben in Europa tiefgreifend umpflügte, und zwar in meist gleichlaufender, bisweilen auch gegenläufiger Verzahnung mit der Herausbildung des frühmodernen Staates und mit der Formierung einer neuzeitlich disziplinierten Untertanengesellschaft, die anders als die mittelalterliche Gesellschaft nicht personal und fragmentiert, sondern institutionell und flächenmäßig organisiert war"[31]. Bestimmte Strukturen aber sind nach Schilling nicht von der Konfessionalisierung betroffen: neben der Diplomatie auch das Recht und verschiedene staat-

[27] SCHILLING, Konfessionalisierung von Kirche, Staat und Gesellschaft, S. 34.

[28] Vgl. seine Rezension von Wolfgang REINHARD u. Heinz SCHILLING (Hg.), Die katholische Konfessionalisierung, in: Francia 24 (1997), S. 260: „... ce que faute d'un terme français adéquat on peut traduire par la ‚confessionnalisation'."

[29] Dieses und das folgende nach Martin HECKEL, Deutschland im konfessionellen Zeitalter, Göttingen 1983, S. 9.

[30] Ernst Walter ZEEDEN, Die Entstehung der Konfessionen. Grundlagen und Formen der Konfessionsbildung im Zeitalter der Glaubenskämpfe, München/Wien 1965, S. 9f. Unter Kirchentum ist nach Heinrich Richard SCHMIDT, Konfessionalisierung im 16. Jahrhundert, München 1992, 1, „die Trias von Staat, Kirche und Volk" zu verstehen.

[31] Heinz SCHILLING, Die Konfessionalisierung im Reich. Religiöser und gesellschaftlicher Wandel in Deutschland zwischen 1555 und 1620, in: HZ 246 (1988), S. 6.

liche Institutionen. Schilling bezeichnet sie als das „Nichtkonfessionelle im konfessionellen Zeitalter,“[32] und als „nichtkonfessionelle bzw. nichtkonfessionalisierbare Strukturen, die innerhalb einer zunehmend konfessionalistischen Welt vor- oder überkonfessionelle Realitäten schufen oder bewahrten. ... Nichtkonfessionalisierbare Strukturen gab es selbst bzw. v.a. in gesellschaftlichen und staatlich-rechtlichen Kernbereichen, denn gerade Institutionen, Instrumente und Mechanismen, die das alltägliche Zusammenleben garantierten, mußten gegenüber dem Totalitätsanspruch des Konfessionalismus resistent bleiben, sollte auf dem Höhepunkt der weltanschaulichen Totalkonfrontation öffentliches und privates Leben im Reich oder in Europa überhaupt noch möglich sein“.

Zu den wichtigsten Merkmalen der Konfessionalisierung gehörte nach Schmidt neben der Territorialisierung, d.h. der Vereinheitlichung des Territoriums und der Abgrenzung von anderskonfessionellen Territorien, die Verstaatlichung der Kirche: Der weltliche Fürst übernahm die Kirchenleitung selbst, eignete sich immer weitere Verfügungsrechte an und beanspruchte auch einen Teil der kirchlichen Einnahmen. Die Kirche sei so zu einem Zweig der staatlichen Verwaltung geworden und habe damit zur Disziplinierung im Sinne des Staates und zur Schaffung eines einheitlichen Untertanenverbandes beigetragen[33]. Demnach ginge die Konfessionalisierung also auch mit dem von Oestreich so benannten Prozeß der Sozialdisziplinierung einher: Man hat letzteren geradezu als Leitmotiv aller drei Konfessionen beschrieben[34], so daß die Konfessionalisierung gar als Teil der Sozialdisziplinierung begriffen wurde[35].

Um eine Systematisierung der Verfahren zur „methodische(n) Herstellung neuer Großgruppen“ hat sich vor allem Reinhard bemüht. Er nennt folgende Kategorien: „Wiedergewinnung klarer theoretischer Vorstellungen“; „Verbreitung und Durchsetzung neuer Normen; Propaganda und Verhinderung von Gegenpropaganda; Internalisierung der neuen Ordnung durch Bildung; Disziplinierung der Anhänger (im engeren Sinn); Anwendung von Riten“; „Beeinflussung der Sprache“[36]. Wir werden – nach der Untersuchung der französischen Protestantenpolitik – im Schlußteil auf diese Kategorien und ihre Bedeutung für den Fall Frankreich zurückkommen.

Das Entstehen der Konfessionen hatte neben disziplinierenden auch konfliktfördernde Effekte. Daher setzte sich in einigen Ländern mit der Zeit –

[32] Dieses und das folgende nach DERS., Konfessionalisierung von Kirche, Staat und Gesellschaft, S. 22ff.

[33] SCHMIDT, Konfessionalisierung, S. 87ff.

[34] ZEEDEN, Konfessionsbildung, S. 178.

[35] So etwa bei SCHILLING, Konfessionalisierung im Reich, S. 38; R. Po-Chia HSIA, Social Discipline in the Reformation. Central Europe 1550–1750, London, New York 1989, S. 28, 123.

[36] REINHARD, Zwang zur Konfessionalisierung?, S. 263ff. – Vgl. zu solchen Kategorien und Verfahren auch Janine GARRISSON, L'Édit de Nantes et sa révocation. Histoire d'une intolérance, Paris 1985. – HSIA, Social Discipline.

verstärkt nach dem Dreißigjährigen Krieg – die Einsicht durch, daß im Sinne der Staatsräson eher eine Entpolitisierung der Konfessionen zu betreiben wäre. So praktizierten die calvinistischen Hohenzollern in Brandenburg zur Zeit der Revokation bereits seit zwei Generationen religiöse Toleranz gegenüber den Lutheranern im Land[37]. Religiöse Toleranz hatte häufig auch wirtschaftliche Gründe. Die Niederlande erschienen vielen Zeitgenossen am Ende des 17. Jahrhunderts als Beispiel für den großen wirtschaftlichen Nutzen, den religiöse Duldsamkeit brachte[38]. Umgekehrt galten den Zeitgenossen Spanien und Portugal als Beleg dafür, daß religiöser Rigorismus und wirtschaftlicher Erfolg unvereinbar waren[39]. Auch in Frankreich übte man, wie gezeigt werden wird, auch nach der Revokation noch Nachsicht in Religionsfragen aus volkswirtschaftlichen Gründen[40]. Andererseits gab es aber

[37] The New Cambridge Modern History, hg. v. J. P. COOPER, Cambridge 1971, Bd. 6, The Rise of Great Britain and Russia 1688–1715/25, S. 121. – Vgl. auch HSIA, Social Discipline, S. 60f.: „Religious toleration in Brandenburg-Prussia was a creation of the reason of state. It reflected the limitations of Hohenzollern absolutism. Not only were the rights of Lutherans guaranteed by the Peace of Westphalia but the Great Elector's attempts to restrict Lutheranism met with opposition. In 1657 Friedrich Wilhelm refused to recognize the Formula of Concord. In 1662, he forbade his subjects to attend the university at Wittenberg, forcing some Lutheran pastors to leave Brandenburg in protest. As a long-term policy, repression had limited success. Toleration became the most secure safeguard for Calvinist gains in the land."

[38] Der schwedische wirtschaftstheoretische Publizist Johan Clason Risingh etwa bezeichnete Religionsfreiheit nach holländischem Vorbild als Voraussetzung dafür, den Reichtum Schwedens durch die Zuwanderung kapitalstarker Ausländer zu vermehren. Und auch der diplomatische Vertreter Englands in der niederländischen Republik, Sir William Temple, pries das Zusammenleben mehrerer Konfessionen in einem Gemeinleben als vorteilhaft an: „Il se peut que la Religion fasse plus de bien en d'autres pais; mais c'est en celui cy où elle fait le moins mal." Diese beiden Beispiele nach Erich HASSINGER, Wirtschaftliche Motive und Argumente für religiöse Duldsamkeit im 16. und 17. Jahrhundert, in: Gegenreformation, hg. v. Ernst Walter ZEEDEN, Darmstadt 1973, S. 332–356, hier S. 352.

[39] Vgl. zu Spanien: Cambridge Modern History, Bd. 4, S. 436f.: „To Protestants and rationalists of the eighteenth and nineteenth centuries, the decline (of Spain) was primarily to be explained by the intellectual and religious history of Habsburg Spain; it was the outcome of the suppression of free enquiry by the Spanish Inquisition, of Spain's cultural isolation, and of that religious obscurantism which drove the industrious Moriscos from the Iberian Peninsula." Und zu Portugal, ibid., Bd. 6, S. 511: „There was a longstanding anti-capitalist reaction, widespread hostility towards the merchant mentality itself, manifested in attacks on companies and business circles suspect of Judaism by the Inquisition. … In the 1670s the Inquisition was again unleashed. The French consul Des Granges, an impartial observer, in 1683 unhesitatingly blamed it for completing the ruin of the Lisbon market."

[40] Vgl. zum Zusammenhang von religiöser Toleranz und wirtschaftlicher Blüte auch: Cambridge Modern History, Bd. 4, S. 200f. sowie zum Beispiel Rußlands ibid., S. 614: „By the end of Michael's reign Moscow had a vigorous community, over one thousand strong, of western (mainly protestant) merchants, artisans and soldiers … In court circles … there were a number of Russians who … adopted western fashions … also in ideas. … Such developments naturally alarmed the influential but chauvinistic church hierarchy, which urged the government to restrict opportunities for Russians to mix

auch verschiedentlich sehr späte Beispiele von konfessionell geprägten Konflikten. So kam es in Ungarn in den frühen siebziger Jahren des 17. Jahrhunderts zur Rekatholisierung fast aller Kirchen, zur Zwangskonversion oder Ausweisung der Pfarrer und zu den Preßburger Prozessen gegen mehr als 500 evangelische Amtsträger, die im Kuruzenkrieg ihre Fortsetzung und im sog. Blutgericht von Eperies 1687 ihren Höhepunkt fanden[41]. In der Schweiz gab es 1712 noch einen Religionskrieg[42], und die Vertreibung der Salzburger Exulanten datiert ins Jahr 1731[43]. Die Vertreter der Konfessionalisierungstheorie sind sich daher nicht darüber einig, wann das Ende des Zeitalters der Konfessionalisierung anzusetzen sei. Während Schilling es mit dem Westfälischen Frieden enden läßt[44], betrachtet Reinhard selbst die eben erwähnten Ereignisse im 18. Jahrhundert noch als Beispiele von Konfessionalisierung[45].

Im Rahmen dieser Forschungsdiskussionen soll zum Verständnis der folgenden Aspekte beigetragen werden:

1. Motive der Revokation.

Wie in der einleitenden Definition angeführt, reagierte der absolutistische Staat auf inner- und zwischenstaatliche Herausforderungen mit Machtkonzentration. Eine auf die Stärkung der königlichen Zentralgewalt ausgerichtete Politik mußte auch bestrebt sein, störende Partikulargewalten so weit wie möglich zu entmachten. Zu diesen gehörten im Frankreich Ludwigs XIV. unter anderen auch die katholische Kirche und die Protestanten[46]. Die Revokation könnte in diesem Zusammenhang schlicht Bestandteil eines Programms zur Ausschaltung von Partikulargewalten sein. Sie wäre dann kein

with ‚accursed foreign heretics'. An edict of 1643 ordered some of the protestant churches in Moscow to be demolished. Such half-measures were clearly inadequate; but the government, appreciating that ‚raison d'état' necessitated acquisition of western techniques, had no desire to seal off the country hermetically from the outside world."

41 Heinz DUCHHARDT, Die Konfessionspolitik Ludwigs XIV. und die Aufhebung des Edikts von Nantes, in: DERS. (Hg.), Der Exodus der Hugenotten. Die Aufhebung des Edikts von Nantes als europäisches Ereignis, Köln, Wien 1985, S. 29–52, hier S. 40f.

42 Cambridge Modern History, Bd. 6, S. 120: „The Protestant cantons won the civil war of 1712 without foreign interference. ... Berne and Zürich had fought the Catholic cantons in 1656 in the ‚First Villmergen War': the ‚Second Villmergen War' began in 1712, when Berne and Zürich were provoked by the construction of a ‚Catholic highway' from Schwyz to the Austrian border, and by the unreasonable conduct of the abbot of St Gallen." Vgl. auch Edgar BONJOUR u. a., A Short History of Switzerland, Oxford 1952, S. 196f.

43 Vgl. etwa HSIA, Social Discipline, S. 63ff.

44 SCHILLING, Konfessionalisierung im Reich, S. 7, 14–30.

45 REINHARD, Zwang zur Konfessionalisierung?, S. 262. Ebenso KUNISCH, Absolutismus, S. 118: „Der werdende moderne Staat forderte konfessionelle Intoleranz. Denn es bedurfte angesichts des erst im 18. Jahrhundert beseitigten Mangels an innerer Kohärenz der Einheit des Bekenntnisses und der Konfession als politischen Kristallisationskerns. So wurde der Katholizismus in Portugal, Spanien und schließlich Frankreich ebenso konstitutiv für die politische Identität des Landes wie der Protestantismus in England und den skandinavischen Königreichen."

46 DUCHHARDT, Absolutismus, S. 41f.

konfessionell motivierter Akt, sondern lediglich einer unter vielen Vorstößen zur Beseitigung von Sonderrechten einzelner oder von Gruppen. Man könnte sie dann gleichzeitig als Versuch interpretieren – im Zuge von Bürokratisierung, Rationalisierung und Disziplinierung – mit den Strukturen der katholischen Kirche, die ihrerseits in starker Abhängigkeit des Staates stand, alle Untertanen zu erreichen; denn solange es noch eine protestantische Kirche mit eigenen kirchlichen Strukturen gab, blieben die Protestanten dem Zugriff des Staates teilweise entzogen. Die Revokation könnte aber auch anderweitig innen- oder außenpolitisch, religiös oder persönlich motiviert gewesen sein. Schließlich könnte sie, wie etwa Reinhard annimmt, konfessionell begründet sein. Dann wäre sie nach fast einem Jahrhundert konfessioneller Koexistenz zwischen Protestanten und Katholiken und lange nach dem Ende der innerfranzösischen religiösen Feindseligkeiten ein Rückfall in die konfessionell geprägte Annahme, daß für den inneren Halt und die Kohärenz eines Staates ein einheitliches Bekenntnis notwendig sei.

2. Durchführung.

Die Ausführung der Protestantenpolitik gewährt Einblick in die spezifisch absolutistische Verwaltungs- und Regierungspraxis, in das Funktionieren der staatlichen und kirchlichen Institutionen, in Kompetenzen und Zuständigkeiten des entsprechenden Personals – und kommt damit inhaltlich dem von Mandrou und Hinrichs geäußerten Forschungsdesiderat entgegen. Die Betrachtung der zentralen und provinziellen Ebene greift Oestreichs Vorschlag zur Untersuchung absolutistischer Staatlichkeit auf. Zur Bewertung des Absolutismus wäre in diesem Zusammenhang zu fragen, ob es gelang, den Protestantismus durch die Revokation so zur Bedeutungslosigkeit zu reduzieren, daß er keine politische Gefahr für die absolute Monarchie mehr darstellen konnte. Die Frage schließt sich an, welche Rolle die katholische Kirche bei der Ausführung der Revokation spielte. Mußte die weltliche Obrigkeit auf die Infrastrukturen der Kirche zurückgreifen, weil ihre eigenen zu schwach ausgebaut waren, weil – wie Oestreich sagte – „Exekutivorgane absolutistischer Staatsverwaltung[47] fehlten? Zeigte sich hier die Abhängigkeit der absoluten Monarchie von der katholischen Kirche und damit die Begrenztheit des Absolutismus? Oder führte die Kirche nur im Rahmen ihrer traditionellen Aufgaben den spirituellen Teil einer ansonsten von der weltlichen Obrigkeit vorgegebenen und dirigierten Politik aus? War sie somit nur oder hauptsächlich Instrument königlicher Politik und deren Anweisungen zumindest bis auf die provinzielle Ebene hinab unterworfen? War die katholische Kirche somit als Partikulargewalt erfolgreich ausgeschaltet, auch wenn sie ihrerseits noch bei der Ausschaltung der Protestanten mitwirkte?

Bei der Betrachtung der Durchführung der französischen Protestantenpolitik wird sich auch zeigen, ob wir es hier noch mit einem späten Beispiel von Konfessionalisierung zu tun haben. Gab es also in Frankreich Konfessio-

[47] OESTREICH, Strukturprobleme, S. 184.

nalisierung und dauerte diese bis 1685 oder darüber hinaus an? Um das festzustellen, sind die folgenden Fragen an unsere Quellen zu stellen: Trifft die einleitend gegebene Definition von Konfessionalisierung auf Frankreich zur Zeit der Revokation zu? War die Konfessionalisierung ein Fundamentalvorgang? Finden sich die oben aufgeführten Merkmale der Konfessionalisierung in Frankreich bei oder nach der Revokation? Trug die Revokation zu Territorialisierung, Verstaatlichung der Kirche und Disziplinierung bei?

Wurden die hier aufgeführten Methoden der Konfessionalisierung bei der Durchführung französischer Protestantenpolitik angewandt?

3. „Erfolg".

Was erfahren wir über das Verhältnis zwischen Verwaltung und Regierung und Untertanen? Welchen Anteil hatten die Protestanten selbst an der Ausführung des Revokationsedikts, an ihrer eigenen Sozialdisziplinierung? Wie reagierten sie auf die wachsende und schließlich totale Ausgrenzung? Und damit: Welchen Erfolg hatte die französische Protestantenpolitik? Damit können wir dann auch entweder die Rankesche Ansicht von der Stärke des Absolutismus stützen oder aber mit Oestreich Strukturschwächen und mangelnde Durchsetzungskraft konstatieren.

1.3. Methode, Aufbau, Quellen

Die Arbeit gliedert sich der Fragestellung entsprechend in Kapitel zu Motiven, Durchführung und Erfolg der Revokation und der französischen Protestantenpolitik. Zu der entscheidenden Staatsratssitzung, in der der Widerruf des Edikts von Nantes diskutiert und beschlossen wurde, gibt es keine Protokolle. Über Motive und Ziele sollen daher einerseits aus der Untersuchung der praktischen Protestantenpolitik Rückschlüsse gezogen werden, die entsprechend erst im Schlußteil thematisiert werden können. Andererseits werden Quellen von Beobachtern aus der Umgebung des Königs herangezogen. Hier können wir vor allem auf eine umfangreiche Memoirenliteratur zurückgreifen, aber auch auf diplomatische, administrative oder private Korrespondenzen. Ein einleitendes Kapitel befaßt sich mit dem aus diesen Quellen rekonstruierbaren historischen Rahmen und den Hintergründen der Revokation.

Handlungsgrundlage für jeglichen Umgang mit Protestanten oder Neukonvertierten waren Gesetze, Edikte und Verordnungen. Sie wurden im Staatsrat und seinen verschiedenen Sektionen diskutiert und verabschiedet. Das dritte Kapitel gibt daher einen thematisch angeordneten Überblick über die Gesetzgebung zu Fragen des Protestantismus. Da das Revokationsedikt das Edikt von Nantes und sämtliche weiteren Sonderrechte der Protestanten widerrief, wird hier auch die gesetzliche Entwicklung seit dem Edikt von Nantes mitberücksichtigt.

Mit der Ausführung dieser Gesetze waren prinzipiell vier Institutionen befaßt: Militär, Parlamente, Kirche und Verwaltung bzw. Regierung. Das Militär wurde hauptsächlich in Ausnahmesituationen, wie zu den großen Massenzwangskonversionen im Sommer 1685, eingesetzt, kann daher kaum Aufschluß über eine kontinuierliche Politik gegenüber den Protestanten geben. Ähnliches gilt für die Parlamente, die immer dann mit dem Protestantismus konfrontiert waren, wenn etwa Gesetzesübertritte von Protestanten vorlagen oder geheime Versammlungen abgehalten worden waren. Im alltäglichen Verwaltungsablauf und auf lange Dauer waren nur die Kirche und die Verwaltung bzw. Regierung mit der Ausführung des Revokationsedikts befaßt. Zwei große Schwerpunkte der Arbeit gelten daher dem Anteil dieser beiden Bereiche des absolutistischen Herrschaftsapparates an der Ausführung französischer Protestantenpolitik in den Regionen.

Dabei müssen zunächst die Zuständigkeiten der beteiligten Institutionen und des beteiligten Personals geklärt werden. Auf der zentralen Ebene konnten Kirchen- und Religionsangelegenheiten im Staatsrat *(conseil d'État)* und seinen verschiedenen Sektionen entschieden werden[48]. Mitglieder dieser verschiedenen Gremien informierten die Intendanten als Verwaltungschefs in den Provinzen über Anordnungen zu Fragen der Religion. Die Intendanten ihrerseits setzten den Klerus in Kenntnis und wachten allgemein über die Ausführung der Anweisungen. Kapitel 4 behandelt mit der Verteilung der Kompetenzen zwischen Zentralregierung, Intendanten und Klerus den institutionellen Rahmen der französischen Protestantenpolitik.

Die Ausführung dieser Gesetze wird dann zunächst am Beispiel der Politik der Intendanten untersucht. Den Intendanten hatte anfangs vorrangig die Aufsicht über Veranlagung und Einziehung der direkten Steuern unterstanden. Im Laufe der Zeit wurden sie mit immer weitreichenderen Befugnissen ausgestattet, darunter auch die Kontrolle über die gesamte Verwaltung und Gerichtsbarkeit, über Straßenbau, Polizei und Militär und schließlich auch über die Religionsgemeinschaften[49]. Waren diese königlichen Kommissare an der Vorbereitung der Revokation beteiligt? Welche Anweisungen erhielten sie von dem für ihre Generalität zuständigen Staatssekretär in Fragen der Protestantenpolitik? Wie, mit welcher Motivation und mit welchem Erfolg kamen sie diesen Anweisungen nach? Wie beurteilten die Intendanten, die mit der Lage vor Ort und den lokalen und regionalen Gegebenheiten vertraut

[48] Dazu gehörten: der *conseil d'en haut*, der große Regierungsfragen und vor allem die Außenpolitik behandelte. Hier müßte die Revokation zur Sprache gekommen sein, falls es sich tatsächlich um eine auch außenpolitisch motivierte Entscheidung gehandelt hat; der *conseil des dépêches* befaßte sich mit inneren Verwaltungsangelegenheiten, also auch Kirchenangelegenheiten; der *conseil royal des finances* kam praktisch mit allen politischen Angelegenheiten in Berührung; der *conseil de conscience* war mit geistlichen Angelegenheiten betraut, nach Peter Claus HARTMANN, Französische Verfassungsgeschichte der Neuzeit (1450–1980). Ein Überblick, Darmstadt 1985, S. 8ff.

[49] DUCHHARDT, Absolutismus, S. 45.

waren, Sinn und Durchführbarkeit der von der Zentralregierung vorgegebenen Protestantenpolitik? In welchen Verhältnis standen sie einerseits zu den zentralen Behörden, andererseits zu den lokalen und regionalen Herrschaftseinrichtungen? Wie veränderte sich die Protestantenpolitik im Laufe der Zeit?

Parallel zur Provinzialverwaltung wird der Anteil der katholischen Kirche an der Ausführung antiprotestantischer Politik am Beispiel des auf lokaler und provinzieller Ebene tätigen Klerus dargestellt. Welche Einstellung nahm er grundsätzlich zu einer gewaltsamen Verfolgung von Protestanten ein? Wie reagierte er auf die Tatsache, daß das Revokationsedikt ohne Absprache mit der Kirchenversammlung geplant und erlassen worden war? Welcher Part kam ihm bei der Ausführung des Revokationsedikts zu? Wie etwa meisterte er die Herausforderung, Tausende oberflächlich Neukonvertierte nun in die katholische Kirche integrieren zu müssen? Welche Stellung nahm er in den Provinzen gegenüber Zentralregierung bzw. gegenüber den lokalen und regionalen Institutionen ein?

Die Ausführung jeglicher Gesetzgebung geht aber nicht ohne eine wie auch immer geartete Beteiligung der Betroffenen vonstatten. Ein dritter Schwerpunkt untersucht daher die Reaktion der Protestanten Südostfrankreichs auf die veränderte Situation, ihren Anteil an der Ausführung des Edikts. Drei Formen protestantischer Reaktion sollen dabei vorgestellt werden: Flucht, Märtyrertum oder Konversion und zumindest scheinbare und oberflächliche Anpassung an die neuen Verhältnisse. Wie reagierten die Protestanten bzw. Neukonvertierten auf die gegen sie gerichtete Personalpolitik? Wie setzte sich ihr religiöses Leben fort, trotz der Versuche der Regierung, sämtliche Äußerungen der protestantischen Religion zu unterdrücken? Welches Verhältnis nahmen die Neukonvertierten zur staatlichen Bildungspolitik ein? Wie reagierten sie auf den Zwang, katholische Riten und Bräuche auszuüben? Dieses Kapitel stellt in erster Linie eine Synthese der zahlreichen – sozusagen quellengesättigten – Untersuchungen zu thematischen oder geographischen Einzelaspekten der Geschichte des südostfranzösischen Protestantismus her, die besonders zum Jahrestag der Revokation 1985 veröffentlicht wurden.

Kapitel 8 greift die in der Einleitung formulierten Fragen wieder auf und faßt die Ergebnisse zusammen.

Da der französische Protestantismus in verschiedensten Ausprägungen existierte, sowohl was seine Dichte als auch die soziale Zusammensetzung betraf, wurde der geographische Rahmen dieser Arbeit auf Südostfrankreich begrenzt. Zwei Provinzen wurden ausgewählt, deren Entwicklung man als repräsentativ einerseits für den minderheitlichen Protestantismus in fast ausschließlich katholischer Umgebung (Provence), andererseits für einen sehr starken, mancherorts sogar mehrheitlichen Protestantismus (Dauphiné) betrachten kann. In beiden Provinzen hatte der Protestantismus seine Anhänger eher im ländlichen und Handwerkermilieu – von Ausnahmen abgesehen, die wir vor allem in den Städten antreffen. Beide Provinzen unterstanden außerdem der geographischen Zuständigkeit desselben Ministers (nämlich des Außenministers) in Paris, bildeten daher auch eine verwaltungstechnische Einheit. Ziel dieser Auswahl ist weniger der strenge und systematische Vergleich als vielmehr die Darstellung zweier aus einer Vielzahl möglicher Entwicklungen.

Die Untersuchung setzt dem Gegenstand entsprechend zeitlich 1685 ein. Es wird aber auch immer der Zeitraum seit 1661 mitberücksichtigt, als Ludwig XIV. die Regierung übernahm. Seit der Mitte des 18. Jahrhunderts tauchen Fragen des Protestantismus in öffentlichen Dokumenten kaum noch auf. Auch in der Verwaltungskorrespondenz finden sie praktisch keine Erwähnung mehr. Obwohl das Revokationsedikt und alle die Neukonvertierten betreffenden Nachfolgegesetze noch existierten und eigentlich auch noch galten, hatte sich eine Art faktischer Toleranz eingestellt. Die letzte ausführlichere Deklaration, die Neukonvertierte betraf, wurde 1724 erlassen. Für die systematische Einsicht der Korrespondenzen wurde daher als zeitlicher Endpunkt die Zeit um 1730 gewählt. Damit können mögliche Veränderungen der Protestantenpolitik unter Ludwig XIV., der Regentschaft und Ludwig XV. registriert werden. Es werden aber – besonders im Kapitel, das sich mit der Reaktion der Protestanten beschäftigt – immer wieder auch Beispiele aus dem gesamten Zeitraum bis 1789 angeführt.

Die folgenden Quellen dienten als Grundlage der Arbeit:

1. Gedruckte zeitgenössische Memoiren von Personen aus der Umgebung des Königs.

2. Die diplomatische Korrespondenz der französischen Krone. Darunter fallen der „Recueil des instructions données aux ambassadeurs et ministres de France depuis les Traités de Westphalie jusqu'à la Révolution française"[50], die „Négociations relatives à la succession d'Espagne"[51] sowie die Korrespondenz ausländischer Diplomaten am französischen Hof, insbesondere die des päpstlichen Nuntius Ranuzzi[52]. Diese Quellen müßten Hinweise auf außenpolitische Ziele enthalten, die gegebenenfalls mit der Revokation verfolgt wurden. Sie können außerdem zeigen, wie die französische Konfessionspolitik durch andere europäische Länder eingeschätzt und beurteilt wurde.

3. Die die Protestanten betreffenden Gesetze, Edikte, Verordnungen etc. staatlicher Provenienz. Diese finden sich in der Série E (Conseil du Roi) der Archives Nationales (Paris) bzw. in den Séries A (Actes du pouvoir souverain et domaine public) der Archives Départementales. Die Bibliothèque du Protestantisme Français besitzt ebenfalls eine Sammlung von Gesetzestexten zur Geschichte des Protestantismus. Eine Auswahl ist schließlich von Pilatte

[50] Hg. v. Ministère des Affaires étrangères, 30 Bde., Paris 1884–1983.
[51] Hg. v. François-Auguste MIGNET, 4 Bde., Paris 1842.
[52] Correspondance du nonce en France Angelo Ranuzzi (1683–1689), hg. v. Bruno NEVEU, 2 Bde., Rom 1973.

ediert worden.[53] Diese Quellen geben Aufschluß darüber, welches die offizielle Politik war, die man gegenüber den Protestanten einschlug. Es wird sich dann zeigen, ob die in der internen Verwaltungskorrespondenz gegebenen Instruktionen damit übereinstimmten. Diese Quellen sagen darüber hinaus aber nicht nur etwas über die Verfassungsnorm, sondern auch über die Verfassungsrealität aus. So gab es verschiedentlich Gesetze, die mehrfach erlassen wurden, was darauf hindeutet, daß sie offensichtlich nicht eingehalten wurden.

4. Der große Schwerpunkt dieser Arbeit liegt auf der Untersuchung der öffentlichen und privaten Korrespondenzen und Papiere der für die jeweiligen Provinzen zuständigen Minister, Verwaltungsbeamten – vor allem der Intendanten –, Kleriker und Militärs. Hierbei handelt es sich durchweg um handschriftliche und auf Fragen des Protestantismus hin noch nicht bearbeitete Dokumente, die auf verschiedene Archive in Paris bzw. in den Departementalarchiven der Provence und der Dauphiné verteilt sind. Über weite Strecken sind diese zum Teil Hunderte von Bänden umfassenden Korrespondenzen nicht inventarisiert oder mit Registern versehen, weshalb der Zugang – zumal aufgrund der in französischen Archiven üblichen Begrenzungen auf die Einsicht von etwa fünf Dokumenten pro Tag – recht mühsam ist. Um diese Dokumente zugänglich zu machen, wird im Text ausführlich zitiert. Da eine zunächst versuchte vollständige systematische Bearbeitung sich als unfruchtbar erwiesen hat, wurden nach den folgenden Kriterien Stichjahre ausgewählt. Auf der Basis von Pilattes Gesetzessammlung[54] wurden die Jahre ausgewählt, in denen vier oder mehr die Protestanten betreffende Gesetze erlassen wurden und für die entsprechend zu erwarten ist, daß sich Fragen zur Ausführung der entsprechenden Maßnahmen in den Quellen niederschlagen. Von diesen Jahren wurden die Kriegszeiten – Pfälzischer Krieg und Spanischer Erbfolgekrieg – grundsätzlich ausgespart, in denen die Verfolgung der Protestanten tendenziell abnahm. Allerdings wurden einige Stichjahre hinzugenommen, für die wir aus Dokumenten aus den Archives Départementales und aus den Archives Nationales Hinweise auf besondere Vorkommnisse, zum Beispiel zusätzliche Einquartierungen oder Besorgnisse angesichts des Kamisardenaufstandes in der Nachbarprovinz, haben. Diese, sowie alle weiteren Quellen, die sich mit der Ausführung oder den Auswirkungen der Protestantenpolitik befassen, wurden zunächst nach verschiedenen Bereichen angeordnet, die sie betrafen: Personalpolitik, Bildungspolitik, kirchliche Disziplin, Unterdrückung protestantischer Glaubensäußerungen. Innerhalb dieser thematischen Gruppierungen wurde eine chronologische Reihenfolge eingehalten, um eventuelle Veränderungen der Protestantenpolitik im Laufe der Zeit wahrnehmen zu können.

[53] Léon PILATTE, Édits, déclarations et arrêts concernant la religion protestante réformée 1662–1751, Paris 1885.
[54] Ibid.

Im einzelnen wurden die folgenden Bestände bearbeitet: die Korrespondenz des Generalkontrolleurs der Finanzen mit den Intendanten der einzelnen Generalitäten[55]; die Korrespondenz von Kriegsminister Louvois mit den Intendanten der einzelnen Generalitäten[56]; die Korrespondenz des für den Südosten verwaltungstechnisch zuständigen Staatssekretärs für Äußere Angelegenheiten[57]; die Dokumente der einzelnen Intendanzen[58]; die Korrespondenzen, Papiere, Berichte etc. der einzelnen Intendanten. Mehrere hundert Bände befinden sich in der Nationalbibliothek in Paris, v.a. die „Archives de l'Intendance de Dauphiné, sous l'administration de M. de Fontanieu" (1724–1740) sowie die „Correspondance et papiers de Pierre-Cardin Lebret, intendant de Provence" (1618–1759). Für die Kirche sind vor allem die *Série G/8* im Nationalarchiv *(Agence générale du Clergé)* sowie die *Série C (Clergé séculier)* in den Departementalarchiven relevant. Diese Quellen geben genauesten Einblick in den Alltag des Verwaltungsablaufs. Sie enthalten die Instruktionen, die von der Zentralregierung an die Provinzialregierungen gegeben wurden, Stellungnahmen hierzu von den jeweiligen Provinzialbeamten oder Klerikern, Berichte über die Ausführung der jeweiligen Anweisungen oder Gründe dafür, warum sie nicht möglich war oder für nicht sinnvoll gehalten wurde. Über einen Zeitraum von mehreren Jahrzehnten läßt sich hier nicht nur das Verhältnis von Zentral- und Provinzialregierung, sondern auch die praktische Religions- und Konfessionspolitik im speziellen bis ins Detail verfolgen.

5. Ergänzend wurden ferner herangezogen: zeitgenössische Denkschriften und Memoiren verschiedenster Herkunft, die sich größtenteils im Nationalarchiv in der *Série TT (Affaires et biens des protestants)*, in der *Bibliothèque nationale (Fonds français)* oder in der *Bibliothèque du protestantisme* in Paris befinden, sowie die katholischen Visitationsakten (Departementalarchive) und die Protokolle der Kirchenversammlungen (Nationalarchiv).

6. Die Literatur, die für das letzte Kapitel herangezogen wurde, beruht hauptsächlich auf seriellen Quellen (Kirchenbücher, Testamente, Notariatsakten) sowie auf Dokumenten aus der *Série TT.*

[55] Archives Nationales, Série G/7: Contrôle général des finances.

[56] Archives des Armées de la Terre (Paris), Série A: Archives historiques du ministère de la guerre.

[57] Archives Diplomatiques (Paris), Mémoires et documents, France, Affaires intérieures.

[58] Archives Nationales, Série H/1: Pays d'États. Pays d'Élections. Intendances. Archives Départementales, Série C: Administrations provinciales.

2. DER HISTORISCHE RAHMEN: MOTIVE, ZIELE, HINTERGRÜNDE

Die Revokation des Edikts von Nantes ist nicht unvermittelt über die französischen Protestanten hereingebrochen. Sie war nicht der Unberechenbarkeit eines launischen Monarchen zuzuschreiben, sondern das Ergebnis und die logische Fortsetzung einer von Ludwig XIV. und seinen Vorgängern konsequent verfolgten Protestantenpolitik sowie Bestandteil allgemeinerer Politikgrundsätze bzw. eines umfassenden Regierungsprogramms zur allgemeinen Konsolidierung Frankreichs. Neben solchen grundsätzlichen gab es weitere, langfristig eher sekundäre Motive, die sich in erster Linie aus der aktuellen politischen Situation ergaben. Diese Kombination aus grundsätzlichen und situationsbedingten Motiven führte dazu, daß man im Oktober 1685 den Zeitpunkt für gekommen hielt, die von langer Hand angestrebte Ausschaltung des Protestantismus zu vollenden.

Bei der entscheidenden Staatsratssitzung in Fontainebleau, die sich nur aufgrund von Memoiren rekonstruieren läßt, wurden auch Einwände laut. Zu den Gegnern zählten der Dauphin, der Staatssekretär des Äußeren, Seignelay, und der Staatssekretär der Marine und der Maison du Roi, Croissy. Sie befürchteten angesichts der Machtfülle des Königs weniger einen Rückfall in bürgerkriegsartige Zustände als vielmehr die Auswanderung einer großen Zahl von Protestanten und, damit verbunden, schwere wirtschaftliche Nachteile für Frankreich:

„[Les protestants] ne feront peut-être pas une guerre civile dans le point de puissance où est le roi, mais ils sortiront de France, ils ruineront le commerce, ils emporteront beaucoup d'argent, et, en diminuant nos forces par leurs désertions, ils augmenteront celles de nos ennemis"[1].

Aber der Kanzler und Großsiegelbewahrer Le Tellier, ein eifriger Fürsprecher der Revokation,[2] und Ludwig XIV. setzten sich durch[3]. Nachdem unter

[1] Mémoires de l'abbé de Choisy pour servir à l'histoire de Louis XIV, hg. v. M. de LESCURE, 2 Bde., Paris 1888, hier Bd. 1, S. 176. – Seignelay bemühte sich auch nach der Revokation, den Einfluß des königlichen Programms zur Verstärkung der religiösen Einheit auf die Wirtschaft zu vermindern. In einem Brief vom 6. Juni 1687 tadelte er einen seinen Agenten dafür, daß dieser die Emigration nicht ernst genug nahm, AN B/2 registre 61, fol. 373–374. – Dieselben Argumente in den Mémoires de l'abbé Le Gendre, hg. v. M. ROUX, Paris 1863, S. 61. Vgl. zu den wirtschaftlichen Bedenken, die aus der Umgebung des Königs angemeldet wurden auch Pol GAILLARD, Vauban, la révocation de l'édit de Nantes et la dîme royale, in: BSHPF 121 (1975), S. 354–369. Charles READ, Le mémoire présenté en 1689 par le maréchal de Vauban et ses efforts réitérés en faveur des huguenots, in: BSHPF 38 (1989), S. 190–209, 243–256, 314–322, 375–388.

[2] Le Tellier argumentierte, man dürfe sich von einer Handvoll Leute, die – ohne Anführer – bald den Mut verlieren würden, nicht einschüchtern lassen. Personen von Stand hätten ohnehin schon die Seite gewechselt und schließlich seien nun ganze Ortschaften konvertiert. Es sei an der Zeit, daß der König ein Machtwort spreche, um Häresie und

dem Druck von Dragonaden bereits massenhaft Abschwörungen stattgefunden hatten, wurde am 18. Oktober 1685 das Edikt von Fontainebleau erlassen. In insgesamt zwölf Artikeln erklärte es das Edikt von Nantes für ungültig und ordnete eine Reihe konkreter Maßnahmen an. Protestantische Gotteshäuser – *temples* genannt – mußten zerstört werden. Die katholische Taufe wurde obligatorisch. Ehen mußten vor einem katholischen Pfarrer abgeschlossen werden; andernfalls waren sie ungültig und Kinder aus dieser Verbindung nicht erbberechtigt. Reformierte Pastoren wurden vor die Wahl gestellt, binnen 14 Tagen entweder zu konvertieren oder das Land zu verlassen. Für alle anderen bestand Auswanderungsverbot bei Androhung von lebenslanger Galeerenhaft für Männer, Gefängnis für Frauen.

2.1. Die Revokation als grundsätzliche politische Entscheidung

Wenn einige von Ludwigs Zeitgenossen meinten, mit der Revokation des Edikts von Nantes habe der König wider jede Vernunft gehandelt[4], das Inter-

Aufruhr („rebellion") ein Ende zu bereiten. Er könne nun, in Friedenszeiten, von allen seinen Nachbarn gefürchtet, mit zahlreichen und kriegserprobten Truppen alles unternehmen und ausführen. Nur ihm sei es vorbehalten, den Ruhm für ein Werk zu erhalten, das sechs Könige vor ihm vergeblich angestrebt hätten, LESCURE, S. 176f. – Von Le Tellier, der wenige Tage nach der Revokation starb, heißt es, er habe keine größere Freude gekannt, als die Zerstörung protestantischer Tempel anzuordnen, ROUX, S. 65. – „Je mourrois content", zitiert ihn der Abbé Le Gendre, „si j'avois la consolation de sceller un édit qui révoquat celui de Nantes", LESCURE, Bd. 1, S. 177. Le Telliers Argumentation findet sich dann sinngemäß auch in der Präambel des Edikts wieder, die unter der Federführung Chateauneufs entstand.

[3] Außer den bereits erwähnten Personen war auch der Staatssekretär für das Kriegswesen Louvois an der Entscheidung beteiligt, dessen Position nicht ganz klar ist. In seinem Testament politique du marquis de Louvois", Cologne 1695, S. 321 ff., wird ausgeführt, er sei ein Verfechter der langsamen Auslöschung des Protestantismus gewesen und habe später sogar aus wirtschaftlichen Überlegungen heraus das Edikt von Nantes wiedereinführen wollen. Gegenteiliges überliefert der Abt von Choisy: Louvois, sei eifersüchtig gewesen auf den Erzbischof von Paris, auf den Père La Chaise und auf Pellisson, die wegen Fragen des Protestantismus oft Audienzen beim König erhielten. Um den Protestantismus als Anlaß für diese häufigen Treffen ein für alle mal aus der Welt zu schaffen, habe er sich daher für eine Revokation stark gemacht, LESCURE, Bd. 1, S. 174f. – Ebenso bei Saint-Simon, Mémoires, hg. v. H. BAUDIN, Bordas 1965, S. 178. Auch Luther Lee BERNARD, Foucault, Louvois, and the Revocation of the Edict of Nantes, in: Church History 25 (1956), S. 27–40.

[4] So der Bischof von Massillon, Œuvres complètes de Massillon, Évêques de Clermont, hg. v. Abbé Émile-Antoine BLAMPIGNON, 3 Bde., Bar-le-Duc 1871, hier Bd. 3, S. 84, der die Entscheidung zum Widerruf als politisch und wirtschaftlich unklug beurteilte: „Spécieuse raison d'État, en vain vous opposâtes à Louis les vues timides de la sagesse humaine; le corps de la monarchie affaibli par l'évasion de tant de citoyens; le cours du commerce ralenti, ou par la privation de leur industrie, ou par le transport furtif de leurs richesses; les nations voisines, protectrices de l'hérésie, prêtes à s'armer pour la défen-

esse des Staates der Religion geopfert[5], so täuschten sie sich. Die französische Protestantenpolitik zeichnete sich – auch wenn dies auf den ersten Blick nicht so erscheinen mag – durch Kontinuität aus: Von Heinrich IV. bis zu Ludwig XIV. stand sie im Dienste des Staates und war damit Instrument zur Erlangung politischer Ziele. Ein Blick auf die französische Konfessionspolitik seit dem Edikt von Nantes sowie auf ihre Wechselwirkung mit der Außenpolitik macht das deutlich.

Am Ende des 16. Jahrhunderts war Frankreich dreigeteilt und zwar in die *Provinces-Unies du Midi* – ein wahrhafter hugenottischer Staat, der sich in Südfrankreich gebildet hatte –, die von der katholischen Liga beherrschten Gebiete und das, was noch vom königlichen Staat übrig war[6]. Die territoriale Integrität Frankreichs war bedroht. In dieser Situation verhandelten die Kommissare Heinrichs IV. zwei Jahre lang mit Vertretern der Reformierten, bis es am 13. April 1598 zur Verabschiedung des Edikts von Nantes kam. Der Katholizismus wurde in Gesamtfrankreich wiedereingeführt und die Kirche erhielt ihre Besitzungen wieder, soweit diese konfisziert worden waren. Alle Franzosen blieben außerdem bestimmten Regelungen des kanonischen Rechts unterworfen (z.B. was die „empêchements matrimoniaux" betraf). Die Protestanten erhielten das Recht, an festgelegten Orten legal und theoretisch ohne Nachteile für Karriere und Alltagsleben ihre protestantische Religion auszuüben. Zu ihrem persönlichen Schutz verfügten sie über sogenannte *places de sûreté*, befestigte Städte, deren Garnisonen vom König unterhalten und deren militärische Kommandanten von ihm ernannt wurden[7]. An diesem „Toleranz"-Edikt[8] zeigt sich, wie sich die Vorstellung vom

dre. Les périls fortifient son zèle; l'œuvre de Dieu ne craint point les hommes: il croit même affermir son trône en renversant celui de l'erreur: les temples profanes sont abattus; les prophètes de mensonge arrachés des troupeaux qu'ils séduisaient; les assemblées étrangères réunies à l'assemblée des fidèles."

[5] So etwa der Abt de Choisy, LESCURE, Bd. 1, S. 174, über Ludwig XIV: [Un roi] „qui s'imagina que la gloire de Dieu étoit intéressée, et que, pour la procurer dans une affaire si importante, il falloit sacrifier la politique à la religion".Vgl. auch E. GUITARD, Colbert et Seignelay contre la religion réformée. Étude inédite sur le rôle des secrétaires d'État de la Maison du Roi entre 1661 et 1690 dans la Révocation de l'Édit de Nantes, particulièrement à Paris, dans le Centre et dans le Ouest, Paris [2]1912, S. 64, der auf der Grundlage von Dokumenten aus der série O/1 (Maison du roi), Nationalarchiv, zeigt, daß sich Seignelay aus Gründen der Staatsräson gegen einen Widerruf aussprach.

[6] BAUBÉROT, Histoire du protestantisme, S. 35f.

[7] Vgl. hierzu Xavier de MONTCLOS, Histoire religieuse de la France, Paris 1988, S. 61. E. LABROUSSE, La révocation de l'édit de Nantes, S. 13f. GARRISSON, L'édit de Nantes, S. 13–27. Jean DELUMEAU, Naissance et affirmation de la réforme, Paris [5]1988, S. 183f.

[8] Pierre CHAUNU, La décision royale. Un système de révocation?, in: La révocation de l'édit de Nantes et le protestantisme français en 1685. Actes du colloque de Paris 1985, Paris 1986, verweist darauf, daß Toleranz zu dieser Zeit noch ganz pejorative Bedeutung hatte, im Sinne von „ein Übel ertragen, weil es sich zur Zeit nicht vermeiden läßt". Das galt nach LABROUSSE, La révocation, S. 81, auch noch am Ende des 17. Jhs. So habe es z.B. in der 1. Ausgabe des „Dictionnaire" der Académie française unter „tolérance"

Staat in Frankreich schon säkularisiert hatte. Zwar blieb der Katholizismus weiterhin Grundlage des Staates und die konfessionelle Einheit im Prinzip ein erstrebenswertes Ziel; im Konfliktfall aber rückte sie in der Prioritätenskala an die zweite Stelle: War das übergeordnete politische Ziel, nämlich die Wahrung der territorialen und sozialen Integrität des Landes gefährdet, z.B. durch offene Glaubenskämpfe, konnte im Sinne der Staatsräson eine begrenzte Duldung Andersgläubiger erlaubt werden[9]. Das Edikt von Nantes war ein aus den Umständen entstandener politischer Kompromiß und wurde nur so lange aufrechterhalten, wie dazu eine politische Notwendigkeit bestand[10].

Zu Lebzeiten Heinrichs IV. wurde das Edikt in den großen Linien eingehalten. Die gemäßigte „Partei der Politiker“ unterstützte die Protestanten als notwendiges Gegengewicht gegen die in der Liga organisierten radikalen Katholiken. Nach Auflösung der Liga allerdings und angesichts der relativen Schwäche ihres Nachfolgers, des *parti dévot*, hatte das Edikt seine politische Rechtfertigung weitgehend verloren[11]. Erste Gründe zur Besorgnis für die Protestanten gab es unter der Regentschaft der Maria von Medici, als Frankreich 1611 eine Allianz mit dem katholischen Spanien einging. Das Gnadenedikt von Alès 1629 brachte das echte Ende der Religionskriege. Es bestätigte zwar die religiösen Klauseln des Edikts von Nantes, schaffte aber die politischen und militärischen Privilegien der Protestanten ab[12]. In den folgenden Jahrzehnten hing das Schicksal der reformierten Minderheit häufig von den außenpolitischen Entwicklungen ab, die es zeitweise notwendig erscheinen ließen, die Protestanten Frankreichs zu schonen. Zugleich aber mußte man vermeiden, durch eine zu protestantenfreundliche Politik den *parti dévot* vor den Kopf zu stoßen[13]. Seit 1629 bestand der einzige Schutz der Protestanten in der Notwendigkeit, alle Kräfte Frankreichs für den Krieg gegen die Habs-

noch geheißen: „acceptation transitoire d'un mal auquel on n'est pas en mesure de remédier immédiatement“.

9 Vgl. z.B. Ulrich SCHEUNER, Staatsreligion und religiöse Einheit des Staates. Zur Religionspolitik in Deutschland im Zeitalter der Glaubensspaltung, in: Staatsräson. Studien zur Geschichte eines politischen Begriffs, hg. v. Roman SCHNUR, Berlin 1975, hier S. 367.

10 DELUMEAU, La réforme, S. 183f. CHAUNU, La décision royale, S. 21. Jean BAUBÉROT, Histoire du protestantisme, Paris ²1990, S. 73.

11 „Les Églises Réformées de France se trouvèrent donc en quelque sorte en porte-à-faux: les privilèges concédés autrefois tendaient à n'avoir plus guère de justifications proprement politiques, à savoir, d'utilité pour la couronne; ils n'avaient plus d'autre base que juridique, morale, historique. Or, on le sait, bien rares sont en histoire les exemples où un texte qui a cessé de paraître avantageux à qui souscrit ne devient pas aisément à ses yeux un chiffon de papier“, LABROUSSE, La révocation, S. 15.

12 Ibid.

13 Vgl. zu diesem Wechselspiel der Kräfte Hermann WEBER, Die Hugenottenfrage zur Zeit Ludwigs XIII., in: Der Exodus der Hugenotten. Die Aufhebung des Edikts von Nantes 1685 als europäisches Ereignis, hg. v. Heinz DUCHHARDT, Köln/Wien 1985, bes. S. 15f.

burger zu mobilisieren. Die protestantischen Allianzen waren das Herzstück der französischen Außenpolitik. Seit 1655 aber nahm dieses außenpolitische Gegengewicht kontinuierlich ab, und die Situation der Protestanten im Innern verschlechterte sich[14].

Ludwig XIV. vertrat zunächst eine Politik der kleinen Schritte mit friedlichen Mitteln. Gewaltsame Maßnahmen – so befand er in seinen Memoiren – erhitzten nur die Gemüter, die man stattdessen lieber unmerklich abkühlen lassen sollte:

„Il me sembla ... que ceux qui voulaient employer des remèdes extrêmes et violents, ne connaissaient pas la nature de ce mal, causé en partie par la chaleur des esprits, qu'il faut laisser passer et s'éteindre insensiblement, plutôt que de la rallumer de nouveau par une forte contradiction, surtout quand la corruption n'est pas bornée à un certain nombre connu, mais répandue dans toutes les parties de l'Etat"[15].

Bei seinem Regierungsantritt hatte er die noch erhaltenen Privilegien des Edikts von Nantes bestätigt, allerdings mit der Einschränkung, daß er „deren Einhaltung mit größtmöglicher Strenge überwachen"[16] wolle. Die Zahl der Protestanten im Königreich sollte nicht durch neue Härten („rigueurs") vermindert werden, sondern lediglich durch eine exakte Handhabung der den Protestanten bis dahin zugestandenen Rechte. Ludwig XIV. selbst wollte ihnen außerdem keinerlei Gunst mehr erweisen, sie sollten sich überlegen, ob es wirklich einen guten Grund dafür gab, daß sie sich freiwillig der Vorteile beraubten, die sie sonst mit den anderen Untertanen gemein gehabt hätten: „pour les obliger par là à considérer de temps en temps ... si c'était par quelque bonne raison qu'ils se privaient volontairement des avantages qui pouvaient leur être communs avec mes autres sujets"[17].

In den siebziger Jahren veränderte sich die politische Situation und damit auch die Lage der Protestanten. Der Konflikt Frankreichs mit den Niederlanden verschärfte sich. Spätestens seit Beginn des Krieges 1672 machte sich in der katholischen Bevölkerung ein wahrer Haß auf die Niederländer breit[18]. Die nördlichen Nachbarn symbolisierten eine wirtschaftliche Macht, mit der man nicht Schritt halten konnte. Sie galten als reich und arrogant. Nicht genug damit, daß sie während des Devolutionskrieges die Seiten gewechselt hatten, hatten sie sich im Anschluß auch noch über die Franzosen lustig gemacht: Eine Medaille, die aus aktuellem Anlaß geprägt worden war, zeigte Colbert, der eine Sonne vor sich her schob, um der wirtschaftlichen

14 CHAUNU, La décision royale, S. 26. Zur Politik Mazarins: LABROUSSE, La révocation, S. 25ff.

15 Louis XIV, Mémoires, hg. v. Jean LONGNON, Paris 1978, S. 105.

16 Nach LABROUSSE, La révocation, S. 120.

17 Ibid., S. 77f.

18 Dieses und das folgende nach François BLUCHE (Hg.), Dictionnaire du Grand Siècle, Paris 1990, S. 537 (Stichwort: „Ennemis héréditaires") und S. 1273f. (Stichwort: „Provinces-Unies").

Übermacht der Niederlande ein Ende zu bereiten, und Josua – als Personifizierung der Vereinigten Niederlande –, der ebendieser Sonne Einhalt gebot. Englands Erfolge im Seekrieg gegen Frankreich war u. a. auch der Unterstützung durch die Niederländer zu verdanken. Als Calvinisten waren die neuen Gegner ebenso verhaßt wie die calvinistische Minderheit im eigenen Land, zumal da die Niederlande französische Religionsflüchtlinge bei sich aufnahmen und antifranzösische Pamphlete bei sich drucken ließen. Schließlich wurden sie von Wilhelm von Oranien – einem der großen Gegner Ludwigs XIV. – angeführt. Auf niederländische Verbündete mußte Frankreich also nicht nur keine Rücksicht mehr nehmen; im Gegenteil: die neue Gegnerschaft erleichterte eine Verfolgung der Protestanten im Lande. Erst Jahrzehnte später, als die Niederlande nach 1713 an politischem Gewicht verloren, legte sich die antiniederländische Stimmung in Frankreich allmählich.

Ludwig XIV. hatte als Kind miterlebt, wie die staatliche Einheit Frankreichs durch die Fronde bedroht wurde. Um derartigen Gefahren vorzubeugen, baute er die monarchische Autorität konsequent aus, seit er am 10. März 1661 selbst die Regierungsgeschäfte übernommen hatte. Um die innere Sicherheit[19] zu gewährleisten, mußte sich Ludwig XIV. erstens autonome oder halbautonome Gewalten, wie etwa die Stände, Reste der Fronde etc., unterordnen oder diese zumindest im Zaume halten. Die protestantische Kirche war in diesem Kontext eine Partikulargewalt unter vielen – Adel, gallikanische Kirche etc. – und insofern in demselben Maße von Ludwigs Nivellierungstendenzen betroffen wie alle anderen. Mit eigenen Strukturen, Kirchenbüchern usw. entzog sie sich stärker als die katholische Kirche der Kontrolle durch die staatliche Obrigkeit – und stand damit der freien Entfaltung fürstlicher Autorität im Wege. So waren nicht konfessionelle Überlegungen, sondern politische Ziele ausschlaggebend, wenn Ludwig XIV. die reformierte Kirche Frankreichs als ebenso störend wie andere Sondergewalten empfand[20].

Nichts lag Ludwig zweitens ferner als eine erneute konfessionelle Aufheizung der Politik. Der konfessionelle Staat war im Gegenteil der zweite Feind, den er im Innern bekämpfte. Als absoluter Herrscher und ganz im Sinne moderner Staatsräson konnte Ludwig XIV. nur dem Staate – und nicht gleichzeitig der Konfession – dienen, denn staatliches und konfessionelles Interesse deckten sich nicht. Der Absolutismus hat daher die Trennung von Kirche und Staat gefördert. Die katholische Konfession diente weitgehend nur zur

[19] Zur Wahrung der äußeren Sicherheit mußte Ludwig XIV. ein schlagkräftiges Heer und entsprechende Infrastrukturen sowie eine funktionstüchtige Verwaltung auf- oder ausbauen. In diesem Zusammenhang kam dem Intendantensystem eine zentrale Bedeutung zu, wie wir noch sehen werden. Im Zusammenhang mit der Protestantenpolitik sind hier zunächst Methoden zur Wahrung der inneren Sicherheit von Interesse.

[20] Zur Vereinnahmung der gallikanischen Kirche durch die Monarchie etwa vgl. die Abschnitte „Die Beziehungen zum Papst“ und „Die Rolle der Kirche“ in diesem Kapitel.

Herrschaftslegitimierung, was sich beispielsweise in der extremen Betonung des Gottesgnadentums niederschlug. Ludwig XIV. selbst hob diese Funktion des Katholizismus in seinen Memoiren hervor: Allein mit menschlicher Anstrengung könne der König seinen Thron kaum verteidigen, wenn jeder glaube, im Prinzip den selben Anspruch darauf zu haben, wie er. Erst der Glaube an eine höhere Macht, von der seine ein Teil sei, sichere seine Position. Der öffentliche Respekt, den der König dieser „unsichtbaren Macht" („cette puissance invisible")[21] erweise, könne geradezu als der erste und bedeutendste Faktor seiner Politik bezeichnet werden, wenn es nicht viel edlere und uneigennützigere Motive gäbe:

„Et à vous dire la vérité, mon fils, nous ne manquons pas seulement de reconnaissance et de justice, mais de prudence et de bon sens, quand nous manquons de vénération pour celui dont nous ne sommes que les lieutenants. Notre soumission pour lui est la règle et l'exemple de celle qui nous est due. Les armées, les conseils, toute l'industrie humaine seraient de faibles moyens pour nous maintenir sur le trône, si chacun y croyait avoir même droit que nous, et ne révérait pas une puissance supérieure, dont la nôtre est une partie. Les respects publics que nous rendons à cette puissance invisible, pourraient enfin être nommés justement la première et la plus importante partie de notre politique, s'ils ne devaient avoir un motif plus noble et plus désintéressé".

Man kann sagen, daß es den französischen Monarchen seit Heinrich IV. auf geradezu geniale Weise gelang, das Bedürfnis breiter Bevölkerungsschichten nach religiöser Bindung „von den konfessionellen Streitigkeiten der Vergangenheit fort- und auf ein neues, über den Konfessionen stehendes Mysterium" hinzulenken, „auf das Mysterium der Monarchie und damit auf etwas unmittelbar unter Gott Plaziertes, die Menschen nicht Trennendes, sondern Einigendes"[22].

Frankreich war die katholische Monarchie par excellence – schon in den *lois fondamentales* war das festgelegt –, und insofern stand es ihr nicht gut an, offiziell eine zweite Konfession im Lande zu dulden. Es gehörte zu den positiven Nebeneffekten einer Maßnahme wie der Revokation, daß sie die Legi-

[21] Dieses und das folgende nach LONGNON, Mémoires de Louis XIV, S. 79. Vgl. auch MÖRKE, Die politische Bedeutung des Konfessionellen, S. 141, über die Niederlande. Dort verlangte die politische Praxis schon lange konfessionelle Toleranz. Als Legitimation war Konfession aber trotzdem immer noch vonnöten: Es „zeigte sich, daß am Konstrukt einer Staatskonfession ideell festgehalten wurde, weil einerseits zwar eine säkularisierte politische Praxis angesichts der nicht aufzulösenden Koexistenz konfessionsverschiedener Gruppen notwendig war, daß andererseits aber die Begründung von Politik des Festhaltens am Postulat der Bekenntniseinheit, am Gemeinwesen als Heilsgemeinschaft bedurfte."

[22] Ernst HINRICHS, Abschied vom Absolutismus? Eine Antwort auf Nicholas Henshall, in: R. G. ASCH u. H. DUCHHARDT (Hg.), Absolutismus – ein Mythos?, Köln 1996, S. 353–371, hier S. 367f.

timationsfunktion des Katholizismus verstärkte und Ludwig das Wohlwollen einer – trotz allem – stark protestantenfeindlich gestimmten Öffentlichkeit einbrachte[23]. Damit leuchtet die von den Schöpfern des Revokationsedikts in der Präambel vorgetragene Motivation auch heute noch ein[24]. Schon Heinrich IV. habe eigentlich die religiöse Einheit des Landes angestrebt. Nur „um die Ruhe in seinem Königreiche zu erhalten" und „damit er so besser im Stande wäre, seinem festen Vorsatz gemäß, an der Wiedervereinigung derer mit der Kirche zu arbeiten, die sich so leichtfertig von ihr entfernt hatten", habe er das Edikt von Nantes erlassen. Sein früher Tod habe die Ausführung dieses Plans verhindert. Die vielen Kriege, in die Frankreich seit 1635 bis zum Waffenstillstand 1684 verwickelt gewesen sei, hätten dazu geführt, daß auch die Nachfolger Heinrichs IV. die religiöse Einheit nicht wiederherstellen konnten. „Jetzt endlich hat Gott in seiner Gnade gefügt, daß Unsere Völker eine vollkommene Ruhe genießen, und daß Wir selbst [...] diese Waffenruhe ausnutzen konnten, [...] um mit ganzem Fleiße zu erforschen, wie Wir die Absicht der Könige [...] zum guten Ende führen könnten." – Jetzt endlich, 1685, war auch die aktuelle Situation günstig, um den Protestantismus auszulöschen.

[23] François BLUCHE, Louis XIV, Paris 1986, S. 503, 595 ff., 607 ff. BAUBÉROT, Histoire du protestantisme, S. 77 f. Auch Jean CARBONNIER, Sociologie et psychologie juridique de l'édit de révocation, in: La révocation de l'édit de Nantes et le protestantisme français 1685. Actes du colloque 1985, Paris 1986, S. 42: „Il est usuel d'admettre que la Révocation fut accueillie favorablement par une opinion publique qui, dans sa très grande majorité était imprégnée de la double fidélité catholique et monarchique." CARBONNIER führt weiterhin aus (S. 45), nach einer Entscheidungstheorie, die auch das irrationale Moment mit einschließe, brauche eine „décision législative" das Zusammentreffen von angemessenen soziohistorischen Umständen und einer außergewöhnlichen Persönlichkeit: „La société, par hypothèse, est grosse de la lex ferenda, mais il faut, pour l'en accoucher, un chef, un décideur charismatique." In unserem Falle habe Ludwig XIV. als König von Gottes Gnaden diese Rolle übernommen. Ebenso LE ROY LADURIE, L'Ancien Régime, Bd. 1, S. 295: „Avec ou sans Louis XIV, bien des données socioculturelles sont en place vers 1660–1680 qui ‚fonctionnent' ou qui prédisposent en effet à la prochaine Révocation (encore qu'il faille bien que quelqu'un – Louis XIV – donne le coup de pouce)." Weiteres zu den Reaktionen auf die Revokation bei Cathérine BERGÉAL u. Antoine DURRLEMAN, Eloge et condamnation de la Révocation de l'édit de Nantes, Carrières-sous-Poissy 1985, S. 15 ff. ROUX, Mémoires de Le Gendre, S. 61: „Il n'en est aucun (évènement) qui ait plus fait éclater le pouvoir de ce prince et de sa religion."

[24] Im folgenden zitiert nach: Das Edikt von Nantes. Das Edikt von Fontainebleau, hg. v. Deutschen Hugenottenverein, Flensburg 1963, S. 1. Der französische Text der beiden Edikte findet sich u.a. in Bernard DEVISMES, Unité religieuse, unité nationale. De l'évangélisme à la révocation de l'édit de Nantes, Paris 1946. Das Revokationsedikt auch bei PILATTE.

2.2. Die Revokation als aktuelle politische Maßnahme

2.2.1. Allianzen und Spanische Erbfolge

In den „Instructions aux ambassadeurs“ aus den Jahren um 1685 werden außenpolitische Ziele, die mit dem Revokationsedikts hätten verfolgt werden können, nicht ausdrücklich erwähnt. Dennoch bestand generell ein enger Zusammenhang zwischen außenpolitischen Ereignissen und der Verfolgung der Protestanten im Innern. Das Edikt von Fontainebleau wurde zu einem Zeitpunkt erlassen, als sich Frankreich außenpolitisch auf dem Höhepunkt seiner Macht befand; nach dem Regensburger Stillstand von 1684 hatte Ludwig XIV. den Rücken frei, um sich Religionsfragen im Lande zuzuwenden. Gleichzeitig – so läßt eine Betrachtung der internationalen Lage vermuten – erhoffte er sich von dem Edikt auch positive Rückwirkungen dieser Maßnahme auf die außenpolitische Situation. Der Kaiser hatte kurz zuvor (1683) die Türken vor Wien besiegt. In England war mit Jakob II. ein Katholik auf den Thron gekommen, von dem man sich Zustimmung für eine antiprotestantische Maßnahme erwartete. Gleichzeitig waren diese beiden Herrscher für Ludwig XIV. Konkurrenten um die Rolle der führenden christlich-katholischen Macht Europas. Die Gelegenheit für Frankreich war günstig, nun durch eine innenpolitische Maßnahme wie die Revokation England und dem Kaiser diesen Rang streitig zu machen[25]. Die Bündnispolitik mit den protestantischen Reichsfürsten hatte nicht den erhofften Erfolg gebracht, so daß hier kaum mehr Rücksichten nötig erschienen. Für eine mögliche Koalition mit den katholischen Fürsten in England oder Pfalz-Neuburg konnte es von Vorteil sein, ein rein katholisches Image zu haben. Das gilt natürlich noch viel stärker für die katholische Erbfolge in Spanien, die Frankreich anstrebte[26].

Eine interessante, aber nicht überzeugende These stellt Burkhardt auf[27]. Er interpretiert das Revokationsedikt nicht als Ausdruck von Konkurrenz, sondern vielmehr – nach dem geheimen Teilungsvertrag über das Spanische Erbe von 1668 – als einen weiteren Schritt der Annäherung an Habsburg in den „Vorstadien der diplomatischen Revolution“[28]. Um aber die Überwindung des seit 200 Jahren bestehenden habsburgisch-französischen Antagonismus, der noch dazu im historisch-politischen Schrifttum des 17. Jahrhunderts sorgfältig gepflegt worden sei, zu legitimieren, habe es eines verbindenden Elementes bedurft: des gemeinsamen Bekenntnisses. Die Revokation war

[25] Vgl. etwa GARRISSON, L'édit de Nantes, S. 9f.

[26] DUCHHARDT, Konfessionspolitik, S. 34f.

[27] Johannes BURKHARDT, Konfession als Argument in den zwischenstaatlichen Beziehungen. Friedenschancen und Religionskriegsgefahren in der Entspannungspolitik zwischen Ludwig XIV. und dem Kaiserhof, in: Rahmenbedingungen und Handlungsspielräume europäischer Außenpolitik im Zeitalter Ludwigs XIV., hg. v. Heinz DUCHHARDT, Berlin 1991, S. 135–154.

[28] Max BRAUBACH, Versailles und Wien von Ludwig XIV. bis Kaunitz. Die Vorstadien der diplomatischen Revolution im 18. Jahrhundert, Bonn 1952.

nach dieser These Teil des Versuchs, die „geschichtsbildgestützte aggressive Abgrenzungsideologie“[29] durch eine „religiöse Integrationsideologie“ zu ersetzen. Allerdings ist nicht klar, welchen aktuellen Anlaß Frankreich 1685 auf dem Höhepunkt seiner Macht gehabt hätte, eine Annäherung an Habsburg zu suchen. Wien war dabei, seine politischen Prioritäten im Osten zu setzen. Es hatte deswegen schon in einen neuerlichen französisch-spanischen Krieg nicht eingegriffen und die wichtige Festung Luxemburg in französische Hände fallen lassen. Es hatte außerdem einem 20jährigen Waffenstillstand zwischen Frankreich und dem Reich (Regensburger Stillstand) zugestimmt, der Ludwig XIV. die seit 1679 reunierten Gebiete überließ[30]. Im übrigen galten den Franzosen zu Ende des 17. Jahrhunderts weniger die Habsburger als ennemis héréditaires als vielmehr primär die Niederländer[31]. Auch dies spricht gegen Burkhardts These von der Überwindung der Abgrenzungs- durch eine Integrationsideologie.

2.2.2. Die Beziehungen zum Papst

Der Einfluß des Papstes auf die gallikanische Kirche war traditionell begrenzt. Durch die Gallikanischen Artikel von 1682 allerdings war er noch mehr zurückgedrängt worden – die Beziehungen zum Heiligen Stuhl hatten sich darüber spürbar verschlechtert (Regalienstreit). Ludwig XIV. hoffte vergebens, den Papst durch seine Maßnahme für den Katholizismus versöhnen zu können. Es leuchtet ein, daß ein Staat, der an der Ausschaltung von Partikulargewalten interessiert war, grundsätzlich nicht akzeptieren konnte, daß eine der größten Partikulargewalten des Landes – nämlich die katholische Kirche – einer außerhalb des Landes liegenden Obrigkeit – nämlich dem Papst – gehorchte[32]. Das Verhältnis zwischen Papst, König und gallikanischer Kirche war daher schon früh durch eine Reihe von Verträgen geregelt worden. Zunächst in der Pragmatischen Sanktion von Bourges von 1438: Sie legte fest, daß Domkapitel und Klosterinsassen die hohen Prälaturen selbst besetzten (unter bindender Berücksichtigung der „Sanften Bitten“ des Königs)[33]. Außerdem schränkte sie den Einfluß des Papstes auf die kirchliche Gerichtsbarkeit in Frankreich ein. Sie „beruhte auf den Reformdekreten des Basler Konzils und bildete die Grundlage des Gallikanismus, der die nationalkirchliche Selbständigkeit gegenüber dem Papst und die weitgehend juris-

[29] BURKHARDT, S. 147.
[30] DUCHHARDT, Absolutismus, S. 34.
[31] BLUCHE, Dictionnaire du Grand Siècle, S. 537.
[32] Vgl. ELLUL, Histoire des institutions 4, S. 102: „L'État ne pouvait évidemment tolérer que l'Église reste une société indépendante du Roi, ayant un chef à l'étranger, exerçant des droits régaliens. Le Concordat de 1516 avait fourni une base à l'intégration de l'Église à l'État. C'est alors que s'édifiera la théorie de l'Église gallicane.“
[33] MAGER, Institutionengeschichte, S. 132 f. Ebenso MONTCLOS, Histoire religieuse, S. 63: „La Pragmatique Sanction était une organisation unilatérale, et par conséquent abusive“.

diktionelle Unabhängigkeit vom Oberhaupt der katholischen Kirche betonte. Die gallikanischen Freiheiten, an denen das Königtum im wesentlichen festhielt, wurden später noch systematisiert und ausgestaltet"[34]. 1516 wurde dann zwischen Leo X. und Franz I. das Konkordat von Bologna abgeschlossen, das bis zum Ende des Ancien Régime in Kraft blieb. Es „nahm die meisten Bestimmungen der Pragmatischen Sanktion wieder auf und bildete die Basis für das Verhältnis der Kirche zum Königtum: [...] das Wahlrecht der Domkapitel und der Klosterkonvente, das etwa in Deutschland bis Anfang des 19. Jahrhunderts erhalten blieb, [wurde] beseitigt. Der König erhielt das Recht, alle Bischöfe und die Äbte der wichtigsten Klöster zu ernennen, dem Papst blieb dann die geistliche Einsetzung (institutio), die er aber nicht verweigern konnte, wenn der Kandidat die kanonischen Bedingungen erfüllte"[35]. Dieses Konkordat enthielt einige Konzessionen an den Papst. So konnte er durch die Aberkennung der Idoneität eines Kandidaten zu weitreichenden Autonomiebestrebungen der gallikanischen Kirche entgegenwirken[36]. Der König aber hielt durch das Besetzungsrecht für die Bischofsstühle und die meisten Abtstühle seines Königreiches ein gewichtiges Machtmittel in der Hand „und konnte so die französische Kirche weitgehend beherrschen"[37]. Das Prinzip des Klientelismus dürfte so – zugunsten des Königs – auch in der Kirche Einzug gehalten haben. Hierzu Méthivier: „Les ministres, d'accord avec les confesseurs du Roi, distribuaient évêchés et abbayes à leurs parents et amis, népotisme qui assurait la servilité des prélats. Un tableau de l'episcopat gallican vers 1675–1680 serait révélateur: un Colbert archevêque de Rouen, un Le Tellier archevêque de Reims, un Phélypeaux de la Vrillière archevêque de Bourges, un Villeroy, frère du maréchal, archevêque de Lyon, du Harlay de Champvallon, prélat intrigant et dépravé, vrai valet du pouvoir, archevêque de Paris" etc.[38]. Später modifizierte der König den Kompromiß von 1516 zu seinen Gunsten. Seit 1673 beanspruchte er bei Vakanz von Bischofsstühlen nicht nur die Nutznießung der Pfründen, „also das unstrittige sog. weltliche Regalienrecht", sondern nahm auch das bischöfliche Patronatsrecht zur Besetzung der niederen Benefizien wahr, das sog. geistliche Regalienrecht, das er bis dahin nur für einzelne Diözesen besessen hatte. Als der Papst einschritt, berief der König 1682 eine Versammlung von Bischöfen und Vertretern des niederen Klerus ein, die vier von Bossuet verfaßte Artikel als die sogenannte „Déclaration du Clergé de France sur la puissance ecclésiastique et la puissance séculière" verabschiedeten[39]. In dieser Erklärung hieß es:

[34] HARTMANN, Verfassungsgeschichte, S. 40f.
[35] Ibid.
[36] MAGER, Institutionengeschichte, S. 133.
[37] HARTMANN, Verfassungsgeschichte, S. 40f.
[38] Hubert MÉTHIVIER, Le siècle de Louis XIV, Paris [12]1994, S. 81. Ebenso MAGER, Institutionengeschichte, S. 133: „Das Konkordat von Bologna lieferte der Regierung das enorme Patronagepotential der katholischen Kirche voll aus".
[39] MAGER, Institutionengeschichte, S. 133.

„Die Fürsten sind in weltlichen Angelegenheiten keiner kirchlichen Gewalt unterworfen, sie können von kirchlichen Obrigkeiten weder direkt noch indirekt abgesetzt werden; ihre Untertanen können nicht von der Gehorsams- und Treueverpflichtung gegenüber den Fürsten entbunden werden" (Art. 1).

„Die Fülle der Gewalt des Papstes in geistlichen Angelegenheiten versteht sich unter Beachtung der Dekrete des Konzils von Konstanz über die Superiorität der allgemeinen Konzile" (Art. 2).

„Der Papst ist in der Ausübung seiner Gewalt an die Kanones und an die in Frankreich angenommenen Regeln, Gewohnheiten und Grundsätze gebunden" (Art. 3).

„Zwar ist der Papst in Glaubenssachen die vorzügliche Autorität, sein Urteil wird indes erst dann unumstößlich, wenn der Konsens der Kirche hinzutritt" (Art. 4)[40].

Diese vier Artikel waren für das gesamte Königreich verbindlich. Sie forderten die völlige Unabhängigkeit der weltlichen von der geistlichen Gewalt. Sie wiesen den päpstlichen Suprematsanspruch zurück und drohten gleichzeitig, „durch Einberufung eines Konzils die für die Kurie prekäre Situation des 15. Jahrhunderts wiederaufleben zu lassen"[41]. 1682–1693 schwelte deswegen ein Konflikt zwischen der Kurie und dem König. Der Papst verweigerte die Ernennung von Teilnehmern der Versammlung von 1682, die dem König zur Besetzung vakanter Prälaturen vorgeschlagen wurden (Regalien-

[40] Die deutsche Übersetzung der vier Artikel zitiert nach MAGER, Institutionengeschichte, S. 133. Zu den Gallikanischen Artikeln auch MÉTHIVIER, Louis XIV, S. 81. Roland MOUSNIER, Les institutions de la France sous la monarchie absolue 1598–1789, Bd. I: Société et état, Paris 1974, S. 245 ff. Auch ELLUL, S. 102, hebt hervor, daß die Kirche dem König völlig untergeordnet war: „La liberté dont il est question est la liberté de l'Église de France à l'égard du Pape, l'Eglise étant pratiquement soumise au Roi. Les principes de doctrine sont: ...c. Pour la discipline et le temporel, le Pape n'a pas de pouvoir sur l'Église gallicane: tout décret des Conciles, toute bulle pontificale doivent être approuvés et confirmés par le Roi avant d'être appliqués en France. De même un légat pontifical ne peut être reçu en France qu'avec la permission du Roi. Enfin le Pape ne peut plus lever d'impositions en France sur les personnes et les biens des ecclésiastiques, sauf avec l'autorisation du Roi; d. Inversement le Roi a l'autorité sur l'Église en ce qui concerne la discipline et le temporel: il en est le chef; il autorise ou même convoque les Conciles dans le Royaume. Il surveille les déplacements des évêques, qui ne peuvent sortir de France qu'avec l'autorisation du Roi. Il peut réformer la discipline et les règles monastiques. Il peut supprimer des ordres religieux, et en tout cas, la création ou la suppression d'un ordre ne se fait qu'avec l'autorisation royale. Il surveille toutes les communautés ecclésiastiques, et peut leur imposer des règlements. On alla même plus loin, et l'on admit que le Roi pouvait prendre des mesures réglementant l'administration des sacrements: l'ordonnance de Blois (1579) fixe par exemple les règles du mariage. Enfin c'est à ces libertés que l'on rattachait des droits anciens du Roi: la Régale, le droit de garde, l'investiture des évêques, le droit de présentation des candidats, l'amortissement de la mainmorte. Telles sont les principales règles du gallicanisme."

[41] MAGER, Institutionengeschichte, S. 134.

streit). Unterstützung fand Ludwig XIV. in seinem Antiultramontanismus insbesondere von seiten der Parlamente[42]. Justizbeamte und Kleriker waren nämlich konkurrierende Richter und eine Einschränkung der päpstlichen Autorität über die gallikanische Kirche bedeutete automatisch ihre stärkere Unterordnung unter die königliche Autorität[43].

Der König hatte also seine Stellung gegenüber dem Papst mit Hilfe der Kirche Frankreichs und mit Hilfe der Justizbeamten schon gut gefestigt. Außerdem hatte er die Autorität über die – traditionell antiultramontanen – theologischen Fakultäten[44]. Trotzdem war es nicht immer angebracht, es auf ein Kräftespiel mit dem Papst ankommen zu lassen. Lavisse zitiert einige Beispiele dafür, daß der König in Kompetenzstreitigkeiten zurücksteckte, um die Beziehungen nicht (unnötig) zu belasten, denn Ludwig selbst war überzeugt, daß es besser war, den Heiligen Stuhl auf seiner Seite zu haben:

[J'étais] „persuadé que, dans les importantes occasions qui m'étaient présentées de toute part, il était toujours plus avantageux que cette cour me fût favorable que contraire“[45].

So sah sich Ludwig XIV. etwa im Regalienstreit letzten Endes zum Einlenken gezwungen: Weil er im Kampf gegen die Jansenisten auf die Unterstützung des Papstes angewiesen war, widerrief er 1693 zusammen mit seinen Bischöfen die vier Artikel von 1682; im Gegenzug investierte der Papst die ernannten Bischöfe. Die Einnahmen der vakanten Bischofsstühle überließ Ludwig XIV. den neuen Prälaten. Nachdem er seinen Frieden mit der Kurie geschlossen hatte, drang er denn auch sogleich auf eine ausdrückliche Verurteilung des Jansenismus[46].

In diesem Zusammenhang ist auch die Revokation des Edikts von Nantes oft als politischer Schachzug gegenüber dem Papst interpretiert worden. Nicht nur habe Ludwig XIV. sich von einer so großen Tat für den Katholizismus vergebens ein Einlenken des Papstes im Regalienstreit erhofft. Sondern er habe auch im Hinblick auf die sich abzeichnende Frage der Erb-

[42] Ibid.

[43] Ernest LAVISSE, Louis XIV Histoire d'un grand règne 1643–1715, überarb. Neuauflage Paris 1988, S. 380: „Le magistrat … était anti-clerical. … Le magistrat et le clerc étaient des juges concurrents … [Le magistrat] … détestait l'autorité ultramontaine, rivale de l'autorité du Roi, et, par conséquent, de la sienne. … Ce qui lui plaisait dans ces droits, libertés et franchises, c'est qu'en diminuant l'autorité du Pape sur l'Église, il convertissait des libertés à l'égard du Pape en servitude envers la Couronne.“

[44] Ibid.

[45] Zitiert nach LAVISSE, Louis XIV, S. 382. Die Beispiele zu den Kompetenzstreitigkeiten S. 380ff.

[46] MÉTHIVIER, Louis XIV, S. 81f. Hierzu auch MAGER, Institutionengeschichte, S. 134: „In entscheidendem Maße wurde das Verhalten des Königs jedoch von der Einsicht bestimmt, daß zur Abwehr der in der zweiten Hälfte des 17. Jahrhunderts aufgekommenen jansenistischen Bewegung, welche die überkommene episkopalistisch-anstaltliche Kirchenverfassung, damit jedoch die Handhabung des königlichen Patronatsrechts in Frage stellte, die Mithilfe des Papstes dringend geboten war.“

folge in Spanien auf gute Beziehungen zum Oberhaupt des Katholizismus spekuliert[47].

Das läßt sich aus der diplomatischen Korrespondenz des französischen Außenministeriums und des Königs mit seinen Abgesandten am päpstlichen Hof eindeutig bestätigen: Ludwig XIV. war an einer Entspannung der Beziehungen und an einer Beilegung des Regalienstreits interessiert. Immer wieder – mindestens seit Mai 1684 – erkundigte sich der Hof, ob der Papst die jüngsten Maßnahmen zur Ausrottung der Häresie zur Kenntnis genommen und gewürdigt habe und ob er nicht im Gegenzug bereit sei, die von Ludwig vorgeschlagenen Bischöfe zu bestätigen. Diese Frage zieht sich wie ein roter Faden durch die Korrespondenz, ohne daß es Anzeichen dafür gab, daß der Papst erwog, Ludwig den erbetenen Gefallen zu tun. Der König gab denn auch immer wieder seiner Enttäuschung Ausdruck, so im Mai 1685, als er an seinen Gesandten in Rom, den duc d'Estrées, schrieb: „Comme Sa Sainteté ne peut être excitée à rétablir avec moi une parfaite intelligence (…) par ce que je fais tous les jours dans mon royaume pour l'extirpation de l'hérésie (…), il ne faut plus espérer que rien au monde soit capable d'inspirer à Sa Sainteté les sentiments qu'il serait à désirer pour le bien de l'Eglise“[48]. Am 19. Oktober 1685 äußerte er erneut Verwunderung über das Verhalten des Papstes: „[Il] aime mieux laisser les églises abandonnées de leurs pasteurs dans le temps qu'elles en ont le plus besoin, que d'accorder des bulles à ceux que je lui ai nommés“[49]. Der Papst seinerseits lobte nämlich zwar das Revokationsedikt und ließ mit einiger Verspätung dann auch einen großen Gottesdienst zelebrieren, war aber weiterhin nicht zu Zugeständnissen in der Regalienfrage bereit[50].

[47] DUCHHARDT, Absolutismus, S. 33. Jean ORCIBAL, Louis XIV et les protestants, Paris 1951.

[48] Correspondance de Rome, Bd. 295, S. 197f.; zitiert nach Edmond MICHAUD, Louis XIV et Innocent XI d'après les correspondances diplomatiques inédites du ministère des affaires étrangères de France, Bd. 4: Débats théologiques et affaires religieuses, Paris 1883, S. 500. Vgl. zur von Ludwig angestrebten Versöhnung mit dem Papst auch: ROUX, S. 63.

[49] Brief an d'Estrées, Correspondance de Rome, Bd. 296, S. 163ff.; zitiert nach MICHAUD,
S. 502f.

[50] Vgl. hierzu die Korrespondenz des päpstlichen Nuntius am Hofe Ludwigs XIV., Correspondance du nonce en France Angelo Ranuzzi, Bd. 1, bes. Nr. 1407ff. Auch Correspondance inédite de Mabillon et de Montfaucon avec l'Italie, contenant un grand nombre de faits sur l'Histoire religieuse et littéraire du 17ème siècle etc., hg. v. M. VALÉRY, Paris 1846, S. 142ff., 162ff., 175f., 191ff., 205ff., 253ff., 291ff. Auch Pierre BLET, Les papes et la révocation, in: La révocation de l'édit de Nantes et le protestantisme français en 1685. Actes du colloque de Paris 1985, u. Leitg. v. Roger ZUBER u. Laurent THEIS, Paris 1986, S. 263–280.

2.2.3. *Die Rolle der Kirche*

Der König hatte sich die Kirche weitgehend untergeordnet und verfügte besonders mit seinem entscheidenden Einfluß auf die Personalpolitik über ein wichtiges Instrument zu ihrer Kontrolle: Schlüsselposten, besonders die Stellen des hohen weltlichen Klerus, konnte er mit Personen seiner Wahl besetzen. Aber auch in der Protestantenpolitik behielt die Regierung das Ruder in der Hand.

Bereits zu Beginn des 17. Jahrhunderts hatte der parti dévot alles daran gesetzt, das Edikt von Nantes auf eigene Faust zu bekämpfen. 1627 hatte er die Compagnie du Saint-Sacrement gegründet, einen Geheimbund, dessen Mitglieder – hauptsächlich Notabeln und königliche Beamte – sich verpflichteten, die Protestanten nach Möglichkeit sozial und wirtschaftlich zu benachteiligen und zu behindern. Eine solche undurchsichtige geheime Organisation, die sich der Kontrolle durch die Regierung entzog, mußte dem absolutistischen Staat mißfallen. Sie wurde daher 1666 abgeschafft[51]. Auch von der gallikanischen Kirche ließ sich der König nicht in seine Protestantenpolitik hineinreden. Angesichts des ständig steigenden Finanzbedarfs Ludwigs XIV. besaß die katholische Kirche zwar mit der Bewilligung des don gratuit ein wichtiges und offenbar auch effizientes Machtmittel zur Durchsetzung eigener Interessen[52]. Für Fragen des Protestantismus etwa läßt sich ein Zusammenhang zwischen den von der Kirchenversammlung geforderten und den – in zeitlicher Verschiebung – von König und Regierung tatsächlich getroffenen Maßnahmen zur Unterdrückung des Protestantismus feststellen[53]. Das darf aber nicht zu der Auffassung führen, die Verfolgung der Protestanten sei eine direkte Folge der Kirchenversammlungen gewesen. „Il n'est pas d'avantage possible d'expliquer les mesures de persécution par les remonstrances des assemblées du clergé: elles furent après 1675 trop complètement dans la main de la Cour“[54]. „L'Edit de Fontainebleau semble avoir été exclusivement l'œuvre de laïques“[55]. Die Revokation war nicht das direkte Ergeb-

[51] LABROUSSE, La révocation, S. 59ff.

[52] Vgl. etwa ELLUL, Histoire des institutions 4, S. 192f.: „Normalement l'Assemblée votera le don gratuit en échange de certains avantages ... [Elle] profite de ces réunions pour soumettre des revendications politiques, administratives ou religieuses, ... action contre protestants“ etc. – Ebenso MOUSNIER, Institutions I, S. 293, der hier auch genau die Prozedur des Erlassens von Gesetzen schildert. Auch MAGER, Institutionengeschichte, S. 141, der betont, die *agents du clergé* hätten in allen den Klerus betreffenden Angelegenheiten Zugang zum königlichen Rat gehabt.

[53] Jean CARBONNIER, L'amour sans la loi. Réflexions de psychologie sociale sur le droit de filiation, en marge de l'histoire du protestantisme français, in: BSHPF 125 (1979), S. 47–95, hier S. 75. Pierre BLET, Les assemblées du clergé et Louis XIV de 1670 à 1693, Rom 1972, S. 421–85. DERS., Le clergé de France et la monarchie. Étude sur les assemblées générales du clergé, Bd. 2, Rom 1959, S. 342–388.

[54] ORCIBAL, Louis XIV et les protestants, S. 93.

[55] Ibid., S. 116.

nis des Einflusses einer mächtigen „pressure group". Trotzdem hatte Ludwig XIV. 1685 Motive dafür, den französischen Klerus gewinnen zu wollen. Zunächst konnte die Verfolgung der Protestanten ganz allgemein dazu dienen, diesen Stand für seine fortschreitende Entmachtung quasi zu entschädigen.

Die Auseinandersetzung mit dem Papst, an deren Beilegung der König offensichtlich interessiert war, war außerdem eher mit der Unterstützung des gesamten Klerus zu bestreiten. Der umfaßte bekanntlich verschiedene Strömungen. Ihnen allen gemeinsam aber war der Wunsch, durch die Auslöschung des Protestantismus die religiöse Einheit wiederherzustellen[56]. Auf seinen Kirchenversammlungen hatte der katholische Klerus nie explizit den Widerruf des Edikts von Nantes gefordert[57] – derartige Entscheidungen fielen unter die Prärogativen des Königs[58]. Trotzdem mußte seine Revokation den verschiedenen Richtungen innerhalb der katholischen Kirche – einschließlich des Jansenismus – entgegenkommen. Selbst kritische Stimmen innerhalb des Klerus sprachen sich dann auch nicht gegen die Maßnahme an sich aus. Sie wandten sich – wie etwa der Bischof von Grenoble, Le Camus – oft lediglich gegen die gewaltsamen Methoden ihrer Anbahnung oder Umsetzung[59].

Die französische Protestantenpolitik von Heinrich IV. bis zu Ludwig XIV. war und blieb somit eine Funktion absolutistischer Politik. Ausgangspunkt ihrer Gestaltung war zu jeder Zeit das Interesse des Staates. Dessen Grundanliegen bestand zunächst einmal darin, die eigene Existenz zu sichern, indem potentielle Gefahrenherde von innen oder außen – konfessionelle Konflikte oder unkontrollierbare Sondergruppen – frühzeitig entschärft wurden. Sofern mit diesen Grundsätzen vereinbar, waren die konfessionelle Einheit Frankreichs und die Aufhebung der öffentlich-rechtlichen Privilegierung der Protestanten im Lande seit Heinrich IV. immer erwünschtes Fernziel

[56] BLUCHE, Louis XIV, S. 595.

[57] BLET, Les assemblées du clergé, S. 467ff. Auch DERS., Le clergé de France, S. 342–388; CARBONNIER, Sociologie et psychologie juridiques, S. 31–57. Zu den Forderungen, die der Klerus auf seinen Kirchenversammlungen stellte, z.B. AN G/8/665*, Anhang: „Articles concernant la religion lesquels messieurs les archevesques, evesques et autres ecclésiastiques députés en l'assemblée générale du clerge en 1685 suplient très humblement le roy de leur accorder." Am Rand ist jeweils die Antwort des Königs markiert, etwa: „Accordé" oder „Sa Majesté y fera considération" oder „Sa Majesté a desja pourveu à ce qui est porté dans cet article par plusieurs arrests qui ont esté rendus."

[58] LABROUSSE, La révocation, S. 130.

[59] Vgl. Pierre BOLLE, Deux évêques devant la révocation: Étienne Le Camus et Daniel de Cosnac, in: La révocation de l'édit de Nantes et le protestantisme français 1685. Actes du colloque de Paris 1985, Paris 1986, S. 59–73. Le cardinal des montagnes Étienne Le Camus, Évêque de Grenoble (1671–1707). Actes du colloque Le Camus Grenoble 1971, Grenoble 1974. Jean-Pierre LANDRY, Les jésuites et la révocation de l'édit de Nantes: L'exemple de Bourdaloue, in: BSHPF 131 (1985), S. 301–313.

gewesen. Alle weiteren politischen Motive der Protestantenpolitik, die hier angeführt wurden, sowie auch sonstige persönliche oder religiöse Beweggründe[60] müssen im Vergleich zu diesem grundsätzlichen Ziel Ludwigs als sekundär begriffen werden.

[60] In verschiedenen Quellen wird darauf verwiesen, daß Ludwig XIV. in zunehmendem Maße religiös geworden sei. Krankheiten, unter denen er am Vorabend der Revokation litt – Probleme mit den Zähnen sowie eine Fistel, die im folgenden Jahr operiert wurde –, hätten ihn sein nahes Ende erwarten lassen. Die Angst vor dem Tod, das Nachdenken über die *désordres* seines vergangenen Lebens, hätten in ihm das Bedürfnis geweckt, ein Werk für die Religion zu tun, um Gott gnädig zu stimmen, vgl. Ezechiel SPANHEIM, Relation de la Cour de France en 1690, hg. v. E. Bourgeois, Paris 1973, S. 50ff. Saint-Simon, Ausgabe BOISLISLE, Bd. 28 (1916), S. 224: „Le roi étoit devenu dévot, et dévot dans la dernière ignorance". Zum Einfluß einzelner Personen aus dem Umkreis Ludwigs XIV., etwa des Père La Chaise, der Madame de Maintenon oder des Erzbischofs von Paris, Harlay, vgl. Saint-Simon, Ausg. BOISLISLE, Bd. 28 (1916), S. 226f. – SPANHEIM, S. 48ff. Œuvres complètes du chancellier d'Aguesseau, hg. v. Jean Marie PARDESSUS, Paris 1819, Bd. 15, S. 324f. Dagegen Le Duc de NOAILLES, Histoire de Madame de Maintenon, Paris 1849, Bd. 2, S. 658, der meint, sie habe die Revokation weder inspiriert, noch provoziert. Der Ruf der Madame de Maintenon beruht hauptsächlich auf den Mémoires des Protestanten Beaumelle, die 1755–56 veröffentlicht wurden, voller Fehler und Anachronismen und außerdem tendenziös sind, u.a. da sie vom Autor als Propaganda für die *tolérance civile* verfaßt worden waren. Vgl. LABROUSSE, La révocation, S. 100, die auch den Einfluß des Père La Chaise zurückweist.

3. DER NORMATIVE RAHMEN: GESETZE ZUR PROTESTANTENPOLITIK

Die Grundsätze der Protestantenpolitik wurden durch die Zentralregierung grundlegend und zusammenfassend in den Edikten von 1669, 1685, 1698 und 1724 festgelegt. Diese Daten machen erneut den engen Zusammenhang der Protestantenverfolgung mit außenpolitischen Ereignissen deutlich. Jeweils nach Abschluß kriegerischer Handlungen wandte man sich wieder innenpolitischen Fragen zu, darunter regelmäßig auch dem Protestantismus: nach Ende des Devolutionskrieges mit dem Frieden von Aachen (1667/68), nach dem Regensburger Stillstand (1684), nach dem Frieden von Rijswijk (1697). Selbst der Beginn der verschärften Verfolgung der französischen Protestanten seit 1679 fällt mit dem Ende des niederländischen Krieges und dem Frieden von Nimwegen (1679) zusammen. Lediglich die Deklaration von 1724 wurde aus Anlaß eines innenpolitischen Ereignisses, der Großjährigkeit des Königs, erlassen.

Zahlreiche Einzelverordnungen ergänzten diese ausführlichen Deklarationen und Edikte. Weit über das rein Religiöse hinausgehend, griffen sie bis weit in alle Lebensbereiche der Protestanten ein. Durch die Kontrolle über Glauben, Bildung, Beruf, Besitz, standesamtliche Tätigkeiten und Freizügigkeit waren sie – zumindest theoretisch – dazu angetan, die gesamte bürgerliche und persönliche Existenz der Protestanten bzw. Neukonvertierten zu überwachen und zu steuern. Betrachten wir hier zunächst, auf welche Lebensbereiche der Protestanten der gesetzgeberische Prozeß abzielte, um uns anschließend ihrer Ausführung in der Praxis zuzuwenden.

Die gesamte Gesetzgebung zu Fragen des Protestantismus zwischen 1662 und 1751 hat Pilatte in einer Neuauflage zum zweiten Zentenarium der Revokation 1885 ediert. Diese Sammlung beruht auf zeitgenössischen Gesetzessammlungen, die quasi als Leitfaden zusammengestellt worden waren für diejenigen Personen, die in dem entsprechenden Zeitraum mit der Verfolgung der Protestanten befaßt waren. Sie enthalten die Grundsätze der Protestantenpolitik und ihrer Ausführung und als Beispiele einige Einzelfälle und -urteile[1].

[1] Recueil des Édits, Déclarations et Arrests du Conseil concernans la Religion prétendue Reformée, lesquels ont été enregistrez en la Cour de Parlement depuis 1664 jusqu'à présent, nouvelle édition: Paris 1729. Nouveau recueil des Édits et Déclarations, Arrêts et Règlemens du Conseil rendus au sujet des gens de la Religion prétendue réformée, depuis 1669 jusqu'à présent, Toulouse 1715. Sofern nicht anders vermerkt, die im folgenden zitierten Gesetze, Edikte, Deklarationen, Verordnungen nach PILATTE, Edits. Die protestantische Religion wird hier ebenso wie in anderen Quellen als R.P.R. (*Religion Prétendue Réformée*) bezeichnet.

Das Revokationsedikt von 1685 hob das Edikt von Nantes (1598) sowie alle weiteren Gesetze, Edikte, Deklarationen und Verordnungen auf, die seitdem zugunsten der Protestanten erlassen worden waren. Das relativ kurz gehaltene Revokationsedikt enthält somit auch die Negation einer ganzen Reihe von Zugeständnissen, die im Laufe der Zeit gemacht worden waren. Seine gesetzgeberische Vorgeschichte muß daher hier auch berücksichtigt werden. Da insgesamt Hunderte von Gesetzen und Verordnungen erlassen wurden, die Fragen des Protestantismus betrafen – allein das Edikt von Nantes mit seinen über 100 Artikeln stellt schon ein umfassendes Gesetzeswerk dar –, sollen die Verordnungen hier nicht einzeln aufgezählt, sondern nach ihrem Inhalt und ihrer Zielsetzung gruppiert werden.

3.1. Personalpolitik

Im Interesse einer echten Verankerung der neuen Normen im gesamten französischen Staatsapparat wurden besonders die mit ihrer Durchsetzung befaßten Personenkreise überprüft und auf den Katholizismus verpflichtet: weltliche Beamte und Juristen; Ärzte, Chirurgen, Apotheker, Hebammen; Pfarrer, Theologen und Lehrer; Buchhändler und -drucker[2].

Die Ausführung der Protestantenpolitik lag, wie wir noch sehen werden, überwiegend in der Hand der Beamten und Juristen. Um eine den staatlichen Vorgaben entsprechende Ausführung der Protestantenpolitik zu garantieren, mußten die Protestanten selbst von der Ausführung dieser Politik ausgeschlossen werden. Das Edikt von Nantes hatte den Protestanten noch den freien Zugang zu allen öffentlichen Ämtern und Würden garantiert[3] und festgelegt, daß sie keinen Amtseid ablegen müßten, der ihrer Religion widerspräche, sondern lediglich bei Gott schwören (Art. 24). Seit Regierungsantritt Ludwigs XIV. wurden diese Rechte nach und nach aufgehoben. Eine ausführliche Deklaration von 1669 schloß erstmals in größerem Umfang die Protestanten von verschiedenen Ämtern und Funktionen aus[4]. Seit 1679

[2] Vgl. zur Frage der Berufsverbote für Protestanten auch Arie Thedorus van DEURSEN, Professions et métiers interdits. Un aspect de l'histoire de la révocation de l'édit de Nantes, Groningen 1960.

[3] Art. 27 erklärte die Protestanten „capables de tenir et exercer tous états, dignitez, offices et charges publiques quelquonques." Art. 10 der Geheimartikel des Edikts von Nantes bekräftigte das noch einmal.

[4] Déclaration du premier février 1669 portant règlement des choses qui doivent être gardées et observées par ceux qui font profession de la religion prétendue réformée. Art. 25: „... que les conseillers de ladite R.P.R. des sénéchaussées et autres ne pourront présider en absence des chefs de leur compagnie; mais seulement les catholiques, lesquels porteront la parole, à l'exclusion des officiers de la R.P.R. quoique plus anciens." Art. 27 legte für die Provinzen Languedoc und Guyenne fest: „Le premier consul sera choisi du nombre des habitans catholiques plus qualifiez et taillables: et ne pourront lesdits de la R.P.R. être admis au premier consulat, ni entrer dans les états de Langue-

wurde ihnen systematisch der Zugang zu öffentlichen und im weitesten Sinne juristischen Ämtern verwehrt[5].

Nach der großen Dragonade und den Zwangskonversionen im Sommer 1685 sowie mit Erlaß des Revokationsedikts stellte sich nun die Situation ein, daß es – abgesehen von ein paar vereinzelten Hartnäckigen – zumindest dem Namen nach in Frankreich praktisch keine Protestanten mehr gab. Neukonvertierte müßten nun zu juristischen Ämtern wieder Zugang gehabt haben. Ein weitere gesetzliche Regelung hierzu findet sich erst wieder in der ausführlichen Deklaration vom 13. Dezember 1698. Dort wird für die juristischen Ämter ein Nachweis über die Katholizität des Bewerbers verlangt, den der örtliche Klerus ausstellen kann. Ein solcher Nachweis mußte ebenfalls vorgelegt werden bei Abschluß des Universitätsstudiums der Rechte[6]. Diese Regelung wurde in der Deklaration von 1724 wiederholt[7].

doc." Art. 29: „... que les charges de greffiers des maisons consulaires ou secretaires des communautés ne pourront être tenues que par des catholiques, attendu que les communautés sont reputez catholiques."

[5] Arrest du 6 novembre 1679 portant défenses à tous seigneurs hauts justiciers, d'établir dans leurs terres, des officiers autres que catholiques. Arrest de la cour de parlement, du 11 janvier 1680, portant défenses à tous seigneurs ayant justice, soit qu'ils soient catholiques ou de la R.P.R. d'établir dans leurs terres aucuns officiers de la R.P.R. Arrest du 17 août 1680 portant défenses aux réceveurs généraux des finances, de traiter du recouvrement des tailles des élections avec aucune personne de la R.P.R., ni d'employer audit recouvrement aucuns commis et huissiers de ladite religion. Arrest du 23 août 1680 qui ordonne la destitution des officiers des justices subalternes faisant profession de la R.P.R. Arrest du parlement, du 2 décembre 1680 qui enjoint aux greffiers, notaires, procureurs et sergens de la R.P.R. dans les justices des seigneurs hauts-justiciers de se défaire de leurs charges. Arrest du 10 janvier 1681 portant que pour toujours ceux de la R.P.R. seront exclus du consulat et conseil politique de la ville de Grenoble. Arrest du 6 avril 1682 portant que les avocats catholiques concluront et porteront la parole en toutes occasions pour le corps des avocats, a l'exclusion de ceux de la R.P.R. quoique plus anciens. Déclaration du 15 juin 1682 pour exclure ceux de la R.P.R. d'exercer les offices de notaires, procureurs, huissiers et sergens. Arrest du 29 septembre 1682 portant injonction aux officiers des marechaussees, receveurs des consignations et commissaires aux saisies réelles, faisant profession de la R.P.R. de se défaire de leurs offices en faveur des catholiques. Arrest du 4 mars 1683 qui ordonne a tous officiers faisant profession de la R.P.R. ayant charge dans la maison du Roy, et autres maisons royales, de se démettre de leurs charges. Arrest du 19 janvier 1684 portant que les titulaires des charges de conseillers-secrétaires du roy, qui font profession de la R.P.R. seront tenus de se défaire de leurs charges en faveur des catholiques. Déclaration du 21 août 1684 portant défense de nommer des experts de la R.P.R. Arrest du 11 décembre 1684 portant que les conseillers de la R.P.R. ne pourront être rapporteurs pour les nouveaux catholiques. Déclaration du 11 juillet 1685 portant que ceux de la R.P.R. ne pourront être recus avocats.

[6] Art. 13: „Ordonnons que suivant les anciennes ordonnances des rois nos prédécesseurs et l'usage observés, personne ne sera reçu en aucune charge de judicature dans toutes nosdites cours et justices, dans celles des hotels de ville qui ont été érigées en titre d'office, ensemble dans celles de greffiers, procureurs, notaires et huissiers, sans avoir une attestation du curé de la paroisse dans laquelle il demeure, ou de leurs vicaires, en forme de déposition de leurs bonne vie et mœurs, ensemble de l'exercice qu'ils font de la religion catholique, apostolique et romaine."

[7] Art. 12: „Ordonnons que suivant les anciennes ordonnances des rois nos prédé-

Außer der Auflage, einen Nachweis über gute Sitten und die Ausübung der katholischen Religion beizubringen, enthielten die Gesetze zum Teil auch konkrete Handlungsanweisungen an die angesprochene Berufsgruppe. So wurden etwa die Richter, Staatsanwälte (*procureurs*) und Herren der hohen Gerichtsbarkeit sowohl in der Deklaration von 1698 als auch in der von 1724 im Zusammenhang mit der Erziehung und Unterweisung der Kinder ausdrücklich aufgefordert, die nötigen Verordnungen hierzu zu erlassen und Verstöße mit mehr oder weniger hohen Geldstrafen zu ahnden[8]. Ein Rundschreiben des Staatsministers für Äußeres, Croissy, an die Intendanten der Provence und der Dauphiné verwies darauf, daß Notare in anderen Provinzen freiwillig meldeten, wenn Neukonvertierte einen Heiratsvertrag abschlössen – und sich entsprechend nicht nach den Vorschriften der katholischen Kirche trauen ließen. Dieser Usus solle nun auch in der Provence und in der Dauphiné eingeführt werden[9].

Ärzte, Apotheker, Chirurgen und Hebammen hatten in ihrem Beruf mit Geburt und Tod zu tun. Da auch der Umgang hiermit im katholischen Sinne vereinheitlicht werden sollte, mußte dieser Personenkreis entsprechende Anweisungen erhalten. Vor Erlaß des Revokationsedikts wurden diese Berufe für Protestanten schlicht verboten. Eine Deklaration von 1680 untersagte ihnen, den Beruf der Hebamme auszuüben[10]. Da man in der protestantischen Religion die Taufe als nicht absolut notwendig erachte, so lautete die Begründung, komme es vor, daß protestantische Hebammen Säuglinge nicht gleich

cesseurs … nul de nos sujets ne pourra être reçu en aucune charge de judicature dans nos cours, bailliages, sénéchaussées, prévotez et justiciers, même dans les places de maires, echevins et autres offices des hôtels de ville, soit qu'ils soient erigez en titre d'office, ou qu'il y soit pourvu par election ou autrement; ensemble celle de greffiers, procureurs, notaires et huissiers et sergens de quelque jurisdiction que ce puisse être, et généralement dans aucun office ou fonction publique, soit en titre ou par commission, même dans les offices de nôtre maison et maisons royales, sans avoir une attestation du curé, ou en son absence du vicaire de la paroisse dans laquelle ils demeurent, de leur bonne vie et mœurs; ensemble de l'exercice actuel qu'il font de la religion catholique, apostolique et romaine."

[8] Dekl. vom 13. Dez. 1698, Art. 10: „Ordonnons à nos juges, procureurs, et a ceux des sieurs qui ont la haute-justice de faire toutes les diligences, réquisitions et ordonnances necéssaires pour l'exécution de notre volonté a cet égard, et de punir ceux qui seroient negligens dy satisfaire, ou qui auroient la témérite dy contrevenir de quelque manière que ce puisse être, par des condamnations d'amendes ou plus grande peine, suivant l'exigence des cas."- Art. 6, Deklaration von 1724: „Ordonnons … à nos juges, procureurs, et a ceux des sieurs qui ont la haute-justice, de faire toutes les diligences, perquisitions et ordonnances, necessaires pour l'exécution de notre volonté a cet égard, et de punir eux qui seroient négligens dy satisfaire, ou qui auroient la témérite dy contrevenir de quelque manière que ce puisse être par des condamnations d'amende, qui seront exécutées par provision, nonobstant l'apel a telles sommes quelles puissent monter."

[9] BNF fr 6557, fol. 294: „Lettre circulaire de M. de Croissy à M.rs les intendans, touchant les mariages des Nouveaux Catholiques, du premier janvier 1694."

[10] Déclaration du 20 février 1680 portant défenses a ceux de la R.P.R. de faire les fonctions de sages-femmes.

nach der Geburt zur Taufe schickten, auch wenn diese in Lebensgefahr schwebten. Wenn die Frauen bei der Geburt in Lebensgefahr gerieten, sorgten protestantische Hebammen oft nicht dafür, daß sie die Sterbesakramente erhielten. Und schließlich sei es bei unehelichen Kindern oft die Hebamme, die diese dann aufziehe, und zwar in der protestantischen Religion, auch wenn die Eltern ursprünglich katholisch gewesen seien. Aus diesen Gründen wurde der Beruf der Hebamme für Protestanten verboten.

Mit ähnlichen Begründungen wurde auch die Ausübung der anderen Berufe im Gesundheitswesen für Protestanten eingeschränkt oder verboten, so im August 1685 der Beruf des Arztes[11]. Da man sie von allem anderen ausgeschlossen hatte, so führte die Deklaration aus, schienen die Protestanten nun in großer Zahl Medizin zu studieren, wohingegen der Anteil der Katholiken unter den Medizinstudenten stetig sinke. Wenn aber Katholiken nun zu protestantischen Ärzten gingen, so würden sie von diesen womöglich in Unkenntnis über ihren Zustand gelassen werden und es so unter Umständen versäumen, die Sterbesakramente zu erhalten – so lautete die Begründung. Wenige Wochen später wurden den Protestanten der Beruf des Apothekers und der des Chirurgen verboten[12]. Zur Begründung hieß es, diese hätten unter dem Vorwand von Krankenbesuchen jederzeit Zutritt zu den Häusern der Protestanten, wo sie die Bewohner davon abhalten könnten zu konvertieren.

Nach der Revokation wurden diese Berufe erstmals wieder in der Deklaration von 1698 erwähnt[13]. Dort heißt es, daß die Hebammen sowie generell sämtliche Personen, die den Frauen bei der Geburt zur Seite stehen, verpflichtet sind, die Geburt eines Kindes beim örtlichen Klerus zu melden[14]. Ärzte, Apotheker und Chirurgen wurden verpflichtet, ihm schwere Krankheitsfälle zu melden, damit die Betroffenen die Sakramente erhalten könnten[15]. Schließlich wurde auch für Medizinstudenten – wie zuvor schon für Juristen – festgelegt, daß sie ein Zertifikat des Klerus vorlegen müßten, um ihr Abschlußzeugnis zu erhalten. 1712 wurden die Ärzte noch verpflichtet, die Kranken zur Beichte anzumahnen[16]. In der Deklaration von 1724 wurde schließlich noch eine Deklaration von 1680 bestätigt, nach der Ärzte, Chirurgen, Apotheker und Hebammen (ebenso wie Buchhändler und -drucker) ihren Beruf nur mit einer Bescheinigung des örtlichen Klerus ausüben durften (Art. 14).

[11] Déclaration du 6 août 1685 portant qu'il ne sera plus reçu de medecins de la R.P.R.

[12] Arrest du 15 septembre portant défense a tous chirurgiens et apotiquaires faisant profession de la R.P.R. de faire aucun exercice de leur art.

[13] Déclaration du 13 décembre 1698 qui pourvoit à l'instruction de ceux qui rentrez dans le sein de l'église catholique et de leurs enfants; et les maintient dans leurs biens, en satisfaisant aux devoirs de la religion. Hier Art. 8, 12, 13.

[14] Das wird in der Deklaration von 1724 wiederholt.

[15] Das wird ebenfalls in der Deklaration von 1724 wiederholt.

[16] Déclaration du mois de mars 1712 qui oblige les medecins a avertir les malades de se confesser sous les peines y portées.

Protestantische Pastoren durften nach Erlaß des Edikts von Nantes zunächst an den festgelegten Orten Gottesdienste abhalten und ihren sonstigen Tätigkeiten nachgehen. Allerdings wurde auch schon hier Mäßigung von ihnen verlangt. So durften sie nach Artikel 17 keine Reden halten, die dazu angetan waren, das Volk aufzuhetzen[17]. Die Deklaration von 1669 erlegte den protestantischen Predigern dann schon eine ganze Reihe von Maßregeln auf: Zwar durften sie etwa Gefangene im Gefängnis besuchen und ihnen Zuspruch geben, aber nur „à voix basse et sans scandale“[18]. Ihre Predigten durften keine Beleidigungen des Katholizismus enthalten, sie durften nicht mit Verachtung von den heiligen Dingen und Zeremonien der katholischen Kirche sprechen, und die Katholiken durften sie nicht anders als „Katholiken“ nennen. Ihre Amtskleidung durften sie nur im Tempel zur Ausführung ihres Amtes tragen usw. Die folgenden Jahre brachten unaufhörlich weitere Einschränkungen ihrer Predigertätigkeit mit sich, auf die wir im einzelnen noch im nächsten Abschnitt eingehen werden.

Das Revokationsedikt sah dann folgende Regelungen für die protestantischen Pastoren vor[19]: Wer nicht konvertieren wollte, mußte binnen 14 Tagen das Land verlassen. Denen aber, die zur Konversion bereit waren, machte man ein recht attraktives Angebot: Zeit ihres Lebens sollten sie – wie zuvor während ihrer Predigertätigkeit – von der Taille und von Einquartierungen befreit bleiben. Man versprach ihnen außerdem eine Rente, die um ein Drittel höher als ihr letztes Einkommen sein sollte; nach ihrem Tode sollte ihre Witwe immerhin noch die Hälfte dieser Rente als Witwenrente weiterbeziehen[20]. Zusätzlich hierzu wurden „Umschulungsmaßnahmen“ angeboten. Wer von den Pastoren Anwalt oder Doktor der Rechte werden wollte, bekam drei Jahre des hierfür nötigen Studiums erlassen und mußte nur die Hälfte der anfallenden Studienabschlußgebühren zahlen. Nach 1685 ist von den konvertierten Pastoren überhaupt nicht mehr die Rede – übrigens auch nicht in der Korrespondenz. Es finden lediglich diejenigen Erwähnung, die 1685 ausgewandert waren und später zur Abhaltung geheimer Gottesdienste oder zur Restauration kirchlicher Strukturen heimlich wieder nach Frankreich einreisten.

Katholische Geistliche tauchten in der Gesetzgebung zu Fragen des Protestantismus zunächst überhaupt nicht auf. Erst die Deklaration von 1698 skizzierte in mehreren Artikeln (Art. 2–4), wie ihr Beitrag zur konfessionellen Vereinheitlichung aussehen sollte. Bischöfe und Erzbischöfe wurden angehalten, in ihren Diözesen zu residieren und sich dort um die Unterweisung der Untertanen – insbesondere der Neukonvertierten – zu kümmern, die

17 "... user d’aucunes paroles, discours et propos tendans à exciter le peuple à sédition."

18 Déclaration du premier février 1669 portant règlement des choses qui doivent être gardées et observées par ceux qui font profession de la religion prétendue réformée.

19 Edit du mois d’octobre portant révocation de celui de Nantes; et defenses de faire aucun exercice public de la R.P.R. dans son royaume.

20 Art. 5.

Gott ihrer geistlichen Autorität anvertraut habe. Zu diesem Zweck sollten sie dafür sorgen, daß die ihnen unterstellten Kleriker ebenfalls in diesem Sinne wirkten und das Volk in den Mysterien der katholischen Religion und den Regeln der christlichen Moral unterrichteten sowie mindestens sonn- und feiertags Unterricht (*instructions*) und Katechismen zu bestimmten Uhrzeiten abhielten. Falls Mangel an geeigneten Geistlichen herrsche, stünde für die Bischöfe und Erzbischöfe ein Sonderfonds zur Unterhaltung zusätzlich einzusetzender Geistlicher bereit. Schließlich wurden die Erzbischöfe, Bischöfe und Geistlichen aufgefordert, ein wachsames Auge auf die Erziehung und den Unterricht der Kinder zu haben (Art. 10).

In der Deklaration von 1724 wurden die Aufgaben der Geistlichen und Bischöfe auf dem Gebiet der Erziehung erneut aufgeführt. Ergänzend wurden Geistliche, Vikare und Schulmeister noch verpflichtet, den weltlichen Obrigkeiten („nos procureurs et ceux des sieurs hauts-justiciers") monatlich eine Liste mit den Namen der Kinder abzugeben, die nicht am Unterricht teilnahmen (damit entsprechende Maßnahmen eingeleitet werden konnten), sowie mindestens alle sechs Monate Bericht zu erstatten über ihre Bemühungen auf diesem Sektor, damit sie dann von den weltlichen Behörden neue Anweisungen und Befehle erhalten konnten[21]. Außerdem wurden Geistliche, Vikare und andere Seelsorger in der Deklaration von 1724 angehalten, den Kranken die Sakramente zu spenden (Art. 8). Die Überprüfung des niederen Klerus oblag also zum Teil Bischöfen und Erzbischöfen. Außerdem hatten die Geistlichen aber eine Berichtspflicht gegenüber den weltlichen Behörden, von denen sie auch Anweisungen erhielten. Über all dem stand schließlich der Intendant, der die Zentralregierung über ihm wichtig erscheinende Ereignisse auf diesem Gebiet auf dem laufenden hielt.

Außer den katholischen Geistlichen hatten vor der Revokation auch protestantische *maîtres d'école* unterrichtet. Artikel 13 des Edikts von Nantes hatte festgelegt, daß diese ihrem Beruf nur an jenen Orten nachgehen durften, wo auch die Ausübung der protestantischen Religion erlaubt war. Seit dem Regierungsantritt Ludwigs XIV. versuchte man, die Zuständigkeiten der protestantischen Lehrer zu begrenzen und auf die Lehrinhalte Einfluß zu nehmen sowie allgemein die Zahl der Schulen und Lehrer zu verringern. So etwa 1671, als eine Verordnung festlegte, daß an den Orten, an denen noch protestantische Gottesdienste stattfinden durften, nur noch je eine Schule und je ein Lehrer geduldet wurden[22].

Im November 1685 schrieb Louvois an die Intendanten, daß neukonvertierte Lehrer für die zwei folgenden Jahre vom Dienst suspendiert werden sollten, da sie erst noch in die katholische Religion eingewiesen werden müßten. Diese Regelung wurde später noch bis 1688 verlängert. Generell unterstanden gemäß einem Edikt von 1606 alle Lehrer der Aufsicht der Intendan-

[21] Art. 6 und 7.
[22] Arrêt du Conseil du 4 décembre 1671.

ten und Bischöfe, die gemeinsam über die Eignung von Neukonvertierten (und Altkatholiken) für den Lehrerberuf entschieden[23]. Ein Edikt von 1695[24] wiederholte im wesentlichen diese Regelung, die ihrerseits in den Deklarationen von 1698 und von 1724 bestätigt wurde.

Die letzte Berufsgruppe, die einem Prozeß der Vereinheitlichung entgegenwirken konnte, war die der Buchhändler und -drucker. Schon im Edikt von Nantes (Art. 21) war daher festgelegt worden, daß protestantische Schriften nur dort gedruckt und verkauft werden durften, wo nach demselben Edikt die Ausübung der protestantischen Religion erlaubt war. Im Juli 1685 erhielten protestantische Buchhändler und -drucker Berufsverbot[25]. In der Deklaration von 1724 wurde – wie schon erwähnt – auch für diesen Berufszweig ein Katholizitätsnachweis zur Berufsausübung verlangt.

3.2. Repression: Unterdrückung protestantischer Glaubensäußerungen

Eine Reihe von Maßnahmen hatte zum Ziel, protestantische Glaubensäußerungen jeglicher Art zu unterdrücken. Das begann im Grunde schon mit ersten Einschränkungen im Edikt von Nantes. Die protestantische Religion durfte nur an den festgelegten Orten ausgeübt werden. Am Hof, in Paris und in fünf Wegstunden Entfernung von Paris sowie in der Armee dagegen nicht (Art. 13–15). Wie schon erwähnt, durften Prediger ausdrücklich keine Reden halten, die dazu angetan sein konnten, das Volk aufzuwiegeln (Art. 17). Bücher mit protestantischem Gedankengut durften nur gedruckt und vertrieben werden an den Orten, an denen auch die Religionsausübung erlaubt war (Art. 21). In Artikel 29 wurden die königlichen Beamten aufgefordert darüber zu wachen, daß bei Beerdigungen von Protestanten kein Aufsehen erregt wurde. Schulen und Versammlungen der Protestanten waren nur an den Orten erlaubt, wo auch die Religionsausübung erlaubt war (Art. 34 und 37).

Auch auf diesem Sektor gab es seit dem Regierungsantritt Ludwigs XIV. erhebliche Verschärfungen. Eine Reihe von Maßnahmen wurden ergriffen,

[23] DEURSEN, Professions, Groningen 1960, S. 53f.

[24] Édit du mois d'avril 1695, Art. 25: „Les Régens, Précepteurs, Maîtres et Maîtresses d'Ecoles des petits villages, seront approuvez par les Curez des paroisses, ou autres personnes Ecclesiastiques qui ont le droit de le faire, et les Archevèques et Evêques ou leurs Archidiacres dans le cours de leurs visites pourront les interroger, s'ils le jugent à propos, sur le catéchisme, en cas qu'ils enseignent aux enfants du lieu, et ordonner que l'on en mette d'autres à leurs places s'ils ne sont pas satisfaits de leur doctrine ou de leurs mœurs; et mesme en d'autres temps que celuy de leurs visites, lorsqu'ils y donneront lieu pour les mesmes causes."

[25] Arrest du 9 juillet 1685 qui fait défenses à tous libraires et imprimeurs faisant profession de la R.P.R. de faire a l'avenir aucunes fonctions de libraires et imprimeurs.

die Garrisson als „mesures concernant les signes extérieurs“[26] zusammengefaßt hat. Den ersten großen Einschnitt brachte auch hier wieder das Edikt von 1669. Es begrenzte neben den Möglichkeiten von öffentlichen und außerhalb der Tempel stattfindenden Gottesdiensten auch – wie schon erwähnt – die Predigertätigkeit der Pastoren auf verschiedene Weise[27], die Versammlungsfreiheit und den Gesang von Psalmen[28]. Beerdigungszüge mußten nun zwischen April und September morgens um 6 Uhr und abends um 18 Uhr bzw. zwischen Oktober und März um 8 Uhr morgens und um 16 Uhr abends stattfinden und sich ohne anzuhalten fortbewegen. Sie durften nicht mehr als eine festgelegte Zahl von Teilnehmern umfassen (Art. 22).

Ein Urteilsspruch aus Charenton verbot den Protestanten 1681, sich in der Öffentlichkeit zu versammeln sowie Psalmen außerhalb der Tempel zu singen[29]. Im selben Monat verbot eine Verordnung den Pastoren und Ältesten der Protestanten, mit Drohungen, Einschüchterungen oder Handgreiflichkeiten Glaubensgenossen von der Konversion abzuhalten[30]. Seit 1683 durften die protestantischen Pastoren nicht mehr an Orten wohnen bleiben, wo die Religionsausübung für Protestanten mittlerweile verboten worden war. So sollte verhindert werden, daß sie heimlich auch weiterhin Gottesdienste abhielten[31]. Schließlich wurde direkt und explizit protestantische und antikatholische Propaganda verboten. Ein Beispiel hierfür waren die bereits erwähnten Einschränkungen der Berufstätigkeit der Buchhändler und -drukker. Aber auch den Pastoren wurde 1685 ausdrücklich verboten, antikatholische Bücher zu schreiben oder zu predigen[32].

[26] Garrisson, L'Édit de Nantes, S. 279.
[27] Außer den bereits erwähnten Maßnahmen wurde noch festgelegt, daß die Pastoren den Kranken in den Krankenhäusern Beistand leisten dürften, aber „à condition qu'ils ne feront aucunes assemblées, prières, ni exhortation à haute voix, qui puissent être entendues des autres malades“ (Art. 42).
[28] Wenn Prozessionen, bei denen der „Saint Sacrement“ mitgeführt wurde, am protestantischen Tempel vorbeikamen, mußten die Protestanten ihren Psalmengesang unterbrechen.
[29] Sentence du bailly de Charenton, du 3 juin 1681 qui fait défenses à ceux de la R.P.R. de s'assembler, ni chanter leurs pseaumes en public ni ailleurs, que dans les lieux ou ils font l'exercice de leur religion. – In dieselbe Richtung zielte eine Deklaration von 1682: Déclaration du 30 août 1682 portant défenses à ceux de la R.P.R. si ce n'est dans leurs temples, et en présence des ministres.
[30] Arrest du 16 juin 1681 qui défend aux ministres et anciens de la R.P.R. d'user d'aucunes menaces, intimidations, ou voyes de fait, pour empêcher la conversion de ceux de ladite religion.
[31] Arrest du 17 mai 1683 portant défenses aux ministres de la R.P.R. de faire leur démeure aux lieux où l'exercice de leur religion aura été interdit. – Déclaration du roy du 6 août 1685 portant défenses aux ministres et proposans de la R.P.R. de démeurer plus près que de six lieues des endroits où l'exercice de ladite religion aura été interdit.
[32] Édit du mois d'août 1685 pour empêcher les calomnies que les ministres et autres personnes de la R.P.R. font contre la religion catholique, apostolique et romaine. „Défendons aux ministres et a toutes personnes ... faisant profession de la R.P.R. de prêcher et de composer aucuns livres contre la foy et la doctrine de la religion catholique,

Mit der Revokation hatte sich dann das Problem der Unterdrückung protestantischer Glaubensäußerungen theoretisch erledigt. Das Edikt von Fontainebleau ordnete die Zerstörung der Tempel an – architektonische Denkmäler, die an die Existenz des Protestantismus erinnern konnten. Sie verbot den protestantischen Pastoren, die nicht konvertieren wollten, in den vierzehn Tagen, die ihnen zur Ausreise blieben, noch zu predigen. Den Protestanten wurde untersagt, sich zu Gottesdiensten zu versammeln. Nach der Revokation schlug sich derartiges nur noch selten in Form von Gesetzen oder Verordnungen nieder. Zur Erklärung des Revokationsedikts wurde im Juli 1686 noch einmal spezifiziert, daß über protestantische Pastoren, die unerlaubt nach Frankreich einreisten, die Todesstrafe verhängt werden sollte[33], und in der Deklaration von 1724 wurde diese Regelung auch auf die einfachen Prediger ausgeweitet, die seit der Revokation in geheimen Versammlungen predigten[34].

Versammlungen wurden gelegentlich wieder verboten, unter anderem auch in den Deklarationen von 1698 und 1724[35]. Die letzte Erwähnung einer solchen in der Sammlung Pilattes datiert aus dem Jahr 1745, als mehrere Teilnehmer einer unerlaubten Zusammenkunft zu lebenslanger Galeerenhaft und Geldstrafen verurteilt wurden[36]. Schließlich wurde noch in der Deklaration von 1698 festgelegt, daß Neukonvertierte, die im Krankheitsfall die Sakramente verweigerten und öffentlich bekannten, sie wollten in der protestantischen Religion sterben, falls sie wieder gesundeten, vor Gericht gestellt

apostolique et romaine." Und einen Monat später: Arrest du 6 septembre 1685 pour l'exécution de l'édit du roy, qui ordonne la supression des livres faits contre la religion catholique.

33 Déclaration du premier juillet 1686 concernant la R.P.R.

34 Art. 2: „Etant informés qu'il s'est élevé et s'élève journellement dans notre royaume plusieurs prédicans, qui ne sont occupés qu'à exciter les peuples à la révolte, et les détourner des exercices de la religion catholique, apostolique et romaine, ordonnons que tous les prédicans qui auront convoqué des assemblées, qui y auront prêché ou fait aucunes fonctions, soient punis de mort."

35 Ordonnance du 12 mars 1689 pour empêcher les assemblées des nouveaux convertis dans les provinces de son royaume. In der Deklaration vom 13. Dezember 1698 hieß es hierzu in Art. 1: „faisons itératives défenses à tous nos sujets de faire aucun exercice de la R.P.R. dans toute l'étendue de notre royaume, de s'assembler pour cet effet en aucun lieu." - Ebenso in Art. 1 der Deklaration von 1724. Zuletzt: Ordonnance du 13 janvier 1727 qui veut que le procès soit fait et parfait aux nouveaux convertis qui seront trouvés dans des assemblées défendues par les édits, déclarations et précédentes ordonnances de sa majesté.

36 Jugement du 6 avril 1745 qui condamne les sieurs Jean Jacques Guittard, Jacques Doules Delatour, et autres particuliers à servir pendant leur vie en qualité de forçats sur les galères de sa majesté pour avoir assisté à une assemblée de nouveaux convertis des communautés qui composent l'arrondissement de St. Amant de Valtoret, diocèse de Castres, où ladite assemblée s'est tenue le 17 mars dernier, en 4000 livres d'amende et 787 livres 9 sols 10 deniers de frais.

werden sollten; im Todesfalle solle ein Prozeß „à leur mémoire“[37] gemacht werden.

3.3. Bildungspolitik

Hatten wir es bisher hauptsächlich mit Maßnahmen zu tun, die im weitesten Sinne auf eine Abwehr der Protestanten bzw. Neukonvertierten und ihrer möglichen Einflußnahme in verschiedenen Bereichen zielten, so konnte man im Bildungswesen in die Offensive gehen. Erziehung und Unterricht gehören zu den wirksamsten Methoden, um einer Gruppe bestimmte Werte und Inhalte zu vermitteln und sie damit zu disziplinieren. In dieser Hinsicht hatte das Edikt von Nantes den Protestanten noch echte Zugeständnisse gemacht. Es legte fest, daß Kinder nicht gewaltsam ihren Eltern entrissen werden durften, um in der jeweils anderen Religion aufgezogen zu werden (Art. 18). Die Protestanten durften außerdem eigene Schulen einrichten – wenn auch nur an den Orten, an denen die Religionsausübung erlaubt war (Art. 37).

In den Bildungssektor wurde unter Ludwig XIV. massiv eingegriffen. Eine Deklaration von 1666 verpflichtete protestantische Eltern, deren Kinder zum Katholizismus konvertiert waren, diese finanziell zu unterstützen[38]. Die Deklaration von 1669 legte fest, daß die protestantischen Konsistorien und Synoden nicht gegen Eltern oder Vormünder vorgehen durften, die ihre Kinder oder Mündel zu den *collèges* und Schulen der Katholiken schickten, es sei denn, es gab handfeste Beweise dafür, daß man die Kinder dort zur Konversion zwingen wollte (Art. 18). Kinder von katholischen Vätern (auch wenn diese nach ihrer Konversion rückfällig geworden waren) und protestantischen Müttern mußten in der katholischen Religion aufgezogen werden (Art. 39). Das gleiche galt für nach der Geburt ausgesetzte Kinder (Art. 43). Eine Deklaration von 1682 ordnete schließlich katholische Erziehung auch für alle unehelichen Kinder an[39]. Und seit 1683 mußten Kinder von Protestanten, die konvertiert waren, ebenfalls in der katholischen Religion unterrichtet werden.[40] Schließlich sollte mit verschiedenen Gesetzen verhindert werden, daß Kinder protestantische Vormünder erhielten.[41] 1681 wurde

[37] Art. 9.
[38] Déclaration du 24 octobre 1665 pour obliger les pères des enfants de la R.P.R. qui seront convertis à la religion catholique, apostolique et romaine, de leur donner pension.
[39] Déclaration du 31 janvier 1682 portant que les enfants bâtards de la R.P.R. seront élevéz en la religion catholique, apostolique et romaine.
[40] Déclaration du 17 juin 1683, portant que les enfants de ceux de la R.P.R. qui auront fait abjuration seront instruits en la religion catholique.
[41] Déclaration du 12 juillet 1685 portant que les enfans dont les pères seront morts dans la R.P.R. et dont les mères seront catholiques seront élevéz en la religion catholique, avec défenses de leur donner des tuteurs de la R.P.R. Déclaration du 14 août 1685 portant qu'il ne sera point donné de tuteurs de la R.P.R. aux enfans des pères et mères de ladite religion.

noch die protestantische Akademie von Sédan geschlossen[42]. Das Revokationsedikt verbot schließlich jegliche protestantischen Bildungseinrichtungen[43].

Der große Umerziehungsprozeß nahm jetzt erst seinen Anfang, denn die Tausenden von Zwangskonvertierten waren bisher nur dem Namen nach katholisch. In einem Edikt von Januar 1686 wurde festgelegt, daß Kinder, die nach der Revokation geboren wurden, katholisch erzogen werden mußten. Dasselbe galt auch für ältere Kinder der wenigen noch verbliebenen Protestanten[44]. Protestantische Eltern mußten ihre Kinder also in die katholischen Schulen und zum Katechismusunterricht schicken. Falls sie sich weigerten, sollten ihre Kinder auf ihre Kosten in katholischen *collèges* oder Klöstern aufgezogen werden[45].

Die Deklaration von 1698 widmete sich mit besonderer Aufmerksamkeit der Unterweisung der Neukonvertierten. Sie richtete sich mit ihren erzieherischen Maßnahmen in erster Linie an den Klerus. Wir haben im Absatz über die Personalpolitik schon einige hierin erwähnte Aufgaben der Geistlichkeit im Rahmen der Bildungspolitik genannt, etwa die Sorge um die regelmäßige Abhaltung von Messen, Katechismen und Unterweisungen in der katholischen Religion. In den Gemeinden sollten außerdem nach Bedarf Lehrer angesiedelt werden, um die Kinder – besonders die der Neukonvertierten – in Katechismus und Gebet zu unterrichten und regelmäßig zur Messe zu schicken (Art. 9)[46].

[42] Arrest du 9 juillet 1681 pour l'exécution et suppression du collège, ou académie de ceux de la R.P.R. établis à Sédan.Vgl. auch Hartmut KRETZER, Calvinismus und französische Monarchie im 17. Jahrhundert. Die politische Lehre der Akademie Sédan und Saumur, Berlin 1975.

[43] Art. 7: „Défendons les écoles particulières pour l'instruction des enfans de ladite R.P.R. et toutes les choses généralement quelconques, qui peuvent marquer une concession, quelle que ce puisse être en faveur de ladite religion."

[44] Édit du mois de janvier 1686 concernant l'éducation des enfants de ceux de la R.P.R.

[45] Lettre du roy du 2 mai 1686 pour faire scavoir aux nouveaux catholiques que l'intention de sa majesté est qu'ils envoient leurs enfans aux écoles et aux instructions et catechismes qui se font dans leurs paroisses.

[46] „Voulons que l'on établisse autant qu'il sera possible des maîtres et des maîtresses dans toutes les paroisses où il ny en a point pour instruire tous les enfans; et nommement ceux dont les pères et les mères ont fait profession de la R.P.R. du catéchisme et des prières qui sont nécessaires pour les conduire à la messe tous les jours ouvriers, leur donner l'instruction dont ils ont besoin sur ce sujet, et pour avoir soin pendant le tems quils iront ausdites ecoles, quils assistent à tous les services divins les dimanches et les fêtes; comme aussi pour apprendre à lire et même à écrire à ceux qui pourront en avoir besoin, le tout en la manière préscrite par l'article XXV. de notre édit du mois d'avril 1695 concernant la juridiction ecclésiastique, et ainsi qu'il sera ordonné par les archevêques et évêques, et que dans les lieux où il n'y aura point d'autres fonds il puisse être imposé sur tous les habitans la somme qui manquera pour leur subsistance, jusqu'à celle de 150 livres par an pour les maîtres, et 100 livres pour les maîtresses, et que les lettres nécessaires en soient expédiées sans frais; sur les avis que les archevêques et évêques diocésains, les commissaires départis dans nos provinces pour l'exécution de nos ordres nous en donneront."

Eltern, Vormünder und andere mit der Erziehung von Kindern befaßte Personen wurden angehalten, die Kinder zur Schule und zum Katechismusunterricht zu schicken. Die Kleriker sollten das überwachen und die Richter die entsprechenden Verordnungen zur Ausführung dieser Maßnahmen erlassen (Art. 10). Zur Erziehung minderjähriger Kinder schließlich durften Eltern nur katholische Betreuer einstellen (Art. 12). Für Studienabschlüsse in Medizin und Jura wurde – wie schon erwähnt – ein Katholizitätsnachweis gefordert (Art. 13). Im Oktober 1700 wurde noch einmal bekräftigt, daß Eltern, die ihre Kinder nicht zum Unterricht schickten, Geldstrafen erhalten sollten[47]. Die Deklaration von 1724 wiederholte im Bereich Erziehung im wesentlichen die Artikel der Deklaration von 1698. Zusätzlich verbot sie noch, daß Kinder ohne besondere Erlaubnis zur Erziehung ins Ausland geschickt wurden (Art. 4). Außerdem waren Geistliche, Vikare und Lehrer, wie wir schon gehört hatten, verpflichtet, in monatlichen Abständen bei den örtlichen Behörden die Kinder zu melden, die nicht am Unterricht teilnahmen (Art. 7).

3.4. Kirchliche Disziplin

Außer durch Erziehung und Unterricht wurde eine Integration der Neukonvertierten auch durch kirchliche Disziplin zu erreichen versucht, etwa indem man anstrebte, sie an bestimmte katholische Riten zu gewöhnen. Einige von ihnen waren dabei sogar schon nach dem Edikt von Nantes auch für die Protestanten verpflichtend. So mußten diese beispielsweise ebenfalls die katholischen Feiertage heiligen und durften an solchen ihre Geschäfte nicht offen halten (Art. 20). Von anderen katholischen Riten blieben die Protestanten dagegen im Edikt von Nantes noch befreit. So mußten sie an katholischen Feiertagen ihre Häuser nicht selbst schmücken, sondern nur dulden, daß diese auf Anweisung der örtlichen Beamten geschmückt wurden (Art. 3). Außerdem stand es ihnen frei, sich in extremen Krankheitsfällen nur von einem protestantischen Pastor Zuspruch zu holen – und somit auf die katholischen Sterbesakramente zu verzichten (Art. 4).

Abgesehen von der Heiligung der katholischen Feiertage versuchte man, vor allem im Bereich der Taufen, der Trauungen, der Sakramente und der Gottesdienste katholischen Ritus durchzusetzen. Bezüglich der Taufen legte das Revokationsedikt fest, daß alle Kinder, die nach der Revokation geboren würden, vom katholischen Ortspfarrer getauft werden mußten (Art. 8). Die Deklaration von 1698 wiederholte das (Art. 8), ebenso wie die Deklaration von 1724 (Art. 2). Im Bereich der Trauungen wurden zunächst 1683 für Ka-

[47] Déclaration du 16 octobre 1700 touchant l'exécution des condamnations d'amendes prononcées contre les nouveaux convertis qui n'envoyent pas leurs enfans aux écoles et catechismes.

tholiken Mischehen mit Protestanten verboten[48]. 1685 wurde den Franzosen verboten, im Ausland zu heiraten – was etwa eine Umgehung des Verbots von 1683 ermöglicht hätte[49]. Ebenfalls 1685 wurde angeordnet, daß Tempel, in denen unerlaubt Trauungen zwischen Protestanten und Katholiken vorgenommen worden waren, zerstört werden sollten[50].

Das Revokationsedikt sah keine besonderen Regelungen für Trauungen vor. Die nächste Erwähnung in der Sammlung Pilattes findet sich erst wieder in der Deklaration von 1698, die Trauungen nur nach den in den kanonischen Schriften, im Konzil von Trient und in den königlichen Anweisungen vorgeschriebenen Gepflogenheiten zuließ[51]. Das wurde in der Deklaration von 1724 bestätigt (Art. 15).

Aufhebens wurde immer wieder um die Verabreichung der Sterbesakramente gemacht. Seit 1680 mußten die Richter persönlich bei schwerkranken Protestanten anfragen, ob diese in der protestantischen Religion sterben oder nicht doch noch konvertieren und die katholischen Sakramente erhalten wollten[52]. Nach der Revokation mußten Schwerkranke obligatorisch die Sterbesakramente erhalten. Wer sie verweigerte, mußte mit drakonischen Strafen rechnen. Er riskierte, daß sein Leichnam verurteilt und anschließend auf den Müll geworfen wurde[53]. In der Deklaration von 1698 wurde zwar nach wie vor auf Verabreichung der Sakramente beharrt, allerdings war die Passage über den Leichnam gestrichen worden. Wie wir schon im Absatz über die Personalpolitik erfahren haben, waren Ärzte, Chirurgen, Apotheker, Hebammen verpflichtet, schwere Krankheitsfälle den örtlichen Behörden oder dem Klerus zu melden[54]. Das Edikt von 1724 bestätigte alle diese Regelungen.

[48] Édit donné à Fontainebleau au mois d'août 1683 portant que les sujets du roy de l'un et de l'autre sexe faisant profession de la religion catholique, apostolique et romaine, ne pourront se marier avec ceux, ou celles qui font profession de la religion luthérienne ou calviniste.

[49] Déclaration du 16 juin 1685 pour empêcher les mariages des sujets du roy en pais étrangers. Das wurde in der Deklaration von 1724 (Art. 17) wiederholt.

[50] Déclaration du 18 juin portant que les temples où il sera célébré des mariages entre catholiques et des gens de la R.P.R. … seront démolis.

[51] Art. 7: „Enjoignons à nosdits sujets réunis à l'église d'observer dans les mariages qu'ils voudront contracter les solemnités préscrites par les saints canons, et notamment par ceux du dernier concile et par nos ordonnances."

[52] Déclaration du 19 novembre 1680 portant que les juges ordinaires iront chez ceux de la R.P.R. qui seront malades, pour scavoir s'ils veulent mourir en ladite religion. – Das wurde wenig später ergänzt durch: Déclaration du 7 avril 1681 portant que dans les lieux où il n'y aura point de juges résidens, le premier ou plus ancien consul ira chez les malades de la R.P.R. pour savoir s'ils veulent mourir en ladite religion.

[53] Déclaration du 29 avril 1686 contre ceux qui s'étant convertis, refuseront dedans leurs maladies de recevoir les sacremens. „… que le procès sera fait aux cadavres ou à leur mémoire … et qu'ils soient trainéz sur la claye, jettez à la voirie, et leurs biens confisquéz."

[54] Vgl. auch die Déclaration du mois de mars 1712 qui oblige les médecins à avertir les malades de se confesser.

Weitere gesetzliche Regelungen sahen für alle Untertanen eine regelmäßige Teilnahme an der katholischen Messe, die Einhaltung der Fastengebote, die Heiligung der Feiertage und des Altarsakraments vor[55]. Die Lehrer hatten – wie schon erwähnt – auch über den Messebesuch der ihnen anvertrauten Kinder zu wachen[56].

3.5. Sonstige Maßnahmen: Auswanderungsverbot und Vermögenskonfiskation

Abgesehen von den bisher erwähnten Maßnahmen waren zahlreiche Gesetze dem Verbot der Auswanderung gewidmet oder regelten Fragen des Eigentums von Protestanten oder Neukonvertierten, die trotz Verbotes ausgewandert waren bzw. derjenigen, die zunächst ausgewandert waren, dann aber zurückkehren und in den Besitz ihrer Güter wiedereingesetzt werden wollten. Ein Edikt von August 1669, welches bereits ein noch älteres Gesetz wiederholte, verbot die Auswanderung für alle Untertanen[57]. Zahlreiche weitere Gesetze und Verordnungen mit demselben Ziel – einschließlich der Revokation – richteten sich teils an die gesamte Bevölkerung, teils insbesondere an die Neukonvertierten. So durften beispielsweise auch Pilgerfahrten nur mit einer Sondererlaubnis angetreten werden, da sie häufig als Vorwand für eine Flucht genommen wurden. Wer bei einer Flucht behilflich war, dem drohte die Todesstrafe; wer auf der Flucht gefaßt wurde, wurde mit Vermögenskonfiskation und Galeere oder – die Frauen – mit Gefängnis bestraft[58].

[55] Deklaration von 1698, Art. 5: „Exhortons tous nos sujets ... d'assister le plus exactement qu'il leur sera possible au service divin, afin d'attirer les graces que Dieu donne à ceux qui joignent leurs prières particulières à celles de son église: leur enjoingnons à tous de s'y tenir toujours avec révérence, et principalement encore dans le tems de la célébration de la sainte messe, et d'y adorer à genoux le très S. Sacrement de l'autel: comme aussi d'observer les commandemens de l'église pour les jeûnes, l'abstinence de viande, et la cessation de toutes sortes de travail; et d'avoir soin que leurs enfans et domestiques s'acquittent exactement des mêmes devoirs."

[56] Deklaration von 1724, Art. 5.

[57] Édit du mois d'août 1669 portant deffenses à tous ses sujets de se retirer de son royaume, pour aller s'établir sans sa permission dans les pais etrangers.

[58] Déclaration du mois d'août 1671, pour empêcher les abus qui se commettent dans les pèlerinages (keine Pilgerfahrt ohne besondere Bescheinigung mehr möglich). Déclaration du 14 juillet 1682 par laquelle Sa Majesté défend à ses sujets de sortir de son royaume sans sa permission, pour aller s'établir dans les pais étrangers: et qui déclare nuls les contracts de vente, et autres dispositions des biens de ceux de la R.P.R. un an avant leur retraite. Déclaration du dernier mai 1685 pour la commutation de la peine de mort en celle des galères, contre les françois qui passent dans les pais étrangers. Édit du mois d'octobre 1685 portant révocation de celui de Nantes, Art. 10: Faisons très-expresses et itératives défenses à tous nos sujets de ladite R.P.R. de sortir: eux, leurs femmes et enfans de notredit royaume, pais et terres de notre obéissance, ni d'y transporter leurs biens et effets, sous peine pour les hommes de galères, et de confiscation de corps

Es sollte auch verhindert werden, daß die Protestanten oder Neukonvertierten vor ihrer Flucht ihr Hab und Gut verkauften. Die Deklaration vom 14. Juli 1682 erklärte alle Verkaufsverträge für nichtig, die Protestanten innerhalb eines Jahres, bevor sie das Land verlassen hatten, abgeschlossen hatten[59]. In diesem Sinne wirkte auch eine Deklaration, die die Bedingungen festlegte, unter denen Neukonvertierte ihren Besitz verkaufen durften: 1699 wurde bestimmt, daß ihre Möbel oder Immobilien für einen Zeitraum von drei Jahren nicht ohne ausdrückliche Erlaubnis den Besitzer wechseln durften[60]. Diese Deklaration wurde alle drei Jahre verlängert, und das mindestens bis 1750[61]. Da man damit rechnete, daß einige der Geflohenen ihren Beschluß bereuen und zurückkehren würden, wurden immer wieder Fristen gesetzt, innerhalb deren solche Protestanten – unter der Bedingung abzuschwören – relativ unbehelligt ihr Eigentum zurückerhalten sollten[62]. Ein Edikt von 1689 relativierte das Verfahren der Vermögenskonfiskation. Was Flüchtlinge hinterlassen hatten, sollte künftig an deren nächste Verwandte oder legitime Erben fallen – mit der Auflage, daß diese innerhalb der folgenden fünf Jahre nichts davon verkaufen durften[63]. Damit sollte verhindert werden, daß der Erlös an die Flüchtlinge ins Ausland geschickt wurde.

et de biens pour les femmes. Ordonnance du 20 novembre 1685 contre l'évasion de ceux de la R.P.R. Déclaration du 7 janvier 1686 pour défendre les pèlerinages, sans permission du roy et des évêques. Déclaration du 7 mai 1686 contre ceux qui s'étant convertis, sortiront du royaume sans permission du roy. Déclaration du 11 octobre 1687 pour changer la peine des galères en celle de mort, contre ceux qui favorisent l'évasion des nouveaux catholiques hors du royaume. Déclaration du 14 février 1699 portant défenses à tous ses sujets qui ont fait abjuration de la R.P.R. de sortir du royaume sans permission. Déclaration du 13 septembre 1699 portant peine de galères contre ceux de la R.P.R. ou réunis à l'église qui sortiront du royaume sans permission. Déclaration du 5 décembre 1699 portant défenses aux capitaines de vaisseaux d'embarquer des nouveaux catholiques. Ordonnance du 18 septembre 1713 portant défenses à ses sujets nouveaux convertis de passer dans les pais étrangers; et aux réfugiez de venir en France sans sa permission.

[59] Déclaration du 14 juillet 1682 … qui déclare nuls les contracts de vente, et autres dispositions des biens de ceux de la R.P.R. un an avant leur retraite.

[60] Déclaration du 5 mai 1699 concernant ce qui doit être observé dans la vente et disposition des biens de ceux qui ont fait profession de la R.P.R.

[61] Déclaration du 10 février 1750 portant défenses aux nouveaux convertis de vendre leurs biens sans permission.

[62] So in der Déclaration du 1er juillet 1686 concernant la R.P.R., in der unter Punkt 6 festgelegt wird, die Güter der Ausgewanderten würden erst ab dem 1. März 1687 konfisziert werden und Rückkehrer erhielten sie zurück, sofern sie innerhalb acht Tagen nach ihrer Rückkehr abschworen. Ebenso in der Déclaration du 29 décembre 1698 qui permet à ceux de ses sujets qui sont sortis de son royaume pour la R.P.R. et qui y reviendront, de rentrer dans leurs biens.

[63] Édit du mois de décembre 1689 portant que les plus proches parens et légitimes héritiers des religionnaires fugitifs entreront en possession des biens qu'ils ont laissés dans le royaume.

4. DER INSTITUTIONELLE RAHMEN: VERTEILUNG DER KOMPETENZEN

An der Spitze der Provinzen[1] stand als wichtigster Mann des Königs der Intendant, der in der Regel aus dem Amtsadel rekrutiert wurde. An ihn wurden die auf zentraler Ebene beschlossenen Verordnungen zur Protestantenpolitik weitergeleitet. Er seinerseits informierte den Klerus, der wiederum Gesetze und Verordnungen von der Kanzel herab bekanntmachte. Beide waren an der Ausführung der Protestantenpolitik auf regionaler Ebene beteiligt. Wie verteilten sich die Kompetenzen?

4.1. Die weltliche Obrigkeit: die Intendanten

Das Amt des Intendanten war hauptsächlich zur Steuereinziehung eingerichtet worden, als Frankreich durch Eintritt in den Dreißigjährigen Krieg, aber auch durch steigende Ausgaben für das Militär im allgemeinen sowie für Verwaltung und Außenpolitik ständig erhöhten Finanzbedarf hatte. Es war zunächst nur kommissarisch vergeben worden[2]. 1664 entsandte Colbert zur Sammlung statistischen Materials *maîtres de requêtes* in die Provinzen. Sie führten den Titel *intendant de justice, police et finances, commissaire départi pour l'exécution des ordres du roi.* Während Colbert noch annahm, daß die von ihm angeforderten Daten in einigen Monaten zusammenzustellen seien, wurde aus der Intendantur langsam eine ständige Einrichtung. Aus den in der Instruktion von 1664 aufgeführten provisorischen Aufgaben wurde eine dauerhafte Beschäftigung[3]. Die Zuständigkeit des Intendanten umfaßte schließlich die Finanzangelegenheiten der jeweiligen Intendanz, Fragen der Land-

[1] Die Bezeichnung Provinz als Verwaltungseinheit existierte unter Ludwig XIV. nicht mehr. Sie war zunächst im Laufe der Zeit von der Bezeichnung *gouvernement* abgelöst worden, bei dem es sich um zugleich militärische, administrative, gerichtliche und kirchliche Distrikte handelte, die oft mit der Provinz zusammenfielen. Das *gouvernement* wurde als Verwaltungseinheit im 17. Jahrhundert von der *généralité*, dem Steuerbezirk, verdrängt oder zumindest überlagert. Die *généralité* ihrerseits war häufig synonym mit der Intendanz – im Falle der Provence und der Dauphiné entsprachen die Grenzen der *généralités* bzw. Intendanzen von Aix und Grenoble denen der alten Provinzen. Vgl. HARTMANN, Verfassungsgeschichte, S. 14ff.

[2] BONNEY, Absolutisme, S. 107. DUCHHARDT, Absolutismus, S. 43. Weiteres zu den Ursprüngen des Amtes bei Roland MOUSNIER, Les institutions de la France sous la Monarchie absolue 1598–1789, Bd. 2: Les organes de l'Etat et la société, Paris 1980, S. 484ff. Zur sozialen Herkunft der Intendanten ibid., S. 507ff. Auch Vivian R. GRUDER, The Royal Provincial Intendants. A Governing Elite in Eighteenth Century France, New York 1968.

[3] MÉTHIVIER, Louis XIV, S. 57.

wirtschaft, Industrie und des Straßenwesens, Handel, Bergwerke, Ernährung, Gesundheitswesen, öffentliche Ordnung, Rekrutierung der Truppen, Truppeneinquartierungen, Militärlieferungen, Miliz, Truppenbesoldung, Kirchenfragen, höhere Schulen, Universitäten, Aufsicht über die Gemeinden. Außerdem pflegten und sprachen die Intendanten Recht, denn „sie repräsentierten die höchste königliche Justiz und standen neben bzw. über den gewöhnlichen Gerichten"[4]. Wie eigenständig aber war der Intendant bei der Ausübung all dieser Funktionen der Zentralregierung gegenüber einerseits und den regionalen Machtzentren gegenüber andererseits? Im folgenden werden verschiedene Forschungsmeinungen hierzu vorgestellt, die anschließend am Beispiel der Praxis der Protestantenpolitik überprüft und schließlich im Schlußteil bewertet werden sollen.

4.1.1. Intendanten, Zentralregierung und Provinzen

Die Beziehungen zwischen Zentralregierung und Intendanten werden ähnlich kontrovers diskutiert wie generell das Verhältnis zwischen Zentralregierung und Provinzen. Duchhardt etwa schreibt: „Nur mit ihrer [der Intendanten] Hilfe und ihrer absoluten Loyalität, die ihnen z.B. eine inhaltliche Prüfung der königlichen Befehle untersagte, gelang der Krone allmählich der Zugriff auch auf die lokale Ebene"[5]. Gehorsame Ausführende königlicher Anweisungen sieht in den Intendanten auch Kunisch: „Sie führten alle Befehle des Königs und seiner Zentralbehörden ohne inhaltliche Überprüfung aus und waren insofern Instrumente, nicht Teilhaber an der Regierung – trotz ihres erheblichen Ermessensspielraums im einzelnen"[6]. Ebenso lautet die Einschätzung Magers, die Intendanten seien geneigt gewesen, „die Raison der Regierung über die ihrer Généralité zu setzen"[7]. Allerdings, so Mager, habe in dieser Hinsicht im 18. Jahrhundert ein Wandel eingesetzt: „Die Intendanten betrachteten sich in den Jahrzehnten vor der Revolution immer weniger als ‚Prokonsuln' der Regierung, immer stärker als Wohltäter ihrer Provinz".

Lavisse weist dagegen darauf hin, die Situation sei zwar je nach Provinz und Person unterschiedlich gewesen; einige Intendanten hätten allerdings eine „fast absolute Herrschaft" besessen: „Ces intendants, qui ont, grâce aux circonstances ou à leur situation personnelle, un pouvoir presque absolu, prennent à l'égard du Gouvernement une indépendance que l'on chercherait vainement chez les agents du pouvoir central au XXe siècle. Si, pour se conformer aux ordres du Contrôleur général des finances, ils exigent beaucoup

[4] Hartmann, Verfassungsgeschichte, S. 16. – Zu den Aufgaben der Intendanten vgl. auch Méthivier, Louis XIV, S. 58. Kunisch, Absolutismus, S. 83. Mandrou, La France aux XVIIème et XVIIIème siècles, S. 224.
[5] Duchhardt, Absolutismus, S. 45.
[6] Kunisch, Absolutismus, S. 83.
[7] Dieses und das folgende nach Mager, Institutionengeschichte, S. 155f.

de leur province, ils se font aussi, au besoin, ses défenseurs. Basville en Languedoc, Le Bret en Provence, arrivent à empêcher des exactions, font modérer beaucoup d'affaires extraordinaires en représentant au Contrôleur général l'épuisement des peuples. Ils défendent avec une énergie singulière leurs projets et leurs actes; ils font sentir aux secrétaires d'Etat ou au Contrôleur général, qui, de leurs bureaux, veulent tout juger et ordonner, qu'ils sont mieux placés qu'eux pour voir et pour agir"[8]. Wie loyal sich ein Intendant gegenüber der Krone verhielt, war zu guter Letzt auch von Charakter und Person abhängig. Ein Posten als Intendant in der Provinz war eine Karriere-Etappe, und wer diese Karriere weiterverfolgen wollte, hatte Interesse daran, sich mit dem König und seinen Beratern gutzustellen[9].

Es ist nicht eindeutig festzustellen, wie sich die Zentralregierung im Idealfall das Verhältnis der Intendanten zu den von ihnen verwalteten Provinzen vorstellte. Einerseits sollten Intendanten nicht länger als drei Jahre in einer Provinz bleiben, eben gerade, damit sie nicht zu sehr in lokale Machenschaften verstrickt werden konnten[10]. Andererseits gab es in der Praxis zahlreiche Beispiele dafür, daß Intendanten weit länger als diese vorgeschriebene Zeitspanne in einer Provinz verweilten. Im Durchschnitt der 22 Generalitäten blieben die Intendanten zwischen 1661 und 1688 vier Jahre und sechs Monate im Amt, in den pays d'état sogar neun Jahre und fünf Monate[11].

In der Bourgogne wurde 1638 Jean Bouchu Intendant, der sich dort schnell ein Netz von Anhängern aufbaute, das er den Condés zur Verfügung stellte und das er während der Fronde gegen die Regierung einsetzte. Offensichtlich mit dem Hintergedanken, daß es besser war, dieses Netzwerk für die eigenen Zwecke zu mobilisieren als zu versuchen, es zu zerstören, ernannte die Krone 1656 Bouchus Sohn zu seinem Nachfolger im Amt. Das widersprach auch einer Regel, nach der der Intendant nicht gebürtig aus der Provinz sein sollte, in der er sein Amt ausübte. Aber offensichtlich hatte

8 LAVISSE, Louis XIV, S. 874. Ebenso HENSHALL, Myth, S. 43: The intendants' „independence of the local community is a myth. As well as being representatives of the central government in the provinces, they also represented to the government the views of the provinces, many of them culled directly from the locally orientated sub-delegates. By the eighteenth century they could be described more as servants of the people than of the ministers. Colbert's correspondance with the intendants reveals the mixture of central, local and personal advantage in their administrative behaviour."

9 METTAM, Power, S. 214 ff. Ebenso LAVISSE, Louis XIV, S. 874: „Tous les intendants ne sont pas aussi zélés. Beaucoup ne songent qu'à avancer. Passer d'une intendance à une autre plus grande, plus voisine de la Cour, puis entrer au Conseil d'État, et, dans ce poste nouveau, attirer l'attention du Roi et de Mme de Maintenon, pour obtenir peut-être une secrétairerie d'État ou le Contrôleur général, tel est le rêve de presque tous. De ceux-ci le Gouvernement peut attendre plus de souplesse, parfois même de la servilité, en réalité moins de dévouement et de services."

10 BONNEY, Absolutisme, S. 107.

11 MOUSNIER, Institutions II, S. 505. HENSHALL, Myth, S. 42, nennt das Beispiel der Provence, wo die Intendanten weit länger als drei Jahre blieben und das Amt des Intendanten in mehr als einem Fall vom Vater an den Sohn vererbt wurde.

diese Taktik Erfolg. Bouchu jedenfalls blieb 27 Jahre im Amt: „Le succès de Bouchu en tant que courtier régional du pouvoir, agissant pour le gouvernement, explique en partie la durée de ses fonctions comme intendant de Bourgogne [...] (de 1656 à 1683)“[12].

Die Akzeptanz dieser neuen königlichen Beamten in den Provinzen war unterschiedlich gut. Einerseits gibt es Beispiele dafür, daß etwa die Zusammenarbeit zwischen Gouverneuren und Intendanten gut funktionierte[13]. Andererseits wurden sie kraft ihres Amtes in vielen Provinzen, wie Mager es formuliert, „als Instrument der Ausplünderung und Unterdrückung [...] durch Staatsfinanziers, Steuereinnehmer und Steuerpächter“, [...] als Verkörperung eines Verfassungswandels von der temperierten Monarchie in ein Regime der Unterjochung, der Unfreiheit und Despotie“[14] betrachtet. Bouchu etwa soll in der Dauphiné viele Feinde gehabt haben. Der Gouverneur, der Herzog La Feuillade, stützte sich im Kampf gegen den Intendanten auf den Adel und das Parlement. Die Privilegierten der Provinz, der Klerus, die Beamten und der lieutenant général des Gouverneurs, der maréchal de Tessé, haßten ihn seiner Versuche wegen, die gesamte Provinzialregierung dem Willen und den Wünschen des Königs unterzuordnen. „Toute la province“, so La Feuillade, „voudrait le voir mort; le maréchal a pour lui une aversion qui ne se peut exprimer“[15]. Auch in der Bretagne scheint man dem Intendanten zeitweise den Krieg erklärt zu haben: Hier ernannten die Provinzialstände eine Art von Gegenbeamten zu den Subdelegierten des Intendanten, deren einzige Aufgabe darin bestand, letztere zu kontrollieren und ihre Arbeit zu konterkarieren[16].

Ob und wie die Intendanten dieser Feindseligkeiten Herr wurden, darüber gehen die Meinungen wieder auseinander. Mousnier meint, sie hätten sich mit der Zeit die örtlichen Beamten untergeordnet[17], und auch Hartmann hebt hervor, die „wirkliche Autorität“ in den Provinzen sei „im 17. und spätestens im 18. Jahrhundert längst auf die Intendanten übergegangen“[18], die, so Duchhardt, „faktisch die adligen Provinzgouverneure politisch entmachteten“[19]. Dagegen betrachtet Mettam diese Beschreibung des Intendanten als tragende Säule des Absolutismus eher als einen theoretischen Idealzustand, der in der Praxis nicht existiert habe. Versuche zu Reformen, so Mettam, würden überbewertet, die Kontinuität der Bürokratie im Ancien Régime zu wenig berücksichtigt. Den Grund für diese Fehleinschätzung sieht er – zu-

12 Bonney, Absolutisme, S. 106.
13 Vgl. die Beispiele ibid., S. 108f.
14 Mager, Institutionengeschichte, S. 156.
15 Lavisse, Louis XIV, S. 875.
16 Mandrou, La France aux XVIIème et XVIIIème siècles, S. 226.
17 Mousnier, Institutions II, S. 506.
18 Hartmann, Verfassungsgeschichte, S. 15f.
19 Duchhardt, Absolutismus, S. 45. – Ebenso Lavisse, Louis XIV, S. 875: „Partout, même dans les provinces comme le Languedoc, où les gouverneurs sont de famille princière, c'est l'intendant qui dirige tout.“

mindest in der französischen Geschichtsschreibung – im französischen Zentralismus, der dazu geführt habe, daß Pariser Historiker historische Arbeiten aus der Provinz vor allem des 19. Jahrhunderts, die oft mit neuesten Erkenntnissen übereinstimmten, nicht rezipiert hätten[20]. Mandrou betont ebenfalls, der Großteil der Aktivitäten der Intendanten sei dem Kampf gegen die „autorités traditionelles" gewidmet gewesen. Abgesehen von einigen Bereichen, etwa in der Wirtschaft, wo Eigeninitiative möglich gewesen sei, sei er nicht viel mehr als ein Informant des Königs gewesen[21].

Die anglophone Forschung hebt hervor, wenn überhaupt, so sei eine erfolgreiche Tätigkeit der Intendanten in den Provinzen nur durch Kooperation und nicht durch Konfrontation möglich gewesen, unter anderem, weil sie zur Regierung auf die Klientelbeziehungen der lokalen Potentaten angewiesen gewesen seien: „An alliance with local power groups was essential if the intendants were to forge useful links between centre and localities [...] They worked closely with governors ... and exploited their patronage network as well as establishing their own. Effective government was still based on the personal relationships of the clientage system, not the impersonal orders of a bureaucratic chain of command"[22]. Die Bedeutung von Klientel- und Patronageverhältnissen betont auch Campbell. Die traditionelle Vorstellung, der König habe sich auf ein neues Bürgertum gestützt, um die Kontrolle über ein fragmentiertes Land mit mächtigen lokalen Eliten zu gewinnen, müsse korrigiert werden. Mächtige Aristokraten hatten weitgespannte Klientelbeziehungen in den Provinzen, die der König unter seine eigene Kontrolle zu bringen versuchte, um sie in seinem Sinne einzusetzen[23]. Es gab sozusagen zwei Arten von Regierung im modernen Staat: die zentrale und die lokale, die auf lange Sicht derart miteinander verflochten werden mußten, daß sich auch die Peripherie von der Zentrale aus regieren ließ. „Before that happened, what was at work was largely the extension of royal patronage to incorporate local networks. That is the really effective centralization which is taking place in the seventeenth century. For this task the higher nobility was vital, as these families were either important in the province already, or could

[20] METTAM, Power, S. 32ff. Vgl. auch DERS., Two-dimensional history. Mousnier and the Ancien régime, in: History 66 (1981).

[21] MANDROU, La France aux XVIIème et XVIIIème siècles, S. 225f: „Les analyses des historiens sont concordantes: [...] l'intendant n'a pas été beaucoup plus qu'un agent d'information, et aussi d'exécution dans quelques domaines économiques où l'initiative était possible. En certains cas, lorsque les États provinciaux et le Parlement bien vivants annihilent complètement les velléités d'administration judicière et financière, il ne reste plus à l'intendant que la maréchaussée: c'est à dire la simple police." Im besten Fall hätte er, abgesehen von seiner Rolle als oberste Aufsicht der Beamten, der wirtschaftlichen Entwicklung der Region, groß angelegt Erkundigungen über Preis-, Markt- und Gehaltsentwicklungen eingezogen.

[22] HENSHALL, Myth, S. 44.

[23] CAMPBELL, The Ancien Regime, S. 62.

be encouraged to set up their own new clientage networks to further the king's business"[24].

4.1.2. Intendanten und Protestantenpolitik

Das Edikt von Nantes von 1598 hatte eine grundlegende und äußerst wichtige Neuerung im Umgang mit dem Protestantismus gebracht. Zum ersten Mal wurde er hier nämlich nicht mehr als Häresie bezeichnet, sondern als Religion anerkannt. Zwar wurde vom Protestantismus immer noch als von der religion prétendue réformée gesprochen. Dies implizierte aber nur, daß man sozusagen an der „angeblichen Reformiertheit" des Protestantismus zweifelte, ihm aber grundsätzlich zugestand, eine Religion zu sein[25]. Für die Verfolgung der Protestanten bedeutete dies eine starke Verweltlichung. Hatte man sie zuvor wegen Häresie und damit wegen lèse-majesté divine verfolgt – die ursprünglich mit dem Scheiterhaufen bestraft werden konnte –, so konnte man ihnen fortan „nur noch" die Verletzung königlicher Gesetze vorwerfen: Man verfolgte sie „pour avoir violé les lois de la police générale du royaume"[26]. Auf diese Weise wurde die Ausführung der Protestantenpolitik zunächst in erster Linie eine Sache der Gerichte, deren letzte Instanz die Parlamente der jeweiligen Generalitäten waren.

Seit 1656 kam dann eine weitere Einrichtung hinzu, die sich speziell mit Verstößen gegen die Bestimmungen des Edikts von Nantes befaßte: die Kammern des Edikts. Solche Kammern des Edikts wurden in allen Generalitäten eingerichtet. Sie bestanden aus je einem katholischen und einem protestantischen Kommissar, an die Verstöße von jedermann gemeldet werden konnten.

[24] Ibid. Ebenso BONNEY, Absolutisme, S. 105f.: „Au lieu de les détruire complètement, la couronne, semble-t-il, chercha à soumettre les réseaux de clientèle à son propre usage, système que l'on a récemment qualifié de système de ‚courtage' (brokerage). Le ‚courtier du pouvoir' (power-broker) typique était un notable régional, en général anobli ou membre de la petite noblesse, qui s'était élevé en collaborant avec le gouvernment, en échange du patronage royal. Les institutions nouvelles comme les intendants, par exemple, ne constituaient pas – dit-on – des mécanismes suffisamment solides de gouvernement pour le roi et ses ministres. La couronne devait donc renforcer son autorité à l'intérieur par des liens de patronage qui fonctionnaient à la fois dans le cadre des institutions et en dehors de celui-ci. On pense que le courtage fut un moyen d'intégrer les provinces éloignées et de créer un État français plus unifié, donc plus fort, au XVIIe siècle". Die Bedeutung der „aristocratic provincial governors" als Vermittler von „favours and patronage" wird auch von METTAM, Power, S. 21f., hervorgehoben. Ebenso schließlich HENSHALL, Myth, S. 52: „Neither centrally nor locally were nobles deprived of power. Harding (Anatomy of a Power Elite. The Provincial Governors of Early Modern France, New Haven/London 1978) has shown the continued importance of aristocratic governors as allies of intendants, Mettam (Power and Faction) of sword nobles as advisers of the king and Kettering (Sharons, Patrons and Clients in Seventeenth-Century France, New York 1986) of patronage-brokers as fixers of everything."

[25] CARBONNIER, Sociologie et psychologie juridque, S. 36f.

[26] Ibid.

Die Kommissare entschieden dann entweder eigenmächtig über den jeweiligen Fall (bei Einstimmigkeit) oder leiteten das ganze an den Staatsrat weiter[27].

Wie konnte der Intendant nun auf die Entscheidungen dieser Einrichtungen Einfluß nehmen? Zunächst, etwa zu Beginn der Selbstregierung Ludwigs XIV., konnte er einen solchen nur über die Kammern des Edikts ausüben. Dort war er manchmal einer der beiden Kommissare. Nur in diesen Fällen hatte er – zusammen mit seinem Ko-Kommissar – Entscheidungsbefugnis. Die Kammern des Edikts wurden allerdings in den Jahren vor der Revokation nach und nach in den einzelnen Generalitäten aufgelöst. Die Zuständigkeiten der Intendanten weiteten sich aber seit der Wiedereinführung dieses Amtes nach der Fronde stetig wieder aus, so daß Mousnier für das Ende der achtziger Jahre des 17. Jahrhunderts konstatiert: „Sans que les principes soient changés, les intendants prirent des caractères de compétence universelle et d'omnipotence“[28].

Zu diesen compétences universelles zählte unter anderem auch die Aufsicht über die Justiz. Die Intendanten waren von ihrer Ausbildung her Juristen. Sie besaßen daher die nötige Vorbildung, um sich über sämtliche Delikte, die in ihrer Generalität begangen wurden, seien dies kriminelle, zivile oder kommerzielle, zu informieren[29]. Es gab grundsätzlich in jeder Generalität verschiedene lokale Gerichte *(tribunaux, élections, bailliages, sénéchaussées, présidiaux)*. Einige Provinzen, darunter auch die in dieser Arbeit behandelten, hatten außerdem als übergeordnete Instanz ein Parlament. Für unser Gebiet befanden sich diese obersten Gerichtshöfe in Aix-en-Provence bzw. Grenoble. Jedes Gericht hatte seine besonderen Zuständigkeiten. Die crimes et délits – und damit auch die Verstöße der Protestanten gegen sie betreffende Gesetze – wurden von den *élus, bailliages, présidiaux* und von den Parlamenten gerichtet. Bei den lokalen Gerichten – also nicht bei den Parlamenten – hatte der Intendant die Möglichkeit, den Prozeß an sich zu ziehen, selbst den

27 BLET, Le clergé de France, Bd. 2, S. 370 ff.

28 MOUSNIER, Institutions II, Paris ²1992, S. 507 – im folgenden, wenn nicht anders vermerkt, nach dieser Ausgabe zitiert. Selbst nach dem Tode Colberts 1683 hatten der Generalkontrolleur der Finanzen und der *secrétaire d'État de la guerre* noch versucht, die Zuständigkeiten des Intendanten in Grenzen zu halten. Aber, so MOUSNIER, S. 506 f: „Les limites à l'autorité de ceux-ci se réduisirent de plus en plus. La liquidation des dettes de la guerre de Hollande, la politique des annexions en pleine paix, qui oblige à maintenir une forte armée sur le pied de guerre, le souci de donner l'emploi à la noblesse, en 1684 une courte guerre contre l'Espagne suspendue par la trêve de Ratisbonne, enfin, en 1688, le déclenchement d'une guerre contre une coalition européenne, terminée seulement en 1697 par le traité de Ryswick, puis l'affaire de la succession d'Espagne et, en 1701, le déclenchement d'une nouvelle guerre européenne, terminée avec l'Angleterre et les Provinces-Unies en 1713 par les traités d'Utrecht et en 1714 avec l'empereur par le traité de Rastadt, contraignirent de recourir davantage aux commissaires, particulièrement aux intendants des provinces et à leurs subdélégués.“

29 Dieses und das folgende nach Anette SMEDLEY-WEILL, Les intendants de Louis XIV, Paris 1995, S. 223 ff.

Vorsitz zu übernehmen und ein Urteil zu fällen, wobei er ebenso wie die lokalen Richter an die königlichen Gesetze gebunden war. Allerdings mußte er dazu eine *commission particulière* beim Staatsrat beantragen, die ihm dann in Form eines arrêt d'attribution erteilt wurde. Die Intendanten beantragten eine solche Sondererlaubnis meistens, wenn sie der Meinung waren, daß zur Abschreckung und zur Aufrechterhaltung und Wahrung der allgemeinen Ordnung in einem Prozeß eine beispielhaft schwere Strafe verhängt werden müsse.

Auch für die Protestantenpolitik wurde diese „Politik der Abschreckung" von der Zentralregierung gewünscht. Das bestätigte Staatssekretär Torcy am 30. Oktober in einem Schreiben an den Intendanten Lebret ausdrücklich. Dem Gerücht, der König könne sich, da er anderweitig in Anspruch genommen sei, nicht um das Wohl der katholischen Religion kümmern, solle unbedingt Einhalt geboten werden. Den Neukonvertierten solle klar gemacht werden, daß der König sie fördern wolle, wenn sie sich auf den rechten Weg begaben, sie aber strengstens bestrafen wolle, falls sie durch skandalöses Verhalten Aufsehen erregten oder die Verordnungen des Königs mißachteten:

„Il est revenu à Sa Majesté que quelques mauvais convertis mal intentionnés vouloient persuader dans les provinces que les grandes occupations de Sa Majesté l'obligeroient à se relascher des soins qu'elle a donné jusques icy sur les affaires de la religion. Comme une telle idée est très capable d'empescher la conversion de ceux qui sont encore prevenus de leurs erreurs, et mesme de faire relascher ceux qui sont dans de bonnes dispositions, Sa Majesté qui est très satisfaite de l'attention que vous avez eue jusques icy sur ce sujet, m'ordonne de vous escrire de la continuer, et mesme de redoubler vos soins et vostre vigilence, s'il est possible, d'une maniere qui puisse destromper les nouveaux convertis de l'opinion où ils peuvent estre que la conjoncture présente puisse destourner Sa Majesté de l'application que son grand zèle pour le bien et l'avantage de la religion, luy a fait avoir jusques à présent, leur laissant entendre que Sa Majesté est esgalement disposée à favoriser ceux et celles qui se trouveront dans le bon chemin, et à punir sévèrement ceux et celles qui seront capables de causer du scandal à la religion, et de contrevenir aux ordonnances de Sa Majesté. Vous continuerez cependant [...] à m'informer de tout ce qu'il faudra que sa Majesté scache sur cette matiere, afinque je puisse luy en rendre compte, et vous faire ensuitte scavoir ses intentions"[30].

Daß dieser Grundsatz in der politischen Praxis Anwendung fand, zeigen zahlreiche Fälle, in denen die Intendanten dem König oder seinen Ministern gegenüber für eine „juste sévérité" oder eine „punition exemplaire" eintraten[31].

[30] BNF FR 8871, f. 606f.

[31] So schrieb Intendant Lebret am 4. Juli 1687 aus Aix an Staatssekretär Croissy, um die Neukonvertierten der Provence, die insgesamt mehr schlecht als recht den katholischen Glauben praktizierten, nicht durch übertriebene Strenge vollends abzuschrecken, habe er sich damit begnügt, „de faire un bon exemple d'un nouveau converti de la vallée de

Der Intendant verfolgte aber nicht nur die Verbrechen und Delikte einzelner, er hatte auch über die korrekte Amtsausführung der (Justiz-)Beamten zu wachen. Eine Erklärung zur Deklaration von 1698 erläuterte diese Aufsichtspflichten:

„35. Le roy ayant par la déclaration du 13.e decembre 1698 chargé les juges ordinaires de tenir la main à toutes les dispositions qui y sont contenues; les intendans et commissaires départis auront un grand soin de veiller sur ces juges, sur les maires des villes, et sur tous les autres officiers principaux, tant de Sa Maiesté, que des seigneurs hauts justiciers. Ils s'informeront le plus exactement qu'ils pourront et le plus fréquemment de leur conduitte particulière et publique, s'ils menent une vie reglée, et occupée de leurs devoirs, (56r) s'ils assistent en l'habit de leur état aux messes des parroisses, aux offices de l'église et aux instructions: s'ils satisfont régulièrement aux autres devoirs de la religion; et à tout ce qui leur est préscrit par les ordonnances, et particulièrement par la déclaration du 13. decembre 1698. Et en cas de négligence notable ou de contravention à quelqu'une de ces choses, s'ils ne se corrigent pas, après les en avoir avertis, ils en donneront avis à Sa Maiesté, pour y être par elle pourveu ainsi qu'elle jugera à propos“[32].

Alleingänge oder Übereifer von seiten der Beamten waren nicht erwünscht. So wandte sich Fontanieu 1724 an den Großsiegelbewahrer in Sachen eines Richters in den pays des Baronnies, der sich mit zu großer Hingabe der Verurteilung von Neukonvertierten widmete. Fontanieu warnte vor den Konsequenzen, die ein solches Verhalten besonders in einer Gegend mit hohem Anteil Neukonvertierter haben konnte[33].

Lourmarin qui faisoit variété de donner mauvais exemple aux autres en le rélegant ... pour quelque temps dans la ville d'Arles où tous les habitants sont anciens catholique“, BNF fr 8832 (= Mif. 5904), f. 194. In Orpierre in der Dauphiné hatte 1724 ein emigrierter und vorübergehend nach Frankreich zurückgekehrter Protestant die Neukonvertierten dazu aufgerufen, sich nicht an die letzte Deklaration des Königs zu halten. Intendant Fontanieu kündigte im September 1724 an, diesen Protestanten ins Gefängnis werfen zu lassen, falls er gefaßt werde: „Je crois que vous approuverez cet ordre. Il est d'une extrême conséquence de faire un exemple si l'on peut dans cette province où le nombre de religionnaires est très considérable“, BNF fr 8429, fol. 5f. – Im selben Monat befürwortete er eine weitere „juste sévérité“ im Zusammenhang mit illegal aus Genf eingeführten calvinistischen Büchern, BNF fr 8429, fol. 6f. In Crest bekannte 1725 eine Neukonvertierte öffentlich, sie wolle im protestantischen Glauben sterben. Fontanieu sprach sich dem Staatssekretär gegenüber für die Statuierung eines Exempels aus, BNF fr 8429, fol. 66f. Im Oktober 1727 wurde Fontanieu aufgetragen, sich um den Fall einer durch skandalöse Reden in Orange aufgefallenen Neukonvertierten zu kümmern, BNF fr 8418, fol. 193. 1738 war Fontanieu erneut gegen illegale Büchereinfuhr vorgegangen. Daguesseau schrieb hierzu aus Paris: „Il faut espérer que par la continuation de ces exemples de sévérité nous parviendront à détruire l'abus de l'introduction des livres et à l'usage de ceux qui font profession de la religion prétendue réformée, et tarir le cours d'une contravention aussy préjudiciable à la religion et à l'état“, BNF fr 8426, fol. 295f.

32 BNF fr 8865, fol. 50ff., hier fol. 56, Mémoire du Roy pour servir d'instruction aux intendans et commissaires départis dans les provinces et généralités du royaume.

33 BNF fr 8429, fol. 23f. Grenoble, 16. September 1724. Fontanieu schrieb in dieser

Anders als bei diesen lokalen Gerichtshöfen hatte der Intendant auf Prozesse der Parlamente keinen direkten Einfluß. Hier hatte er nur noch das „droit de séance"[34]. Smedley-Weill weist allerdings darauf hin, daß der König an einer Entmachtung der Parlamente interessiert war[35]. Insofern wird er die Intendanten nach Möglichkeit bei ihren Eingriffen unterstützt haben, solange die entsprechenden Prozesse noch in der ersten Instanz von der lokalen Gerichtsbarkeit geführt wurden.

Den juristischen Befugnissen des Intendanten waren also Grenzen gesetzt. Auf regionaler Ebene hörte seine Zuständigkeit dort auf, wo die der Parlamente begann. Die Zentralregierung andererseits kontrollierte ihn dadurch, daß sie sich das Einwilligungsrecht für seine *commissions particulières* vorbehielt. Ob diese Sondervollmacht allerdings erteilt wurde, wird wesentlich von den „Expertisen" abhängig gewesen sein, die der Intendant aus der Provinz an die Zentralregierung schickte. Wenn seine Argumentation überzeugend war, wird man ihr wohl auch gefolgt sein. In Sachen Protestantenpolitik war allerdings auch ein Übereifer von seiten der Intendanten nicht erwünscht. Intendant Lebret etwa wurde im November 1685 von Staatssekretär Croissy ermahnt, er habe seinen Eifer zu weit getrieben und solle in Zukunft Vorstöße, die den Konversionen oder im allgemeinen dem Interesse des Königs schaden könnten, unterlassen[36].

Mit Erlaß des Revokationsedikts änderte sich die Zuständigkeit des Intendanten und sein Verhältnis zur Justiz in bezug auf die Protestantenpolitik vorübergehend. Die Revokation und die ihr folgenden Gesetze gegen die Protestanten fielen nämlich unter die juristische Kategorie affaires extraordinaires, die wiederum ausschließlich unter die Zuständigkeit des Intendanten fielen. Sie bezeichnete eine Art Ausnahmezustand – ähnlich wie Revolten

Sache noch mehrmals nach Paris, vgl. BNF fr 8429, fol. 33 ff. Er versuchte, den Richter zur Besinnung zu bringen – aber ohne Erfolg. Fontanieu schickte daher das Antwortschreiben des Richters auf eine seiner Mahnungen an den Großsiegelbewahrer, um die Gefährlichkeit dieses Mannes zu belegen: „[Je suis] persuadé que vous en trouverez le stile peu convenable, mais comme ce n'est que le stile d'un fou je crois d'avoir le méprisé. Je ne peut cependant m'empescher de vous faire observer que ce fou est l'homme le plus dangéreux; qu'il a déjà esté interdit plusieurs fois par des arrests du parlement pour des raisons qui intéressoit sa probité et que je suis averty que s'il continue d'exercer comme il fait ses vexations dans le canton plein de religionnaires où il est, ces religionnaires sont dans la disposition la pluspart de déserte", BNF fr 8429, fol. 33 ff.

[34] Smedley-Weill, Intendants, S. 223.

[35] Ibid.: „Le roi, voulant réduire le pouvoir des parlements, les incite à intervenir dans ces cours."

[36] „Je vous ecris celle cy par avance pour vous dire que je suis bien fasché que vous ayez poussé si loing la curiosité que j'ay eue de voir ce que contient la déclaration des nouveaux convertis et je vous prie de n'en plus faire aucune recherche et mesme quand je vous demanderez quelque chose de mon chef que vous croirez pouvoir nuire aux conversions ou au service du Roy vous me ferez plaisir de différer jusqu'à ce que vous m'en ayez fait scavoir les inconvéniens", BNF fr 8826, fol. 193.

oder Hungersnöte –, in denen schnelle Entscheidungen getroffen werden mußten.

„Dans toutes ces matières extraordinaires, l'intendant agit soit par ordonnances, soit par lettres ayant valeur d'ordonnance et pouvoir de contrainte, c'est à dire par voie exécutive et non plus par voie judiciaire"[37].

Der Intendant übte einen „pouvoir d'intervention directe"[38] aus, hatte aber Berichterstattungspflicht und mußte außerdem bereit sein, die Anordnungen des Staatsrats auszuführen. Dieser „Ausnahmezustand" wurde im Dezember 1698 wieder aufgehoben. Ludwig XIV. schrieb hierzu zur Erklärung und Begründung im Januar 1699, direkt nach der Revokation sei eine unmittelbare, von langwierigen juristischen Verfahren unabhängige Entscheidungsinstanz für Fragen der Religion vonnöten gewesen. Während des Krieges habe man diesen Zustand nicht ändern können, ohne die Ordnung zu gefährden. Nun aber, da wieder Frieden herrsche, solle die Ausführung des Edikts von Fontainebleau sowie ihm folgender die Protestanten betreffender Gesetze wieder den Beamten der königlichen und herrschaftlichen Gerichtshöfe übertragen werden. Die Intendanten sollten trotzdem weiterhin ein Auge auf die korrekte Amtsführung der Justizbeamten haben und nach Möglichkeit sowohl zu große Nachlässigkeit als auch zu große Strenge von deren Seite verhindern. In aufsehenerregenden Fällen konnte der Intendant wie schon vormals beim König Sondervollmachten beantragen:

„3. Dans les premieres années, après la révocation de l'édit de Nantes, le roy a chargé directement les intendants et commissaires départis de tout ce qui regardoit la religion, et la conduitte des nouveaux convertis. Il y avoit dans ces commencemens, et dans la conioncture d'un si heureux changement une infinité de choses qui dépendoient plus de l'économie et de la direction que de la justice distributive et de l'ordre judiciaire: et celles même qui sembloient avoir quelque raport à cette dernière fonction ne pouvoient être reglées que par une autorité prompte et sommaire non suiette aux longueurs et aux suittes des apellations. On n'a pas pu changer pendant la guerre un ordre si nécessaire: mais a présent que par la paix toutes les parties du royaume doivent être remises dans leur état naturel, l'intention du roy est que les intendans et commissaires départis laissent agir les officiers des justices royalles, et ceux des seigneurs particulières dans les cas qui leur sont attribués, sur tout ce qui peut être de l'exécution tant de l'édit du mois d'octobre 1685 et déclarations intervenus en conséquence, que de la déclaration du 13e décembre 1698, ainsi que sur toutes les autres matières de la justice ordinaire, sauf l'appel aux parlement.

4. Ces édits et particulièrement la dernière déclaration devant avoir leur exécution en touts les lieux du royaume, et faisant partie de la police générale qui doit être observée en tout les tems, et par toute sorte de personnes; le soin

[37] MOUSNIER, Institutions II, S. 516.
[38] Ibid.

de veiller à un si grand détail ne peut être commis à un trop grand nombre d'officiers qui seront plus a portée de découvrir les contraventions, de les reprimer et de les punir.
5. Le roy ne veut pas néanmoins que les intendans et commissaires départis perdent entièrement de veue ces sortes d'affaires; et Sa Maiesté leur recommande à cet égard deux choses en général.
6. L'un d'exciter les ministres de ces officiers d'avoir une grande attention sur leur conduitte, et de prendre garde que d'un coté ils ne tolèrent pas par leur négligence, et ne favorisent peut être pas par leur connivence, des desordres contraires à ces édits et déclarations; et l'autre qu'ils ne fassent pas, par des démarches imprudentes dégénerer leur vigilance en vexation.
7. L'autre est, s'il arrive des occasions extraordinaires et éclattentes, ou les intendans et commissaires départis croyent qu'un prompt exemple est nécessaire, ou dans lesquelles les juges qui en doivent connoître sont suspectés d'en informer Sa Maiesté, afin qu'elle leur donne, si elle le juge à propos, les ordres et le pouvoir dont ils auront besoin pour y pourvoir"[39].

4.2. Die kirchliche Obrigkeit: der Klerus

Wir haben im Kapitel über die Motive der Revokation schon gesehen, daß einerseits Krone und Kirche sich stark vom Papst emanzipiert hatten und daß andererseits der König wichtige Rechte über die Gallikanische Kirche an sich gezogen hatte, die letztere sehr stark in seine Abhängigkeit brachten. Dennoch war die katholische Kirche an der Ausführung französischer Protestantenpolitik beteiligt. Vor der Revokation bestand für Mitglieder des französischen Klerus ebenso wie für alle anderen französischen Bürger die Möglichkeit, bei den Kammern des Edikts die Nichteinhaltung eines Paragraphen des Edikts von Nantes zu melden. Katholische Geistliche waren in manchen Fällen selbst als Kommissare des Edikts tätig und konnten so an einer Entscheidung mitwirken[40]. Bei anderen Gerichten hatte der Klerus im Gegensatz zu

[39] BNF fr 8865, fol. 44f. Vgl. auch MOUSNIER, Institutions II, S. 516: „Après la paix de Ryswick, il fallut remettre la poursuite et répression de l'hérésie aux mains des justices royales. Néanmoins, les intendants durent continuer une surveillance permanente. La circulaire du 2 juin 1699 leur enjoignait: ‚Encore que vous ne soyez pas chargés de punir les contrevenants, vous ne devez pas avoir moins d'attention pour les connaître, les faire poursuivre et tenir la main à ce que les juges fassent leur devoir'. Dans les cas qui nécessitaient un prompt remède et dans lesquels les juges compétents devenaient suspects, les intendants devaient en référer au ministre et solliciter les ordres nécessaires pour y pourvoir."

[40] Hierzu BLET, Les assemblées, S. 482: „Les arrêts prononcés en grand nombre depuis le début du règne personnel de Louis XIV étaient le plus souvent l'aboutissement d'une requête présentée devant les commissaires de l'Édit par les syndics des diocèses, puis poursuivie au Conseil par l'évêque, par les agents du Clergé et dans plusieurs cas avec l'appui de l'Assemblée."

den Intendanten keine Eingriffsmöglichkeiten. Er war zwar oft zuallererst mit Verstößen der Protestanten gegen die Gesetze konfrontiert. Aber er konnte sie nicht selbst ahnden, sondern lediglich bei den entsprechenden Stellen Meldung erstatten, die die Fälle dann gegebenenfalls weiterverfolgten[41].

Mit dem Jahr 1685 wurde die Protestantenfrage von einem vorwiegend juristischen oder administrativen vorübergehend zu einem militärischen Problem. Die Massenkonversionen des Jahres 1685 wurden durch militärische Einquartierungen, sogenannte Dragonaden, erzwungen. Truppeneinquartierungen aber fielen von jeher in den Zuständigkeitsbereich des Intendanten. Im übrigen überwachte dieser im Rahmen seiner Aufgaben der *police* und *administration générale* zu diesem Zeitpunkt schon längst die *actions religieuses* der katholischen und protestantischen Bevölkerung[42]. Wenn es etwas gab, was eigentlich par excellence in den Zuständigkeitsbereich der Kirche fiel, dann waren es die Konversionen. Aber selbst diese hatte man, zumindest faktisch und vorübergehend, nun in die Hände von Laien gelegt. Vom Intendanten der Provence, Morant, wissen wir zum Beispiel, daß er sich persönlich um die Konversion der besser gestellten Protestanten Marseilles kümmerte und daß er es schließlich war, der nach vergeblichen Versuchen, die Protestanten mit friedlichen Mitteln zu einer Konversion zu bewegen, die Dragoner anforderte. Die Dragonaden erbrachten binnen drei oder vier Tagen das erwünschte Ergebnis[43]. Diese Zwangskonversionen waren ein besonders extremer Eingriff in die Bereiche der Kirche, denn oftmals waren es sogar Soldaten, die die Konversionen abnahmen und bescheinigten[44].

[41] Vgl. als Beispiel dafür, daß dem Klerus weitgehend die Hände gebunden waren AN TT 435–436, pièce 5, „Rapports au sujet de différents particuliers de la R.P.R. de diverses provinces, porté à l'assemblée le 9ème mars 1701". Darin eine Beschwerde des Bischofs von Die, daß die Lehrer in seiner Diözese von den Neukonvertierten malträtiert würden, der Intendant sich aber bisher einzugreifen geweigert hätte, der Zug durch die richterlichen Instanzen aber endlose Prozesse, Gebühren und Zeit koste und außerdem dazu führe, daß man sich beim Volk unbeliebt mache.

[42] MOUSNIER, Institutions II, S. 520: „L'intendant exerce la ‚police' ou administration générale. Il établit des règlements et statue au contentieux en tous domaines où intervient l'Etat. Il surveille les opinions et les actions politiques et religieuses de tous les sujets du roi. Il donne avis sur les candidats aux assemblées du clergé. Il écarte, sur ordre du roi, les candidats et les électeurs récalcitrants et s'arrange pour que soit élu un candidat agréable au roi. Il écarte des monastères les religieux de mauvaises mœurs, les hérétiques, etc. Il est très actif à l'égard du protestantisme. Il veille à tous les arrêts du Conseil concernant les protestants. Il s'efforce d'empêcher les religionnaires de sortir du royaume, veille à l'éducation des enfants, à la tutelle des orphelins, au baptême des nouveau-nés, aux écoles de filles, etc."

[43] Madeleine VILLARD, Marseille 1685. Faites donner les dragons, in: Notre Histoire 26 (1986), S. 52ff. DIES., La révocation de l'édit de Nantes à Marseille et en Provence, in: Provincia 6 (1971), S. 54. DIES., Le pouvoir devant la foi, S. 67ff. Zur Frage der Dragonaden in Marseille siehe auch Victor Louis BOURRILLY, Les protestants de Provence aux 17ème et 18ème siècles, Aix-en-Provence 1956, S. 63ff.

[44] Vgl. hierzu Jean-Robert ARMOGATHE, Croire en liberté. L'église catholique et la révocation de l'édit de Nantes, Paris 1985, S. 90ff.

Zur geistlichen Unterweisung der vielen frischkonvertierten Katholiken wurden Missionare in die verschiedenen Provinzen geschickt. Die wurden zwar, nach Orcibal, in Paris vom Erzbischof Achilles de Harlay ausgesucht[45]; in den Provinzen unterstanden sie aber nur kurze Zeit den Bischöfen und Erzbischöfen. Der König befand schnell, daß die Kooperation zwischen den lokalen Geistlichen und Bischöfen einerseits und den abgesandten Missionaren andererseits nicht funktionierte. Offensichtlich fühlten sich viele Bischöfe gekränkt, daß man glaubte, ihnen zur Unterstützung Missionare aus Paris schicken zu müssen. Außerdem beklagte man sich beispielsweise im Süden, die Missionare sprächen nicht einmal das lokale *patois* und seien daher gar nicht in der Lage, die ihnen aufgetragenen Aufgaben zu erfüllen. Aber wie auch immer: Die Aufsicht über die Missionare wurde nach wenigen Tagen den Bischöfen entzogen und stattdessen den Intendanten übertragen[46]. Bereits am 29. Oktober 1685 schrieb Außenminister de Croissy an Lebret, der zu diesem Zeitpunkt noch Intendant in der Dauphiné war, er solle bei den Bischöfen und Erzbischöfen seines Verwaltungsgebietes nachfragen, wieviele zusätzliche Missionare diese in ihren Diözesen zur Unterweisung der Neukonvertierten benötigten. Der König wollte diese dann aus Paris in die Provinz schicken[47]. So wurde die Kirche, was die eigentliche Revokation betraf, letzten Endes nur im Rahmen ihrer traditionellen Funktionen mit den Folgen der Revokation konfrontiert.

Dem katholischem Klerus oblag neben dem Kultus die allgemeine Sitten- und Verhaltenskontrolle. Über „Predigt, Beichte, Zurückweisung notorischer Sünder vom Abendmahl und Erzwingung der Abendmahlspflicht" nahm der Pfarrer das „Amt eines lokalen Zensors"[48] wahr. Dieser Kontrolle unterlagen auch die Neukonvertierten. Da das Armenwesen nach der Revokation nun exklusiv der katholischen Kirche unterstand, dürfte sie einen besonderen Einfluß auf die bedürftigen Schichten unter den Neukonvertierten gehabt haben. Die Pfarrer waren schließlich für die Zivilstandsregister zuständig, sie führten Tauf-, Trauungs- und Sterbebücher. Der Klerus setzte außerdem die Gläubigen während des Sonntagsgottesdienstes oder danach von Weisungen (Gesetze, Verwaltungsanweisungen) königlicher oder weltlicher Obrigkeiten in Kenntnis. „Über die Pfarrer erreichte die weltliche Obrigkeit somit auch den letzten Untertanen im entlegensten Winkel des Königreiches"[49].

[45] ORCIBAL, Louis XIV et les protestants, S. 116.
[46] Ibid., S. 116ff. Auch ARMOGATHE, Croire en liberté, S. 90ff. Nathanaël WEISS, La révocation en Dauphiné, in: BSHPF 34 (1885), S. 456f.
[47] BNF fr 8826, fol. 170f.
[48] Dieses und das folgende nach MAGER, Institutionengeschichte, S. 131.
[49] Ibid. HARTMANN, Verfassungsgeschichte, S. 40. HENSHALL, Myth, S. 58: „Its pulpits were the main media of communication in each of the parishes of France. Curés read out royal ordinances and letters patent when they preached, even after the edict of 1695 which relieved them of the obligation."

Den größten Einfluß auf die Ausführung der Protestantenpolitik aber nahm die katholische Kirche noch über das Erziehungs- und Bildungswesen, wobei sie auch hier nicht völlig freie Hand hatte. Der Staat versuchte nämlich, auch das Unterrichtswesen zu kontrollieren und zu säkularisieren[50]. So gerieten die Universitäten bereits seit Ende des 16. Jahrhunderts zunehmend unter weltlichen Einfluß (was die Statuten, die Ernennung der Rektoren, die Rekrutierung des Lehrkörpers – *concours* unter königliche Kontrolle –, die Lehrinhalte betraf), behielten aber teilweise ihre Autonomie. Protestantische Akademien hatten großen Einfluß. Seit 1633 mußte die Hälfte der Lehrenden katholisch sein. 1685 wurden diese Bildungseinrichtungen ganz abgeschafft. Die höheren Schulen (*collèges*) gründeten sich meist auf Stiftungen von Privatpersonen, Bischöfen oder einer Gemeinde. Bürger sorgten für den Unterhalt durch jährliche Zahlungen. Dies Schulen unterstanden also nicht dem Monopol der Kirche, auch wenn ihre Lehrer meist Dominikaner oder Jesuiten waren. Protestantische *collèges* gab es seit 1685 nicht mehr. Die Grundschulausbildung schließlich war fast ausschließlich Aufgabe der katholischen Kirche. Ausgangspunkt war das Konzil von Trient, nach dem jede Gemeinde einen *maître de grammaire* haben mußte. In den Universitäten bedroht, zog sich die Kirche auf das Gebiet der Grundschulerziehung zurück, wo der Staat eine relativ große Handlungsfreiheit ließ.

Es ist anzunehmen, daß zwischen Kirche, Justiz und Zentralregierung (sowie weiten Teilen der französischen Gesellschaft) Konsens darüber bestand, daß der Protestantismus grundsätzlich zu bekämpfen sei. Insofern zogen die verschiedenen an der Ausführung der Protestantenpolitik beteiligten Institutionen am selben Strang. Trotzdem hat die Zentralregierung zusätzliche Mittel gehabt und auch wirksam eingesetzt, um den Gang der Ereignisse in ihrem Sinne zu beeinflussen. Sie konnte den Einsatz der Intendanten größtenteils über Sonderbewilligungsrechte steuern, ebenso wie sie das Vorgehen der lokalen Gerichte und Richter über die Intendanten beobachten lassen und beeinflussen konnte. In den Jahren 1685–1698 hatte der Intendant gar außerordentliche Entscheidungsbefugnisse. Im Bereich der Justiz blieben also lediglich die Parlamente ein „Unsicherheitsfaktor". Aber auch die katholische Kirche fiel, soweit wir das bisher beurteilen können, der zunehmenden Zentralisierung zum Opfer. Lokale Kleriker standen ebenfalls unter der Aufsicht der Intendanten; die Revokation selbst wurde ohne den Klerus geplant und ausgeführt; Fragen der Revokation und ihrer Ausführung unterstanden bis 1698 der direkten Aufsicht des Intendanten; und selbst die Regie so genuin theologischer und spiritueller Angelegenheiten wie Konversionen und Missionen wurde, wenn nötig, in die Hände von Laien gelegt.

[50] Dieses und das folgende nach ELLUL, Institutions, S. 107f.

5. DIE PROTESTANTENPOLITIK DER INTENDANTEN IM SPIEGEL ZEITGENÖSSISCHER DOKUMENTE

5.1. Grundsätze

Die gesamte Verwaltungskorrespondenz zwischen Provinzial- und Zentralregierung ist verständlicherweise von der Erörterung jeweils akuter praktischer Probleme der täglichen Regierungspraxis geprägt. Nur sehr selten finden wir grundsätzliche Aussagen über den „Geist" der Gesetze, das heißt über eine generelle Ausführungspraxis, die von der Zentralregierung gewünscht wird. Die wenigen existierenden Beispiele laufen jedoch alle in dieselbe Richtung, und das über den gesamten hier bearbeiteten Zeitraum hinweg, also seit der Revokation bis in die zwanziger Jahre des 18. Jahrhunderts hinein. Es lassen sich daher einige Maximen der Protestantenpolitik festhalten, die sich dann auch in der Praxis niederschlugen. Leider besitzen wir gerade für die Zeit unmittelbar nach der Revokation keine ausführlichen grundsätzlichen Äußerungen der Zentralregierung zur Ausführung der Protestantenpolitik. Andererseits ist das wohl kein Zufall. Schließlich begann mit der Revokation eine grundlegend neue Situation, deren Bewältigung sich noch in der Erprobung befand. Nach den ersten Erfahrungen in der Praxis stellte sich dann aber schnell heraus, welcher Weg der einzig gangbare war.

Die zunehmend sich verschärfende Gesetzgebung hatte schon lange vor der Revokation und erst recht danach zu großen Auswanderungswellen geführt. Auswanderung aber war, was man mit allen Kräften zu unterbinden suchte. In der täglichen Regierungspraxis zeigte sich daher schnell: Auswanderung mußte mit harten Strafen bedroht werden. Im Gegenzug aber durfte man den Neukonvertierten innerhalb Frankreichs das Leben nicht völlig unerträglich gestalten, denn wurde der Leidensdruck zu groß, konnte schließlich keine noch so schwere Strafe mehr von der Flucht abhalten.

Schwere Strafen – so der Kanon der Anweisungen an die Intendanten – sollten daher nur bei aufsehenerregenden Fällen und zur Abschreckung verhängt werden. Ansonsten wurden Milde („douceur") und Ermahnungen („exhortations") als die zweckdienlichsten Mittel angesehen. Im Dezember 1685 etwa bevollmächtigte Kriegsminister Louvois den Intendanten der Provence, Lebret, Einquartierungen in seiner Provinz anzuordnen, um die Neukonvertierten zu bestrafen, die ihren Pflichten als Katholiken schlecht nachkamen. Er wurde aber ausdrücklich angehalten, sich dieses Mittels möglichst selten („rarement"), mit Bedacht („avec prudence") und nur gegenüber solchen Neukonvertierten zu bedienen, die durch ihr schlechtes Beispiel Skandal erregen konnten:

„Il faut user avec prudence la liberté … de punir par logements les nouveaux convertis qui ne feront pas leur devoir. … S'il y a quelques uns desdits nouveaux convertis qui se distinguent à ne pas faire leur debvoir de catholiques, Sa Maiesté trouvera bon que l'on mette des troupes chez eux, mais il faut se conduire sur cela avec prudence, en sorte que l'on use rarement de cette voye, et seulement contre ceux qui scandalizent les autres par leur manière de vivre“[1].

Im Februar 1686 wurde Intendant Lebret, der gemeldet hatte, daß in seinem Verwaltungsgebiet nur wenige Neukonvertierte tatsächlich die katholische Religion ausübten, vom König angewiesen, diejenigen Neukonvertierten mit Einquartierungen zu bestrafen, die durch besonders schlechtes Benehmen auffielen, um auf diese Weise vielen Menschen Angst zu machen, aber nur wenigen Leid zuzufügen: „[pour] faire peur à beaucoup de gens et du mal au plus petit nombre“[2]. Verschiedene Mitglieder der Zentralregierung äußerten sich in den Monaten nach der Revokation ebenfalls in diesem Sinne und plädierten für Milde und gegen zu große Strenge. Im August 1686 etwa beglückwünschte der Staatssekretär für Äußere Angelegenheiten den Bischof von Orange dazu, daß anscheinend ein Großteil der Neukonvertierten ihren Pflichten als Katholiken gut nachkamen. Den Vorschlag, den übrigen, weniger vorbildlichen, ihr Getreide zu beschlagnahmen, habe der König aber nicht gutgeheißen. Ermahnungen und Milde seien eher angebracht:

„Quant à la saisie des grains de ceux qui ne tiennent pas une pareille conduite Sa Majesté ne l'a pas jugée à propos et elle est persuadée que la voye d'exhortation, et de douceur est en cela la meilleure“[3].

Anfang Oktober 1686 erhielt unter anderen der Intendant Lebret eine Anfrage über den grundsätzlichen Umgang mit den Neukonvertierten. Dem König war zu Ohren gekommen, daß Zwangsmittel, Drohungen und Geldstrafen Neukonvertierte, die nicht an Beichte und Abendmahl teilnahmen, oft zur Auswanderung trieben. Er ließ daher bei den Intendanten anfragen, wie sie und die Bischöfe ihrer Generalität sich in solchen Fällen verhielten und was sie vorschlugen, um Auswanderungen zu vermeiden bzw. den katholischen Glauben der Neueingegliederten mit friedlichen Mittel zu stärken:

„Le roy ayant esté adverty que les contraintes et menaces, et mesme les condamnations d'amende que l'on rend contre les nouveaux convertis qui ne se confessent et communient pas en cause<nt> souvent la désertion, Sa Maieste avant que de prendre aucune resolution sur cette affaire, m'a ordonne de vous escrire de l'informer bien exactement de la conduite que vous, et Messieurs les évesques tenez à leur esgard, et de tout ce que vous croyez qui

[1] AAT A/1/758, Der Kriegsminister an den Intendanten Lebret, 9. Dezember 1685.
[2] BNF fr 8827, fol. 132, Versailles, 4. Februar 1686. Dasselbe auch in AAT A/1/774.
[3] Brief des Staatssekretärs für Äußeres, Versailles, 11. August 1686, AAE MD France 980 (=Mif. P03807), fol. 325.

pourroit estre fait pour empescher les désertions, et confirmer par la douceur ces N<ouveaux> C<onvertis> dans les mistères de nostre religion“[4].

In demselben Sinne unterrichtete der Staatssekretär für Äußeres 1686 den comte de Grignan, der in Orange das militärische Oberkommando innehatte, der König wünsche als Mittel im Umgang mit den Neukonvertierten bevorzugt Belehrung und Ermahnung und nicht Strenge:

„A l'égard des nouveaux convertis Sa Majesté veut que l'on se serve des voyes d'instruction, et d'exhortation préférablement à celle de la rigueur, et c'est aussy ce qu'elle a fait scavoir tant à Morant qu'aux autres intendans de ses provinces“[5].

In der Provence hatte der duc de Tessé angeregt, Inspektoren in den Kirchen sollten überprüfen, ob die Neukonvertierten zu Messe und Katechismus erschienen. Dieser Vorschlag wurde 1686 mit ausführlicher Begründung abgelehnt. Der König wolle alles vermeiden, hieß es, was „nach Inquisition rieche“ („qui sente l'inquisition“) und die ohnehin große Abneigung der Neukonvertierten gegenüber der katholischen Religion noch vergrößere. Lediglich diejenigen, die öffentlich bekannten, die katholische Religion nicht zu praktizieren oder die sonstige Hetzreden hielten, sollten zur Abschreckung anderer, nicht aufrichtig Konvertierter Einquartierungen und schwere Strafen erhalten. Eltern und Vormünder sollten außerdem strengstens angehalten werden, ihre Kinder zur Messe und zum Katechismus zu schicken. Bei alledem solle man, soweit möglich, Milde walten lassen:

„Aux intendans touchant la conduite qui doit estre tenue à l'esgard des nouveaux convertis pour les engager à vivre en bons catholiques (...). Ayant este leu au roy un projet d'ordonnance que Monsieur le Comte de Tessé a envoyé à Sa Majesté sur des inspecteurs qu'il proposoit de mettre aux églises pour voir si les nouveaux convertis vont à la messe et aux catéchismes si lorsqu'ils sont à l'église ils y tiennent une contenance modeste et font au surplus le debvoir de bons catholiques, Sa Majesté a fort loué son zèle et son application mais comme elle ne désire pas que l'on fasse rien qui sente l'inquisition ny qui puisse augmenter l'aversion que les nouveaux convertis ont desjà pour les exercices de notre religion, Sa Majesté n'a pas jugé à propos que ce qui est contenu dans cette ordonnance fust exécuté et elle m'a commandé de vous faire scavoir qu'elle désire seullement qu'on fasse loger et punir mesme plus sévèrement ceux qui feront profession publique de ne point faire les debvoirs de notre religion ou qui tiendront sur cela des discours séditieux en sorte que les exemples de sévérité que l'on fera sur ceux qui distingueront en mauvaise conduite contiendront de la crainte ceux qui ne sont pas convertis sincèrement, les obligent à vivre modestement. Elle veut donc que s'applique à les gagner par douceur le plus que faire se poura, que l'on oblige avec la derniere

[4] AAT A/1/775, Recueil des ordres du Roy concernant les affaires des religionnaires et autres matières importantes, juillet-décembre 1686. An verschiedene Intendanten u.a. Lebret, Fontainebleau, 9. Oktober 1686.

[5] Fontainebleau, 20. Oktober 1686, AAE MD France 981 (= Mif. P03808), f. 102f.

rigueur les pères et mères ou tuteurs des enfans à les envoyer aux catéchismes et que – sans s'expliquer qu'elle ordonne que l'on ne mette pas d'inspecteurs à l'entrée des églises pour voir ceux qui y manquent – l'on loge et punisse de prison que ceux qui feront une profession publique d'en aller jamais à la messe, ou qui y estant y tiendront une posture indécente et de ne point envoyer leurs enfans aux catéchismes"[6].

Intendant Lebret sprach sich 1687 dem Staatssekretär für Äußeres gegenüber gegen zu große Strenge aus. In der Provence gebe es nicht viele Neukonvertierte, aber die wenigen erfüllten ihre Katholikenpflichten dennoch schlecht. Trotzdem hielt Lebret nichts von übertriebener Strenge („sévérité"), da diese nur die Abneigung verschlimmere, die die Neukonvertierten ohnehin für die katholische Religion hätten. Lebret hatte sich daher damit begnügt, als abschreckendes Beispiel einen Neukonvertierten für einige Zeit ins katholische Arles zu verbannen:

„[...] de faire un exemple d'un nouveau converti de la vallée de Lourmarin qui faisoit variété de donner mauvais exemple aux autres, en le relegant ... pour quelque tems dans la ville d'Arles où tous les habitans sont anciens catholiques [...]"[7].

Bevor im Dezember 1698 die ausführliche Deklaration erschien, wurden von der Zentralregierung Informationen und Meinungen der Intendanten zu Grundsätzen der Protestantenpolitik eingeholt, um ein möglichst einheitliches Vorgehen zu ermöglichen. Der Staatssekretär für Äußeres forderte 1698 von Bouchu, dem Intendanten der Dauphiné, eine Stellungnahme zu der Frage, mit welchen Methoden die Neukonvertierten am besten dazu zu bewegen seien, ihre religiösen Pflichten korrekt zu erfüllen:

„Le roy m'a ordonné de vous écrire de bien examiner tous les moyens que vous croyez que l'on peut employer pour tenir les nouveaux convertis dans le devoir, en quelles occasions il vous paroist qu'on doive user de rigueur, celles où la douceur est à préférer, quel milieu on peut tenir entre les deux, enfin les inconveniens et l'utilité que l'on en peut retirer, vous en dresserez s'il vous plaist un mémoire pour me l'envoyer et l'intention de Sa Maiesté est de décider par elle mesme ce qu'elle doit prescrire à Messieurs les intendans pour tenir une conduite uniforme, la différence ayant causé jusqu'à présent beaucoup d'embarras et de difficultez"[8].

Ergebnis dieser Umfragen war eine an die Intendanten adressierte ausführliche Erklärung zur Deklaration von 1698, die auf Milde, Überzeugungsarbeit und Ausdauer setzte. Es sollte erreicht werden, daß die Neukonvertierten sich eins fühlten mit den Katholiken. Unterschiede sollten nicht betont werden, sondern in Vergessenheit geraten:

[6] Der Staatssekretär für Äußeres an die Intendanten, Fontainebleau, 30. Oktober 1686, AAE MD France 981 (= Mif. P03808), fol. 188.
[7] BNF FR 8832 (= Mif. 5904), fol. 194, Lebret an Croissy, Aix, 4. Juli 1687.
[8] AAE MD France 1054 (= Mikrofilm P03870), fol. 69, der Staatssekretär für Äußeres an Bouchu, Marly, 25. April 1698.

„Il est encore important de faire perdre peu a peu aux nouveaux convertis le souvenir de leur ancienne séparation: de les accoutumer à se regarder comme ne faisant qu'un même corps avec les catholiques et d'éviter soigneusement tout ce qui pourroit réveiller en eux des idées de schisme, et de division. [...] Les intendans [...] doivent sur toutes choses se bien mettre dans l'esprit que ce n'est pas icy l'affaire d'un jour, ny qui puisse être consommée par un effort passager, et par une exécution momentanée. Elle ne doit point non plus être entreprise par saillies, et par secousse; ny par des mouvemens violens pendant un tems, qui se ralentissent dans la suitte: elle a besoin d'une application longue et suivie, et d'une attestation continuelle"[9].

Damit wurde Paragraph sechs der Deklaration von 1698 präzisiert, der den Intendanten auftrug, über Kontinuität in der Ausführung der Protestantenpolitik zu wachen und ein Abgleiten in Extreme zu vermeiden[10].

Ein Schreiben vom Staatssekretär des Äußeren Torcy von 1704 forderte den Intendanten der Provence zu exemplarischer Bestrafung derjenigen auf, die durch öffentliche Bekenntnisse Aufsehen erregten[11].

Zur Deklaration von 1724 liegt uns ein erklärendes Schreiben des Staatssekretärs d'Armenonville an den Intendanten der Dauphiné, Fontanieu, vor. Letzterer hatte soeben seinen Dienst in der Dauphiné angetreten, kurz nachdem die Deklaration erlassen worden war, und bat nun um genauere Auskünfte darüber, in welchem Sinne sie auszuführen sei. Das Anliegen, so antwortete der Staatssekretär, sei in erster Linie gewesen, die bisherige Gesetzgebung auf diesem Gebiet zusammenzufassen. Der König, der nun volljährig geworden war, wolle damit Gerüchten vorbeugen, nach denen die Regierung die Grundsätze ihrer Religionspolitik geändert hätte. Die Bestimmungen über Rückfällige sollten nicht so sehr zur tatsächlichen Ausführung als vielmehr zur Einschüchterung dienen. Besonders skandalöses Verhalten sollte bestraft werden. Ansonsten aber galt es, derartige Vorfälle durch vorbeugende Maßnahmen zu verhindern, oder sie zumindest nicht öffentlich bekannt werden zu lassen. Besonderen Wert sollte nach wie vor auf die Unterweisung der Neukonvertierten, insbesondere der Kinder, gelegt werden –

9 Mémoire du Roy pour servir d'instruction aux intendans et commissaires départis dans les provinces et généralités du royaume, 7. Januar 1699, BNF fr 8865, fol. 43–60, hier fol. 43, 59. Das gleiche Dokument auch in BNF fr 20966, fol. 257–266.

10 BNF fr 8865, fol. 43–60: Mémoire du Roy pour servir d'instruction aux intendans et commissaires départis dans les provinces et généralités du royaume. Vgl. Paragraph sechs im Wortlaut im Kapitel „Intendanten und Protestantenpolitik", letzter Absatz. Vgl. zur Deklaration von 1698 auch den „Mémoire pour servir d'instruction aux officiers des justices des seigneurs sur ce qu'ils ont a faire en exécution de la déclaration du 13. décembre 1698", AN TT 430, pièce 132 (4 Seiten). Siehe außerdem zur grundsätzlichen Diskussion der Protestantenpolitik durch die Zentralregierung AN TT 430, pièce 130, juillet 1699: „Extrait de la première assemblée" (Protokoll von verschiedenen Sitzungen, in denen Staatsmänner aus der Zentrale über Protestantismusfragen diskutieren; 57 Seiten).

11 BNF fr 8871, fol. 606 f., Torcy an Lebret, Versailles, 22. Dezember 1704. Im Wortlaut im Kapitel „Intendanten und Protestantenpolitik".

nur so ließe sich die Irrlehre im Keim ersticken. Außerdem sollten weitere Auswanderungen unter allen Umständen verhindert werden:

„Surquoy je dois vous dire que l'esprit de cette déclaration en général a esté de renouveller et de renfermer dans un seul tître les principales dispositions contenues dans les différents édits et déclarations du ... Roy concernant la religion, pour faire connoître que l'intention du Roy venu à Sa Majorité estoit de tenir la main à leur exécution. Cela a paru nécessaire pour détruire les préventions qui ne s'estoient que trop répandues que les principes du gouvernement avoient changé sur ce point important. L'article des relaps est celuy qui a paru le plus embarassant. Vous avez pû remarquer qu'on en a retranché la peine d'estre traîner sur la claye et conduits à la voyrie, qui quoique prononcée par les édits du ... Roy estoit tombée depuis longtemps en désuétude par des ordres particuliers pour éviter le scandale de semblables exécutions. Les autres dispositions ont esté conservées et rectifiées beaucoup plus dans la vue d'intimider ceux qui seroient capables de faire en mourant une déclaration publique et scandaleuse de la profession qu'ils font de la R.P.R. du mépris des sacremens, que pour sévir après leur mort contre leur mémoire, ce qu'il ne convient faire que quand le scandale a esté porté à un tel point qu'il ne puisse estre caché, et que la tolerance portât un préjudice visible à la religion. L'objet principal doit donc estre de prévenir et d'éviter ce scandale plustôt que de le punir. C'est à quoy les curés doivent apporter beaucoup de prudence et discrétion, aussybien que les juges. Il faut plaindre le malheur de ceux qui meurent en de semblables dispositions; mais le mieux est toujours en pareil cas d'en dérober la connoissance au public pour éviter la nécessité de faire des exemples de sévérité plus capables d'aliéner les esprits que de les ramener à de meilleurs sentimens. Le principal objet de vôtre attention dans l'exécution de cette déclaration doit estre l'instruction des nouveaux convertis et surtout des enfans en qui les préjugés n'ont pas pris encore de si profondes racines. C'est à quoi il faut le plus s'attacher pour détruire par succession de temps le levain de l'hérésie. Il est revenu quelques avis à S(on) A(ltesse) S(ainte) que plusieurs religionnaires effrayés de cette nouvelle déclaration se disposoient à sortir du royaume, ce qu'il faut sur toutes eviter. Mandez-moy si vous en avez quelque connoissance dans votre département et donnez-moy avis de tout ce que vous en pouvez apprendre pour que j'en rende compte à S.A.S.[12]".

Der Generalkontrolleur der Finanzen wandte sich 1724 bezüglich der Deklaration von 1724 an die Intendanten. Einige Bischöfe, so hieß es in seinem Schreiben, hätten sich beschwert, die Deklaration würde von den Richtern zu lax ausgeführt, während ihm von anderer Seite zugetragen würde, daß deren Strenge im Gegenteil schon zu zahlreichen Auswanderungen geführt hätte. Der Generalkontrolleur forderte daher Beschreibungen der Situation in den Provinzen an:

[12] D'Armenonville an Fontanieu, Fontainebleau, 21. September 1724, BNF fr 8417, fol. 45–48.

„Il est important que je puisse scavoir au juste la vérité des faits dans une matière si majeure et qui intéresse si fort le commerce et la police générale du royaume. Je vous prie de me marquer exactement ce qui en est, et de quelle manière les choses se passent à cet égard dans l'étendue de votre département, si les juges à qui l'exécution de la déclaration est confiée font leur devoir pour l'exécuter, s'ils s'y conduisent avec la sagesse et les ménagemens convenables, ou s'il n'y a pas trop de relachement dans quelques uns, ou un zèle trop inconsidéré dans d'autres; vous me marquez en même tems quel effet cette déclaration fait effectivement dans l'esprit des peuples, et s'il est vray qu'elle ait engagé grand nombre de personnes à sortir du royaume, et vous me marquerez le nombre et la qualité de ceux qui peuvent estre sortis de votre département. Vous aurez agréable d'observer qu'il n'est point question de donner aucuns ordre en exécution de ma lettre, mais seulement de vous faire rendre comptre et exactement de ce qui se passe et de m'en informer. Vous vous acquiterez de tout avec votre prudence ordinaire et tiendrez ma lettre sécrète aussy bien que les avis que vous m'enverrez à ce sujet"[13].

1727 warnte Intendant Fontanieu in einem Schreiben an Le Blanc vor der Anwendung von Gewalt gegenüber den Neukonvertierten, da solche zu Unruhen und Auswanderungen führen könnten:

„Je puis vous assurer, Monsieur, qu'il seroit dangereux dans les conjonctures présentes de prendre contre eux des mesures violentes qui pourroient occasionner une désertion commes dans le temps de la révocation de l'édit de Nantes, et même des troubles considérables dans cette province. Je veilleray avec attention sur leur conduite et je donneray tous mes soins à les contenir"[14].

5.2. Politische Praxis

5.2.1. Personalpolitik

Bereits vor der Revokation kümmerte man sich sowohl in der Dauphiné als auch in der Provence um Einzelfälle von Protestanten, die noch in Berufen oder Bereichen arbeiteten, die für sie verboten worden waren. So erging etwa 1682 nochmals ein Rundschreiben des Generalkontrolleurs der Finanzen an die Intendanten, in dem diese aufgefordert wurden, die Finanzverwaltung von Protestanten freizuhalten[15]. Derselbe schrieb am 18. Februar 1683 an

[13] AN G/7/33, Paris, 22. Oktober 1724.

[14] BNF fr 8430, fol. 46, Grenoble, 30. März 1727.

[15] AN G/7/1, 27. Juli 1682: „Lettre circulaire au sujet de quelques particuliers de la R.P.R. Messieurs, vous estes si bien instruits de tous les ordres du Roy qui ont esté expédiez, et de toutes les résolutions que Sa Maiesté a prises à l'esgard de ses sujets de la R.P.R. qu'il me suffit de vous dire que Sa Maiesté m'a encore donné ordre aujourd'hui de vous escrire qu'elle ne veut pas que vous souffriez qu'aucun de cette religion soit pourveu d'aucun office, ny fasse aucune fonction qui regarde directement ou indirectement les finances de Sa Maiesté ou les deniers publics.

Lebret, Intendant der Dauphiné, in der Sache des Schatzmeisters Vial und des Zollpächters Vivens, die beide der reformierten Religion angehörten:

„L'on a donné advis au roy que le S.r Vial trésorier de France de Dauphiné qui a travaillé soubs M. d'Herbigny à la commission des ponts et chaussées et mesme à l'imposition de la taille, est de la R.P.R. Sa Majesté veut que vous me fassiez scavoir promptement si cela est véritable, son intention estant en ce cas de donner arrest pour l'obliger de se déffaire de sa charge. Il y a aussy le Sr. Vivens qui est si je ne me trompe fermier des octroys de la ville de Grenoble que M.r d'Herbigny à mesnagé par ce qu'il luy a fait espérer longtemps de se faire catholique, et comme il n'a pas tenu sa promesse, Sa Majesté veut que vous l'ostiez de cette ferme“[16].

Während besagter Vial wenige Wochen später tatsächlich seinen Posten verlor[17], befürchtete der Intendant im Fall von Vivens, daß dessen Entlassung negative Folgen für die Finanzverwaltung haben könne. Der König überließ die Entscheidung dem erfahrenen Urteil des Intendanten, obwohl er nur ungern einen Protestanten in diesem Amt dulden wollte[18].

In der Provence sorgte Intendant Morant für die Ausführung der Anweisungen betreffs der im Bereich der Domänen oder der Finanzen tätigen

Je vous diray que cet ordre vient de m'estre donné sur ce que Sa Maiesté a appris que dans quelques généralitez du royaume il y a des commissaires aux saisies réelles, receveurs des consignations, greffiers, ou commis des greffiers alienez qui sont de ladite religion, d'autant que ces sortes d'office ayant esté alienez comme domainiaux, les propriétaires en jouissent en vertu de contracts, et comme ils ne prennent point de lettre de provision au sceau, ils se dispensent par ce moyen de la clause de la religion catholique, apostolique, et romaine qui y a toujours esté apposée, en sorte que Sa Maiesté veut que vous vous informiez avec soin et application s'il y a encore quelqu'un de la mesme R.P.R. qui soit employé dans ces offices et fonctions publiques, mesme en toutes autres qui concernent ainsi que je viens de vous dire, les domaines et finances de Sa Maiesté et denier publics, et que vous les en fassiez sortir, et quoyque cet ordre soit continu dans tous les arrests du conseil qui ont esté donnez sur ce sujet si néantmoins vous avez besoin de quelque nouvel arrest je ne manqueray pas de vous l'envoyer en me le faisant scavoir.“

16 AN G/7/1.

17 AN G/7/1, der Generalkontrolleur der Finanzen an Lebret, 19. März 1683: „Je vous envoyeray ... un arrest pour obliger le S.r Vial de se déffaire de sa charge de trésorier de France dans trois mois et cependant l'interdire à cause de la R.P.R. qu'il professe.“

18 AN G/7/1, „Copie de la lettre escrite à M.r le Bret le 27.e may 1683: Monsieur, à lesgard du S.r Vivens Sa Majesté se remet à vous de le maintenir ou le conserver dans le bail des octroys de la ville de Grenoble et sur ce sujet elle m'ordonne de vous expliquer que sur toutes choses elle ne veut point que ces octroys retournent dans le desordre ou ils onte esté lorsque les officiers de ladite ville en faisoient le bail ..., mais aussy Sa Ma.té ne souhaitteroit pas que le fermier fust de la R.P.R, en sorte que si vous trouviez des catholiques qui voulussent donner de ce bail à 4 ou 5000 tt près de ceque led. Vivens en rend, l'intention de Sa Majesté seroit que vous le fissiez contraindre au payement de ce qu'il doibt du prix de son bail sans diminution, mais si vous estimiez qu'en l'ostant, ce bail retomberait dans la mesme confusion du passé ou qu'il diminueroit beaucoup plus considérablement, en ce cas Sa Majesté veut bien souffrir que ledit Vivens continue d'en jouir pendant les années qui restent à expirer de son bail.“

Protestanten, wie er den Generalkontrolleur der Finanzen im August 1682 wissen ließ. Es gebe aber wenig Hugenotten in dieser Provinz[19]. Im Januar 1683 meldete Morant aus Aix, einer der Angestellten im Archiv des Monsieur Belet sei Protestant. Er entziffere die Schriften sehr gut, aber man könne ihn leicht ersetzen[20]. Im Februar 1683 teilte er mit, er habe Monsieur Belet angewiesen, den protestantischen Angestellten nicht mehr ins Archiv zu schicken[21].

Auch nach der Revokation überwachten die Intendanten weiterhin sorgfältig, daß Neukonvertierte nicht in den für sie verbotenen Berufen arbeiteten[22], oder nur dann, wenn sie ihren Pflichten als Katholiken nachkamen[23]. 1699 wurde Intendant Lebret angehalten, Informationen über einige ehemals protestantische Finanzbeamte in der Provence zusammenzustellen. Waren sie und ihre Familien aufrichtig konvertiert und erfüllten ihre Pflichten als Katholiken? Wie bewährten sie sich an ihrem Arbeitsplatz?:

„Le roy ayant esté informé qu'il y a plusieurs commis dans les fermes qui ont esté de la R.P.R. Sa Majesté m'a commandé de vous escrire et de vous mander que vous en preniez un estat certiffié des directeurs par lequels ils vous marqueront leur conduite, s'ils sont bien ou mal convertis, s'ils font bien ou mal leur devoir, et en cas qu'ils soient mariés et qu'ils ayent des enfans s'ils les envoyent soigneusement aux églises et aux instructions. Vous vous informerez en mesme temps de leur capacité exactitude et fidélité dans leurs emplois, et m'envoyerés le tout le plus promptement que vous pourez affinque j'en rende compte à Sa Maiesté. Vous devez dire aux directeurs qu'ils seront garends de la verité de leurs mémoires"[24].

1724 sandte d'Armenonville dem Intendanten der Dauphiné, Fontanieu, ein Schreiben, das er seinerseits vom Rektor der Universität in Orange erhalten hatte. Darin meldete dieser, ein gewisser Monsieur Félix erfülle ebenso wie mehrere seiner Kollegen an derselben Bildungseinrichtung seine Pflichten als Katholik nicht. Fontanieu sollte das überprüfen[25]. Dieser beauftragte daraufhin seinen Subdelegierten, Erkundigungen über Félix, Doktor der

[19] AN G/7/459, pièce 268.
[20] AN G/7/459, pièce 145.
[21] AN G/7/459, pièce 268.
[22] Am 29. November 1699 erstattete Lebret dem Generalkontrolleur der Finanzen Bericht: „Pour satisfaire aux ordres portez par lettre circulaire ... j'ay l'honneur de vous adresser un estat des employez des fermes et des gabelles de mon département qui ont esté de la R.P.R., par lequel vous verrez que des six qui y sont compris, il n'y a que le nommé Franc Palayeur au grenier a sel de Marseille et la femme de Pierre Armand, garde de la Brigade Nostre Dame de lumières qui s'acquitent mal de leur devoir de bons catholiques", AN G/7/464, 1699, pièce 250.
[23] Vgl. AAE MD France 974, f. 461 f., Schreiben des Kriegsministers an die Intendanten, Versailles, 31. Dezember 1685: „Aux intendans, pour tenir la main à ce qu'il entre point dans les charges publiques des nouveaux convertis qui ne soient bons catoliques.
[24] BNF fr 8866, fol. 334–336, Chamillart an Lebret, Fontainebleau, 22. September 1699.
[25] BNF fr 8417, fol. 75.

Rechte, einzuholen[26]. Kurz darauf bestätigte er die Anschuldigungen des Universitätsrektors in einem Brief an den Großsiegelbewahrer. Das sei ein sehr schlechtes Beispiel für den Canton und für die Jugend, die dort unterrichtet werde[27]. Daraufhin erging von d'Armenonville die Anweisung, Félix und seine Kollegen sollten innerhalb von drei Monaten einen Katholizitätsnachweis des örtlichen Klerus über die „bonne forme de leur catholicité"[28] vorlegen, andernfalls würden sie durch andere Personen ersetzt werden.

1731 hatte sich ein Geistlicher aus Dieulefit in der Dauphiné beim König beschwert, daß die öffentlichen Ämter von Neukonvertierten ausgeübt würden, die ihren Katholikenpflichten nicht nachkämen. Intendant Fontanieu informierte die Zentralregierung auf Anfrage, daß es in einem Ort, in dem gut die Hälfte der Bewohner Neukonvertierte seien, schwierig sei, ausreichend geeignete Katholiken für die entsprechenden Funktionen zu finden. Im übrigen stehe von zehn Gemeindebeamten lediglich einer im Verdacht, Protestant zu sein. Abgesehen davon erledige er aber seine beruflichen Pflichten auf vorbildliche Weise:

„Il est vray que dans un lieu comme Dieulefit où plus de la moitié des habitants sont religionnaires il n'est pas possible de trouver parmy les catholiques des gens d'affaire, capables de remplir ces fonctions en nombre suffisant [...] Quant au S. Grimolle il est commis aux fonctions de secrétaire Greffier par la Communauté, ... capable et intelligent dans les affaires de cette communauté,[...] on parle avec éloges de sa capacité"[29].

Da der betreffende Beamte aber seine religiösen Pflichten in der Tat vernachlässigte, habe Fontanieu ihm geschrieben, er werde ihn durch einen anderen ersetzen lassen, falls er sein Verhalten nicht ändere[30].

1702 sandte Intendant Lebret an die Zentralregierung eine ausführliche Information über den Bewerber um ein städtisches Amt. Noé Du Fau war Sohn protestantischer Eltern, die aber beide konvertiert und gute Katholiken waren. Zwar hatte er zwei Geschwister, die in Holland lebten und ihm gelegentlich schrieben. Jedoch handelte es sich bei diesen Briefen lediglich um den zwischen so nahen Verwandten üblichen Austausch von Grüßen. Von Noé Du Fau werde überall nur Gutes berichtet und auch der Ortsgeistliche sei sehr zufrieden mit ihm:

„Le particulier auquel le S.r Munier directeur de la monnoye de cette ville veut vendre son office est le nomme Noé Du Fau. Il a esté de la religion p(rotestante) r(éformée), mais le curé est très content de luy et les jurats de qui je m'informe de temps en temps de ceux qui font leur devoirs et de ceux qui les

[26] BNF fr 8429, fol. 20, an den Garde des sceaux, Grenoble, 31. August 1724.
[27] BNF fr 8429, fol. 22.
[28] BNF fr 8417, fol. 95f., 26. November 1724.
[29] Brief an d'Angervilliers, Paris, 20. April 1731, BNF fr 8434, fol. 6–9. – Vgl. auch das Schreiben der Zentralregierung an Lebret vom 22. September 1699, BNF fr 8866, fol. 334–36.
[30] Ibid.

négligent m'ont toujours bien parlé de luy. Aussy est il très vraysemblable qu'il n'a jamais connu d'autre religion que la nostre puis qu'il n'a que 29 ans. Son père qui se convertit dans le temps qu'on y obligea tous les religionnaires est mort dans de fort bons sentimens et sa mère qui vit encore remplit très bien ses devoirs du costé de la religion.

Il a un frère qui s'est retiré en Hollande où il s'est marié. Le prétexte qu'on donne à sa retraitte est la crainte d'une affaire dont une fille avec laquelle il avoit eu commerce le menacoit. Sa sœur [...] fut mariée au nomé Pastre marchand de Pau natif de Briançon en Dauphiné, l'un et l'autre sont aussy en Hollande.

Le frère et la sœur escrivent quelque fois à Du Fau mais leurs lettres à ce qu'il m'a assuré ne contiennent que des amitiés que des parens aussy proches se font ordinairement. Tout le monde dit du bien de Du Fau. Il passe pour estre fort honneste homme [...] Il a dessein d'achepter l'office de directeur pour se marier à une fille dont il aura dit on environ 12000 livres"[31].

Wer aufrichtig konvertiert war, dem sollte das gelohnt werden. Für neukonvertierte Lehrer etwa sollte nach der Revokation kein allgemeines Berufsverbot mehr bestehen, allerdings wurde von ihnen auch ein Katholizitätsnachweis des örtlichen Klerus gefordert[32]. Intendant Lebret setzte sich 1687 in einem Schreiben an den Generalkontrolleur der Finanzen für einen ehemaligen Protestanten aus der Provence ein. Der Angestellte der Steuerbehörde in Sisteron sei nur wegen seiner Religion entlassen worden. Er sei nun konvertiert und habe zudem noch andere Protestanten dazu bewogen, seinem Beispiel zu folgen. Lebret fand, es sei angebracht, ihm wieder einen entsprechenden Posten anzubieten[33]. In Forcalquier war 1703 ein gewählter Gemeindebeamter angeschwärzt worden, er und seine gesamte Familie seien hartnäckige Protestanten, die ihren Pflichten als Katholiken nicht nachkämen. Der Fall stellte sich nach den Recherchen des Intendanten als eine reine Intrige heraus und der entsprechende Beamte behielt seinen Posten. Staatssekretär Torcy führte dazu aus, da der Betroffene seit seinem neunten oder zehnten Lebensjahr katholisch und sein Verhalten in Bezug auf die katholische Religion untadelig sei, gebe es keinen Grund, ihn seines Amtes zu entheben. Aufrichtig Konvertierte sollten sich schließlich nach dem Wunsch des Königs derselben Ehren und Vorteile („honneurs et avantages") wie ihre altkatholischen Mitbürger erfreuen:

„J'ay vu par la lettre que vous avez pris la peine de m'écrire du 1.er de ce mois, que le S.r Gassau nouveau converty qui a estée élu premier consul de la ville de Forcalquier, a embrassé la religion catolique dèz l'age de 9 ou dix ans, que depuis ce temps là il a toujours fait son devoir de catolique et que ceux qui ont porté des plaintes contre sa conduite sont les chefs d'une caballe qui

[31] Schreiben Lebrets vom 4. November 1702, BNF fr 8874, fol. 220f.

[32] Vgl. das Schreiben des Kriegsministers an den comte de Grignan vom 8. April 1686, AAT A/1/774. – Ebenso Croissy an Lebret am 12. Januar 1688, BNF fr 8831, fol. 118f.

[33] AN G/7/460.

avoit esté faitte pour avoir un autre 1er consul que luy. Comme sa Majesté est bien eloignée d'empescher que ses sujets qui sont sincèrement convertis, jouissent des mêmes honneurs et avantages que les anciens catoliques et qu'elle ne veut éloigner des charges municipalles que ceux qui par leur entestement et opiniâtrete, seroient capables de faire un mauvais usage du crédit qu'ils auroient dans les villes; il ny a aucun inconvénient à laisser jouir le S.r Gassau de la place de 1.er consuls à la quelle il a esté éleue"[34].

5.2.2. Repression: Unterdrückung protestantischer Glaubensäußerungen

Die Ausübung der protestantischen Religion war auch schon nach dem Edikt von Nantes an bestimmte Orte gebunden. Nach der Revokation war sie gänzlich verboten. Jeglicher Ausdruck eines Fortbestehens protestantischer Frömmigkeit sollte unterdrückt werden. Nichts sollte mehr an die Existenz des Protestantismus erinnern. Allgemeine Anweisungen gab hierzu eine ausführliche Denkschrift des Königs zur Ausführung des Edikts von 1698. Es halte sich offensichtlich unter den Neukonvertierten die von den ausgewanderten protestantischen Pastoren durch Briefe und Schmähschriften genährte Hoffnung, daß protestantischer Gottesdienst eines Tages doch noch wiedereingeführt werden könne. Um diesem Irrglauben entgegenzuwirken, sollten die Intendanten sich an die Edikte und Deklarationen halten, welche Versammlungen, Zusammenrottungen („attroupements"), Predigten sowie allgemein jede Ausübung der protestantischen Religion verboten, und die Schuldigen gerichtlich verfolgen[35]. Ein weiterer Artikel derselben Schrift sah die Zerschlagung der geheimen Konsistorien der Protestanten vor, die sich seit der Revokation wieder gebildet hatten[36].

[34] Torcy an Lebret, Versailles, 9. Juli 1703, BNF fr 8876, fol. 255 und 460.

[35] BNF fr 8865, fol. 43–60: Mémoire du Roy pour servir d'instruction aux intendans et commissaires départis dans les provinces et généralités du royaume. Art. 9. Le roy étant informé qu'une des choses qui contribue le plus à entretenir dans l'esprit de plusieurs nouveaux convertis un reste de penchant secret vers leurs anciennes erreurs, est l'espérance dont ils se flattent du rétablissement de quelque portion d'exercice de la R.P.R. Sa Maiesté veut que les intendans et commissaires departis s'appliquent particulièrement à les désabuser de cette fausse impression, que les ministres fugitifs leur ont inspirée, et qu'ils tachent de fomenter par leurs lettres et par leurs libelles.
Art. 10. Comme rien n'est plus propre à les détromper que l'exécution sévère des édits, et déclarations qui déffendent les assemblées, les attroupements, les presches, et généralement tout exercice de la R.P.R. les intendans et commissaires départis tiendront exactement la main, si ce cas arrivent, à ce que les officiers des jucticiers royalles en informant, qu'ils décrettent contre les coupables, et qu'ils instruisent et jugent les procès, suivant toute la rigueur des ordonnances."

[36] BNF fr 8865, fol. 43–60, Art. 16: „Le roy a été averty qu'il y a en plusieurs villes des espèces de consistoires secrets, qui représentent encore la forme du gouvernement pratiquée dans la R.P.R; en entretiennent l'esprit dans les nouveaux convertis des memes villes, et conservent des correspondances, et des liaisons avec de pareils consistoires, qui sont en d'autres villes. Le roy veut que les intendans et commissaires départis s'appliquent exactement à découvrir les noms, les cabales, et les relations de ceux qui compo-

Der Kriegsminister schrieb im Januar 1686 an die Intendanten, der König habe gehört, die protestantischen Pastoren, die nach dem Revokationsedikt ausgewandert seien, wollten als Händler oder Kavalleristen verkleidet nach Frankreich zurückkehren, um dort die Neukonvertierten davon abzuhalten, sich in der katholischen Religion instruieren zu lassen. Die Intendanten sollten versuchen, einige dieser Pastoren zu fassen und zu bestrafen, um ihren Plan zu vereiteln und die übrigen dazu zu bewegen, das Land zu verlassen:

[Les pasteurs viennent] „pour séduire les nouveaux convertis, et empescher qu'ils ne s'instruisent de bonne foy à la religion qu'ils ont embrassée, et que pour n'estre point reconnus ceux qui estoient dans une province doivent aller dans une qui en soit fort esloignée, dequoy Sa Maiesté me commande de vous donner avis afinque vous n'oubliez rien pour essayer d'en descouvrir quelqu'un et que la punition qui en sera faite prévienne leur mauvais dessein et oblige les autres à sortir promptes s'ils y étoient entrés pour l'exécution de ce projet"[37].

1698 berichtete der Staatssekretär des Äußeren dem Intendanten der Dauphiné, Bouchu, der Prädikant Brousson sei gefaßt, verurteilt und hingerichtet worden wegen Volksaufhetzung und der Abhaltung mehrerer Versammlungen. Bei seiner Verhaftung habe er eine Liste derjenigen Personen bei sich getragen, bei denen er auf seinem Weg durch Frankreich eingekehrt war oder einzukehren gedachte. Da sich darunter auch einige Bewohner der Dauphiné befanden, schickte er nun dem Intendanten die Namen, damit er die entsprechenden Personen verhaften lasse:

„Le nommé Brousson de la R.P.R. qui estoit un prédicant ayant esté enfin arresté a esté condamné et executé à mort. On l'a condamné d'avoir excité les peuples à la révolte en beaucoup d'endroits et d'avoir formé plusieurs assemblées. Il s'est trouvé dans ses mémoires un itinéraire du voyage contentant les noms des personnes chez lesquelles il a estée ou chez qui il devoit aller parcourant ainsy toutes les provinces. Mais on n'a pu ny dans les interrogatoires ny à la question luy faire avouer [...] ceux chez qui véritablement il avait esté. Il a seulement dit que quelques uns de ces gens là estoient affectionez pour ladite religion p. r.. Comme il s'en trouve plusieurs de la province de Dauphiné, parmy lesquels il en qualifie quelques uns du nom de prophètes et de prophétèsses, espèces de fanatiques, Sa Majesté m'a commandé de vous envoyer une liste de leurs noms et démeures, son intention est que vous les fassiez arrester. Vous donnerez vos soins et votre application pour descouvrir s'il ne s'en trouve point d'autres que ceux qui sont mentionnez dans cette liste affin de les faire pareillement arrester"[38].

sent ces sortes de conventicules. Et qu'ils en informent Sa Maiesté, afin qu'elle y pourvoye avec toute la sévérité que mérite une telle contravention aux ordres."

37 AAT A/1/761, S. 169, der Kriegsminister an die Intendanten, 8. Januar 1686. Dasselbe unter AAT A/1/773.

38 AAE MD France 1054 (= Mikrofilm P03870), fol. 237, der Staatssekretär des Äußeren an Bouchu, 25. November 1698.

Als Reaktion auf das Schreiben eines Geistlichen aus dem Bistum Orange gab Le Blanc dem Intendanten Fontanieu 1727 die folgenden Anweisungen für den Umgang mit der verwitweten protestantischen Bäuerin Rabattu, die durch skandalöse Reden und ebensolches Verhalten im Hause eines Bauern aufgefallen war, wo sie sich als Prädikantin betätigt hatte. Der König ordnete die Verhaftung der Betroffenen an und gab seiner Hoffnung Ausdruck, daß ihre Verurteilung durch die Gerichte eine abschreckende Wirkung auf ihre Gesinnungsgenossen habe:

„[...] la conduite aussy bien que les discours scandaleux qu'a tenus la veuve du nommé Rabattu, paysanne protestante, lors de l'administration du Saint Viatique à un paysan malade, dans la maison duquel elle etoit y faisant la prédicante. Sur le compte qui en a été rendu à sa Majesté elle m'a ordonné de vous envoyer l'ordre cy joint, pour faire arrester cette veuve et la mettre en prison pour y demeurer jusqu'à nouvel ordre. Et comme il me marque que les officiers de justice informent contre cette créature pour raison de ces faits l'intention de Sa Majesté est que vous leur recommandiez de sa part de suivre l'instruction de cette affaire et de la juger suivant l'exigence du cas, affin de contenir autant qu'il sera possible, ceux de la R.P.R. par un exemple de sévérité en cette occasion“[39].

Fontanieu schrieb zurück, er habe den Vorgang in die Wege geleitet und die Anweisungen ausgeführt[40]. Ebenfalls 1727 stellte der Neukonvertierte Salomon Olivier direkt an den König ein Bittschreiben („placet“), um wieder in seine Güter eingesetzt zu werden, die nach seiner vorübergehenden Auswanderung beschlagnahmt worden waren. Fontanieu nahm Le Blanc gegenüber Stellung zu diesem Fall. Er plädierte dafür, den Antrag abzulehnen, nicht nur wegen Oliviers allgemeiner schlechter Führung, sondern auch weil dieser angeblich als eine Art Prediger für die Neukonvertierten fungierte[41].

[39] BNF fr 8418, fol. 193, Fontainebleau, 15. Oktober 1727.

[40] BNF fr 8430, fol. 97f., Fontanieu an Le Blanc, Grenoble, 26. Oktober 1727: „J'ay recue ... un ordre du roy pour faire arrêter la veuve du nommé Rabattu de la ville d'Orange. ... J'ay donné les ordres nécessaires pour en procurer l'exécution et j'écris aux officiers d'Orange qui ont informés de ces faits, que l'intention de Sa Majesté et qu'ils suivent l'instruction de cette affaire, et de la juger suivant l'exigence du cas et avec toute vigilence possible.“- Vgl. zu diesem Fall auch BNF FR 8430, f. 98f., Schreiben von Fontanieu an Le Blanc von November 1727.

[41] BNF fr 8430, fol. 24v.-28r., Fontanieu an Le Blanc, Marly, 18. Januar 1727: Fontanieu führte an, Salomon Olivier sei immer wieder zwischen Genf, der Pfalz und Frankreich ein- und ausgereist und nicht zu den in den Deklarationen von Dezember 1698 und Oktober 1725 festgelegten Fristen zurückgekehrt. Außerdem mache er keine Anstalten, die katholische Religion auszuüben, ebensowenig wie seine Frau und Kinder. Aber was noch viel schlimmer sei: „Il empêche les autres religionnaires de sa paroisse de se convertir, il a voulu souvent exciter des séditions contre le curé et les anciens catholiques, il a persuadé aux nomméz ... de faire leurs mariages à Genève. Il a voulu obliger par menaces Charles Pierre Androu à renoncer à la religion catholique apostolique et romaine, il l'a même fait insulter par d'autres religionnaires qui l'ont maltraitté pendant la nuit. J'ay même ordonné à cette occasion aux officiers de la maréschausséè de l'arres-

Um Prädikanten ging es schließlich auch 1735 in einem Schreiben d'Angervilliers an Jomaron, einen Subdelegierten in der Dauphiné. Es waren ihrer zwei festgenommen und verhört worden. Der König wünschte, daß ihnen am Parlement in Grenoble der Prozeß gemacht würde:

„Son Eminence Monsieur le cardinal de Fleury m'a [...] remis la lettre que vous lui avez écrite le 23. du mois dernier avec les copies des interrogatoires que le subdélégué de Die a fait subir aux nomméz Jean et Jean Villeveyre prédicans qui ont été arrestéz le 15. du même mois dernier et conduits dans les prisons de cette ville. Sur le compte qui avoit déjà été rendu au roy des lettres que Monsieur l'évèque de Die et de Cambis avoient écrites les 17. et 21. du même mois sur cette affaire, Sa Majesté a ordonné d'expédier une commission au parlement de Grenoble pour faire le procès à ces particuliers à la requeste de Monsieur le procureur général de cette cour, auquel j'adresse aujourd'hui par ordre de Sa Majesté cette commission, en lui marquant que son intention est que ce procès soit instruit et jugé le plus diligemment qu'il se pourra; de quoi je donne en même temps avis à Monsieur de Cambis. Et comme il faut indispensablement faire transferer à cet éffet ces deux particuliers des prisons de Die dans celles du parlement de Grenoble, vous trouverez cy joint ordres nécessaires à ce sujet, que vous ferez exécuter avec les précautions convenable et dont vous avertirez Monsieur le procureur général"[42].

Kriegsminister Louvois teilte am 8. Oktober 1685 unter anderem den Intendanten Lebret in der Dauphiné und Morant in der Provence mit, einige Bischöfe hätten dem König gegenüber angeregt, die Bücher der reformierten Religion von den Neukonvertierten einzuziehen und letztere stattdessen mit anderer, vom König angeordneter Lektüre zu versehen:

„Plusieurs de Messieurs les évesques dans les diocèses desquels il s'est fait de nouvelles conversions, ont représenté au Roy, qu'il seroit fort à désirer que l'on retirast des mains des nouveaux convertis les livres de la R.P.R. dont la lecture ne peut que leur estre fort préjudiciable, Sa Ma.té a trouvé bon de me commander de vous escrire qu'elle aura bien agréable que vous essayez de porter lesdits nouveaux convertis à rendre ces livres là pour estre suprimez et que vous leur en donniez à la place, de ceux que le Roy m'a ordonné de vous envoyer"[43].

ter de même que les autres religionnaires s'ils recidivoient."- Ende des Jahres äußerte sich Fontanieu nochmals zu diesem Fall. Wieder verwies er darauf, daß Olivier nicht nur ein schlechter Katholik, sondern auch eine Art Prediger für die Neukonvertierten sei, und schloß: „Son imposture méritte punition." BNF fr 8430, fol. 104–109, Fontanieu an Le Blanc, Grenoble, 15. November 1727.

[42] BNF fr 8425, fol. 88, Versailles, 2. Juli 1735.

[43] AAT A/1/756, Recueil des ordres du Roy concernant la répartition des troupes de Sa Majesté dans les provinces pour procurer la conversion des gens de la R.P.R. dans tout le Royaume et l'Edit de Fontainebleau qui deffend l'exercice de cette religion et or-

1724 berichtete Intendant Fontanieu dem Großsiegelbewahrer, in der Dauphiné würden Bücher für den Gebrauch der reformierten Religion gehandelt. Die Beschuldigten hätten zwar fliehen können, Fontanieu verfolge das aber weiter[44]. Darauf antwortete d'Armenonville umgehend, Buchhändler, die protestantische Bücher verkauften, sollten unbedingt gefunden werden, damit ein Zeichen von „sévérité" gesetzt werden könne[45]. Einen Monat darauf versicherte Fontanieu noch einmal, er werde die Pferde, die die verbotenen Bücher transportiert hätten, konfiszieren lassen. Ein Beispiel von Strenge („une juste sévérité") gegen diesen kriminellen Handel sei unbedingt nötig, vor allem in dieser Provinz, in der durch die Nähe zu Genf der Handel noch vereinfacht werde[46]. 1737 erhielt der Subdelegierte von Staatssekretär Daguesseau die Anweisung, eine Person juristisch verfolgen zu lassen, die mit aus Genf eingeführten calvinistischen Büchern aufgegriffen worden war[47]. 1738 äußerte sich Daguesseau gegenüber Fontanieu zu der Tatsache, daß zwei Personen gestellt worden waren, die calvinistische Bücher aus Genf nach Frankreich transportierten. Dem König scheine dieses Ereignis von solcher Tragweite zu sein, daß man es auf gerichtlichem Wege verfolgen müsse: „pour mériter d'estre approfondies dans les formes ordinaires de la justice."[48] Ein anderer, den man ins Gefängnis gebracht hatte, weil er zwei solche Bücher besaß, sollte wieder auf freien Fuß gesetzt werden, nachdem seine Bücher verbrannt worden seien. Er sei damit ausreichend bestraft[49]. 1738 erfahren wir vom Urteilsspruch über einen gewissen Bonnet, der ebenfalls verbotene Bücher nach Frankreich eingeführt hatte. Staatssekretär Daguesseau gab seiner Hoffnung Ausdruck, daß durch solche Beispiele von Strenge die unerlaubte Einfuhr von Büchern zurückgehen werde[50].

1688 erhielt Intendant Bouchu eine Sondervollmacht, um Teilnehmern einer geheimen Versammlung den Prozeß zu machen:

„L'intention de Sa Maiesté sur l'assemblée qui s'est tenue à Pontaix est de vous adresser une commission pour faire le procez et juger en dernier ressort, non seulement les gens qui en seront trouvez coupable, mais encores ceux qui pourront à l'advenir tomber en pareille faute"[51].

donne la démolition de leurs temples, S. 176: Louvois u.a. an die Intendanten Lebret und Morant, 8. Oktober 1685.

[44] BNF fr 8429, fol. 1f., Grenoble, 23. August 1724.

[45] BNF fr 8417, fol. 25–27, Fontainebleau, 30. August 1724.

[46] BNF fr 8429, fol. 6f., Fontanieu an den Garde des Sceaux, Briançon, 9. September 1724.

[47] BNF fr 8426, fol. 75, 10. April 1737.

[48] Ibid.

[49] BNF fr 8427, fol. 64f., D'Angervilliers an Jomaron, Paris, 1. Juni 1738.

[50] BNF fr 8426, fol. 295, Paris, 24. Juli 1738: „Il faut espérer que par la continuation de ces exemples de sévérité nous parviendront à détruire l'abus de l'introduction des livres et à l'usage de ceux qui font profession de la religion prétendue réformée, et tarir le cours d'une contravention aussy préjudiciable à la religion et à l'état."

[51] AAT A/1/835, Recueil des ordres du Roy concernant les affaires des gens de la

1689 informierte Intendant Bouchu den Kriegsminister über verschiedene Versammlungen, die in der Dauphiné abgehalten worden waren und deren Verantwortlichen er in Valence in letzter Instanz den Prozeß gemacht hatte. Dabei war in 38 Fällen die Todesstrafe verhängt worden. Der Intendant war der Meinung, daß die Hinrichtung nur einiger der Verurteilten ausreiche, um ein grausames Exempel zu statuieren. In Valence wurden daher „nur" die sieben Hauptschuldigen gehängt, an verschiedenen Tagen, vermutlich, um den Abschreckungseffekt über mehrere Tage hinzuziehen. Fünf weitere wurden an den betreffenden Orten hingerichtet, damit diese Bestrafung noch mehr erschüttere. Für die übrigen 26 Verurteilten schlug Bouchu vor, der König solle ihre Todesstrafen in Galeerenhaft umwandeln: „Reste à vous informer ... des assemblées qui se sont tenues en cette province depuis le commencement de cette année. Il y en a eu six principales à Livron, Cliouselat, Baumiers, Dieulefit ou Le Pierlaval, Ventrol et Lamottechalancon aux coupables desquelles j'ay fait le procèz et par les jugemens que j'ay rendu en dernier ressort avec les officiers du présidial ou de la judicature mag[istrale] de Valence il y en a eu 38 condamnés a mort. J'ay cru que ce nombre estoit trop grand pour les faire tous exécuter et qu'un moindre suffiroit pour un exemple terrible. L'exécution a donc esté reduite à sept des plus chargés qui ont esté pendus à différens jours à Valence immédiatement après les jugemens et à cinq autres que j'ay envoié exécuter sur les lieux afin que ce châtiment frappe encore d'avantage. Il en reste vingtsix dans les prisons auxquels il me paroist que Sa Majesté peut faire ressortir les effects de la clémence ordinaire sans préjudice au bien de son service en leurs accordans des lettres de commutation de peine de mort à celle des galères dont la promptitude de l'expédition est de quelque conséquence afin que la traduction qui s'en fera imprisme encore d'advantage de crainte et de retenue"[52].

Bouchu hatte sich außerdem erkundigt, ob eventuell Drahtzieher im Ausland hinter all diesen Bewegungen in seiner Provinz stecken könnten, hierfür aber keinerlei Hinweise gefunden. Weiterhin wollte er dafür Sorge tragen, daß Bewegungen in Nachbarländern (Provence und Privas) nicht übersprängen. Ein Abgesandter in Privas sollte ihm zu diesem Zweck täglich berichten"[53]. Einige Wochen später berichtete Bouchu über den Fortgang der Ereignisse, die von ihm verhängten drastischen Strafen hätten nicht die gewünschte Wirkung gezeitigt. Er hoffe daher, es sei im Sinne des Königs, daß er zur Verurteilung sechs weniger bedeutsamer Versammlungen schreite, die im selben Zeitraum abgehalten worden waren. An den insgesamt vier Orten sollte jeweils einer der Hauptschuldigen hingerichtet werden. Für die anderen Verurteilten bat Bouchu um die Umwandlung der Todesstrafe in Galee-

R.P.R., la punition de leurs assemblées, la discipline des troupes [...], hier: Schreiben an Bouchu, Versailles, 8. April 1688.

52 AAT A/1/903, pièce 20, Bouchu an den Kriegsminister, Grenoble, 20. Februar 1689.

53 Ibid.

renhaft. Trotz dieser Strafen und trotz des Einsatzes und der Wachsamkeit, mit denen man sich diesen Fragen widme, seien aber erneut Versammlungen abgehalten worden:

„Les exemples de logemens de troupes en pure perte de maisons rasées et d'exécutions faites sur les lieux ensuite des jugemens par moy rendus sur les six principales assemblées qui se sont tenues en cette province par les nouveaux convertis pendant les mois de janvier et de février derniers dont j'ay eu l'honneur de vous rendre compte par ma lettre du 20e dudit mois de février, n'ayant pas produits tout l'effet qu'on en devoit raisonnablement attendre j'ay cru du bien du service de Sa Majesté de procéder au jugement de six autres assemblées moins considérables qui se sont faites pendant les mesmes mois aux lieux de Poet-Laval, Establet, Chalancon et Villeperdoix en chacun desquels j'ay ordonné d'exécuter un des plus coupables, et à l'esgard des autres complices j'envoye par ce courrier à Monsieur le marquis de Croissy trois projets de lettres de commutations de peine de mort en celle des galères et de bannissements dont je crois encore la diligence de l'expedition de consequence, parce que nonobstant ces chastiments l'activité et la vigilance que l'on y apporte nous apprenons qu'il s'en est encore fait deux depuis quelques jours, l'une à Beaurières, et l'autre à Verchenit. Quoyque de petite considération néanmoins Monsieur le marquis de Larray partit hier pour s'y rendre et je le suivray demain. L'exécution de l'ordonnance qu'il a plu à Sa Majesté de rendre le 12. decembre de ce mois sur ce sujet abrégera (si ces sortes de désordres arrivoient encore dans les suites) la longueur de ces formalités, mais comme lesdits jugesmens sont rendus avant ladite ordonnance lesdites lettres des commutations sont indispensables“[54].

In demselben Schreiben berichtete Bouchu auch von einer Ratswitwe, die beschuldigt wurde, zwei Kinder angestiftet zu haben, als „Propheten“ über die Orte zu ziehen – das sei der neueste Kunstgriff übelmeinender Neukonvertierter, um das einfache und unwissende Volk zur Abhaltung von Versammlungen zu bewegen. Die Witwe konnte aber aus Mangel an Beweisen nicht verurteilt werden. Der Intendant mußte sich daher damit begnügen, sie von ihrem Wohnort, an dem sie nur neues Unheil hätte stiften können, zu entfernen, indem er sie in ein Kloster in Tournon einweisen ließ: „Madame de Bays veuve d'un conseiller de ce parlement s'est trouvée impliquée dans ces procédures et chargée d'avoir séduit deux jeunes enfans pour aller dans les villages faire les prophètes, artifice le plus général dont les nouveaux convertis mal intentionnés se servent à présent pour provoquer les simples et ignorans à faire des assemblées. Je suis convaincu que ladite Dame de Bays a esté asses malheureuse pour tenir cette mauvaise conduite, cependant les preuves que la formalité de la justice exige n'en estoient pas complettes ny sufisantes, ce qui m'a obligé de la faire mettre dans un couvent à Tournon afin de l'éloi-

[54] AAT A/1/903, pièce 269, Bouchu an den Kriegsminister, Grenoble, 27. März 1689.

gner des lieux où sa présence n'auroit pu produire que de mauvais effets et de nouveaux désordres"[55].

Im März 1689 berichtete der comte de Grignan über Versammlungen in der Provence. Eine erste war in Lacharce abgehalten worden. Dieser etwa 80 Einwohner zählende Ort, so Grignan, sei dem schlechten Beispiel der in unmittelbarer Nachbarschaft gelegenen Orte der Dauphiné gefolgt, in denen es zahlreiche Neukonvertierte gab, die Versammlungen abhielten. Ein Bauer namens David Combel habe vom Fenster seines Hauses aus gepredigt, anschließend habe man sich auf der Straße und auf den Ruinen des Tempels versammelt und Psalmen gesungen. Einige Personen, die sich nicht schnell genug entschlossen hätten, ihm zu folgen, habe Combel geschlagen; er habe gar Altkatholiken aus einem Nachbarort und selbst den Geistlichen zur Teilnahme zwingen wollen. Einigen Frauen sei es eingefallen, zu „prophetisieren". Nach vergeblichen Versuchen der Herren von Bruis sei es schließlich der Dame und der Demoiselle von Lacharce gelungen, die Versammlung zu zerstreuen. Der zuständige Gouverneur, der marquis de Valavoire, bitte um eine Bestrafung der Betroffenen, obwohl das für ihn mit beträchtlichen Einnahmeeinbußen verbunden sei. Grignan führte aus, er habe vorübergehend Truppen nach Lacharce geschickt. Außerdem werde den Beteiligten der Prozeß gemacht. Ohne dessen Ausgang abzuwarten, habe Grignan aber schon das Haus von Combel, dem Drahtzieher dieser ganzen Aktion, zerstören lassen. Dieser sowie die Prophetinnen und einige andere Hauptakteure sollten festgenommen werden. Grignan wollte dafür sorgen, daß eine exemplarische Strafe verhängt werde. Einen Bauern, der sich der Meute nicht angeschlossen hatte, belohnte Grignan mit einer Geldzahlung sowie mit Exemption von der dem Ort auferlegten Strafzahlung[56].

In Orange, so teilte Grignan weiter mit, seien zwei Neukonvertierte festgenommen worden, weil man sie verdächtigte, an einer Versammlung teilgenommen zu haben. Eine Überprüfung des Sachverhaltes habe jedoch ergeben, daß es sich bei dem Vorfall lediglich um eine Gruppe von Personen – unter ihnen drei Altkatholiken – gehandelt habe, die ein Sonnenbad nahmen! Die Zeugen, deren Aussagen man gefolgt war, hatten diese kleine Menschenansammlung nur von fern gesehen und im übrigen ein wenig übertrieben[57].

[55] Ibid.

[56] AAT A/1/903, pièce 78, comte de Grignan an den Kriegsminister, Nions, 1. März 1689. Vgl. den Wortlaut im Anhang.

[57] Ibid.: „J'ay eu l'honneur de vous ecrire ... qu'on avoit arresté à Orange deux N(ouveaux) C(onvertis) soupconnés d'avoir assisté à une assemblée, mais on a veriffié qu'il n'y avoit eu que dix ou douze personnes ensemble dans un petit endroit du terroir d'Orange pour y prendre le soleil et que parmy eux il y avoit trois anciens catholiques. Les témoins dont les dépositions avoient donné lieu à la capture des deux N(ouveaux) C(onvertis), n'avoient veu que de loin ces gens assemblés et ils avoient un peu grossy les objets. Il est bon cependant que les gens d'Orange voyent par là qu'on les observe de fort prèz."

1689 teilte Louvois dem Intendanten Lebret die Intentionen des Königs in bezug auf geheime Versammlungen mit. Um die Neukonvertierten im Zaume zu halten, wünschte er eine sofortige und härtere Bestrafung. Nach Möglichkeit sollten Truppen des Königs die Versammlungen überfallen. Die Anstifter sollten dabei gleich verhaftet werden. Und nachdem viele getötet worden seien, sollten einige gefangengenommen werden, damit ihnen der Prozeß gemacht werde. Falls Lebret von Versammlungen in seinem Verwaltungsgebiet erfahre, solle er sich sofort an den Ort des Geschehens begeben, sich informieren, welche Teilnehmer den königlichen Truppen entkommen seien, um diese sogleich ohne Prozeß auf die Galeeren zu schicken. Dieses Maßnahmen-Paket solle den Neukonvertierten die Lust an Versammlungen nehmen:

„Le roy jugeant à propos dans la conjoncture présente de contenir les nouveaux convertis en leur faisant apréhender des punitions plus promptes et plus sévères que par le passé, Sa Majesté a trouvé bon de faire expédier l'ordonnance dont vous trouverez cy joint plusieurs exemplaires [...] afin que vous puissiez la faire publier dans toute l'étendue de vostre departement [...] L'intention de Sa Majesté est toujours que l'on essaye de tomber avec des trouppes sur touttes les assemblées qui se feront, et que si l'on peut joindre ceux qui les composeront on fasse sur eux main basse sans distinction de sexe, et que si apres en avoir tuer un grand nombre, l'on prend quelques prisonniers, on leur fasse diligemment leur procès et que l'on les condamne aux peines portées par l'édit du mois d'octobre 1685 et la déclaration du premier juillet 1686 après quoy Sa Majesté désire qu'au cas qu'il se fasse de pareilles assemblées dans l'estendue de votre département, vous ayez à vous transporter le plus promptement que faire se pourra sur les lieux pour informer de ceux qui ayant esté desd. assemblées auront éschappé aux trouppes de Sa Majesté afin qu'ils puissent estre arrestés en diligence, et envoyés aux gallères sans forme ny figure de procès, en sorte que la punition que feront sur les lieux les trouppes qui pourront joindre lesd. assemblées, les exemples que l'on fera du peu des prisonniers que l'on arretera, et ceux que l'on envoyera ensuitte aux gallères puissent oster l'envie aux nouveaux convertis de faire des assemblées“[58].

Drei Frauen, die 1689 an einer geheimen Versammlung teilgenommen hatten, sollten nach Meinung des Königs in ein Hospital eingesperrt werden[59]. 1727 erhielt Fontanieu eine Sondervollmacht, um allen Teilnehmern geheimer Versammlungen den Prozeß zu machen[60].

[58] BNF fr 8833, fol. 246 f., Louvois an Lebret, Versailles, 13. März 1689.
[59] BNF fr 8834, fol. 15 f., Louvois an Lebret, Versailles, 13. April 1689.
[60] BNF fr 8418, fol. 63, Le Blanc an Fontanieu, Marly, 15. Januar 1727. Ordonnance des Königs: „... pour vous autoriser conjointement avec Monsieur le comte de Sassenage à faire le procèz à tous ceux qui seront convaincus d'avoir assistés aux assemblées des religionnaires qui pouront se faire dans l'estendue de vostre département.“

Wer bei schwerer Krankheit die Sakramente verweigerte, dem sollte der Prozeß gemacht werden, sofern er die Krankheit überlebt hatte. Andernfalls wurde seinem Andenken der Prozeß gemacht. Jene bereits erwähnte Klausel, die die Neukonvertierten um ihr Begräbnis bringen sollte, sollte spätestens seit 1699 nicht mehr ausgeführt werden, wie unter anderem aus einem Schreiben des Außenministers de Torcy an den Intendanten Lebret zu erfahren ist[61]. Auch das Strafmaß für Frauen oder Mädchen, die nach schwerer Krankheit und Verweigerung der Sakramente wieder gesundet waren, sollte nach dem Wunsch des Königs seit 1699 abgemildert werden[62]. 1724 erläuterte d'Armenonville dem Intendanten der Dauphiné, Fontanieu, wie die diesbezüglichen Regelungen der Deklaration von 1724 auszulegen und anzuwenden seien. Das beste wäre, wenn Fälle von Sakramentenverweigerung überhaupt nicht an die Öffentlichkeit gelangten. So könnte man Verfolgungen und Verurteilungen vermeiden. Lediglich wenn der Skandal nicht mehr zu verbergen sei, solle tatsächlich dem Andenken der Person der Prozeß gemacht werden[63].

Im selben Jahr beantwortete d'Armenonville Fontanieu eine Anfrage bezüglich eines Klerikers aus St. Auban, der im Sterben liegende Neukonvertierte in Begleitung von Zeugen aufgesucht hatte, um ihnen die Sterbesakramente zu spenden. Fontanieu hielt den Eifer des Geistlichen offensichtlich nicht nur für übertrieben, sondern auch für gefährlich[64], und der Staatssekre-

[61] BNF fr 8866, fol. 319f., Torcy an Lebret, Fontainebleau, 13. September 1699: „Le roy m'ordonne de vous écrire de faire scavoir à tous les officiers de justice du ressort de vostre compagnie que lors qu'ils condanneront la mémoire de ceux qui seront morts sans vouloir recevoir les sacremens, l'intention de Sa Maiesté est qu'ils suspendent l'exécution de la peine portée par la déclaration, de traisner sur la claye les corps des relaps: elle veut meme que vous donniez une entiere connoissance des volontés de Sa Maiesté sur ce sujet sans aucune précaution pour le secret."

[62] BNF fr 8866, fol. 519f., Torcy an Lebret, 1699. Dieselben Gründe, die den König veranlaßt hätten, die Leichname von rückfällig gewordenen Neukonvertierten nicht mehr auf den Müll zu werfen, ließen ihn nun auch anordnen, „de ne point prononcer doresnavant d'amende honnorable dans les jugemens que vous rendrez contre les femmes et filles qui après avoir déclaré à l'extrémité qu'elles mouroient dans la R.P.R., sont revenues en santé. Sa Maiesté approuve fort le zèle que vous faites apparoistre dans touttes les occasions où il s'agit de l'avancement de la religion et de l'exécution des édits et ordonnances qu'elle a rendus sur ce sujet. Elle ne doute pas que vous ne continuiez à les bien faire exécuter, mais elle veut que vous vous en teniez précisement à ce qu'elles contiennent sans rendre de nouveaux arrests qui vont au delà de ses intentions; il n'est pas cependant necessaire de toucher à ceux qui peuvent avoir esté déjà rendus par vostre compagnie."

[63] BNF fr 8417, fol. 45–48, Fontainebleau, 17. September 1724.

[64] BNF fr 8429, fol. 23f.: „Je dois vous informer et vous le verréz par ces procédures que le Sieur Cheylus de Propiae et le Sieur Jullien portent quelque fois leur zèles à un excès, qui quoique très louable en luy même peut devenir dangereux. Je ne suis point assez seur de la discrétion de l'un et de l'autre pour pouvoir leur confier les instructions que vous m'avés données par votre lettre du 21. septembre [...] sur l'exécution de la dernière déclaration concernant les religionnaires, mais j'ose vous assurer que leur trop

tär stimmte ihm zu. Dieser Geistliche dürfe die Kranken nur noch alleine aufsuchen. So könnten der Öffentlichkeit das Wissen um die Umstände des Ablebens vorenthalten und verabscheuungswürdige und der Religion unzuträgliche Prozeduren vermieden werden:

„Je trouve comme vous beaucoup d'imprudence et d'affectation de sa part d'avoir mené avec lui deux témoins chez le malade, ce qui n'a servy qu'a rendre publique la déclaration que ce malade luy a faite de vouloir vivre et mourir dans la R.P.R. La déclaration du Roy autorise les curés à voir et entretenir les malades en part[iculier], et c'est la seule manière de rendre leurs exhortations utiles, et la plus conforme à l'esprit de nôtre religion. Si le malade est mort et a persisté avec scandale dans son opiniâtreté, il est inévitable de procéder contre sa mémoire conformement à la déclaration. Mais s'il est revenu en santé, il faut attendre sa conversion de la providence et des exhortations de son curé, et cependant défendre à ce curé d'entrer en pareil cas chez les malades autrement que seul et sans témoins afin de dérober au public s'il se peut, la connoissance des malheureuses dispositions dans lesquelles ils seront demeurées et d'éviter la nécessité de reparer le scandale qu'ils auront causés par des procédures odieuses en elles mêmes et communement infructueuses pour la religion"[65].

In St. Euphémie war 1724 eine Neukonvertierte verstorben, ohne die Sakramente zu erhalten. Der zuständige Richter wollte nun allen Verwandten den Prozeß machen, die den Tod bzw. die Krankheit nicht gemeldet hatten. Intendant Fontanieu hielt dieses Vorgehen für viel zu übertrieben und befürchtete im übrigen, daß zu große Belästigungen, noch dazu in einem dicht von Neukonvertierten besiedelten Gebiet, nur zu Auswanderungen führen würden[66]. In Crest bekannte 1725 eine Neukonvertierte öffentlich, daß sie protestantisch sterben wolle. Fontanieu fand, hier müsse ein Exempel statuiert werden, noch dazu an einem Ort wie Crest, wo es soviele Neukonvertierte gab, und hatte sie deshalb in die Tour de Crest bringen lassen, wo sie nun in der katholischen Religion instruiert wurde[67].

1724 berichtete Intendant Fontanieu in einem Schreiben an Monsieur de Morville, ein ausgewanderter Protestant sei durch skandalöses Verhalten unangenehm aufgefallen. Er sei nämlich nach Orpierre zurückgekommen und habe die Neukonvertierten angestiftet, sich nicht an die letzte Deklaration des Königs zu halten. Der Aufrührer sei wieder verschwunden, man vermute aber, daß er wiederkommen werde. Falls man ihn fasse, solle er ins Gefängnis gebracht werden, fand Fontanieu. In einer Provinz mit so hohem Anteil

de vinacité peut avoir des conséquences dans les pays des Baronnies remply d'une infinité de nouveaux convertys."

[65] BNF fr 8417, fol. 91–93, Fontainebleau, 22. Oktober 1724.

[66] BNF fr 8429, fol. 33–36.

[67] BNF fr 8429, fol. 37f., Fontanieu an Monsieur de Morville, Grenoble, 9. August 1725.

Neukonvertierter wie der Dauphiné könne ein solches Verhalten nicht ungestraft bleiben[68].

1727 übersandte Le Blanc dem Intendanten Fontanieu einen Brief, der vom Abt de Laurent aus Orange an den Kardinal de Fleury geschrieben worden war. Darin informierte der Geistliche im allgemeinen über das Verhalten der Neukonvertierten in Orange, im besonderen aber über einen von ihnen, der auf skandalöse Weise mit einer jungen Frau zusammenlebe[69] und im übrigen zahlreiche andere Bewohner der Stadt davon abhalte, an den katholischen Unterweisungen („instructions") teilzunehmen. Fontanieu wurde beauftragt, diesen Sachverhalt zu überprüfen und zu kommentieren[70].

Gelegentlich kam es auch zu Denunzierungen. Wenn sich die Beschuldigten aber als unschuldig herausstellten, blieben sie unbehelligt. 1737 etwa schrieb Dangervilliers an Fontanieu in der Sache eines Protestanten und seiner Frau, die von einem Anwalt aus Orange beschuldigt wurden, regelmäßig aus Genf nach Orange einzureisen, um dort die Neukonvertierten zu bedrängen. Das ganze stellte sich als unwahr und als einer persönlichen Fehde entsprungen heraus. Dem Protestanten sollte daher mitgeteilt werden, daß er weiterhin unbehelligt nach Orange ein- und ausreisen dürfe[71].

Wo immer der Protestantismus nach der Revokation noch in Erscheinung trat, sei es in Form von Predigern, von protestantischem Schriftgut, von geheimen Versammlungen, von öffentlichen Bekenntnissen oder sonstigem skandalösen Verhalten – man versuchte solche Anzeichen zu unterdrücken, denn sie konnten die Gemüter erregen, das Volk aufwiegeln. Andererseits wollte man sich als eigene positive Propaganda gerne des Vorbildes guter Konvertiten bedienen; besonders wenn sie aus besseren Familien kamen, hoffte man, daß sie zur Nachahmung anregten. Das zeigt der folgende Brief an den marquis de Thois, in dem der König ausführt, der Adel seines Landes könne ihm keinen größeren Dienst erweisen, als sich der katholischen Religion zuzuwenden und somit als positives Beispiel für die restlichen Untertanen zu dienen. Ludwig XIV. hoffte daher, daß auch die Konversion des Adressaten nicht auf sich warten lassen werde:

„Monsieur le Marquis de Thois. De toutes les bénédictions dont ils a plu à Dieu combler mon regne, il n'y en a point dont je me sente plus redevable à sa

[68] BNF fr 8429, fol. 5f., Embrun, 6. September 1724.

[69] Damit ist wahrscheinlich gemeint, daß die beiden nicht vor einem katholischen Altar getraut worden waren, sondern lediglich – wie bei Neukonvertierten verbreitet – eine Art Ehevertrag vor einem Notar abgeschlossen hatten. Vgl. Kapitel 7.

[70] BNF fr 8418, fol. 77, Marly, 12. Februar 1727: (Je vous envoie) „une lettre escritte d'Orange à son éminence Monsieur le cardinal de Fleury par Monsieur l'abbé de Laurent sur la conduitte des nouveaux convertis de laditte ville, et particulièrement le S. d'Alencon qui y a séduit et perverty une jeune dame avec laquelle il vit d'une manière scandaleuse, et qui éloigne quantité d'autres habitans d'écouter les instructions salutaires qu'on leur veut donner."

[71] BNF fr 8426, fol. 111–113, Versailles, 16. Juni 1737.

divine providence, que les grâces qu'elle fait continuellement à mes sujets de la R.P.R., de les rapeller à la R.C.A. et R., dont leurs ancestres ont fait profession, et qui a esté inviolablement suivie, par tous les roys mes prédecesseurs, depuis le règne de Clovis, jusqu'au miens, mais si j'ay tout sujet d'estre satisfait du nombre infiny de peuples, villes entières et pays qui abandonnent tous les jours leurs erreurs, vous jugez bien que la plus grande joye que me puisse donner la principale noblesse de mon royaume, c'est de servir d'exemple aux autres et que plus elle me donne de marquer en toutes occasions, de son fidèle attachement à mon service, plus je souhaite de luy procurer un bonheur parfait, en ce monde et en l'autre. C'est ce qui me porte à vous inviter de prendre au plustost la voye qu'il faut tenir, pour cez effets, en vous réunissant dans la même créance, que vos ayeuls ont cydevant suivie, et comme je suis persuadé que c'est le seul moyen de plaire à Dieu et de mériter ses graces, vous ne pouvez rien faire aussy qui me soit plus agréable"[72].

5.2.3. Bildungspolitik

Wir hatten schon im Zusammenhang mit der Kompetenzverteilung bei der Ausführung des Revokationsedikts gehört, daß selbst die Organisation der Missionen[73] der weltlichen Obrigkeit unterstand. So war es etwa Kriegsminister Louvois, der 1685 den Staatssekretär für Äußeres, Croissy, ermahnte, an die Bischöfe der Dauphiné zu schreiben, daß sie zur Unterrichtung der Neukonvertierten bzw. zur Konversion der noch nicht Konvertierten Missionare in ihre Diözesen schickten[74]. Im Oktober 1686 erhielten die Intendanten ein Rundschreiben, in dem es hieß, die Bischöfe bemühten sich zwar redlich, seien aber ihrer Aufgabe im ganzen offensichtlich doch nicht gewachsen und sollten daher Bescheid geben, wieviele Missionare man ihnen in ihre Diözesen senden sollte[75]. Diese Missionare sollten zunächst über die Intendanten aus königlichen Fonds entlohnt werden. Die Intendanten wurden daher im Dezember 1686 aufgerufen, nach Absprache mit den Bischöfen eine Liste darüber aufzustellen, wieviele Missionare insgesamt gebraucht würden,

[72] AAE MD France 978 (= Mikrofilm P03802), fol. 83, Lettre du Roy à Monsieur le M(arqu)is de Thois pour le porter à se convertir, Versailles, 22. November 1685.
[73] Weiteres zu Missionen unter AN G/7/244, f. 5 und f.6, der Bischof von Gap an den Generalkontrolleur der Finanzen über Missionen. Noch zu Missionen: BNF fr 8826, fol. 187, Croissy an Lebret, Versailles, 16. November 1685 (Der König schickte die sechs angeforderten Missionare für die Vallée de Pragelas); fol. 190, Louis an Lebret, Versailles, 23. November 1685 (Lebret sollte ein Auge darauf haben, daß die Missionare nicht nur im Pragelas, sondern überall gehört wurden).
[74] AAT A/1/749, fol. 161, Louvois an Croissy, 12. September 1685: „Rappel d'écrire aux évèques du Dauphiné d'envoyer des missionaires dans leur (sic) diocèses pour l'instruction des nouveaux convertis et la conversion des autres."
[75] BNF fr 6657, fol. 244, Lettre circulaire aux intendants des provinces touchant l'instruction des nouveaux convertis, 29. Oktober 1685. – In diesem Sinne auch BNF fr 8826, fol. 170f., Croissy an Lebret, Fontainebleau, 29. Oktober 1685.

wieviele davon man vor Ort rekrutieren könne, wieviele von außerhalb geschickt werden müßten und was schließlich ihre Unterhaltung koste:

„Le roy voulant que les missionaires qui seront employés dans chaque diocèse de son royaume soient payés doresnavant des deniers de son espargne, et que ceux de vostre département recoivent par vos mains ce que leur sera destiné, Sa Maiesté m'a commandé de vous escrire cette lettre pour vous faire scavoir qu'elle désire que vous m'envoiez incessament des mémoires après les avoir concertez avec les évesques du nombre des missionaires qui seront nécessaires dans chaque diocèse de vostre département, que vous m'informiez combien on en poura trouver sur les lieux, combien il en faut faire venir d'ailleurs, et ce que coutera l'entretien des uns, et des autres affin qu'elle y pourvois au plustost"[76].

Für die Dauphiné liegt uns eine solche Aufstellung vor, die Bouchu 1687 an den Generalkontrolleur der Finanzen sandte. Für das Jahr 1688 sah Bouchu in der Dauphiné einen achtmonatigen Einsatz von insgesamt 74 Missionaren vor, für die insgesamt 17760 Livres aufgewandt werden mußten. Hinzu kam die missionarische Tätigkeit des Abts Roz in der Vallée de Pragelas. Ihn hatte Croissy für das gesamte Jahr auf drei Livres pro Tag hoffen lassen:

„Nombre de missionaires qu'il faudra entretenir pendant huit mois en 1688 et les fonds pour subsister

Diocèses	missionaires	fonds	
Grenoble	18	4320	livres
Vienne	6	1440	
Valence	8	1920	
Die	12	880	
Embrun	8	1920	
Gap	10	400	
Saint-Paul	4	960	
Vaison	8	1920	
total	74	17760	L

L'abbé Roz continue son travail dans la vallée de Pragelas. Monsieur de Croissy a fait espérer 3 L par jour pendant toute l'année; soit 2007 L 10 s, il faut prévoir 19767 L 10 s"[77].

Bereits vor der Revokation war es Reformierten verboten, ihre Kinder zur Erziehung nach Orange zu schicken, das zu dieser Zeit ein von Frankreich unabhängiges Fürstentum war. Der Intendant der Provence, Morant, schrieb 1681 an den Generalkontrolleur der Finanzen, verschiedene Reformierte aus dem Languedoc und aus der Provence schickten ihre Kinder zur Schule nach Orange. Morant informierte sich über ihre Zahl und Identität:

76 AAE MD France 981 (= Mikrofilm P03808), fol. 307f., lettre circulaire aux intendants concernant les missionaires qui devront estre envoyés dans les diocèses, Versailles, 9. Dezember 1686.

77 AN G/7/240, Bouchu an den Generalkontrolleur der Finanzen, Grenoble, 26. November 1687.

„Plusieurs RPR de Languedoc et de Provence envoient leurs enfants au collège d'Orange. L'intendant se renseigne sur leur nombre et leur identité“[78].

In bestimmten Fällen trennte man die Kinder von ihren protestantischen oder neukonvertierten Eltern, um sie anderswo in der katholischen Religion aufzuziehen. So wies Ludwig XIV. schon im Oktober 1685 Lebret an, Kinder aus Montauban nach Grenoble zur Erziehung zu schicken[79]. Grundsätzlich war aber auch im Bereich der Kindererziehung vorgesehen, eher mit Milde („douceur“) und Überzeugungskraft als mit Gewalt vorzugehen, auch wenn es zum Beispiel darum ging, Eltern zu verpflichten, ihre Kinder zum katholischen Schulunterricht zu schicken[80].

Der König wandte sich im Mai 1686 mit einem Schreiben an die Intendanten, da angeblich mehrere Neukonvertierte ihre Kinder nicht zu den Schulen und zu Unterricht und Katechismus, die in den Gemeinden abgehalten wurden, schickten. Um für die religiöse Unterweisung dieser Kinder zu sorgen, sollten die Jungen in ein collège, die Mädchen ins Kloster eingewiesen werden, wo sie auf Kosten der Eltern in Pension genommen werden sollten. Konnten die Eltern den Unterhalt nicht aufbringen, so sollten die Kinder ins nächstgelegene Hospital eingeliefert werden:

„[Les enfants] ... pourroient rester sans estre instruits de leur religion s'il ny estoit pourveu, ce qui m'oblige de vous escrire cette lettre pour vous dire que mon intention est que vous fassiez scavoir à mes sujets nouveaux catholiques que je veux qu'ils envoyent régulierement leurs enfans aux escoles et instructions. [...] Et en cas qu'ils y manquent mon intention est que lesdits enfans soient mis de l'ordonnance des juges des lieux, scavoir les garcon (sic) dans des collèges et les filles dans des couvents, et que leur pension soit payée sur les biens de leurs pères et mères, et en cas qu'ils n'ayent point de bien qu'ils soient receus dans les hospitaux des lieux, ou les plus prochains, voulant que vous fassiez scavoir à tous les juges de vostre département mes intentions sur ce sujet et que vous teniez la main à ce qu'elles soient exécutées. Et comme il peut y avoir des enfans dans vostre departement dont les pères et mères de la R.P.R. sont sortis de mon royaume, ou qui après leur abjuration n'ont pas laissé de se retirer dans les pays estrangers, je désire que lesdits en-

[78] AN G/7/458, pièces 334 und 335, Morant an den Generalkontrolleur der Finanzen, Aix, 20. September 1681, zitiert nach Repertorium, S. 399.

[79] BNF fr 8826, fol. 164, Louis an Lebret, Fontainebleau, 19. Oktober 1685. – Weiteres Beispiel hierzu BNF fr 8871, fol. 79, Torcy an Lebret, Fontainebleau, 10. Oktober 1701: Es ging um eine junge Frau, die auf Kosten ihrer Mutter zunächst in einem Kloster, dann bei katholischen Verwandten einquartiert wurde. Die Mutter bat, sie wieder zu sich nehmen zu können, da sie ebenfalls katholisch sei – Bescheinigungen hat sie beigelegt –, und sie das billiger käme. Lebret sollte diesen Fall überprüfen.

[80] BNF fr 8827, fol. 145f., Croissy an Lebret, Versailles, 23. Februar 1686: „Mais pour ce qui regarde l'ordonnance que vous demande led. Sr. Roux (=abbe), Son intention (du Roy) est que vous vous serviez plustost de la voye de douceur pour obliger les pères et mères à envoyer les enfans aux écoles que de les y forcer.“

fants soient pareillement mis dans des collèges ou des couvents faisant payer leur pension sur le revenu des biens qui appartenoient à leurs dits pères et mères et que s'il ne s'en trouvent point ils soient receus dans les hospitaux des lieux de leur demeure, ou les plus prochains"[81].

Ausgenommen von dieser Regelung wurden nach einem Schreiben des Staatssekretärs für Äußeres u.a. an den Intendanten Bouchu aus dem Jahr 1686 Kinder im arbeitsfähigen Alter, die durch den Katechismusunterricht am Arbeiten gehindert worden wären. Sie mußten nur an Sonn- und Feiertagen teilnehmen:

„Vous aurez connu [...]combien le roy désire que les enfans des nouveaux convertys soyent instruits à la religion catholique et que pour cet effet vous deviez tenir la main à ce qu'ils assistassent aux cathéchismes que Sa Maiesté a recommandé à Messieurs les évesques de faire faire pour leur instruction. Mais comme l'on a depuis représenté à Sa Maiesté que dans les bourgades et villages où les enfans travaillent, il seroit fort à charge aux nouveaux convertys si en obligeant ces enfans là d'assister aux catéchismes les jours ouvrables ils estoient privés du trop que leurs enfans peuvent faire. Sa Maiesté m'a commandé vous faire scavoir qu'elle aprouvera que l'on n'oblige les enfans des nouveaux convertys qui sont d'age et de force à pouvoir commencer à travailler d'assister auxdits cathéchismes que les festes et dimanches"[82].

Eine königliche Instruktion an die Intendanten über den Umgang mit den Neukonvertierten, die schon in anderem Zusammenhang zitiert wurde, sah 1686 Einquartierungen und Gefängnisstrafen nur für diejenigen vor, die ihre Kinder nicht zum Katechismus schickten oder die öffentlich bekannten, nie zur Messe zu gehen[83].

Die Erzieher („précepteurs") der Kinder von Neukonvertierten, so führte der Staatssekretär für Äußere Angelegenheiten 1686 u.a. gegenüber den Intendanten Morant und Bouchu aus, müßten in jedem Fall Altkatholiken sein. Dort, wo Neukonvertierte diese Aufgabe noch ausübten, sollten die Intendanten das unterbinden, indem sie den Eltern entsprechende Anweisungen gaben:

„J'ay esté informé que plusieurs de mes sujets qui ont abjurés depuis peu la R.P.R. tiennent auprès de leurs enfans des précepteurs aussy nouvellement convertis et comme il est d'une grande conséquence que la jeunesse ne soit enseignée que par des personnes originairement catholiques éstant beaucoup plus propres que les autres à les eslever dans les principes de la véritable religion où ils ont esté eux mesmes instruits dès leur naissance. Je vous fais cette lettre pour vous dire de vous esclaircir particulièrement s'il y a dans votre dé-

81 AAE AD France 980 (= Mikrofilm P03807), S. 422, Lettre du Roy aux intendans concernant les nouveaux convertis, Versailles, 11. Mai 1686.

82 AAE MD France 981 (= Mikrofilm P03808), fol. 56, der Staatssekretär für Äußeres u.a. an Bouchu, Versailles, 23. September 1686.

83 AAE MD France 981 (= Mif. P03808), fol. 188.

partement des enfans de pères qui ont esté de la R.P.R. ausquels on ayt donné des précepteurs qui ayent fait profession de ladite religion et ordonner de ma part à leurs pères et mères ou à leur deffaut à ceux qui sont chargez de leur éducation d'oster incessament d'auprès d'eux lesd. précepteurs à quoy vous tiendrez soigneusement la main"[84].

Zur Erziehung der neukonvertierten Kinder mußten, laut einer Aufstellung, die Intendant Bouchu 1687 an den Generalkontrolleur der Finanzen sandte, in der Dauphiné in insgesamt 160 Gemeinden 175 Lehrerinnen und Lehrer eingesetzt werden, die mit insgesamt 11210 Livres entlohnt werden sollten:

„Maîtres et maîtresses d'école pour assurer l'instruction des enfants NC, les fonds pour subsister

Diocèses	maîtres	fonds	nombre de paroisses
Grenoble	22	1670 L	15
Vienne	5	420	3
Valence	15	1325	15
Die	57	3415	61
Embrun	23	2260	14
Turin	31	1110	31
Gap	17	610	17
Saint-Paul	5	400	4
total	175	11210	160"[85].

Zur erfolgreichen Integration der Neukonvertierten, so führte Bouchu in demselben Bericht über die Erziehung aus, müsse allerdings jede Ausübung der reformierten Religion verboten werden; der Unterricht müsse durch die Einrichtung neuer Schulen und den Einsatz von Missionaren intensiviert werden:

„Il faut cependant interdire toute pratique de la R.P.R., augmenter l'instruction par l'installation d'écoles et de missionaires encouragés et entourés par les évèques et autres personnes ayant de l'autorité"[86].

Um den Unterhalt zusätzlich einzusetzender Lehrer und Lehrerinnen zu finanzieren, sollten die (beschlagnahmten) Güter der (aufgelösten protestantischen) Konsistorien verwendet werden[87]. In Bezug auf Eltern, die ihre Kinder nicht zum Katechismus schickten, plädierte Bouchu 1689 für Nachsicht:

[84] AAE MD France 981 (= Mikrofilm P03808), fol. 232f.
[85] AN G/7/240, Bouchu an den Generalkontrolleur der Finanzen, Grenoble, 26. November 1687.
[86] Ibid.
[87] BNF fr 8831, fol. 115, Louis an Lebret, Versailles, 16. Januar 1688: Der König forderte eine genaue Auflistung der Güter der Konsistorien an, da diese für die Unterhaltung neuer Lehrerinnen und Lehrer verwendet werden sollten. Wenn nicht alle vorgeschlagenen Orte bedient werden konnten, sollten diejenigen mit dem größten Anteil Neukonvertierter bevorzugt werden.

„[Il faut] se relascher du châtiment des pères et mères qui n'envoyent pas leurs enfans aux catéchismes"[88].

Die Erläuterungen zur Deklaration von Dezember 1698 gingen auch ausführlicher auf die grundsätzliche Bedeutung der Erziehung und des Unterrichtswesens ein. Der König sei sich bewußt, hieß es in Artikel 20, daß eine ganze Reihe seiner Untertanen nicht wirklich in der katholischen Religion gefestigt seien und sich schwer täten, ihren Geist und ihre Grundsätze anzunehmen. Man wünsche aber, daß diese Menschen den Katholizismus nicht nur rein äußerlich ausübten, sondern aus innerster und aufrichtiger Überzeugung. Da das nur auf dem Wege der Unterweisung zu erreichen sei, wurden die Intendanten aufgerufen, den Erzbischöfen und Bischöfen bei der Erfüllung dieser wichtigen Pflicht jegliche Unterstützung zu gewähren. Dies gelte zwar zuallerst für die Neukonvertierten, aber auch die Katholiken müßten sich befleißigen, an den Unterweisungen teilzunehmen, nicht nur in ihrem eigenen Interesse, sondern auch als Vorbild für ihre neukonvertierten Glaubensbrüder. Die Intendanten sollten dafür Sorge tragen (Art. 21). Sollte an manchen Orten das geistliche Personal aus Alters-, Gesundheits- oder sonstigen Gründen nicht in der Lage sein, soviel Unterricht wie benötigt anzubieten, so könnten Erzbischöfe oder Bischöfe ihre Geistlichen in eine Art „Vorruhestand" schicken und sie vorübergehend durch vom König finanzierte Priester ersetzen lassen. Die Durchführung dieser Maßnahmen hänge von der Meinung der Bischöfe sowie der Intendanten ab (Art. 22). Die Intendanten sollten außerdem mit den Erzbischöfen und Bischöfen beraten, welche Möglichkeiten es gäbe, die Fonds der bestehenden Priesterseminare zu vergrößern bzw. neue zu gründen (Art. 23). Sie sollten sich um die Heiligung der Feiertage sorgen (Art. 24); sie sollten allen denjenigen, die die Neukonvertierten von der Ausübung ihrer Pflichten abhielten, den Prozeß machen (Art. 25). Klerikern solle weiterhin der Zugang zu Gefängnissen gewährt werden, damit auch den Häftlingen der nötige Beistand und Unterricht gewährt werden könne (Art. 26). Besondere Aufmerksamkeit sollte der Erziehung der Kinder gelten, deren Frömmigkeit und gute Sitten für den Staat grundlegend seien (Art. 27). Dazu hätten die Intendanten zu überprüfen, ob an allen Orten ausreichend Lehrerinnen und Lehrer im Einsatz seien und ob diese ihre Aufgaben korrekt erledigten, und gegebenenfalls die entsprechenden Maßnahmen zu ergreifen (Art. 28 u. 29). Es wurde ausdrücklich hervorgehoben, daß man sich zu Lehrinhalten nicht äußere, da diese unter die geistliche Zuständigkeit fielen (Art. 30). Eltern waren verpflichtet, ihre Kinder zum Unterricht zu schicken. Der Intendant sorgte dafür entweder selber oder verständigte die örtlichen Richter und Beamten (Art. 31). Art. 32 wiederholte, daß bei Nichtbefolgen dieser Anweisung die Kinder auf Kosten ihrer Eltern in ein entsprechendes Etablissement zwangseingewiesen werden

88 AAT A/1/902, pièce 43, Bouchu an den Kriegsminister, Grenoble, 9. Januar 1689.

konnten. Dasselbe Schicksal konnte Kinder ereilen, deren Eltern nicht am Unterricht teilnahmen. Bei Waisenkindern sollte sichergestellt werden, daß sie von guten Katholiken erzogen wurden (Art. 33 u. 34)[89].

Der comte de Grignan berichtete 1698 über ein erstaunliches Beispiel von erfolgreicher Überzeugungsarbeit in Nyons. Dort und im Umkreis von drei oder vier Orten gab es etwa 1500 neukonvertierte Familien, die als besonders stur galten, fast ausnahmslos nicht an der Messe teilnahmen, ihre Kinder nicht zum Unterricht schickten und immer versucht waren, sich trotz Verbots nach Orange zum protestantischen Gottesdienst zu begeben. Der für die Grenzposten zwischen Orange und der Dauphiné zuständige Herr von Sainte Colombe, kam bei der Ausführung eben dieser Aufgabe mit den Neukonvertierten aus Nyons ins Gespräch, und es schien, als würden seine Ermahnungen („remonstrances“) Eindruck auf sie machen. Derart, daß einige von ihnen gar den Wunsch äußerten, daß man ihnen sonntags über Fragen der Religion predige. Des weiteren seien an den vergangenen Sonntagen in Nyons an die dreißig Neukonvertierte zur Messe erschienen, wo bisher nur ein einziger teilgenommen hatte. Sie schickten außerdem ihre Kinder in die Schule und in die Kirche und an die fünfzehn hätten gar ein schriftliches Versprechen abgegeben, außer am Gottesdienst auch an den Predigten teilzunehmen, die ihnen der Gouverneur in Aussicht gestellt hätte. Der Gouverneur werde den König daher wissen lassen, wieviele Geistliche vor Ort benötigt würden. Sollten die Neukonvertierten dieses Kantons sich tatsächlich als gelehrig erweisen, so würde ihr Beispiel sicher viele andere nach sich ziehen[90].

Die Erklärung zur Deklaration von 1724 unterstrich noch einmal die herausragende Bedeutung der Kindererziehung bei der Ausrottung des Protestantismus. Bei der Jugend seien die Vorurteile noch nicht so tief verwurzelt, deshalb gelte es, ihrer Unterweisung alle Aufmerksamkeit zu schenken[91]. In der Dauphiné hatte der für seine Protestantenfeindlichkeit bekannte Richter Cheylus verschiedene Neukonvertierte verurteilt, da sie ihre Kinder nicht zum Unterricht geschickt hatten. Auf eine Anfrage des Intendanten Fontanieu antwortete d'Armenonville 1724, das Verfahren sei korrekt, da der König in seiner letzten Deklaration ausdrücklich besonderen Wert auf die Erziehung der Kinder gelegt habe. Man könne die Strafe höchstens suspendieren,

[89] BNF fr 8865, fol. 50ff., Mémoire du Roy pour servir d'instruction aux intendans et commissaires départis dans les provinces et généralités du royaume. Vgl. den Wortlaut im Anhang.

[90] AN G/7/464, 1698, pièces 128 und 129, der comte de Grignan an den Generalkontrolleur der Finanzen, 28. November 1698. Vgl. den Wortlaut im Anhang.

[91] BNF fr 8417, fol. 45–48, d'Armenonville an Fontanieu, Fontainebleau, 21. September 1724 : „Le principal objet de votre attention dans l'exécution de cette déclaration doit estre l'instruction des nouveaux convertis et surtout des enfans en qui les préjugés n'ont pas pris encore de si profondes racines. C'est à quoi il faut le plus s'attacher pour détruire par succession de temps le levain de l'hérésie.“

falls die Eltern sich einsichtig zeigten und ihre Kinder nun tatsächlich an den Instruktionen teilnehmen ließen[92].

Falls Kinder Neukonvertierter von sich aus konvertieren wollten oder schon konvertiert waren, sollten sie dabei unterstützt werden. Der Priester de Castellane aus Valréas berichtete dem Kardinal de Fleury etwa von einem Mädchen, das schon lange den Wunsch hege, die katholische Religion anzunehmen. Über Le Blanc erhielt der Intendant Fontanieu daraufhin Anweisung, sie in ein Kloster einzuweisen und dafür zu sorgen, daß ihr Vater ihr eine Pension zahle[93]. In St. Auban bat 1727 der Herr Jullien darum, die Bußgelder, die die Neukonvertierten seiner Gemeinde zahlen mußten, da sie ihre Kinder nicht zum Unterricht geschickt hatten, für seine Kirche verwenden zu dürfen. Le Blanc bat Fontanieu, diesen Vorgang zu überprüfen und zu kommentieren[94]. Fontanieu fand die Idee gut, da aber die Bußgelder unter der Verwaltung der *Régie des biens des religionnaires fugitifs* standen und eigentlich für arme Neukonvertierte verwandt werden mußten, ging das nicht ohne ausdrückliche Anweisung des Königs[95].

Der zurückgebliebene Besitz ausgewanderter Protestanten wurde in der Regel beschlagnahmt. In Frankreich verbleibende Verwandte, etwa Kinder oder andere Erben, konnten aber den Antrag auf Aufhebung der Beschlagnahme stellen. Wenn sich die Neukonvertierten gut führten, wurde diesen Anträgen häufig stattgegeben. Nicht so in einem Fall, den Intendant Fontanieu und Le Blanc 1727 diskutierten. Fontanieu sprach sich gegen die Aufhebung aus, da der Betroffene seine Kinder außer Landes geschickt hatte[96].

Wie schon im Zusammenhang mit der Personalpolitik erwähnt, wurden auch die Universitäten überprüft. Der Jurist Félix an der Universität Orange war nach Angaben des Rektors kein guter Katholik, ebenso wie viele seiner Kollegen an derselben Bildungseinrichtung. Es ergingen daher mehrere Briefwechsel, in denen beschlossen wurde, daß die betreffenden Personen ermahnt werden sollten[97].

[92] BNF fr 8417, fol. 91–93, d'Armenonville an Fontanieu, Fontainebleau, 22. Oktober 1724: „On ne peut les condamner aux égard<s> vu que c'est la partie de cette déclaration la plus importante et celle que le Roy veut être exécutée avec plus de soin et d'attention. Vous pouvez seulement à l'égard de ceux qui se soumettront et enverront effectivement leurs enfants aux instructions suspendre l'effet des condamnations."

[93] BNF fr 8418, fol. 91, Le Blanc an Fontanieu, Versailles, 15. März 1727. Ein weiterer Fall dieser Art in BNF FR 8826, f. 73: Ein Sohn wandte sich an den König, da sein Vater in Grenoble ihm wegen seiner Konversion zur katholischen Religion den Unterhalt verweigerte. Ludwig XIV. bat den Intendanten Lebret um Überprüfung des Falles. Falls der Sachverhalt zutreffe, sollte der Sohn eine Rente erhalten.

[94] BNF fr 8414, fol. 153, Le Blanc an Fontanieu, Versailles, 28. Juli 1727.

[95] BNF fr 8430, fol. 80f., Fontanieu an Le Blanc, Grenoble, 5. August 1727.

[96] BNF fr 8430, fol. 24–28, Fontanieu an Le Blanc, Marly, 18. Januar 1727.

[97] BNF fr 8417, fol. 95f., d'Armenonville an Fontanieu, 26. November 1724. – BNF fr 8429, fol. 20, Fontanieu an den Garde des Sceaux, Grenoble, 31. August 1724. – BNF fr 8429, fol. 22, Fontanieu an den Garde des Sceaux, Grenoble, 12. September 1724.

5.2.4. Kirchliche Disziplin

Zur Frage der kirchlichen Disziplin gab das Kriegsministerium 1688 allgemeine Anweisungen an Herrn de Larray. Wenn Neukonvertierte verschieden, ohne die Sakramente erhalten zu haben, sollte fortan „lediglich" ihrem Andenken der Prozeß gemacht werden, damit ihre Verwandten von der Erbschaft ausgeschlossen wurden. Es sollte ferner nicht geduldet werden, daß Neukonvertierte ihre Kinder nicht taufen ließen. Wenn ältere Personen nicht zur Messe erschienen, sollte das nach Möglichkeit verheimlicht werden. Insgesamt sollte Nichtteilnahme am Gottesdienst selten bestraft werden, unverschämtes Verhalten und die Abhaltung von Versammlungen dagegen strengstens[98].

In Bezug auf die Sterbesakramente erteilte der Staatssekretär für Äußeres dem Intendanten Bouchu 1698 ebenfalls die Anweisung, jene Passage der Deklaration, die vorsah, die Körper der ohne Sakramente Verstorbenen auf den Müll zu verfrachten, nicht anzuwenden. Allerdings sei dies eine interne Anweisung, die nicht öffentlich bekannt werden dürfe:

„Le S.r de Savine, gouverneur de la ville d'Embrun m'a escrit qu'un nouveau converty habitué dans un village dépendant de ce gouvernement éstoit mort sans avoir voulu faire aucun devoir de catolique, que la communauté et le curé de ce village luy en avoient porté des plaintes avec éclat et que cela l'a obligé d'y envoyer le juge royal pour y faire quelques formalitez. J'en ay rendu compte au roy, et l'intention de Sa Ma.té est que lorsqu'il arrivera de pareils cas les juges fassent le procez conformement aux ordonnances, cependant Sa Maté m'a commandé de vous avertir qu'elle ne veut pas que les corps soient traisnez sur la claye. On a veu en trop d'endroits le mauvais effect que de pareils exemples produissent, mais cet ordre de Sa Majesté ne doit pas estre scue du public. Il est pour vous [...] afin que vous l'exécutiez dans les occasions"[99].

In Savine hatte 1698 ein Richter dem Andenken eines Neukonvertierten den Prozeß gemacht, der ohne Sakramente verstorben war. Der Staatssekretär für Äußere Angelegenheiten schrieb hierzu an den Intendanten Bouchu,

[98] AAE A/1/836, Kriegsministerium an M. de Larray „pour luy envoyer copie de ce qui fut escrit à M. de Tessé", 29. Dezember 1688: „Sur la conduite qu'on debvoit tenir envers les nouveaux convertis qui mouroient sans vouloir recevoir les sacrements, à quoy il n'a qu'a se conformer, observant seulement qu'il ne faut point faire traisner sur la claye les corps de ceux qui tombent dans cette faute, mais seulement faire le procès à leur mémoire afin de priver leurs parens de leur succession, qu'il ne faut pas souffrir que les nouveaux catholiques ne fassent point baptiser les enfans; ne se point relascher sur leurs instructions, et dissimuler les personnes agées qui ne vont point à la messe. Punir rarement ceux qui y manquent mais chastier sévèrement les insolents, et ceux qui feront des assemblées."

[99] AAE MD France 1054 (= Mikrofilm P3870), fol. 160, der Staatssekretär des Äußeren an Bouchu, Versailles, 20. August 1698.

daß dieses Vorgehen durchaus unangemessen sei. Dem Richter sollte nach dem Wunsch des Königs ein schwerer Tadel ausgesprochen werden[100].

Der König führte 1699 in einer Denkschrift aus, auf keinen Fall sollten Neukonvertierte gegen ihren Willen zum Erhalt der Sakramente gezwungen werden. Das sei ein Sakrileg. Es sei Sache der Geistlichen, im Einzelfall zu entscheiden, ob eine Person die entsprechende innere Disposition besitze, um zu den Sakramenten zugelassen zu werden. Die Intendanten hätten sich an die bisher erlassenen Verordnungen zu halten, die Meldepflicht der Apotheker, Ärzte und Chirurgen zu überwachen und die Fälle zu melden, in denen Neukonvertierte versuchten, ihre Glaubensbrüder bei schwerer Krankheit vom Erhalt der Sterbesakramente abzuhalten[101].

Frauen oder Mädchen, die erklärt hatten, sie wollen in ihrem alten Glauben sterben, danach aber wieder gesundet waren, so schrieb der Staatssekretär für Äußere Angelegenheiten, Torcy, 1699 an den Intendanten Lebret, sollten fortan nicht mehr Abbitte tun müssen:

„[...] de ne point prononcer doresnavant d'amende honnorable dans les jugemens que vous rendrez contre les femmes et filles qui après avoir déclaré à l'extrémité qu'elles mouroient dans la R.P.R., sont revenues en santé. Sa Maiesté approuve fort le zèle que vous faites apparoistre dans touttes les occasions où il s'agit de l'avancement de la religion et de l'exécution des édits et ordonnances qu'elle a rendus sur ce sujet: elle ne doute pas que vous ne continuiez à les bien faire exécuter, mais elle veut que vous vous en teniez précisement à ce qu'elles contiennent sans rendre de nouveaux arrests qui vont au delà de ses intentions; il n'est pas cependant nécessaire de toucher à ceux qui peuvent avoir esté déjà rendus par vostre compagnie“[102].

1703 schrieb Torcy an den Intendanten Lebret, der König habe gehört, ein Gassaud, ein Neukonvertierter aus Sisteron, der zur Zeit vier seiner Kinder im Dienste des holländischen Herrschers stehen habe, sei in seiner alten Religion verstorben und von seinen Verwandten heimlich begraben worden. Der Intendant sollte das überprüfen und gegebenenfalls die örtlichen Richter benachrichtigen, damit diese den Fall gemäß den Verordnungen verfolgen könnten[103]. Das Schreiben d'Armenonvilles an den Intendan-

[100] AAE MD France 1054 (= Mikrofilm P3870), fol. 190, der Staatssekretär des Äußeren an Bouchu, Fontainebleau, 8. Oktober 1698 : „J'ay recu la lettre ... et j'ay rendu compte au roy. Il auroit certainement esté plus à propos de ne point faire le procès à la mémoire du nouveau converty du lieu de Savine que de le condamner à une amande aussy modique que celle de 12#. Mais s'il y a présentement quelque remède au mal qui a esté fait c'est à faire au juge de ce lieu la forte reprimande que sa Ma.te veut que luy fussiez. Elle ma ordonne de vous l'escrire.“

[101] BNF fr 8865, fol. 43–60, Mémoire du roy pour servir d'instruction aux intendans et commissaires départis dans les provinces et généralités du royaume. – Dasselbe auch unter BNF fr 20966, fol. 257–266. Vgl. den Wortlaut im Anhang.

[102] BNF fr 8866, fol. 519, Torcy an Lebret, 1699.

[103] BNF fr 8877, fol. 561, Torcy an Lebret, Versailles, 16. November 1703.

ten Fontanieu, in dem er 1724 den von der Zentralregierung gewünschten Umgang mit rückfällig gewordenen Neukonvertierten erklärte, wurde bereits erwähnt[104].

Neben den Sterbesakramenten wurde auch der katholische Traualtar von manchen Neukonvertierten gemieden und durch einen bei einem Notar abgeschlossenen, allerdings von den offiziellen Behörden nicht anerkannten Heiratsvertrag ersetzt. Dazu führte ein schon in Zusammenhang mit der Berufspolitik erwähntes Rundschreiben von 1694 vom Staatssekretär des Äußeren, Croissy, an die Intendanten aus, in anderen Provinzen gebe es Notare, die freiwillig meldeten, wenn Neukonvertierte einen Heiratsvertrag abschlössen. Das solle jetzt auch in der Provence und in der Dauphiné versucht werden[105].

Der comte de Grignan meldete 1698 dem Generalkontrolleur der Finanzen den Fall einer Neukonvertierten aus dem Languedoc, die sich nach Orange zurückgezogen hatte, um dort einen Protestanten zu heiraten – und das sei nicht der erste Fall dieser Art[106].

Wenige Wochen später berichtete der comte de Grignan von weiteren derartigen Vorfällen an den Generalkontrolleur der Finanzen. Allerdings äußerte er die Hoffnung, daß der Prozeß, den man dem Vater des oben erwähnten Mädchens mache, die Welle solcher unerlaubter Trauungen eindämmen könne:

„J'ay appris qu'on publia, ces jours passez, dans le presche d'Orange, le mariage de la Dam.lle Vedille, nouvelle convertie de Bagnols, qui est depuis trois ou quatre mois à Orange, avec le S.r Vigut, frère d'un officier qui y fait les fonctions de major. On y negotie le mariage de la fille de Bruguier, marchand de Nismes, avec Serres, notaire d'Orange, et celuy de Galabin chirurgien, avec une fille nouvelle convertie de provence, mais le procèz qu'on fait en Languedoc au père d'une fille d'Alais, nommée Ancette, qui s'est mariée à Orange, comme j'eus l'honneur de vous l'écrire, faira peut estre faire des réflexions, et pourra arrester le cours de pareils mariages“[107].

Die Denkschrift des Königs von 1699 unterstrich auch die Bedeutung der Taufe, sozusagen als ersten Akt der für Religion und Staat so wichtigen Erziehung der Kinder in Frömmigkeit und guten Sitten. Die Intendanten soll-

[104] BNF fr 8417, fol. 45–48, D'Armenonville an Fontanieu, Fontainebleau, 21. September 1724.

[105] BNF fr 6557, fol. 294, Lettre circulaire de M. de Croissy à M.rs les intendans touchant les mariages des nouveaux catholiques, du premier Janvier 1694.

[106] AN G/7/464, 1698, pièce 138, der comte de Grignan an den Generalkontrolleur der Finanzen, Grignan, 2. Dezember 1698: „Une fille nouvelle convertie nommée Lancette, d'une assez bonne famille d'Alais en Languedoc, a esté mariée, depuis peu de jours, à un religionnaire, dans Orange, où elle s'estoit retirée depuis quelques mois, et il avoit cydevant esté fait quelques autres mariages de cette espèce.“

[107] AN G/7/464, 1698, pièce 146, der comte de Grignan an den Generalkontrolleur der Finanzen, Cadenet, 24. Dezember 1698.

ten Sorge dafür tragen, daß alle Kinder, ob von altkatholischen oder neukonvertierten Eltern, getauft würden und die Hebammen und andere bei der Geburt behilfliche Personen ihrer Meldepflicht nachkämen:

„(Art.) 27. L'attention du roy sur tout ce qui regarde le bien spirituel des peuples l'oblige d'entendre ses soins jusques aux enfans, dont l'éducation dans la piété et les bonnes mœurs est si utile à la religion et à l'etat. Le premier devoir des pères et des mères est de les faire porter à l'église pour y etre baptisés. Les intendans et commissaires départis chargeront les officiers et magistrats d'y tenir exactement la main; et d'obliger les sages femmes et autres personnes qui assistent les femmes dans leurs accouchements de satisfaire à l'ordre qu'elles ont d'avertir les curés de la naissance des enfans: soit qu'ils soient nez de parens anciens catholiques ou nouveaux convertis“[108].

5.2.5. Sonstige Maßnahmen: Auswanderungsverbot und Vermögenskonfiskation

Die Auswanderungsverbote wurden im Laufe der Zeit mehrfach wiederholt und erneuert, ohne daß sie deshalb eine bessere Wirkung gehabt hätten. Es gab gelegentlich Versuche, die Grenzen zu überwachen, aber immer wieder kam man schnell zu der Einsicht, daß die Kosten solcher Kontrollen in keinem Verhältnis zu ihrem Erfolg standen, ja womöglich gar in den Grenzgebieten noch dem Handel schadeten. Sie wurden deshalb meistens schon nach kurzer Zeit wieder eingestellt. So erteilte Ludwig XIV. für die Provence bereits im August 1687 die Anweisung, aufgrund der hohen Kosten und des Schadens für die Gemeinden solle der Intendant die Wachen an den Grenzen nur noch dort aufrechterhalten, wo er dies für besonders notwendig hielt[109]. Auch der Intendant der Dauphiné wurde im selben Jahr angehalten, die Grenzposten einzustellen: wenn jene, die man mit Mäßigung und Entgegenkommen nicht zurückhalten könne, auswanderten, sei das vielleicht sogar von Vorteil für das Land. Allerdings sollte man es so aussehen lassen, als ob die Einstellung der Kontrollen aus einer Nachlässigkeit der zuständigen Posten resultiere und nicht aus einer ausdrücklichen Anweisung des Königs[110].

[108] BNF fr 8865, fol. 43–60, Mémoire du Roy pour servir d'instruction aux intendans et commissaires départis dans les provinces et généralités du royaume, 1699.
[109] BNF fr 8829, fol. 344, Louis an Lebret, Versailles, 25. August 1687.
[110] AN TT 243, pièce 4, Mémoire dressé par M.r Bouchu, intendant de Dauphiné sur le suiet des nouveaux convertis de cette province, 26. November 1687. Bouchu erwähnte (S. 229), der König halte die Fortsetzung der Grenzüberwachungen für „prejudiciable au commerce et la sortie de ceux qui seroient assez entetez pour n'estre pas retenus par la moderation qu'on garderoit a leur égard plus avantageuse que nuisible a l'estat.“ Über das Vorgehen zur Einstellung der Wachen hieß es, der König empfehle (S. 236) „des manieres qui persuadassent le public que c'estoit plutost l'effet du relâchement des soins de ceux que le roy chargé de l'exécution de ses ordres a cet esgard que d'aucun changement dans les intentions de Sa Majesté.“

Im Jahre 1701 war es wiederum der Intendant der Provence, der wegen zu hoher Kosten und mangelnden Nutzens eine Garnison aus St. Laurent abziehen sollte[111].

Man hatte es also recht schnell aufgegeben, Protestanten oder Neukonvertierte „physisch" an der Auswanderung zu hindern. Finanzieller Druck aber wurde weiterhin ausgeübt und zwar durch Androhung von Vermögenskonfiskation. Diese war nach Aussagen der Intendanten ein recht wirksames Mittel, um die Neukonvertierten im Zaume zu halten. So schrieb etwa Fontanieu 1727 an Le Blanc:

„J'ay l'honneur de vous observer [...] qu'il n'y a que la privation des biens qui puisse tenir les religionnaires dans l'obeissance et la soumission necessaire au bien de l'eglise et de l'etat, et que souvent cette punition est suivie de leur conversion"[112].

An anderer Stelle äußerte er dieselbe Meinung:

„La peine la plus efficace que l'on peu infliger aux protestants c'est de les priver de leurs biens. J'ay donné une ordonnance généralle en vertu delaquelle les biens de ceux qui sont sorties du royaume, ou qui vont se marier à Genève, ont esté mis en régie. Cette punition a obligé la plus grande partie a se convertir et a remplir les devoirs de catholique"[113].

Wer einmal ausgewandert war und dann wieder zurückkommen wollte, konnte zwar meistens sein Vermögen wieder zurückerhalten, aber man behielt sich vor, seine Einstellung zur katholischen Religion zu überprüfen[114]. Das gleiche galt für die Verwandten oder Erben, die Ansprüche auf das Vermögen ausgewanderter Protestanten erhoben. Ihren Anträgen wurde nur

[111] BNF fr 8870, fol. 130, Chamillart an Lebret, Versailles, 20. Juni 1701. Antwort auf einen Brief Lebrets über „la depense que cause à la communauté de St. Laurent le détachement de la sortie de la garnison d'Antibes qui y a esté estably pour empescher la sortie de religionnaires. Le roy qui a este informé par ce que vous me mandez du peu d'utilité qu'il y est, m'a ordonné de faire scavoir à M.r l'Huillier que l'intention de Sa Majesté est qu'il l'en retire."

[112] BNF fr 8430, fol. 24 ff., Fontanieu an Le Blanc, Marly, 18. Januar 1727.

[113] BNF fr 8430, fol. 43 ff., Fontanieu an Le Blanc, Grenoble, 30. März 1727.

[114] Ein Beispiel für Milde im Umgang mit einer Neukonvertierten: die Frau war 1707 ausgewandert, aber 1711 zurückgekehrt. Nun wollte sie das Erbe ihrer Eltern antreten. Zwar war sie keine gute Katholikin („ne fait aucun devoir de catholicité"), trotzdem sprach sich Dangervilliers dafür aus, ihr ihr Erbe zuzugestehen: „Quoy qu'on connoisse plus de religionnaires en France, on scait assez qu'il ne font pas leur devoir. Ils ne sont pas privez pour cela des successions qui leur echeoint de leurs parens qui resident dans le royaume. Il serait absurde en meme temps qu'on leur deffend sous des peines capitales de sortir des Etats du Roy, ou leur oster tous les moyens de subsister"; BNF fr 8422, fol. 95 ff., Dangervilliers an Fontanieu, Fontainebleau, 27. Juli 1731. Ein Antrag von Salomon Olivier dagegen, wieder in seine Güter eingesetzt zu werden, wurde abgelehnt, da dieser keine Anstalten machte, die katholische Religion auszuüben, sondern im Gegenteil gegen Klerus und Altkatholiken wetterte, und ein Paar überzeugte, sich in Genf trauen zu lassen; BNF fr 8430, fol. 24 ff., Fontanieu an Le Blanc, Marly, 18. Januar 1727.

stattgegeben, wenn sie als praktizierende Katholiken bekannt waren; jedenfalls durften sie in keinem Fall durch protestantische oder antikatholische Stimmungsmache aufgefallen sein. Für den Verkauf von Immobilien benötigten Neukonvertierte selbst um die Mitte des Jahrhunderts noch eine ausdrückliche Erlaubnis. Bestanden Zweifel an ihrer religiösen Integrität, konnte eine solche Genehmigung zurückgehalten werden[115].

[115] Vgl. die Briefwechsel zwischen Zentralregierung und Intendanten über solche Anträge, z. B. BNF fr 8417, fol. 37f., Morville an Fontanieu, Fontainebleau, 17. September 1724. BNF fr 8418, fol. 71, Le Blanc an Fontanieu, Versailles, 3. Februar 1727; fol. 79, Le Blanc an Fontanieu, Marly, 17. Februar 1727; fol. 203, Le Blanc an Fontanieu, Fontainebleau, 21. Oktober 1727; ebenso fol. 211 und fol. 213. Weitere Beispiele in BNF fr 8422 und in BNF fr 8430, fol. 41f.

6. DIE PROTESTANTENPOLITIK DES KLERUS IM SPIEGEL ZEITGENÖSSISCHER DOKUMENTE

6.1. Grundsätze

Welche grundsätzlichen Anweisungen erhielten nun Mitglieder der katholischen Kirche von der Zentralregierung in bezug auf die Ausführung der Konfessionspolitik? Und wie reagierten sie darauf? Stimmten sie den Anregungen der Zentralregierung zu, oder hatten sie Alternativvorschläge zu machen? Auf der Kirchenversammlung von 1685 äußerte sich Ludwig XIV. zur Verteilung der Zuständigkeiten bei der Konversionsarbeit. Die Kirche sollte durch Unterricht und Unterweisung zur Eingliederung der Protestanten beitragen, der König wollte sich um das in seiner Macht stehende kümmern:

„Je vous exhorte de contribuer à ramener par vos instructions mes sujets de la religion prétendue réformée dans l'église afin que nous y concourions tous ensemble, vous par l'instruction qui leur est nécessaire, et moy par tout ce qui dépendra de mes soins“[1].

1686 antwortete der Staatssekretär für Äußere Angelegenheiten, Croissy, auf ein Schreiben des Intendanten der Provence, Lebret. Der Abt Roux aus der Provence hatte den Intendanten offensichtlich um den Erlaß einer Verordnung („ordonnance“) gebeten, mit der er Neukonvertierte zwingen konnte, ihre Kinder in die katholischen Schulen zu schicken. Darauf antwortete Croissy im Namen des Königs, daß eher Milde („douceur“) als Zwang eingesetzt werden sollten:

„Mais pour ce qui regarde l'ordonnance que vous demande ledit Sieur Roux, Son intention est que vous vous serviez plustost de la voye de douceur pour obliger les pères et mères à envoyer les enfans aux écoles que de les y forcer“[2].

Ähnlich wie den Intendanten wurde auch den Bischöfen nahegelegt, nach Möglichkeit mit Milde und Überzeugungsarbeit zur Konversion der Protestanten beizutragen. So beispielsweise in einem erklärenden Schreiben zur Deklaration von 1698[3]. Allgemeine Anweisungen zum Verhalten der Bischöfe und ihrer Zusammenarbeit mit den weltlichen Autoritäten sandten

[1] AN G/8/665*, Procès-verbaux des assemblées générales du clergé, 1685, S. 160ff.

[2] BNF fr 8827, fol. 145f., Croissy an Lebret, Versailles, 23. Februar 1686.

[3] BNF fr 6557, fol. 247, Mémoire pour servir d'instruction aux archevêques et évêques à l'égard des nouveaux convertis envoyé le 7. janvier 1699 de la part du Roy. Allgemeiner Tenor dieses Schreibens: Die Neukonvertierten sollen durch Überzeugungsarbeit und nicht mit Gewalt konvertiert werden.

Ludwig XIV. und Phélypeaux 1699 an den Bischof von Montauban. Darin hieß es, daß die Vollendung der Konversionen ganz in den Händen der Erzbischöfe und Bischöfe liege, die durch die Heiligkeit ihres Lebens, durch ihre beispielhafte Tugend, durch ihre Nächstenliebe, aber vor allem durch ihren unermüdlichen Einsatz für die Unterrichtung und Unterweisung der Gläubigen ihren Beitrag leisteten. Obwohl das Seelenheil gänzlich in der Verantwortlichkeit der Geistlichen lag, konnte Ludwig nicht umhin, doch zumindest einige Vorschläge für den Umgang mit den Neukonvertierten zu machen, die er in einer separaten Denkschrift beilegte und deren Anwendung im Einzelfall im übrigen ganz der Entscheidung der Erzbischöfe und Bischöfe unterlag. Ludwig schrieb ferner, er wolle die Zahl der Priesterseminare erhöhen und damit die Ausbildung der Geistlichen verbessern. Er erweiterte gleichzeitig die gerichtlichen Kompetenzen der Bischöfe derart, daß diese ihre Geistlichen, wenn nötig, durch eigene Verordnung in die Seminare schicken konnten. Schließlich wies er die Bischöfe und Erzbischöfe an, in ständiger Verbindung und Korrespondenz mit den Intendanten zu verbleiben[4].

Kooperation und kontinuierlicher Austausch zwischen Bischöfen und Intendanten wurde auch ausdrücklich in der Erklärung zur Deklaration von 1698 gefordert:

„Enfin le roy désire que les intendans et commissaires départis s'entendent avec les archevêques et évêques sur tout ce qui est contenu dans la présente instruction. Qu'ils ne se contentent pas d'en concerter simplement, et pour une seule fois avec eux l'exécution; mais encore qu'ils la suivent par une relation et correspondance continuelle, et qu'ils concourent par toutes les voyes qui sont en leur pouvoir à seconder leur zèle et leurs soins, pour l'augmentation du culte de Dieu, et de la foy catholique dans le royaume“[5].

Ebenso wie von Intendanten und Justizbeamten war im übrigen auch von Klerikern keine übertriebene Eigeninitiative erwünscht. Zwar wurde Konversionsarbeit von seiten der Kirche, etwa in Form von Missionen und Kontroversen, durchaus gefördert[6]. Aber schon ein Geheimbund wie die *Compagnie du Saint Sacrement* erschien der Regierung, wie schon erwähnt, zu unabhängig und zu undurchsichtig. Wie Labrousse formulierte: „Une association secrète aux visées théocratiques ne pouvait que déplaire à l'Etat absolutiste, dont les stratégies prétendaient n'être pas gauchies par des considérations éthiques, ni par un respect immoderé pour le Saint-Siège. Jansénistes et huguenots, victimes du centralisme royal, se retrouvent à cet égard avec leur adversaire par excellence, car en 1666 la Compagnie du Saint-Sacrement fut dissoute, par la volonté de Louis XIV, si hostile à toutes

[4] BNF fr 8865, fol. 40–48, Louis und Phélypeaux an den Bischof von Montauban, Versailles, Januar 1699. Vgl. den Wortlaut im Anhang.

[5] BNF fr 8865, fol. 43–60, Mémoire du Roy pour servir d'instruction aux intendans et commissaires départis dans les provinces et généralités du royaume, hier: fol. 59f.

[6] Vgl. hierzu LABROUSSE, La révocation, S. 49ff.

les ‚factions', autant que pouvait être supprimée une association sans statut légal"[7].

Einzelne Geistliche, die durch übertriebenen Eifer oder übertriebene Strenge unangenehm auffielen, wurden ebenfalls zurechtgewiesen. So hatte ein Ortsgeistlicher einen kranken Neukonvertierten zusammen mit zwei Zeugen besucht, um diesem die Sakramente zu spenden bzw. gegen dessen Willen aufzudrängen. Dieses Verhalten wurde von der weltlichen Obrigkeit mißbilligt, wie wir schon im Zusammenhang mit der Unterdrückung protestantischer Glaubensäußerungen durch die Intendanten gehört haben[8].

Wie äußerten sich Kleriker selbst zur Ausführung des Revokationsedikts und seiner Folgeedikte? Die Kirchenversammlung hatte schon 1681/82 in einem Rundschreiben an die Bischöfe ebenso wie die weltlichen Mächte für friedliche Mittel der Konversion plädiert:

„Verum enim cum intellegeremus bellum istiusmodi caritatis unius armis gerendum esse, una Christi domini pace conficiendum, non adhibere minas, non objicere terrores, non certare contumeliis instituimus, sed hortationibus, votis, precibus compellare adversarios, atque ad concordiam adducere"[9].

In einem Schreiben an Madame de Beauvilliers berichtete Fénelon im Januar 1686 von seinen Erfahrungen als Missionar in Rochefort. Die Neukonvertierten dort seien auf geradezu unglaubliche Weise in ihrer alten Religion verhaftet. Andererseits schienen sie durch die Unterweisungen Fénelons und seiner Kollegen angesprochen zu werden. Jedoch verwiesen sie immer wieder darauf, die Missionare seien ja nur vorübergehend dort, nach ihrer Abreise werde man ihnen wieder nur auf Latein, vom Ablaß und von den Bruderschaften predigen. Man werde ihnen nicht mehr das Evangelium lesen und ihnen überhaupt nur mit Drohungen gegenübertreten. Diese Befürchtungen waren auch nach Fénelons Ansicht nicht ganz unbegründet. Die *Recollets*[10] seien von den Protestanten besonders verhaßt, da sie von ihnen bei jeder Gelegenheit denunziert worden seien. Aber auch die Jesuiten aus Marennes seien vier Hitzköpfe, die den Neukonvertierten fürs Diesseits nur von Geldstrafen und Gefängnis, fürs Jenseits von der Hölle und vom Teufel sprächen. Die milde Vorgehensweise der Missionare hätte fast zu Konflikten geführt, da sie das Verhalten der Ortsgeistlichen noch verabscheuungswürdiger habe erscheinen lassen. Leider hätten die katholischen Pfarrer, so führte Fénelon weiter aus, nicht das geringste Talent zur Predigt. Der aus Marennes beispielsweise sei alt, etwas verrückt und völlig unfähig. Die Protestanten seien Pastoren gewohnt, die ihnen mit bewegenden Worten aus dem Evangelium Trost spendeten. Man müßte also, so der Vorschlag Fénelons, schon Jesuiten,

[7] Ibid., S. 60f.
[8] BNF fr 8417, fol. 91ff.
[9] AN G/8/663*, Procès verbal de l'assemblée générale du clergé de France tenue à Paris au couvent des Grands Augustins, en 1681 et 1682, p. 193: Lettre circulaire, universis per gallias episcopis.
[10] Franziskaner von der strengen Observanz.

aber etwas gemäßigtere, einsetzen, denen man außerdem zur Auflage mache, nicht auf Latein zu predigen, was ohnehin unnötig sei, und einige Frömmigkeitsübungen erst vorzuschlagen, wenn die Betroffenen dazu innerlich bereit seien. Der einzig hierzu Fähige sei der Pater Aimar, den Fénelon in Saintes gesehen hatte. Aber man brauche mindestens noch einen Pfarrer in Marennes und zwei gute Vikare. Nur wenn man so einige gute Prediger einsetzte, die mit der Zeit die Wertschätzung und das Vertrauen des Volkes gewännen, könnte die von den Missionaren begonnene Arbeit erfolgreich weitergeführt werden, bis die Neukonvertierten eines Tages ihre Pastoren vergessen hätten. Andernfalls sei zu erwarten, daß die Neukonvertierten binnen eines Monats nach Abreise der Missionare verstockter als vorher seien, was Fénelon im übrigen auch für gefährlich hielt, da so durch die protestantischen Pastoren vom Ausland aus jederzeit ein Brandherd entfacht werden könne. Ein weitere Maßnahme, die zu ergreifen sei, war nach Fénelons Meinung, den Neukonvertierten den Gesang von Psalmen vor Beginn der Messe zuzugestehen. Darüber würden diese so erfreut sein, daß sie in Scharen zur Kirche stürmen und sich so langsam an den katholischen Gottesdienst gewöhnen würden. Schließlich schlug Fénelon noch die Einrichtung einiger Schulen vor, um die Erziehung der Kinder sicherzustellen. Fénelon wiederholte schließlich noch einmal seine Bedenken darüber, an einer offenen Grenze, wie sie an der Atlantikküste vorlag, gegen einen potentiellen Unruheherd, wie ihn die zahlreichen Zwangskonvertierten darstellten, nichts zu unternehmen[11].

Von derselben Mission aus faßte Fénelon Anfang 1686 in einem Schreiben an Seignelay noch einmal die Grundsätze seiner Tätigkeit zusammen. Auch wenn das Werk mit Gewalt begonnen worden sei, seien nun Milde und Nachsicht das einzige Mittel, die Neukonvertierten durch Belehrung zu gewinnen. Nur so könne auch verhindert werden, daß zahlreiche Händler und Matrosen nach Holland flöhen, wohin ihre Pastoren sie mit aufrührerischen Briefen ohne Unterlaß riefen[12].

In einem nichtdatierten Schreiben teilte der Bischof von Grenoble, Le Camus, den Pfarrern seiner Diözese Richtlinien über den Umgang mit Neukonvertierten mit. Abgesehen von Einzelfragen, äußerte sich Le Camus darin auch am Rande zu den Grundsätzen einer Protestantenpolitik, darunter vor allem dem der Gewaltlosigkeit:

[11] BNF naf. 507, Lettres de Fénelon, fol. 5–10, Fénelon an Madame Beauvilliers, Rochefort, 16. Januar 1686. Vgl. den Wortlaut im Anhang.

[12] BNF naf. 507, Lettres de M. de Fénelon, fol. 11–14: Fénelon an M. de Seignelay, Rochefort, 28. Januar 1686: „Nous pensions même l'autorité ayant commencé l'ouvrage, il ne nous restoit en partage que la douceur & la condescendance pour les gagner peu à peu par l'instruction. Nous étions même persuadéz que l'intention du Roi étoit qu'on ne négligeât rien de tout ce que la religion permet pour lui conserver tant de marchand & de matelots que nous avons trouvez sur le point de passer en Hollande où leurs ministres les appellent sans cesse par des lettres séditieuses & envenimées". – Die hier und im folgenden zitierten Ausführungen Fénelons auch in J. ORCIBAL (Hg.), Correspondance de Fénelon, Paris 1972, Bd. 2: Lettres antérieures à l'épiscopat 1670–1695.

„Faites en sorte que chacun des nouveaux convertis fasse son devoir comme un bon catholique le doit faire, mais sans contrainte et sans violence. Dieu veut que le service qu'on luy rend soit volontaire; ainsy n'employez jamais ny paroles aigres, ny menaces dans nos prônes, prédications ou ailleurs, pour les porter à fréquenter les Eglises et à recevoir nos sacremens"[13].

Die Neukonvertierten sollten möglichst dazu bewegt werden, am Meßopfer teilzunehmen, dabei aber nicht zu streng beobachtet und überprüft werden. Schließlich sollten ihnen die Sakramente nur dann gespendet werden, wenn sie wirklich aus freien Stücken und aus Überzeugung dazu bereit waren[14]. Welche Bereiche der „Protestantengesetze" wurden nun von der katholischen Kirche ausgeführt?

6.2. Praxis

6.2.1. Personalpolitik

Die Aufsicht über die Personalpolitik unterstand in weiten Teilen den weltlichen Obrigkeiten. Bischöfe konnten eigentlich nur bei zwei Gelegenheiten Einfluß nehmen. Einerseits, wenn es darum ging, begabte und motivierte Kleriker auszubilden und einzustellen. Andererseits, wenn es um die Ausstellung von Katholizitätsnachweisen für Neukonvertierte ging, die sich etwa für bestimmte Berufe bewarben oder einen Universitätsabschluß anstrebten, oder wenn es um die Auswahl und Entsendung von Missionaren ging. In allen anderen Fragen konnten die Kirchenleute nur Meldung an den Intendanten oder die betreffenden Behörden erstatten, die dann die erforderlichen Schritte unternahmen. 1725 wandte sich etwa der Bischof von Grenoble an den Intendanten Fontanieu und bat um Gerechtigkeit für ein in ein katholisches Kloster eingewiesenes Mädchen, Tochter einer Neukonvertierten, deren Mutter ihr sowohl das Erbe des Vaters als auch eine Unterstützung versagte. Fontanieu sah sich außerstande, hier einzugreifen, da derartige Fälle Sache der Richter seien:

„Quoique ce renvoye dans les tribunaux soit, pût estre dans le cas particulier un grand obstacle à la vocation de la fille, je ne connois aucun moyen pour le lever"[15].

[13] BNF naf. 22151, fol. 62f., Lettre de Monseigneur le Cardinal Le Camus, Evêque et prince de Grenoble, aux Curez de son diocèse, touchant la conduite qu'ils doivent tenir à l'égard des nouveaux convertis.

[14] BNF naf. 22151, fol. 62f., Lettre de Monseigneur le Cardinal Le Camus, Evêque et prince de Grenoble, aux Curez de son diocèse, touchant la conduite qu'ils doivent tenir à l'égard des nouveaux convertis. Vgl. auch AN TT 435–436, pièce 11, Lettre anonyme d'un curé au sujet des nouveaux convertis pour leur faire remplir leurs devoirs de religion, 1715; sowie entsprechendes Mémoire hierzu (pièce 12).

[15] BNF fr 8429, fol.46f., Fontanieu an den Herzog von Morville, Paris, 14. Mai 1725.

Ähnlich verhielt es sich im Fall des Bischofs von Die, der über die schlechte Behandlung der Lehrer in seiner Diözese besorgt war, von den Obrigkeiten aber immer wieder an die ordentlichen Gerichte und den herkömmlichen Rechtsweg verwiesen wurde:

„Monsieur l'évesque de Dye écrit que la conduite que tiennent presque toutes les communautéz de son diocèse à l'égard des maîtres d'école, l'oblige à représenter qu'elles n'oublient rien pour dégoûter les maîtres d'école soit par leurs mauvaises traittemens, le déffaut de payement, ou mesme en leur suscitant des procèz, que si Monsieur l'intendant avoit ordre de rendre des ordonnances pour y porter les communautéz touttes ces contest[at]ions se trouveroient terminées. Il assure que si l'on diffère à cet égard, le mal empirera à un tel point que les rémèdes seront très difficiles, qu'il y a eu mesme des gens assez hardis pour dire à Monsieur Bouchu et à luy que s'ils vouloient des maîtres d'école ils eussent à les payer eux mesmes. Il a déjà écrit plusieurs fois dans le mesme sens et il a toujours marqué que s'il falloit se pourveoir à la justice ordinaire ce seroit des procès continuels qu'il faudroit essuyer avec presque touttes les communautéz, faire beaucoup de frais, perdre tout son temps et se rendre outre cela odieux aux peuples et leur estre à charge"[16].

Für die Missionen, die hauptsächlich unmittelbar nach der Revokation durchgeführt wurden, konnten die Bischöfe zum Teil noch nicht einmal selbst das eingesetzte Personal auswählen, wie schon in anderem Zusammenhang erwähnt wurde. Für die Dauphiné etwa hatte der König 1685 selbst die für eine derartige Tätigkeit am meisten geeigneten Ordensleute ausgewählt, und die Bischöfe und Erzbischöfe vor Ort wurden lediglich aufgefordert zu melden, wieviele Missionare sie in ihren jeweiligen Diözesen benötigten:

„[Sa Majesté] m'ordonne de vous escrire qu'encore qu'elle soit bien persuadée que M.rs les Archevesques et Evesques de vostre département s'employeront à cet effet avec tout le zèle que elle se peut promettre de leur piété et de leur vertu, néanmoins comme ils ne peuvent trouver dans leur séminaire ny dans leur diocèse autant d'eclesiastiques qu'ils en ont besoin pour un si grand travail et qui ayent toute la capacité et les autres qualitéz nécessaires pour l'instruction et l'édification de ces nouveaux convertis, elle a fait rechercher soigneusement tous ceux qui ont le plus de talens pour ces sortes de missions, et comme ils seront entretenus aux dépens du clergé ils feront sans estre à charge à personne tout le séjour que lesd. évesques jugeront à propos dans les lieux où leurs exhortations et enseignemens pouront produire le plus grand fruit. Suivant ce projet, Monsieur, Sa Ma.té veut que vous concertiez avec mesd. S.rs les Archevesques et Evesques de vostre département quel nombre de ces missionaires ils pouront utilement employer dans leur diocèse, et je vous diray pour vostre instruction particulière que plus ils en demande-

[16] AN TT 435–436, pièce 5, Rapports au sujet de différents particuliers de la R.P.R. de diverses provinces, 9. mars 1701, porté à l'assemblée le 9ème mars 1701.

ront plus ils persuaderont Sa Ma.té de leurs bonnes intentions et qu'elle ne trouveroit pas bon qu'aucun d'eux refusast un sécours si salutaire dans la conjoncture présente sous prétexte qu'ils auroient desja un nombre suffisant d'eclesiastiques dans leur diocèse ou pour quelque autre raison ou excuse que ce puisse estre. Vous ne perdrez point de temps, s'il vous plaist a satisfaire a ce que contient cette lettre et a m'informer précisement du nombre d'eclésiastiques que mesd. S.rs les Evesques demanderont, affin que sur le compte que j'en rendray a Sa Ma.té Elle puisse faire partir incessament lesd. missionaires“[17].

Auch war es in der Dauphiné der Intendant, der Ende 1687 eine Liste darüber aufstellte, wieviele Lehrer in den verschiedenen Orten seiner Provinz benötigt wurden[18].

Unter dem Einfluß des Bischofs stand die Überprüfung der Geistlichen seiner Diözese. Der Erzbischof von Sisteron machte sich 1686 Gedanken über die mangelnde Kompetenz vieler seiner Pfarrer und hatte diesbezüglich an den König geschrieben. Der zuständige Staatsekretär antwortete ihm hierauf, er solle diejenigen Pfarrer, die er für nicht geeignet hielt, die Neukonvertierten in ihrem neuen Glauben zu instruieren, durch andere ersetzen und zwar, da die Sache drängte, unter Umgehung der normalerweise üblichen Formalitäten:

„Monsieur, sur l'avis que vous avez donné à Sa Majesté qu'il y avoit dans votre diocèse des curéz qui n'ont pas toute la capacité qui est nécessaire pour disposer ceux de la R.P.R. qui sont dans le dessein de se convertir à la religion catholique, et les fortiffier en suite par leurs discours et exhortations dans les bons sentimens qu'ils ont embrasséz, et comme Sa Ma.té n'obmet rien de tout ce qui peut contribuer à l'avantage de la religion, elle m'a ordonné de vous escrire que son intention est que vous examiniez quelle est la capacité desdits curéz, et que sy vous en trouvez qui n'ayent pas celle qui est absolument nécessaire pour s'acquitter de ce devoir indispensable, vous les dépossediez et que vous en mettiez de plus dignes, et mesme de vous servir de son autorité pour y parvenir. Mais comme ce secours est pressant par la quantité de conversions qui se font à tous moment et que vous pourriez en connoissance de cause et après une exacte information pour abréger les délays, passer pardessus les formalitéz ordinaires pour ces sortes de dépossessions, Sa Majesté m'a aussy ordonné de faire scavoir aux procureurs généraux du parlement de Provence qu'ils fassent connoistre à leur compagnie, qu'en cas que quelque curé que vous aurez ainsy dépossédé se pourvoye audit parlement par appel comme d'abus, que son appel ne soit point receu, Sa Majesté estant bien persuadée que dans ces sortes d'occasions vous n'agirez que par des motifs de

[17] BNF fr 8826, fol. 170f., Croissy an Lebret, Fontainebleau, 29. 10. 1685.

[18] AN G/7/240, Bouchu an den Generalkontrolleur der Finanzen, Grenoble, 26. November 1687.

conscience et pour le bien et l'avantage de la religion auquel vostre devoir vous engage sy estroitement“[19].

Ähnliche Vollmachten erteilte eine Denkschrift des Königs von 1699, die den Bischöfen und Erzbischöfen zugestand, ungeeignete Pfarrer ihr Amt niederlegen zu lassen und stattdessen fähige Personen einzusetzen[20]. In Saint-Auban gab es einen Pfarrer, der sich nach Meinung des Intendanten Fontanieu und auch des zuständigen Pariser Staatssekretärs mit zu großem Eifer der Verfolgung Neukonvertierter widmete, die die Sterbesakramente verweigerten. Man befürchtete, daß dies in einer Gegend mit hohem Neukonvertiertenanteil Folgen haben könne und beschloß daher 1724, den Bischof von Sisteron zu beauftragen, seinen Geistlichen zu zügeln[21].

Auch was die Ausbildung von Klerikern in Seminaren anging, erhielten die Bischöfe 1699 erweiterte gerichtliche Befugnisse, wie aus einem bereits in anderem Zusammenhang zitierten Schreiben Ludwigs XIV. an den Bischof von Montauban hervorgeht[22].

An der Ausführung der Personalpolitik war der Klerus außerdem beteiligt durch die Ausstellung von Katholizitätszertifikaten für Neukonvertierte, die bestimmte Berufe ausüben oder bestimmte Studienabschlüsse erlangen wollten. Zur Frage der Katholizität neukonvertierter Lehrer schrieb etwa der Staatssekretär des Äußeren, Croissy, Anfang 1688 an den Intendanten Lebret. Direkt nach der Revokation hatte es den Intendanten gegenüber geheißen, sie sollten Bischöfe und Erzbischöfe informieren, daß Lehrer, die der protestantischen Religion abgeschworen hätten, darüber instruiert würden, was der Jugend beizubringen sei, bevor man sie wieder ihren Beruf ausüben lasse. Sie sollten nicht vor 1688 wieder eingesetzt werden. Jetzt glaubte aber der König, daß es immer noch viele gebe, die lehren zu lassen gefährlich wäre. Man sollte daher zwar Neukonvertierte nicht grundsätzlich von der Lehre ausschließen, aber doch durch Bischöfe und Erzbischöfe nur solchen eine Approbation geben lassen, auf deren katholizitätskonformes Verhalten Verlaß war, wobei im Prinzip immer die altkatholischen den neukonvertierten Lehrern vorzuziehen seien:

„ [...] qui ayent auparavant tres assuréz qu'elles donnent bon exemple [...] et qu'elles sont présentement instruittes de tous les principes de la véritable religion. Préferant toujours néanmoins les anciens catholiques aux nouveaux,

19 AAE MD France 980 (= Mikrofilm P03807), Korrespondenz des Staatssekretärs des Äußeren, S. 216: A l'archevêque de Sisteron, pour changer les curez ignorans de son diocèse.

20 BNF fr 8865, fol. 43–60, Mémoire du Roy pour servir d'instruction aux intendans et commissaires départis dans les provinces et généralités du royaume, hier: fol. 51.

21 BNF fr 8429, fol. 23 f., Fontanieu an den Garde des Sceaux, Grenoble, 16. September 1724.

22 BNF fr 8865, fol. 40–48, Louis und Phélypaux an den Bischof von Montauban, Januar 1699.

d'autant qu'on peut plus certainement se reposer sur eux, qu'ils inspirent à la jeunesse tous les sentiments conformes au christianisme"[23].

Lebret, Intendant der Provence, sollte überwachen, daß solche Lehrer, die früher der protestantischen Religion angehört hatten, immer eine Approbation vorlegten und daß sie sich angemessen verhielten. Über Fehlleistungen von Lehrern sollte er die Bischöfe unterrichten und mit ihnen im Einvernehmen für deren Entfernung aus dem Lehrbetrieb sorgen. In einem Schreiben des Königs an die Intendanten wurde die Aufforderung wiederholt, über die Eignung und den Katholizitätsnachweis der Lehrer zu wachen:

„Les intendans [...] veilleront soigneusement à ce que les maîtres et maîtresses d'école soient sages, de bonnes mœurs, capables, et qu'ils ayent l'approbation des archevêques et évêques diocésains"[24].

6.2.2. Repression: Unterdrückung protestantischer Glaubensäußerungen

Die Unterdrückung aller öffentlichen Anzeichen für ein Weiterexistieren des Protestantismus oblag den weltlichen Obrigkeiten. Dem Klerus kam in diesem Zusammenhang lediglich eine Überwachungsfunktion zu. Er konnte etwaige Vorfälle und Verstöße gegen die bestehenden Gesetze an die Justiz, die Provinzial- oder Zentralregierung melden, diese aber nicht selber ahnden. Im Falle der protestantischen Bauerswitwe Rabattu etwa, die durch skandalöse Reden und gar durch eine Predigertätigkeit aufgefallen war, erstattete der Prevot und Generalvikar des Bistums Orange Meldung an die Zentralregierung, die wiederum dem Intendanten Anweisungen gab, wie zu reagieren sei[25]. Im Jahr 1724 meldete der Bischof von Apt der Zentralregierung, die Neukonvertierten von La Coste hätten beschlossen, den Ortsgeistlichen und die Altkatholiken des Ortes von der Gemeindeversammlung auszuschließen. Der Minister leitete dessen Schreiben an den Intendanten der Provinz, Lebret, weiter. Dieser sollte Erkundigungen über den Fall einziehen und, falls er es für notwendig hielt, seine Meinung zu einem weiteren Vorgehen an die Zentralregierung schicken[26]. Ebenfalls 1724 beklagten sich mehrere Bischöfe beim Generalkontrolleur der Finanzen darüber, daß die letzte Deklaration des Königs von den ordentlichen Gerichten nur lax ausgeführt werde. Der Generalkontrolleur beauftragte daraufhin den Intendanten damit, diesen Sachverhalt zu überprüfen[27].

[23] Dieses und das folgende nach BNF fr 8831, fol. 118f., Croissy an Lebret, Versailles, 12. Januar 1688. Ebenso AAT A/1/774, Der Kriegsminister an den comte de Grignan, Versailles, 8. April 1686.

[24] BNF fr 8865, fol. 43–60, Mémoire du Roy pour servir d'instruction aux intendans et commissaires départis dans les provinces et généralités du royaume, hier: fol. 53.

[25] BNF fr 8418, fol. 193, Le Blanc an Fontanieu, Fontainebleau, 15. Oktober 1727.

[26] BNF fr 8926, fol. 460, Lavrillière an Lebret, Versailles, 9. Mai 1724.

[27] AN G/7/33, Der Generalkontrolleur der Finanzen an die Intendanten der Provinzen, Paris, 22. Oktober 1724: „Plusieurs de M.rs les évesques se plaignent de ce que la dernière déclaration rendue contre les religionnaires n'est pas exécutée de la part des

1731 beschwerte sich ein Kleriker aus Dieulefit in der Dauphiné beim König, daß die Gemeindeämter („les charges municipales") des Ortes von Neukonvertierten ausgeübt würden, die ihren Pflichten als Katholiken nicht nachkämen. Auch in diesem Fall wurde die Beschwerde an den Intendanten der Provinz weitergeleitet, der dann eine Enquete einleitete und dem zuständigen Minister in Paris darüber Bericht erstattete[28].

6.2.3. Bildungspolitik

Örtliche Kleriker beaufsichtigten ihre Gemeinde und meldeten Ereignisse, Vorkommnisse, besondere Vorfälle entweder direkt an die Zentralregierung oder an den Intendanten. Für die sogenannten Missionen, die man vor allem in den ersten Jahren nach der Revokation durchführte, wurden meist Ordensgeistliche von außerhalb geschickt. Fénelon etwa wurde aus Paris nach La Rochelle abgeordnet, um dort die Neukonvertierten in ihrem neuen Glauben zu unterweisen.

Wir haben schon im Zusammenhang mit den Grundsätzen der Protestantenpolitik einige Äußerungen Fénelons zur Unterweisung der Neukonvertierten erwähnt. Zum Abschluß einer zweiten Mission verfaßte er 1687 noch einmal eine Art Abschlußbericht, in dem er auch wieder auf die Methoden zur Belehrung der Neukonvertierten einging. Insgesamt, so faßte Fénelon das Resultat seiner Tätigkeit zusammen, sei der Zustand der Neukonvertierten von La Rochelle schwer zu beschreiben, denn sie seien sehr aufgewühlt, änderten häufig ihre Meinung, und überhaupt gebe es keine einheitliche Reaktion, sondern sehr unterschiedliche, und das oft sogar innerhalb der Familien. Viel zur Beruhigung könne es nach der Meinung des Missionars beitragen, wenn man die früheren Anführer außer Gefecht setze, etwa indem man sie in katholische Gebiete zwangsumsiedle. Denn ohne sie würde sich der Rest der Bevölkerung leicht unterordnen. Vor allem sei es aber wichtig, keine Nachlässigkeit im Umgang mit den Neukonvertierten zu zeigen, da sie sonst zu leicht wieder in ihren alten Glauben verfallen und womöglich gar Versammlungen abhalten könnten. Stattdessen müsse man sie unablässig mit Entschiedenheit, aber ohne Härte zur Teilnahme an den Unterweisungen verpflichten. Zum Besuch des Gottesdienstes solle man sie mit minimalen, aber konsequent eingetriebenen Strafzahlungen bewegen, die zu niedrig seien, um sie zur Auswanderung zu treiben, aber doch hoch genug, um ihren religiösen Eifer anzuspornen. Natürlich erfülle diese Maßnahme nur ihren Zweck, wenn die Neukonvertierten dann auch durch gute Prediger erbaut würden[29].

juges ordinaires, dans la pluspart des provinces du royaume, avec toute l'exactitude que le zèle qu'ils ont pour la vraie religion leur feroit désirer."

[28] BNF fr 8434, fol. 6–9, Fontanieu an d'Angervilliers, Paris, 20. April 1731.

[29] BNF naf. 507, fol. 45–50, „Mémoire sans date adressé par Fénelon à la fin de la seconde mission" (1687). Vgl. den Wortlaut im Anhang.

In allen seinen Briefen schrieb Fénelon immer wieder, daß man durch zeitlich begrenzte Missionen im Grunde nicht viel mehr ausrichten könne, als die Neukonvertierten zum Zweifeln zu bringen und Denkanstöße zu geben; mit Gewalt sei ferner überhaupt nichts auszurichten. Das Vertrauen der Neukonvertierten müsse gewonnen werden, um den Graben zwischen den beiden Religionen zu überwinden. Das aber sei eine Sache, die Zeit brauche. Die Pfarrer vor Ort müßten diese Aufgaben übernehmen und die von den Missionaren begonnene Arbeit weiterführen.

Zur Durchführung von Missionen äußerte sich auch der Bischof von Gap gegenüber dem Generalkontrolleur der Finanzen. 1697 schrieb er, angesichts des Friedens sähen die Neukonvertierten ihre unbegründeten Hoffnungen schwinden. Das sei der richtige Moment, sich um ihre Konversion zu kümmern und überall im Königreich Missionen abzuhalten. Er selbst führe sie in seiner Diözese in jenem Winter durch. Den König bat er, sich an den Ausgaben zu beteiligen[30]. Wenige Wochen später unterrichtete er Herrn von Pontchartrain, den Generalkontrolleur der Finanzen, über seine Vorstellungen zur Durchführung der Missionen. Ihm schwebten nicht zahlreiche große Missionen vor, sondern er wolle lediglich an verschiedenen Orten seiner Diözese acht wohlausgesuchte Missionare einsetzen, die dort acht bis vierzehn Tage lang öffentliche Gebete abhalten sowie Kapitel des Neuen Testaments auf französisch lesen und erklären sollten. Den Rest des Tages sollten sie mit Besuchen bei und Gesprächen mit den Neukonvertierten verbringen. Der Bischof von Gap hatte zum Zeitpunkt seines Schreibens bereits mehrere Missionare im Einsatz, für deren Unterhalt er rückwirkend keine Unterstützung erbat. Jedoch bat er den König um 1600 livres, um die acht Missionare sechs Monate lang zu entlohnen[31].

In einem bereits erwähnten, nicht-datierten Schreiben, das im folgenden zusammengefasst wird, erklärte Le Camus, Bischof von Grenoble, den Pfarrern seiner Diözese, wie sie die Neukonvertierten zu unterrichten und zu unterweisen hätten.

1. Jeden Sonntag sollten sie das Evangelium oder die Episteln erklären, nachdem sie deutlich auf französisch vorgelesen worden seien. Für die Pfarrer galt es, intensives Bibelstudium zu betreiben, damit sie in der Lage waren, die Neukonvertierten einzuweisen.

2. An Sonn- und Feiertagen sollte der kleine Katechismus gelesen werden. Neukonvertierte sollten mit Kindern und Bediensteten kommen. Morgens, abends und an Sonn- und Feiertagen sollte ein französisches Gebet gesprochen werden.

[30] AN G/7/244, fol. 5, der Bischof von Gap an den Generalkontrolleur der Finanzen, 8. Dezember 1697.

[31] AN G/7/244, fol. 5f., der Bischof von Gap an Monsieur de Pontchartrain, Gap, 12. Januar 1698. Vgl. den Wortlaut im Anhang.

3. Nie sollte durch falsche Nachsicht die Lehre der Kirche abgeschwächt werden unter dem Vorwand, den Neukonvertierten den Zugang zum Abendmahl zu erleichtern.
4. Die Neukonvertierten sollten von falschen Vorurteilen befreit werden, die sie über die katholische Kirche hatten, und erkennen, daß die Katholiken nur Jesus Christus und Gott anbeteten und nicht irgendwelche Heiligen oder Reliquien.
5. Wunderprediger oder die Durchführung zweifelhafter Wunder sollten verboten werden.
6. Die Neukonvertierten sollten nicht mit Gewalt zur Ausführung ihrer katholischen Pflichten gezwungen werden.
7. Die Neukonvertierten sollten möglichst am Meßopfer teilnehmen, dabei aber nicht mit allzugroßer Strenge beobachtet werden.
8. Sie sollten außerdem die Sakramente nur erhalten, wenn sie wirklich davon überzeugt waren.
9. Die Beichtväter sollten sich in Zurückhaltung üben bei den Fragen, die sie bei der Beichte stellten.
10. Anfangs dürften etwas mildere Bußen verhängt werden, um sie nicht abzuschrecken.
11. Weder Gesunde noch Kranke sollten je dazu gebracht werden, gegen ihren Willen die Sakramente zu erhalten. „Mais contentez vous de les y exhorter en présence de témoins: faites leur connoitre les grands avantages qu'ils en recevront, portez leur parens et leurs amys à les engager à ne pas sortir de ce monde sans être munis du St. Viatique"[32].
12. Wenn Neukonvertierte ohne die Sakramente starben, sollten sie keine christliche Beerdigung erhalten. Wo sie stattdessen beerdigt wurden, sei Sache der Gerichtsbeamten. Die Pfarrer sollten sich hier ebensowenig einmischen wie bei allen anderen Dingen, die dazu führen könnten, die Neukonvertierten von der katholischen Kirche zu entfernen, und die Kirche außer Stande setzten, ihr Vertrauen und ihre Freundschaft zu gewinnen.
13. Wenn Neukonvertierte ihre Kinder nicht zum Unterricht schickten, sollten sie erst privat, dann öffentlich freundlich ermahnt werden. Wenn das nichts half, sollte es Le Camus gemeldet werden, der dann über weiteres Vorgehen entschied.
14. Die Katholiken sollten als gutes Beispiel vorangehen.
15. Das ganze sollte mit Nächstenliebe durchgeführt werden[33].

Der für den Südosten zuständige Staatssekretär wandte sich 1686 an die Bischöfe und Erzbischöfe in Sachen Literatur und Schriftgut, das den Neukonvertierten vorzuenthalten war:

[32] „Heilige Wegzehrung", Abendmahl für Sterbende.
[33] BNF naf. 22151, fol. 62f., „Lettre de Monseigneur le Cardinal Le Camus, Eveque et prince de Grenoble; Aux Curez de son diocèse, touchant la conduite qu'ils doivent tenir à l'égard des nouveaux convertis", ohne Datum.

„Aux archevêques et évesques pour tenir la main à ce que les nouveaux catoliques ne lisent point les bibles et oeuvres de Calvin, et ne chantent pas les pseaumes de Marot, et de Monsieur Godeau, évesque de Vence. Monsieur, les soins que le roy a pris pour la conversion de tous ceux de ses sujets qui faisoient profession de la religion prétendue réformée ayant si heureusement réussy par la bénédiction que dieu y a donnée que la pluspart ont embrassé la religion catolique. Il ne reste plus à désirer pour l'accomplissement de ce saint ouvrage que de les fortifier dans les bons sentimens qui leurs ont esté inspiréz, et comme rien n'est plus capable de les en éloigner que la lecture des bibles de Calvin et autres livres qui concernent sa fausse doctrine et l'habitude où ils sont encore de chanter en particulier les pseaumes de Marot, Sa Majesté m'a ordonné de vous mander de sa part qu'elle estime à propos que vous employez dans vostre diocèse autant qu'il vous sera possible pour aporter à ces deux inconveniens les remèdes les plus convenables que vostre prudence et vostre piété vous pourront suggerer.

Plusieurs nouveaux convertis ont suplié Sa Majesté de leur faire distribuer un grand nombre de livres contenant la traduction en vers des pseaumes faite par feu Monsieur Godeau évesque de Vence. Mais Sa Majesté a défendu à Monsieur Pellisson de leur en envoyer crainte de les entretenir dans cette forme de chanter des pseaumes en commun et en langue vulgaire qui les détourne des cérémonies et autres prières usitées dans l'église. Je ne doute pas Monsieur que vous ne vous serviez de cette réflection si sage de Sa Majesté dans vostre diocèse pour le bien de la religion"[34].

Offensichtlich hatte der Bischof von Apt diese Aufgaben gut erledigt, denn der Minister schrieb ihm im Mai 1686, er sei erfreut, zu hören, daß die Neukonvertierten nicht nur den Großteil der Bücher freiwillig abgeliefert hätten, sondern auch als gute Katholiken lebten:

„J'ay rendu compte au roi du mémoire etc. d'avril etc. et Sa Majesté a témoigné estre très satisfaitte de ce que par vos soins et vostre aplication vous avez non seulement porté les nouveaux convertis à vous remettre volontairement la plus grande partie des livres dont ils se servoient avant leur abjuration mais aussi à vivre en bons catholiques"[35].

Im Zusammenhang mit der Überwachung des Lehrpersonals schrieb der König 1698 an die Intendanten, er äußere sich nicht zu Lehrmethoden, da diese unter die Verantwortlichkeit der Bischöfe, Erzbischöfe und Pfarrer fielen:

[34] AAE MD France 980 (Mikrofilm P03807), S. 81, der Staatssekretär des Äußeren an die Bischöfe und Erzbischöfe betreffend die Neukonvertierten, 27. Januar 1686, Versailles. Ebenso AAE MD France 982 (Mikrofilm P03808), f. 55f., A Messieurs les archevêques de Vienne et Embrun, et les évesques de Grenoble, Valence, Gap et Paultricastin, etc., 27. Januar 1686. Ebenso AAT A/1/773, „Lettre circulaire à Messieurs les évesques du département de Monsieur de Louvois du 27e janvier 1686, Versailles.

[35] AAE MD France 980 (Mikrofilm P03807), S. 399, der Staatssekretär des Äußeren an den Bischof von Apt, Versailles, 6. Mai 1686.

„On ne dit rien icy des cathéchismes qu'ils enseigneront, et feront apprendre aux enfans; ny de la méthode qu'ils tiendront pour leur inspirer les principes, et les premiers élemens de la religion et de la morale qui leur peuvent convenir parce que c'est un détail qui dépend principalement du soin et de l'inspection des archévêques et évêques et des curés des lieux“[36].

6.2.4. *Kirchliche Disziplin*

Der König äußerte dem Bischof von Grenoble gegenüber seine Freude darüber, daß die Neukonvertierten aus Grenoble und aus den Tälern der Diözese beschlossen hätten, die Sakramente zu empfangen[37]. Im Januar 1699 betonte der König in seiner ausführlichen Erklärung zur Deklaration von 1698, daß die Neukonvertierten nicht gezwungen werden sollten, die Sterbesakramente zu erhalten:

„Le roy ayant été informé qu'en certain endroits quelques officiers peu éclairs avoient voulu par un faux zèle obliger les nouveaux convertis à s'approcher des sacremens, avant qu'on leur eut donné le tems de laisser croître et fortifier leur foy: Sa Maieste qui sait qu'il ny a point de crime plus grand, ny plus capable d'attirer la colère de Dieu que le sacrilège, a cru devoir déclarer aux intendans et commissaires départis qu'elle ne veut point qu'on use d'aucune contrainte contre eux, pour les porter à recevoir les sacremens. Il n'y a point de différence a faire à cet égard entre eux, et les anciens catholiques. Les magistrats doivent laisser aux supérieurs ecclésiastiques et aux confesseurs le soin de discerner les dispositions intérieures de ceux qu'il jugeront, suivant les règles de l'église, pouvoir être admis à la participation des sacrements“[38].

Wie erwähnt, sprach sich auch der Bischof von Grenoble, Le Camus, dagegen aus, die Neukonvertierten zum Erhalt der Sakramente zu zwingen[39].

[36] BNF fr 8865, fol. 43–60, Mémoire du Roy pour servir d'instruction aux intendans et commissaires départis dans les provinces et généralités du Royaume, hier: fol. 53.

[37] AAE MD France 983 (= Mikrofilm P03809), fol. 37, der Staatssekretär des Äußeren an den Bischof von Grenoble, 10. Juli 1686: „Sa Ma.té a esté fort satisfaite d'apprendre par les lettres que vous m'aves ecris des 26e et 30e du mois dernier la résolution que les nouveaux convertis de la ville de Grenoble et les autres habitans des vallées de vostre diocèse ont pris de … recevoir les sacremens.“

[38] BNF fr 8865, fol. 43–60, Mémoire du Roy pour servir d'instruction aux intendans et commissaires départis dans les provinces et généralités du royaume, hier: fol. 48f. Dasselbe Mémoire auch in BNF fr 20966, fol. 257–266.

[39] BNF naf. 22151, fol. 62f., Lettre de Monseigneur le Cardinal Le Camus, Evêque et prince de Grenoble; aux curez de son diocèse, touchant la conduite qu'ils doivent tenir à l'égard des nouveaux convertis.

7. AUSWIRKUNGEN DER PROTESTANTENPOLITIK: DIE REAKTION DER PROTESTANTEN AM BEISPIEL SÜDOSTFRANKREICHS

7.1. Die Ausgangssituation

Der Calvinismus sah kein Widerstandsrecht vor; er lehrte, daß die Macht, welcher Art sie auch sei, von Gott komme[1]. Die Masse der Protestanten war sehr königstreu und geriet unter der ständig wachsenden Verfolgung in einen Gewissenskonflikt zwischen der Treue zu ihrem Glauben und der Treue zu ihrem König[2]. Die meisten Synodalprovinzen entschieden sich daher für ein Vorgehen auf gesetzlichem Wege. Gegen Verletzungen ihrer Rechte legten sie Beschwerde bei den Kommissaren des Edikts oder direkt beim Staatsrat ein. Ein Anwalt wurde damit beauftragt, ihre Angelegenheiten in Paris zu vertreten. Mehr als ein Aufschub der Sanktionen war allerdings meistens nicht zu erreichen[3].

Der einstmals blühende Protestantismus der Provence war im Laufe der Religionskriege erheblich dezimiert worden. Um 1660/70 zählte die Provinz noch etwa 8000 ziemlich verstreute Protestanten. Einzig um Apt herum und im Durance-Tal, in dem sich im 16. Jahrhundert Waldenser angesiedelt hatten, gab es eine größere Zahl von Protestanten: Die fünf Kirchen[4] von Joucas-Gordes, Lacoste, Mérindol, Lourmarin und Cabrières umfaßten zusammen mehr als 4000, d.h. fast die Hälfte aller provenzalischen Protestanten. Weitere vereinzelte Kirchen, von denen einige mehrere Gemeinden zusammenfaßten, gab es in Manosque, Rièz-Roumoules, Seyne, La Charce, Eyguières, Velaux-Aix-Marseille und Luc. Die Provinz hatte außerdem 25 Gebetshäuser oder Tempel und zehn Pastoren. Etwa 1500 Protestanten emigrierten bis zum Jahr 1698[5].

[1] GARRISSON, L'Édit de Nantes, S. 117.
[2] Ibid., S. 32.
[3] Ibid., S. 115ff. – E. LABROUSSE, Essai sur la révocation de l'édit de Nantes, Paris/Genf 1985, S. 58, 148.
[4] Der Begriff Kirche bezeichnet hier eine Verwaltungseinheit. Das oberste Gremium der protestantischen Kirchen Frankreichs war die Nationalsynode. Sie versammelte Vertreter der Synodalprovinzen. Diese setzten sich aus mehreren Kolloquien zusammen, die ihrerseits aus mehreren Kirchen bestanden. Eine Kirche zeichnete sich durch ein eigenes Konsistorium aus, bestehend aus den Ältesten und einem Pastor. Kleine Gemeinden, die keinen eigenen Pastor hatten, wurden als „annexes" von der nächstliegenden Kirche mitbedient, nach Samuel MOURS, Le Protestantisme en France au 17ème siècle (1598–1685), Paris 1967, S. 98ff.
[5] DERS., Essai sommaire de géographie du protestantisme réformé français au 17ème siè-

Das Parlament der Provence gehörte zu denjenigen, die für ihre Protestantenfeindlichkeit bekannt waren; daher war es den Protestanten der Provence erlaubt, ihre Rechtsangelegenheiten bis auf gewisse Ausnahmen der Kammer des Edikts in Grenoble vorzutragen, wo es ihnen allerdings oft auch nicht besser erging als in der Heimat, und die im übrigen 1679 ohnehin abgeschafft wurde. Schon einer Deklaration von 1656 fielen zwischen zehn und fünfzehn Tempel zum Opfer – für diese kleine Synodalprovinz ein ziemlich schwerer Schlag, auch wenn sich beispielsweise in Lourmarin noch Jahre nach dem Verbot ein protestantischer Pfarrer aufhielt[6]. Die Zerstörung der Tempel geschah übrigens auf Kosten der Protestanten, was noch zur Verschlechterung ihrer ohnehin angespannten finanziellen Situation beitrug[7]. Über den Zustand der protestantischen Kirche insgesamt in der Provence heißt es nämlich, daß es zu wenig Pastoren gab und daß es vor allem zu ihrer Bezahlung sowie zur Finanzierung der Lehrer, der Akademien, der Synoden etc. immer an Geld fehlte[8].

Daß man auch oder gerade unter solchen Bedingungen seiner Religion treu bleiben konnte, zeigt das Beispiel der Gemeinde Aix. Aix gehörte, da es keinen Tempel und keinen eigenen Pastor hatte, nicht zu den ersten Zielen der katholischen Konversionskampagnen; die geringe Zahl der Gemeindemitglieder und die übermächtige katholische Umgebung stärkten in dieser Gemeinde das religiöse Solidaritätsgefühl – auch über soziale Unterschiede hinaus. So waren etwa der Goldwarenhändler Antoine Papety und Madelaine Marre, Frau eines Metallgießers, Paten von Jean Sambuc, dem Sohn eines Kämmers; die Adligen Jean-François de Candole und Simone Valeti waren Paten von Ysabeau Lieutaud, der Tochter eines Chirurgen[9].

Weitaus größer war mit 65 000 der Anteil der Protestanten in der Dauphiné. Diese Synodalprovinz zählte acht Kolloquien, zu denen jeweils mehrere Kirchen in z. T. ausschließlich protestantischen Orten gehörten, nämlich die Kolloquien der Barronies, des Val Cluson, des Grésivaudan sowie die von Valence, Die, Gap, Embrun und Vienne. Mours schätzt, daß bis zum Jahr 1703 aus der Dauphiné einschließlich Orange 21 500 Protestanten emigrierten[10]. Pierre Bolle hat für die Dauphiné die Synodalakten der Jahre 1657–1661 untersucht und ist zu einem recht positiven Bild über den Zustand

cle, in: BSHPF 112 (1966), S. 28 f. DERS., Les églises réformées en France, Paris/Straßburg 1958, S. 66, 173. DERS., Protestantisme en France/17ème siècle, S. 80 f.

6 Victor-Louis BOURRILLY, Les protestants de Provence aux 17ème et 18ème siècles, Aix-en-Provence 1956, S. 28, 34.

7 Georges GILLIER, Les protestants de la sénéchaussée de Forcalquier. Notes tirées des archives judiciaires, in: BSHPF 129 (1983), S. 184.

8 BOURRILLY, Protestants de Provence, 28. Jean SAMBUC, L'église réformée de Gordes de 1623 à 1679, in: BSHPF 120 (1974), S. 451 f.

9 Jean STOUFF, Autour de la révocation de l'Édit de Nantes. Répression et communauté protestante à Aix-en-Provence (1660–1685), in: PH 38 (1988), S. 16 ff.

10 MOURS, Géographie du protestantisme, S. 28 ff. DERS., Les églises réformées, S. 166, 173 f. DERS., Protestantisme en France, S. 81 ff.

der protestantischen Kirche gelangt. Im Jahre 1661 gab es dort eine ansehnliche Zahl von protestantischen Kirchen. Auf die Ausführung einer Deklaration von 1656 reagierten diese mit gerichtlichen Schritten: Sie setzten die Ausnutzung bisher noch nicht wahrgenommener Rechte durch, etwa den Bau von Tempeln in Grâne und Saon. Ferner entsandten sie zur Vertretung ihrer Interessen einen Deputierten der Provinz nach Paris. Zwecks besseren Informationsaustausches wurden die Beziehungen zu den Nachbarprovinzen intensiviert. Ein Rat der Kirchen mit Sitz in Grenoble wurde gegründet. Dieses Beratungsgremium hatte den Vorteil, daß es, im Gegensatz zu den Synoden, permanent arbeitsfähig war. Als religiöse Sühne wurde auf der Synode 1657 ein öffentlicher Fastentag beschlossen. Die kirchliche Organisation befand sich in gutem Zustand: Die Pastorenschaft war relativ jung und nahm regelmäßig an den Synoden teil[11].

Zu einem ähnlichen Ergebnis kommt Bolle bei der Untersuchung des religiösen Lebens in der überwiegend protestantischen Gemeinde Mens-en-Trièves, in der 1644 200 protestantische und 13 katholische Familien lebten. Trotz finanzieller Probleme, von denen auch diese Gemeinde nicht verschont blieb, funktionierte die Kirchenorganisation hier solide und effektiv. Die Gläubigen nahmen regelmäßig an den Gottesdiensten und anderen Veranstaltungen teil, die „Disziplin" wurde eingehalten, synodale Beschlüsse wurden befolgt. Die Protestanten des Ortes waren wohlhabend und gebildet und hatten die lokale Macht inne, wobei Kirchen- und Gemeindeverwaltung eng verflochten waren. Dies blieb so auch nach 1664, dem Zeitpunkt des offiziellen Ausschlusses der Protestanten vom Beamtentum: Die Katholiken in Mens waren zu wenig an Zahl, zu arm und auch gar nicht fähig, diese Ämter auszuüben. Dieses Phänomen ist übrigens auch anderswo in der Dauphiné zu beobachten: In Veynes etwa blieben alle Ämter in den Händen der Protestanten, in Embrun war es bis 1680 immerhin ein Drittel der Ämter,[12] und in Gap war ebenfalls ein Drittel der Konsuln protestantisch, obwohl die Protestanten nur zehn Prozent der Bevölkerung ausmachten[13]. Das religiöse Leben der protestantischen Gemeinde Mens-en-Trièves war sehr intensiv und bestimmte den Rhythmus des täglichen Lebens der ganzen Stadt. Das Konsistorium intervenierte, wenn es das für nötig hielt, in privaten und öffentlichen Angelegenheiten der Kirchenmitglieder[14].

[11] Pierre BOLLE, Le protestant dauphinois et la république des synodes à la veille de la révocation, Lyon 1985, S. 12, 20ff.

[12] Christine ROUX, La société protestante de Veynes, in: Destin du protestantisme alpin 1685–1985. Actes du colloque de Gap 1985, Gap 1987, S. 51. Robert BRES, L'église réformée d'Embrun au 17ème siècle, in: Destin du protestantisme alpin. Actes du colloque, S. 34.

[13] Pierre BOLLE, Annette MASSEPORT u. René DEBON, Le protestantisme en Dauphiné au 17ème siècle. Religion et vie quotidienne à Die, Gap et Mens-en-Trièves 1650–1685, Poët-Laval 1983, S. 8.

[14] Pierre BOLLE, Une paroisse réformée du Dauphiné à la veille de la révocation de l'Édit de Nantes: Mens-en-Trièves (1650–1685), in: BSHPF 111 (1965), S. 128, 221ff.,

Eine noch extremere Situation herrschte in den französischen Tälern jenseits der Alpen: Im Val Pragelas etwa hatte die katholische Kirche jeden Einfluß verloren – keine Kleriker, keine Orden, keine praktizierenden Katholiken. Versuche der Rekatholisierung hatten nur bescheidenen Erfolg[15]. Anders dagegen in Briançon: Hier hatten sich die Protestanten mit aller Kraft, aber vergeblich, gegen den Erlaß eines Kultverbots gewehrt. Gegenüber der zusammengeschweißten katholischen Mehrheit im traditionell katholischen Briançon hatte die protestantische Minderheit keine Chance, zumal sie noch dazu als Konkurrenz um städtische Ämter betrachtet wurde[16].

Ein Beispiel aus Grenoble veranschaulicht die katholische Argumentation, wenn es darum ging, einen protestantischen Tempel zu schließen – hier wegen angeblich zu lauten Psalmengesangs: „Ein Menschenauflauf von Gegnern der Protestanten [...] nahm das Gebäude förmlich in Beschlag [...] Nachdem alle Fenster und Luken geöffnet worden waren, setzte dieser Haufen mehr zu brüllen als zu singen an, [...] und die Kommissare, die derweil in den nahegelegenen Klostern lustwandelten, konnten nur bestätigen, daß man diesen Heidenlärm deutlich höre“[17]. Ein ähnliches Beispiel zeigt, wie die Verordnung über den schriftlichen Nachweis zur Berechtigung der Kultausübung gehandhabt wurde. In Seyne-les-Alpes hatten sich 1663 katholische Ordensbrüder beschwert, daß der Tempel zu nahe an ihrer Kirche stehe, was ihnen Unannehmlichkeiten bei der Ausübung ihrer religiösen Pflichten bereite. Im übrigen berechtige die geringe Zahl der Protestanten nicht zur Erhaltung eines eigenen Tempels, der sich noch dazu, so wurde behauptet, auf Grundbesitz der Dominikaner befände. Die Protestanten konnten zwar eine Kaufurkunde vorlegen, die Mönche aber taten diese als „widerrechtlich angeeignet“ ab und leiteten das Verfahren an den Staatsrat weiter, der die „Rück“-Gabe des Territoriums beschloß, der wenig später die Zerstörung des Tempels folgte[18].

Zum Schluß sei noch darauf verwiesen, daß die protestantische Akademie in Die erst 1684 geschlossen wurde. Bis dahin ist ihre Bedeutung als kulturel-

330ff. Auch die Untersuchungen von Masseport u. Debon über Die und Gap kommen zu dem Ergebnis, daß die protestantischen kirchlichen Strukturen noch voll funktionsfähig waren. Die Konsistorien setzten sich auf gesetzlichem Wege für die Rechte der protestantischen Kirche ein. Beschlüsse der Konsistorien wurden von den Gemeinden mitgetragen und ausgeführt, nach: BOLLE, MASSEPORT, DEBON, Le protestantisme en Dauphiné, S. 5ff., 158f., 223f.

[15] Giorgio TOURN, La révocation de l'Édit de Nantes dans les vallées françaises d'au delà des monts, in: Destin du protestantisme alpin. Actes du colloque, S. 55ff.

[16] Jacqueline ROUTIER, Installation d'un pasteur à Briançon et réactions des catholiques (1664–1666), in: Destin du protestantisme alpin. Actes du colloque, S. 31ff.

[17] R. AVEZOU, La vie religieuse en Dauphiné du 16ème au 18ème siècle, in: Procès-Verbaux Mensuels de la Société Dauphinoise d'Ethnologie et d'Archéologie 2 (1955), S. 45. Übersetzung der Autorin.

[18] Georges GILLIER, La destruction du temple de Seyne-les-Alpes, in: BSHPF 131 (1985), S. 215ff.

les Zentrum nicht zu unterschätzen: Ihre Schriften richteten sich an Personen unterschiedlichen Bildungsniveaus und trugen so zur Verstärkung einer allen Protestanten gemeinsamen sozialen und religiösen Identität bei[19].

Wie ist die Situation der Protestanten am Vorabend der Revokation insgesamt zu beurteilen? Von staatlicher Seite setzte seit 1661 eine strengere Haltung gegenüber den Protestanten ein, die sich nach 1679 noch verschärfte und schließlich im Revokationsedikt gipfelte. Die antiprotestantischen Maßnahmen wurden unterschiedlich ausgeführt, je nachdem wie zahlenmäßig oder sozial stark der Protestantismus war und welche Politik die Katholiken vor Ort vertraten. Die Reaktion der Protestanten in Gesamtfrankreich wird von vielen Historikern vernichtend beurteilt. „Um die wenigen ihnen verbliebenen Freiheiten zu bewahren," so Gounelle in Anspielung auf den übertriebenen Kult der Monarchie, den man den Protestanten des 17. Jahrhunderts nachsagt, hätten sie „den Weg der Unterwerfung"[20] gewählt. Zu dem gleichen Schluß kommt Vinet, der beklagt, die Gesamtheit der Kirche sei „nach und nach eingeschlafen", oder Lelièvre, der aus den Predigten, die anläßlich der allgemeinen Fastentage gehalten wurden, einen echten „Niedergang der Sitten und der Frömmigkeit bei Gläubigen, Ältesten und Pastoren" herausliest[21]. Die Liste ließe sich noch verlängern mit Léonard: „La persécution, comme la maladie, n'abat que les corps débiles"[22], oder mit Joutard: „Schon lange vor der schicksalhaften Entscheidung war die protestantische Gemeinde nur noch ein Schatten ihrer selbst"[23].

Für den Südosten lassen sich diese, für Gesamtfrankreich gefällten Urteile so nicht aufrechterhalten. Immerhin haben selbst kleine und sich in der Minderheit befindende protestantische Gemeinden sich erstens überhaupt erhalten und sich zweitens noch gegen die zunehmende Entrechtung gewehrt, sei es durch gerichtliches Vorgehen oder durch Nichtbeachtung der Verbote. Wohlhabendere Gemeinden oder solche mit protestantischer Mehrheit haben sogar noch bis zur Revokation die lokale Macht oder zumindest einen Anteil an ihr innegehabt. Die kirchliche Organisation funktionierte, ebenso wie die Akademie in Die weiterbestand; die Beteiligung am kirchlichen Leben war rege.

19 Jean-Paul PITTION, Les académies réformées de l'Édit de Nantes à la révocation, in: La révocation de l'Edit de Nantes et le protestantisme, S. 197.

20 André GOUNELLE, Force et faiblesse du protestantisme en 1684, in: BSHPF 131 (1985), S. 131.

21 Zitiert nach ibid., S. 131 f.

22 Zitiert nach GOUNELLE, S. 132.

23 Philippe JOUTARD, 1685 – Ende und neue Chance für den französischen Protestantismus, in: Die Hugenotten, hg. v. Rudolf v. THADDEN u. Michelle MAGDELEINE, München ²1986, S. 11.

7.2. Formen des Widerstands

Welche Haltung nahmen die Protestanten, die uns in der Zeit vor der Revokation als loyale Untertanen ihres Königs begegnet waren, nach der Revokation gegenüber der Zentralmacht und der katholischen Monarchie ein? Grundsätzlich muß man zwei Gruppen unterscheiden: zunächst die *bourgeois des villes*, die nach außen hin den Katholizismus, im Kreise der Familie den Protestantismus praktizierten und insofern „loyalistes et amis de l'ordre établi"[24] waren. Dem standen die sog. „Kirchen der Wüste"[25] gegenüber, die trotz der Verbote Gottesdienste abhielten. Die persönliche Einstellung ihrer Mitglieder gegenüber König und Zentralmacht läßt sich schwer feststellen. Es spricht jedoch einiges dafür, daß auch sie, zumindest was die hier behandelten Provinzen betrifft, sich ihrem König weiterhin verpflichtet fühlten. So sandten die Protestanten der Provence und der Dauphiné zwar verschiedentlich Hilfegesuche an ausländische protestantische Mächte; es handelte sich aber immer um diplomatische oder finanzielle Hilfen[26]. Die Möglichkeiten, militärisch mit Frankreichs Feind zu paktieren, wie sie sich etwa boten, als 1692 der Herzog von Savoyen die Alpengrenze Frankreichs bedrohte[27], oder 1746, als die Piemonteser in die Provence eindrangen[28], nahmen die Protestanten nie wahr. Zwei Fälle sind sogar bekannt, in denen sie dem König ausdrücklich ihre Treue aussprachen: ein anonymer „serment d'obéissance"[29] aus der Dauphiné von April 1716 und eine Loyalitätsbekundung der Protestanten aus der Provence von Januar 1757 aus Anlaß eines Attentats auf Ludwig XV.[30].

[24] Michel RICHARD, La vie quotidienne des protestants sous l'Ancien Régime, Paris 1966, S. 204.

[25] Näheres zu dieser Bezeichnung unter Absatz 7.2.3.2.

[26] Beispielsweise der vergebliche Versuch, mit Hilfe ausländischer Mächte die Hinrichtung des Pastors Ranc zu verhindern, nach Eugène ARNAUD, Histoire des protestants du Dauphiné aux 16ème, 17ème et 18ème siècles, 3 Bde. (zuerst: Paris 1875–76), ND Genf 1970, Bd. 3, S. 221. Um finanzielle Hilfen wurde immer wieder gebeten, etwa zur Finanzierung der Pastoren der Wüste, der Ausbildungsstätte in Lausanne etc., nach Hélène KERN, Le séminaire de Lausanne et le comité genevois, in: BSHPF 108 (1962), S. 192–218, hier S. 196.

[27] André MAILHET, Les protestants du Diois et des Baronnies en 1692, pendant l'invasion du Dauphiné, in: BSHPF 58 (1909), S. 7ff. RICHARD, La vie quotidienne, S. 205.

[28] Joseph DEDIEU, Histoire politique des protestants français 1715–1794, 2 Bde, Paris 1925, Bd. 1, S. 152ff.

[29] ARNAUD, Protestants du Dauphiné, Bd. 3, S. 115f.

[30] Pierre COULLAUT, Histoire de l'église réformée de Marseille et de sa région jusqu'à la fin du Second Empire, Valence 1961, S. 51. RICHARD, S. 204, unterscheidet als dritte Gruppe einige Pastoren des Refuge, die ihre ganze Hoffnung in den militärischen Sieg der protestantischen Mächte über Frankreich setzten, aber sowohl in Ryswick wie in Utrecht enttäuscht wurden. Über die Bemühungen des Refuge auch Henri DUBLED, Les protestants français et l'étranger dans le midi de 1685 à 1710, in: Annales du Midi 102 (1990), S. 427ff.

Die von den Obrigkeiten angewandten Grundsätze einer Konfessionspolitik gegenüber den Protestanten oder Neukonvertierten, wie wir sie in den letzten Kapiteln kennengelernt haben, reflektieren daher unterschiedliche Möglichkeiten der Protestanten, auf ihre zunehmende Verfolgung und Ausgrenzung zu reagieren, nämlich: Flucht, Martyrium oder – zumindest scheinbare und oberflächliche – Konversion und Anpassung an die neuen Verhältnisse.

Die Flucht, das zieht sich durch die Quellen wie ein roter Faden, sollte nach Möglichkeit verhindert werden. Diejenigen Protestanten, die die Konversion verweigerten, sich öffentlich zum Protestantismus bekannten und gar noch andere anstifteten, es ihnen gleichzutun, wurden von ihren Glaubensgenossen als Helden und Märtyrer betrachtet. Für die Regierung waren das die Fälle, die Aufsehen erregten und in denen zur allgemeinen Abschrekkung härteste Strafen verhängt werden sollten: in manchen Fällen die Todesstrafe, sonst aber Galeeren – oder Gefängnishaft. Die große Masse der Protestanten, die unter dem Zwang der Einquartierungen abgeschworen hatten und danach, wenn überhaupt, meist mehr schlecht als recht ihren Pflichten als Katholiken nachkamen, sollte man, soweit sie kein Aufsehen („scandale") erregten, gewähren lassen und mit der Zeit und mit friedlichen Mitteln an die neue Religion gewöhnen.

7.2.1. Flucht

Eine der möglichen Reaktionen auf das Revokationsedikt war für die Protestanten die Flucht ins protestantische Ausland. Einschließlich der Auswanderer aus den Jahren unmittelbar vor der Revokation wählten diesen Weg 200 000–250 000[31], d.h. etwa 1% der Gesamtbevölkerung[32], darunter, wie schon erwähnt, rund 1500 aus der Provence und rund 21 500 aus der Dauphiné[33]. Was den Anteil der Auswanderer an der protestantischen Bevölkerung in den einzelnen Regionen betrifft, so variierte er stark von Norden nach Süden: Während in den Provinzen nördlich der Loire 40% der Prote-

[31] MOURS, Les églises réformées, S. 178. DERS. u. Daniel ROBERT, Le protestantisme français du 18ème siècle à nos jours (1685–1970), Paris 1972, zitiert nach Michelle MAGDELAINE, Les huguenots sur le chemin de l'exil, in: L'histoire 77 (1985), S. 69. Frühere Schätzungen hatten die Zahl der Emigranten weit höher angesetzt. Die Zahlen Mours' berücksichtigen alle bis zum damaligen Zeitpunkt vorgenommenen Berechnungen oder Schätzungen und ziehen zusätzlich die „sous-série consistoires" der „série TT" des Nationalarchivs in Paris hinzu. Seine Schätzungen gelten als zuverlässig, zumal da sie durch neuere regionale oder lokale Zahlenangaben weitgehend bestätigt werden.

[32] LABROUSSE, Essai sur la révocation, S. 208.

[33] Die Schwierigkeit, eine präzise Zahl von Auswanderern zu nennen, geht unter anderem darauf zurück, da man als Quelle in erster Linie auf die königlichen Rechnungsbücher zur Verwaltung des Vermögens geflohener Protestanten angewiesen ist. Es waren also nur diejenigen Protestanten in Frankreich als Flüchtige registriert, die auch in irgendeiner Form Besitz hinterlassen hatten.

stanten das Land verließen, waren es im gesamten Süden nur 16%[34]. Hierbei spielte auch die zahlenmäßige Stärke der protestantischen Gemeinden in den einzelnen Orten oder Regionen eine Rolle. Dort, wo die Protestanten einen hohen Anteil an der Bevölkerung stellten, waren Zusammenhalt und konfessionelle Solidarität und damit auch die Widerstandsfähigkeit stärker als etwa in Nordfrankreich, wo den vereinzelten Protestanten im Grunde nur die Wahl zwischen Emigration oder Anpassung blieb[35].

Einige Beispiele hierfür nennt Bolle: „Là où les réformés sont majoritaires, ils conservent une organisation, des structures religieuses et sociales presque inchangées; ils n'émigrent pas, ou peu, et résistent sur place. C'est le cas de Freissinières et de Dormillouse, de Trescléoux et de Serres dans les Hautes-Alpes; du Trièves et de Mens dans l'Isère ainsi que dans la haute vallée de la Drôme, du Diois et du pays de Bourdeaux où persistent de forts noyaux protestants"[36].

Trotzdem gab es auch in Südfrankreich Gebiete, die von der Fluchtwelle empfindlich getroffen wurden, so etwa Molines und Arvieux im Queyras, die waldensischen Orte des Luberon, das Val Pragelas, die Kirchen des Oisan und des Romanche-Tals: Aus Clavans wanderten sämtliche Protestanten aus, aus Mizoën 70%. Große Verluste gab es auch bei den Kirchen des Rhonetals und der Ebene von Valence: In Montélimar emigrierten mehr als 50%[37].

Unter den Auswanderern überwogen Adlige, Handwerker und Bürger im Vergleich zu Bauern und Landbevölkerung. Nicht nur war es für Bauern schwieriger, ihren Boden zu veräußern, zumal man als Neukonvertierter für solche Verkäufe eine Sondergenehmigung benötigte[38], und im Ausland eine neue Existenz zu gründen[39]; auch die Organisation der Flucht war für sozial höhergestellte Schichten einfacher: „Les notables instruits étaient capables de calculer un itinéraire, de se procurer des lettres de change, d'élaborer des ruses multiples"[40].

Bei den Protestanten, die Frankreich verließen, ist zu unterscheiden zwischen denen, die ausgewiesen wurden, denen, die freiwillig und mehr oder weniger legal ausreisten, und denen, die verbotenerweise das Land verließen und damit lebenslange Galeeren- oder Gefängnisstrafen riskierten. Die erste

[34] Pierre BOLLE u.a. (Hg.), Histoire des protestants en France, Toulouse 1977, S. 200.

[35] Histoire de la France religieuse, hg. v. Jacques LE GOFF u. René REMOND, Bd. 2: Du christianisme flamboyant à l'aube des Lumières (14ème–18ème siècle), hg. v. François LEBRUN, S. 495.

[36] Pierre BOLLE, Dauphiné: dans l'étau catholique, in: L'Édit de Nantes est revoqué. Sondernummer von Réforme, Paris 1985, S. 63–66, hier S. 65f. Zu Trescléoux siehe auch: Marcel MARTIN, Trescléoux et la révocation de l'édit de Nantes, Trescléoux 1985, S. 2.

[37] BOLLE, L'étau catholique, S. 66. MAGDELAINE, Chemin de l'exil, S. 72.

[38] BOLLE (Hg.), Histoire des protestants, S. 200. Hierzu auch: LABROUSSE, Essai sur la révocation, S. 213f.

[39] BOLLE (Hg.), Histoire des protestants, S. 200.

[40] La France religieuse, Bd. 2, S. 495.

Gruppe bilden die protestantischen Pfarrer, die sich weigerten, zum katholischen Glauben überzutreten. Für sie legte das Revokationsedikt fest, daß sie binnen vierzehn Tagen nach der Veröffentlichung des Edikts das Königreich zu verlassen hätten, bei Strafe der Galeeren (Art. 4)[41]. Hinzu kam eine Regelung, nach der die Pastoren, die sich für die Ausreise entschieden hatten, alle Kinder über sieben Jahren zurücklassen mußten[42]. Die in den Jahren 1680–1685 „nachgewiesenen“ sieben Pastoren der Provence sind nach den Untersuchungen Mours' sämtlich ausgewandert, drei von ihnen nach Holland, die anderen vier in die Schweiz. Von den 100 Pastoren der Dauphiné sind die meisten nach Holland, England, in die Schweiz und nach Deutschland ausgewandert; fünf verblieben in Frankreich in Gefängnishaft; nur dreizehn Pastoren schworen ab und blieben als freie Männer im Land[43].

Für alle anderen herrschte im Prinzip striktes Auswanderungsverbot (Art. 10)[44]. Von dieser Regelung gab es allerdings Ausnahmen. So berichtet Richard, daß „personnes de qualité“[45] vom König die Erlaubnis zur Auswanderung erhalten hätten. Aus der Provence liegt uns ein Beispiel für eine „Privilegierung“ anderer Art vor. Malzac hat ein Dokument aus den Jahren 1687/88 gefunden, das die Ausweisung „manu militari“ aus Frankreich eines Protestanten und seiner Frau aus der „bonne noblesse“ beschreibt. Die beiden, die sich geweigert hatten abzuschwören, waren zunächst ungewöhnlicherweise vom Gefängnis in Gourdon in die Hospitäler von Aix und Marseille transferiert worden und mußten nicht die für solche Fälle üblichen Strafen der Galeeren- oder Gefängnishaft verbüßen. Nach acht Monaten, in denen sie die Abschwörung weiterhin verweigert hatten, wurden sie auf Anordnung einer „lettre de cachet du roi“ aus ihrer Gefangenschaft entlassen, an die Grenze begleitet und des Landes verwiesen[46]. „Des influences pressantes, une parenté bien en Cour, qui avait probablement déjà obtenu leur transfert des prisons de Gourdon dans les hôpitaux d'Aix et de Marseille, parvinrent à obtenir du roi la mesure exceptionnelle qui, bien que rigoureuse, comblait cependant les vœux des prisonniers, leur expulsion pure et simple

[41] Das Edikt von Nantes. Das Edikt von Fontainebleau, S. 91.

[42] Samuel MOURS, Les pasteurs à la révocation de l'édit de Nantes, in: BSHPF 114 (1968), S. 73 f. Diese Regelung fand sich nicht im Edikt von Fontainebleau, sondern war wahrscheinlich eine logische Fortführung einer älteren Deklaration, nach der Kinder ab einem Alter von sieben Jahren berechtigt waren, nach eigenem Willen der protestantischen Religion abzuschwören.

[43] Ibid. Für protestantische Pastoren, die zur Konversion bereit waren, sah das Edikt von Fontainebleau folgendes vor: Sie sollten steuerliche Erleichterungen und eine Rente erhalten sowie von Einquartierungen befreit werden. (Art. 5) Es sollte ihnen ferner ermöglicht werden, den Beruf des Anwalts zu ergreifen oder den Doktorgrad in Rechtskunde zu erwerben (Art. 6), nach: Das Edikt von Nantes. Das Edikt von Fontainebleau, S. 91.

[44] Das Edikt von Nantes. Das Edikt von Fontainebleau, S. 92.

[45] RICHARD, La vie quotidienne, S. 167.

[46] Louis MALZAC, Une expulsion „manu militari“ de fugitifs protestants en Provence, in: Provincia 12 (1932), S. 257 ff.

du royaume"[47]. Ähnliches weiß Arnaud aus der Dauphiné zu berichten. Im März und April 1688 seien viele protestantische Gefängnisinsassen zwar freigelassen, aber des Landes verwiesen worden. Eine große Zahl protestantischer Adliger aus der Dauphiné sei zu dieser Zeit aus den Gefängnissen von Valence und Grenoble (auf Kosten des Staates) an die Grenzen des Kantons Genf begleitet worden, wo sie sogar eine geringe Entschädigung für die Einziehung ihres Vermögens erhalten hätten[48].

Eine Ausnahmeregelung galt ebenfalls für das ehemalige Fürstentum Orange. Dieses war 1702, nach dem Tode seines Fürsten und Königs von England, Wilhelm III., dem französischen Königreich einverleibt worden. Protestanten, die nicht abschwören wollten, erhielten drei Monate Zeit, um ihre Angelegenheiten zu regeln und legal auszureisen[49].

Wer keiner der oben genannten Gruppen angehörte, dem blieb nur die Möglichkeit, heimlich und verbotenerweise zu fliehen. Dabei ist die Haltung des Königs zu diesen illegalen Auswanderungen nicht eindeutig. Denn obwohl er die Auswanderung ja ausdrücklich untersagt hatte, sah er wohl in der Massenflucht zumindest anfangs auch die Möglichkeit, sich der besonders „aufmüpfigen" Protestanten zu entledigen. Entsprechende Anweisungen an das Grenzpersonal scheint es gegeben zu haben. „Pour répondre à des instructions officieuses, on laissa passer beaucoup de religionnaires[50], mais ceux qui se laissèrent prendre furent punis avec rigueur"[51]. Andererseits setzte man in Frankreich, um den Flüchtlingsstrom einzudämmen, falsche Nachrichten in Umlauf über das Schicksal ausgewanderter Protestanten und über den schlechten Empfang, den man ihnen im Ausland angeblich bereitete. So hieß es etwa, in England seien 10000 protestantische Flüchtlinge den Hungertod gestorben[52].

[47] Ibid., S. 260.

[48] ARNAUD, Protestants du Dauphiné, Bd. 3, S. 65.

[49] Alfred BERNARD, Liste des Orangeois expulsés en 1703 et réfugiés en Prusse, Orange 1892, S. 5.

[50] „Religionnaires" war neben „N.C." eine weitere zeitgenössische Bezeichnung für Protestanten oder Neukonvertierte, ebenso wie „ceux de la religion" oder „ceux de la R.P.R" (= „religion prétendue réformée").

[51] RICHARD, La vie quotidienne, S. 168. Vgl. auch Madeleine SAUVAN-RICHOU, La révocation de l'edit de Nantes à Grenoble, in: Cahiers d'histoire 1 (1956), S. 163 ff. – Nach Myriam YARDENI, Le refuge protestant, Paris 1985, 52, sind diese Anweisungen lediglich darauf zurückzuführen, daß die Gefängnisse förmlich überquollen vor protestantischen Gefängnisinsassen.

[52] YARDENI, Refuge, S. 52. Diese Aussage war sicher übertrieben, aber es stimmte trotzdem, daß sich die Existenzgründung im „gelobten Land" in vielen Fällen als weitaus schwieriger als erwartet erwies, wie etwa die Geschichte der Brüder Jacques und Alexandre Félix belegt, die in Berlin nicht Fuß fassen konnten und daher lieber wieder in ihre Heimat Orange zurückkehrten, siehe Fred FELIX, Orange-Berlin. Aller et retour. Zum Schicksal zweier Protestanten aus Orange im 18. Jahrhundert, in: Der Deutsche Hugenott 55 (1991), S. 95–100.

Unter den Auswanderern waren ganze Familien, manchmal ganze Ortschaften[53]; sogar Katholiken wanderten z. T. mit aus, wenn sie sonst arbeitslos geworden wären[54]. Der größte Teil aber, weil zu den Strapazen einer heimlichen Flucht mit langen nächtlichen Fußmärschen etc. am ehesten fähig, waren „personnes jeunes, de sexe masculin“[55]. Oft kam es wohl auch vor, daß ein Mann zunächst alleine floh und, nachdem er sich mit Fluchtroute und den Bedingungen im Zielland vertraut gemacht hatte, die Familie nachholte[56].

Was galt es zu erledigen vor einer solchen Flucht? Nachdem für die Versorgung der zurückbleibenden Familienmitglieder gesorgt war – man sah etwa einen Bruder auswandern, während der andere mit den alten Eltern beim Hof zurückblieb[57] – galt es zunächst, den persönlichen Besitz zu sichern. Neukonvertierte brauchten, wie schon erwähnt, eine Sondergenehmigung, um ihren Besitz zu verkaufen. Auch dies war eine Maßnahme zur Eindämmung des Flüchtlingsstroms, denn der zurückgelassene Besitz von Flüchtlingen wurde vom Staat eingezogen und der Régie des biens des religionnaires fugitifs unterstellt, die etwaige Erlöse aus dem Verkauf an die Hospitäler oder andere gemeinnützige Einrichtungen verteilte. Wer eine Flucht denunzierte, wurde zur Belohnung ebenfalls am Erlös aus dem Vermögen beteiligt. Aber ein Großteil des protestantischen Vermögens konnte vor der Konfiszierung bewahrt werden. „Peut-être la présence parmi les protestants de nombreux conseillers, avocats, procureurs ou notaires, rompus à toutes les procédures, a-t-elle facilité les fraudes“[58]. Wie die Regelung über die Konfiszierung der Güter geflohener Protestanten umgangen wurde, zeigt uns Sauvan-Richou an einem Beispiel. M. de Langes, „avocat“, hinterließ in Grenoble unter anderem einen Schwager: Dieser denunzierte, nachdem de Langes das sichere Ausland erreicht hatte, zunächst seine Flucht und kassierte entsprechend die Belohnung für Denunzianten. Zusätzlich gab er sich noch als Gläubiger aus, dem der Flüchtige angeblich 40000 livres geschuldet habe, und verhinderte dadurch, daß dessen Vermögen überhaupt beschlagnahmt wurde[59]. Wer die entsprechenden Beziehungen hatte, schaffte es dann auch noch, das so gewonnene Kapital ins Ausland zu überführen, „en général déposés à la Banque d'Amsterdam et dans plus d'un cas, acheminés par l'entreprise de l'Ambassadeur des Provinces-Unies en France“[60].

53 MAGDELAINE, Chemin de l'exil, S. 72.
54 GARRISSON, L'édit de Nantes, S. 250.
55 LABROUSSE, Essai sur la révocation, S. 208f.
56 La France religieuse, Bd. 2, S. 495.
57 Ibid.
58 SAUVAN-RICHOU, Grenoble, S. 167.
59 Ibid., S. 166. Vgl. auch René PILLORGET, Die juristischen, finanziellen und familiären Auswirkungen des Edikts von Fontainebleau in Frankreich, in: Heinz DUCHHARDT, Der Exodus der Hugenotten, Beiheft AKG 24, Köln/Wien 1985, S. 60.
60 LABROUSSE, Essai sur la révocation, S. 208. Auch RICHARD, La vie quotidienne, S. 253.

1689 erließ der König eine Verordnung, nach der die Güter der Geflohenen an die nächsten Verwandten fallen sollten, allerdings unter der Bedingung, daß diese katholisch seien, und mit der Auflage, die Güter innerhalb einer Frist von fünf Jahren nicht zu verkaufen. Der König fand sich hier also mit der Tatsache ab, daß das Vermögen geflohener Protestanten ohnehin meistens der Konfiszierung entging; es sollte aber verhindert werden, daß der Erlös aus dem Verkauf des Vermögens den Flüchtlingen von ihren Verwandten ins Ausland nachgeschickt wurde[61].

Die Flucht aus den Grenzprovinzen – hierunter fallen sowohl die Dauphiné als auch die Provence – oder aus den maritimen Provinzen war leichter möglich als aus den mitten im Land gelegenen Provinzen[62]. Innerhalb der Grenzprovinzen wiederum war die Flucht für diejenigen einfacher, die direkt an den Grenzen wohnten. Alle anderen mußten zunächst eine Zwischenetappe in einem nahe der Grenze gelegenen Ort einlegen, von wo aus sie die Flucht planen konnten[63]. Aus der Dauphiné verliefen die gängigsten Fluchtrouten auf kleinen Gebirgspfaden über Savoyen in die Schweiz[64]. Von der Provence aus bot es sich an, entweder ebenfalls über die Dauphiné und über Savoyen in die Schweiz zu fliehen oder über das zu Savoyen gehörende Herzogtum Nizza denselben Weg einzuschlagen oder aber übers Meer auf dem Seeweg, etwa von Marseille aus, nach Katalonien zu fliehen[65]. Für die Flucht konnte man aus dem Ausland geschickte, schriftliche Reisebeschreibungen eines bereits Geflüchteten verwenden – inklusive Adressen, an denen man Hilfe erhalten konnte[66]. Oder aber man bezahlte zu horrenden Preisen einen passeur. „Les passeurs professionnels tiraient tant d'argent de leur activité illicite que les dangers qu'elle offrait ne les en détournaient guère"[67]. Regelrechte Agenturen für Fluchthilfe entstanden, die nicht nur „Fluchthelfer" zur Verfügung stellten, sondern etwa auch Wagen und Maulesel besorgten und die Zustellung des Gepäcks organisierten: Zwei Grenoblois etwa hatten

[61] SAUVAN-RICHOU, Grenoble, S. 167.

[62] La France religieuse, Bd. 2, S. 495. Auch LABROUSSE, Essai sur la révocation, S. 213 f.

[63] RICHARD, La vie quotidienne, S. 174. Manchmal war man auch zu so einer Zwischenetappe gezwungen, wie etwa Jeanne Terrasson, Bürgerin aus Die, die – von plötzlich einsetzenden Schneefällen überrascht – ihre Flucht unterbrechen mußte und in einem nahe der Grenze gelegenen Ort als Mann verkleidet überwinterte, nach PILLORGET, Auswirkungen, S. 61 f.

[64] Zu den Fluchtrouten aus der Dauphiné siehe: André MAILHET, Etude historique sur l'église réformée de Mens, o.O. 1926, S. 34; RICHARD, S. 168. Das Wegetagebuch von Jean Giraud, der von La Grave nach Genf flieht, in: Destin du protestantisme alpin, fascicule pédagogique, S. 96 ff. – Zu den Fluchtbedingungen der Protestanten aus dem Val Queyras und der Verfolgung, der sie ausgesetzt waren: Françoise HILDESHEIMER, Protestants, gibier de montagne, in: Notre Histoire 13 (1985), S. 11–13. Ein weiterer Fluchtbericht bei Louis MALZAC, La révocation de l'Edit de Nantes à Marseille, in: Provincia 9 (1929), S. 77–98, hier S. 93 ff.

[65] YARDENI, Refuge, S. 51.

[66] SAUVAN-RICHOU, Grenoble, S. 162.

[67] LABROUSSE, Essai sur la révocation, S. 207.

sich auf den Versand sperrigen Gepäcks in die Schweiz spezialisiert[68]. Zur Überlistung der Grenzposten waren der Phantasie keine Grenzen gesetzt: Man bestach die Posten, man verkleidete sich oder gab vor, sich auf einer Pilgerfahrt zu befinden. „L'ingéniosité est à la fête"[69]. Wie das aussehen konnte, beschreibt Elie Benôit:

„Des femmes de qualité, agées même de 60 et 70 ans, qui n'avaient jamais pour ainsi dire mis le pied à terre que pour marcher dans leur chambre ou pour se promener dans une avenue, se rendirent de 80 et 100 lieues à quelque village qu'un guide leur avait marqué. Des filles de 15 et 16 ans, de toutes conditions, se hasardaient aux mêmes corvées. Elles traînaient des brouettes, elles portaient du fumier, des hottes et des fardeaux. Elles se défiguraient le visage par des teintures qui leur brunissaient le teint, par des pommades et des sucs qui leur faisaient élever la peau ou les faisaient paraître toutes ridées. On vit plusieurs filles et femmes contrefaire les malades, les muettes, les folles. On en vit qui se déguisèrent en hommes; et quelques-unes, étant trop délicates et trop petites pour passer pour des hommes faits, prenaient des habits de laquais et suivaient à pied, au travers des boues, un guide à cheval qui faisait l'homme d'importance"[70]. Natürlich waren viele den Strapazen einer solchen Flucht nicht gewachsen, starben an Erschöpfung oder Krankheiten. Auch war die Gefahr groß, denunziert zu werden, da Denunzianten großzügig belohnt wurden[71]. Hatten sie erst einmal die Grenzen Frankreichs hinter sich gelassen, begaben sich die meisten Protestanten nach Holland, England oder Deutschland, manche aber auch in noch fernere Gegenden, wie etwa die holländischen Kolonien am Kap der guten Hoffnung[72]. Die Wahl des Zielortes hing u.a. davon ab, wohin der Betreffende Beziehungen hatte. „Un facteur, [...] qui paraît avoir compté, c'est l'existence d'un contact du réformé français antérieur à la Révocation. Dans bien des cas, il s'explique par une activité commerciale"[73].

Was die wirtschaftlichen Konsequenzen des Exodus der Protestanten betrifft, so hat man ihre Bedeutung weitgehend relativiert. Hierzu etwa Bolle: „L'historiographie traditionnelle a exagéré les conséquences de cette émigration sur l'économie française comme elle a grossi le nombre des départs. Si, localement, certaines villes furent sérieusement touchées, [...] l'économie française était déjà un organisme trop développé pour être profondément affecté par l'exil du centième de sa population, même de haute qualité"[74]. Außerdem seien reformierte Financiers und Großhändler größtenteils ohne-

[68] SAUVAN-RICHOU, Grenoble, S. 162.
[69] YARDENI, Refuge, S. 51.
[70] Elie BENOÎT, Histoire de l'édit de Nantes, zitiert nach Sylvie CADIER, Les femmes du désert, in: BSHPF 129 (1983), S. 281.
[71] YARDENI, Refuge, S. 51.
[72] Ausführlich hierzu: Ibid., S. 54ff.
[73] LABROUSSE, Essai sur la révocation, S. 214.
[74] Dieses und das folgende nach BOLLE (Hg.), Histoire des protestants, S. 201.

hin nicht ausgewandert. Die wirtschaftliche Bedeutung der Auswanderung habe dann schon eher in dem wirtschaftlichen Aufschwung gelegen, den die Aufnahmeländer, besonders Brandenburg-Preußen, durch das von den Protestanten importierte technische Know-how erlebten.

Diese Aussagen gehen wohl in erster Linie auf W. C. Scoville zurück, dessen Untersuchung über den Zusammenhang von protestantischer Auswanderung und französischer Wirtschaft zu diesem Ergebnis kommt: „Certain other factors seem to have been much more important than religious persecution in the stagnation after 1683. The two wars disrupted both foreign and domestic markets, diverted resources from productive activities into military channels, depressed normal peacetime industries, and contributed to the emigration of Frenchmen. Above all else, these wars were costly and helped drive the government to the brink of financial bankruptcy. The heroic measures to obtain additional revenue penalized productive effort and rested upon the shoulders of the bourgeois and working classes“[75].

7.2.2. Märtyrertum

Eine Gruppe von französischen Protestanten, die zwar zahlenmäßig unbedeutend, aber sowohl für die französische Zentralmacht als auch für den Rest der Protestanten von hoher exemplarischer Bedeutung war, waren die Gefangenen auf Galeeren und in Gefängnissen: Für die französische Zentralmacht waren sie Ausdruck der Tatsache, daß man durchaus willens war, die angedrohten Strafen bei Zuwiderhandlung gegen die antiprotestantische Gesetzgebung unerbittlich anzuwenden; in späteren Jahren dann sollten sie die Erinnerung daran aufrechterhalten, daß trotz wachsender faktischer Toleranz die Gesetze weiterhin existierten, in den Worten Bolles: „Peut-être l'existence de détenus et de condamnés était-elle jugée nécessaire [...] pour rappeler au peuple protestant que la législation subsistait toujours et que la tolérance n'était que précaire. Ils étaient, en quelque sorte, considérés comme des ‚otages'“[76]. Für die Protestanten dagegen symbolisierten ihre gefangenen Glaubensgenossen den Triumph ihres Glaubens über die Verfolger, eine von Gott auferlegte, mit Geduld und Erfolg ertragene Prüfung und damit gleichzeitig ein Beispiel an Ergebenheit und Glaubensstärke.

Welcher Protestant kam auf die Galeere oder ins Gefängnis? Es gibt keine genaue Auflistung der Verhaftungsmotive für Gefängnishäftlinge. Man kann aber davon ausgehen, daß die Gründe, die zur Einkerkerung führten, in etwa mit denen übereinstimmten, die zur Galeerenhaft führten, mit der Einschränkung, daß bestimmte Gruppen, wie Alte, Kinder, Kranke, Frauen, für

[75] Warren C. SCOVILLE, The Persecution of Huguenots and French Economic Development 1680–1720, Berkeley/Los Angeles 1960, S. 444. Über die wirtschaftlichen Auswirkungen in der Dauphiné Madeleine MUHLETALER, Les huguenots dans le Diois, in: BT 620 (1966), S. 8-33, hier S. 27. SAUVAN-RICHOU, Grenoble, S. 168ff.

[76] BOLLE (Hg.), Histoire des protestants, S. 229f.

die Galeerenhaft grundsätzlich nicht in Frage kamen. Für die Galeerenhäftlinge hat Zysberg einen Katalog der Verhaftungsgründe erstellt: Der weitaus häufigste Grund für eine Verurteilung war mit 52,6% die Teilnahme an verbotenen Versammlungen; als zweithäufigster Grund folgt mit 22% „Sortie du royaume", danach mit 11,2% unerlaubter Waffenbesitz[77].

Die ordentlichen Gerichte übten sich nach anfänglicher Begeisterung für die Revokation in Zurückhaltung, wenn es um die Ausführung besonders widerwärtiger Artikel ging. „On retrouve là une des constantes du mécanisme pénal de la France de l'Ancien Régime: une flambée de sentences qui suit la promulgation d'un édit ou d'une déclaration, puis fait long feu et s'éteint quelques années plus tard"[78].

Ein Gefängnis, das sich zwar nicht in dem hier untersuchten Gebiet befindet, aber seines hohen Bekanntheitsgrades wegen trotzdem erwähnt werden soll, ist die Tour de Constance in Aigues-Mortes im Languedoc, seit 1715 reines Frauengefängis. Hier hat Marie Durand sich 38 Jahre lang, bis sie 1768 als drittletzte ihres Glaubens aus dem Turm entlassen wurde, geweigert, ihrem Glauben abzuschwören; von ihr stammt wohl auch die heute noch zu besichtigende, in den Stein der Gefängnismauern geritzte Inschrift „Resister". Im Gegensatz zu den Galeerenhäftlingen waren die Protestantinnen der Tour de Constance nicht gezwungen, an katholischen Gottesdiensten teilzunehmen. Unter Anleitung von Marie Durand führten diese Frauen ihr eigenes religiöses Leben, beteten gemeinsam und lasen die Bibel[79]. Der „Tour de Constance" im Languedoc entsprach die „Tour de Crest" in der Dauphiné. Auch hier büßten unter schlechten hygienischen Bedingungen und bei mangelhafter Ernährung Protestanten für ihren Glauben. Den Einsitzenden wurde allerdings eine sehr unterschiedliche Behandlung zuteil, je nach ihrem Vermögen, ihrer sozialen Stellung und den Beziehungen, die sie zu ihrer Familie unterhielten. Vorzugsbehandlung war gegen entsprechende Bezahlung erhältlich[80]. Gefängnisfunktion hatte in der Dauphiné außerdem das Hospital von Valence. Der Leiter dieser Einrichtung, Henri Guichard, genannt d'Hérapine bzw. La Rapine, hatte sich auf gewaltsame Zwangskonversionen spezialisiert. Besonders hartnäckige Fälle wurden daher nach Valence geschickt[81]. Detaillierte Beschreibungen über die Foltermethoden, die hier nicht im einzelnen wiedergegeben werden sollen, finden wir in den Memoiren von Blanche Gamond aus Saint-Paul-Trois-Châteaux in der Dau-

[77] Für weitere Gründe vgl. die Tabelle bei André ZYSBERG, Les galériens. Vies et destins de 60000 forçats sur les galères de France 1680–1748, Paris 1987, S. 107.

[78] Ibid., S. 111.

[79] MOURS, ROBERT, Le protestantisme, S. 149ff.

[80] Cathérine FARVAQUE, La Tour de Crest, forteresse et prison aux 17ème et 18ème siècles, in: Revue Drômoise 84 (1985), S. 354.

[81] MOURS, ROBERT, Le protestantisme, S. 146.

phiné, deren Abschwörung d'Hérapine trotz Anwendung rüdester Methoden nicht erreichte[82].

Für die Provence gab es lediglich einige als Gefängnisse genutzte Forts in Marseille, die jedoch nur im Zusammenhang mit den Galeeren genannt wurden und daher erst an späterer Stelle erwähnt werden sollen. Es bleibt zu erinnern, daß Kinder auch in Klöstern und Bruderschaften förmlich gefangengehalten wurden[83].

Insgesamt rund 1500 französische Protestanten traten eine lebenslange Galeerenhaft an. Das waren etwa 4% der insgesamt 38000 Männer, die zwischen 1680 und 1748 auf die Galeeren geschickt wurden. Dabei mußten die Protestanten keinesfalls, wie früher oft angenommen wurde, an die Kette, weil der König Ruderer brauchte. Die Tausende durch bürgerliches Recht Verurteilten, Salzschmuggler und Deserteure reichten völlig aus. „Leur condamnation [...] représenta [...] plutôt une répression >sélective<, qui cherchait à faire des exemples, à faire peur, au moyen de châtiment exorbitant des huguenots récalcitrants et malchanceux. [...] L'on s'acharna en particulier sur les fortes têtes qui toisaient leurs juges et envoyaient au diable les prêtres qui tentaient de les convertir"[84]. Von den 1500 protestantischen Galeerenhäftlingen starben 44% auf den Galeeren; von den restlichen 56% wurden nur 39% freigelassen, wahrscheinlich um den Preis der Abschwörung, 20% blieben zwischen vier und neun Jahren auf der Galeere, 24% zwischen zehn und 15 Jahren und 17% zwischen 16 und 30 Jahren[85]. Diejenigen protestantischen Ruderer, deren Wirkung und Ausstrahlung zu groß war, wurden in dunklen Zellen des Sträflingshospitals, im Fort St. Jean oder in der Zitadelle von Saint-Nicolas im Hafen von Marseille oder auf der Gefängnisinsel Château d'If eingekerkert, um sie jeder Möglichkeit zur Einflußnahme auf das Geistesleben ihrer protestantischen Mitruderer zu berauben[86].

Trotzdem entwickelten sich unter den Protestanten auf den Galeeren beachtliche Strukturen zur gegenseitigen Hilfe und Solidarität. An der Spitze dieses Systems stand ein siebenköpfiges comité central, dessen Mitglieder jeweils ein besonderes Aufgabengebiet zugeteilt bekamen: Propaganda, Schatzamt, internationale Beziehungen, über das sie ihren Kameraden regelmäßig Rechenschaft ablegten. Gegenseitige Hilfe war das erste Ziel dieses

[82] Une héroïne protestante. Récit des persécutions que Blanche Gamond, de Saint-Paul-trois-Châtaux en Dauphiné, agée d'environ 21 ans a endurées pour la querelle de l'évangile avant dans icelles surmonté toutes tentations par la grace et providence de dieu, hg. v. Théodore CLAPARÈDE, Paris 1867. Auch ARNAUD, Protestants du Dauphiné, Bd. 3, S. 45ff. RICHARD, La vie quotidienne, S. 182f. CADIER, Femmes, S. 283f.

[83] BOURRILLY, Protestants de Provence, S. 175. vgl. Eugène ARNAUD, Histoire des protestants de Provence, du Comtat Venaissin et de la Principauté d'Orange, 2 Bde, Paris 1884, Bd. 1, S. 503ff. DERS., Protestants du Dauphiné, Bd. 3, S. 185f.

[84] ZYSBERG, Vies et destins, S. 102f.

[85] André ZYSBERG, Les galériens protestants du Roi-Soleil, in: L'histoire 66 (1984), S. 21.

[86] MOURS, ROBERT, Le protestantisme, S. 152.

Verbundes. Aus Kollekten in den protestantischen Ländern Europas erhielten die protestantischen Ruderer Geld und Bücher, die auf komplizierten Wegen auf die Galeeren gelangten und dort je nach Bedarf verteilt wurden. Natürlich war dies nur mit fremder Hilfe möglich: „A l'intérieur de la société des galères, des forçats ‚papistes', des soldats, des matelots, des argousins, des comites et sans doute des officiers se laissaient volontiers soudoyer: ‚ce n'est qu'à force d'argent que nous pouvons faire nos affaires', écrivait David Serres. Ces complicités permettaient même de communiquer avec les enfermés du chateau d'If et de la citadelle Saint-Nicolas“[87]. Aber das „comité“ beschränkte sich nicht auf die Verteilung von Geldern: „Il fallait aussi ‚reprendre et corriger les vicieux [...] encourager et fortifier les faibles et les chancelants [...] retrancher les lâches et les scandaleux'. [...] Ce règlement prévoyait également l'alphabétisation des ‚frères ignorant' lorsque les galères demeuraient au port de Marseille; et gare aux faitnéants qui refuseraient les lumières de l'instruction: ‚On les privera d'une partie ou même de tout le soulagement qu'on avait accoutumé à leur donner, jusqu'à ce qu'ils se soumettent à leur devoir'“[88].

In den Wintermonaten, wenn die Galeeren nicht auf See waren, war das Leben für die Häftlinge weniger hart. Im allgemeinen war es zum Beispiel erlaubt, im Winter dem ursprünglich erlernten Beruf nachzugehen. Dies war für Protestanten zwar nach dem Buchstaben des Gesetzes auch verboten, aber „là encore, biens des accomodements étaient possibles“[89]. Auch im Bereich der Galeeren nahmen die Verurteilungen nach 1715 ab[90]; trotzdem wurden die letzten zwei forçats pour la foi erst 1775 freigelassen: Man hatte sie schlicht vergessen.[91]

7.2.3. Krypto-Protestantismus

7.2.3.1. Berufsleben

Mit den Massenkonversionen und der Revokation stellte sich die paradoxe Situation ein, daß Neukonvertierte, die vorher als Protestanten von bestimmten bzw. fast allen Berufen ausgeschlossen waren, in diese zurückkehren konnten, weil sie das formale Kriterium der Katholizität jetzt erfüllten[92]. Lediglich für diejenigen, die auch formal noch Protestanten waren, waren jetzt

[87] ZYSBERG, Les galériens protestants, S. 27.
[88] ZYSBERG, Vies et destins, S. 192f. Ein Augenzeugenbericht über das Leben auf der Galeere liegt uns in den Memoiren Jean Marteilhes vor: Jean MARTEILHE, Galeerensträfling unter dem Sonnenkönig, München 1989, S. 209ff.
[89] ZYSBERG, Les galériens protestants, S. 28.
[90] MOURS, ROBERT, Le protestantisme, S. 145. Vgl. hierzu auch die Tabelle bei ZYSBERG, Vies et destins, S. 104.
[91] ZYSBERG, Les galériens protestants, S. 28.
[92] DEURSEN, Professions, S. 349.

alle Berufe verboten[93]. Allerdings waren hiervon die wenigsten betroffen, da ja, wie gesagt, die Masse der Protestanten unter dem Druck der Dragonaden abgeschworen hatte.

Eine Reihe von Verordnungen versuchte, wie wir schon gesehen haben, das Berufsleben der Neukonvertierten zu regeln. Berufe, die im weitesten Sinne mit der Durchsetzung des Katholizismus befaßt waren, wurden nach dem Revokationsedikt für Neukonvertierte ausdrücklich verboten[94]. Darunter fielen Schulmeister, die ihre Schüler im Sinne der katholischen Religion erziehen mußten; Ärzte, die den Klerus von jedem Krankheitsfall unterrichten mußten, damit, wenn nötig, die Sterbesakramente erteilt werden konnten; Notare, die beim Abschluß von Heiratsverträgen zwischen Ehepartnern darüber wachen mußten, daß der Vertrag auch den Hinweis enthielt, daß die Heiratswilligen ihre Hochzeit in der katholischen Kirche feiern würden[95]. Die alte Regel, daß Schulmeister eine bischöfliche Approbation vorlegen mußten, wurde beibehalten. Diese Regel hätte man theoretisch auf weitere Berufe ausweiten können, aber die Angst vor Auswanderungen veranlaßte die Regierung, Milde walten zu lassen: „Eine wirkliche und strenge Überwachung der Berufsverbote hat genaugenommen nie stattgefunden, und in den seltensten Fällen wurden Verurteilungen allein aufgrund der Berufsverbote ausgesprochen. In der großen Mehrheit der Fälle, in denen Neukonvertierte, die ihren Beruf verbotenerweise ausübten, vor Gericht standen, waren anderweitige Gesetzesverstöße der Grund“[96].

1698 erschien eine neuerliche Deklaration zur Ordnung des Berufslebens der Neukonvertierten. Die Tatsache allein, daß nicht alle bis dahin bereits erlassenen Berufsverbote hier wieder explizit in den Gesetzestext aufgenommen wurden, spricht, nach van Deursen, schon dafür, daß die Regierung zu der Einsicht gelangt war, nicht alle der geltenden Gesetze seien wirklich nützlich. Ein Beispiel aus der Dauphiné belegt das: seit 1685 durften Protestanten nicht mehr Buchhändler werden. Der Fluß protestantischer Bücher wurde aber dadurch nicht unterbunden, denn erstens handelten auch katholische Buchhändler mit dieser Ware, sofern Nachfrage bestand; zweitens lief der Verkauf gerade in so ländlichen Gegenden wie der Dauphiné nicht nur über Buchläden, sondern auch über Hausverkäufer (*colporteurs*), und auch die obligatorischen Bestandslisten, die Buchhändler dem katholischen Klerus abliefern mußten, taten die erhoffte Wirkung nicht, denn sie konnten leicht gefälscht werden. Das Gesetz von 1698 wurde nicht auf breiter Front ausgeführt. Man scheute sich, in letzter Konsequenz die zahlreichen Denunzierten ihrer Ämter zu entheben, und nach ein oder zwei Jahren hatte sich der „Wirbel“ um die Deklaration gelegt. Mit Beginn des spanischen Erb-

[93] Ibid.
[94] Ibid., S. 365f.
[95] Ibid., S. 349.
[96] Ibid., S. 350.

folgekrieges galt die Aufmerksamkeit dann ohnehin wieder vermehrt der Außenpolitik[97].

Die Deklaration von 1724 faßte noch einmal die gesamte antiprotestantische Gesetzgebung zusammen, aber obwohl sie dem Wortlaut nach extremer war als ihre Vorgängerin, war ihre Auswirkung in der Praxis geringer. In ganz Frankreich blieb das Jahr 1724 für Mediziner, Hebammen, Advokaten und „procureurs" praktisch ohne Konsequenzen. 1744 und 1745 gab es noch einmal eine kleine Verfolgungswelle[98]. Ab der Mitte des Jahrhunderts aber sind nur noch Einzelfälle bekannt, in denen Protestanten wegen ihres Berufs verfolgt wurden[99].

Zahlreiche Beispiele aus der Dauphiné belegen, daß sich in einer Provinz mit so hohem Anteil an Neukonvertierten die Gesetze über die Berufe Neukonvertierter nicht ausführen ließen. Einige Verbote wurden nie ernsthaft angewandt, etwa die, die Apotheker und Chirurgen betrafen[100]. Unter den Ärzten in der Dauphiné gab es zu viele Neukonvertierte, als daß man jeden hätte belangen können, der einen Krankheitsfall nicht rechtzeitig gemeldet hatte[101]. Einige öffentliche Ämter in den Städten und Kommunen waren noch in der Hand von Neukonvertierten, in Saint-Paul waren sie es 1701 gar ausnahmslos. Eine gerichtliche Untersuchung wurde in solchen Fällen nur angestrengt, wenn eine Beschwerde eingegangen war, und dann noch nicht einmal zwingend, wie das Beispiel von Veynes zeigt. Dort beschwerten sich die Katholiken 1707, daß sie, obwohl sie zahlenmäßig die Mehrheit bildeten, nicht an der Lenkung kommunaler Angelegenheiten beteiligt seien. Es ist nicht bekannt, daß diese Beschwerde irgendwelche Folgen gehabt hätte[102]. In vielen Orten waren Neukonvertierte Gemeindebeamte, weil es schlicht an Altkatholiken mangelte, die dieselbe Eignung für die entsprechenden Posten hätten aufweisen können. Dies war z.B. in Gap der Fall, wo 1737 30 Neukonvertierte solche Ämter bekleideten. Auch in Serres wurden Neukonvertierte regulär zu Konsuln gewählt, und der Intendant weigerte sich 1715, auf eine Beschwerde des katholischen Klerus zu reagieren[103]. Auch nach 1724 gab es in der Dauphiné weiterhin neukonvertierte Konsuln[104]. Um neukonvertierte Notare wurde in der Dauphiné bereits um 1700 kein Aufhebens mehr gemacht, auch nicht nach 1724[105]. Advokaten aus den Reihen der Neukonvertierten waren in der Dauphiné seit 1761 praktisch überall wieder zu-

97 Ibid., S. 351.
98 Vermutlich u.a. darauf zurückzuführen, daß die französische Krone eine Verbindung der Neukonvertierten mit den im Var und an der Durance einfallenden piemontesischen und österreichischen Armeen befürchtete.
99 Ibid., S. 352.
100 Ibid., S. 129, 144.
101 Ibid., S. 130.
102 Ibid., S. 279.
103 Ibid.
104 Ibid., S. 281.
105 Ibid., S. 230.

gelassen[106]. Es bestätigt sich auch, daß Zuwiderhandlungen gegen Berufsverbote grundsätzlich nur im Zusammenhang mit anderen Delikten verfolgt wurden. 1746 etwa verurteilte das Parlament von Grenoble die neukonvertierte Hebamme Madelaine Monnier aus Vinsobres, die aber am gleichen Tag einen Prozeß hatte, weil sie in der Wüste geheiratet hatte[107]. Notare wurden vom Parlament von Grenoble in der zweiten Hälfte des 18. Jahrhunderts meistens wegen Teilnahme an geheimen Versammlungen verurteilt[108].

In einer so katholischen Provinz wie der Provence war natürlich mehr Widerspruch von seiten des Klerus zu erwarten. So verlangte dieser in Aix sogar 1787 noch, daß Hebammen katholisch sein sollten, obwohl man aufgrund der großen Nachfrage bei Hebammen generell gar nicht mehr auf die Religion schaute[109]. Auch forderte er noch 1787, daß Neukonvertierte von Schulämtern ausgeschlossen bleiben sollten[110]. Trotzdem gab es auch in der Provence Protestanten in verbotenen Berufen: In Cabrières war nach 1698 der Neukonvertierte Roux, einer der führenden Protestantenchefs der *vallée de Lourmarin*, Notar. Für das Jahr 1735 sind in der Provence außerdem Neukonvertierte als Kommunalbeamte nachgewiesen[111]. Es ist allerdings nicht bekannt, wie verbreitet dieses Phänomen in dieser Provinz war.

7.2.3.2. Religiöses Leben und Kindererziehung

Philippe Joutard hat immer wieder betont, daß es sich in Gegenden mit stark reformiertem Bevölkerungsanteil beim Protestantismus „nicht nur um eine Glaubensform, sondern um eine Kultur handelt, die das gesamte Leben gestaltete und die Unterschiede zu den Katholiken noch akzentuierte“[112]. Dies zeige sich etwa darin, daß sich sämtliche mit heidnischen Bräuchen verbundenen Äußerungen der Volkskultur wie die Johannisfeuer, der Karneval, der Tanz, Charivari (Lärmspektakel), magische Bräuche etc. mit der Zeit soweit abgeschwächt hätten, daß der Gegensatz zwischen katholischen und protestantischen Dörfern klar hervorgetreten sei. Selbst die Ernährung sei durch die Ablehnung der Fastenspeisen ein wichtiges Kennzeichen für diese Unterschiedlichkeit gewesen[113]. Die protestantische Sprache sei ferner in starkem Maße durch das Alte Testament geprägt gewesen; im Kamisardenkrieg im Languedoc (1702 – 1705) soll man die verkleideten Protestanten angeblich hieran erkannt haben! Die Rolle der Familie als Rahmen für verschiedene religiöse Betätigungen, der „private“ Gottesdienst sozusagen, ist ferner ein typisches Merkmal protestantischer Frömmigkeit[114]. Im Rahmen der Familie

[106] Ibid., S. 251.
[107] Ibid., S. 161.
[108] Ibid., S. 234.
[109] Ibid., S. 164.
[110] Ibid., S. 81.
[111] Ibid., S. 229.
[112] JOUTARD, Ende und neue Chance, S. 15.
[113] Ibid.
[114] Philippe JOUTARD, Les camisards, Paris 1976, S. 33.

wurde etwa gemeinsam die Bibel gelesen, der wiederum im protestantischen Glauben eine zentrale Stellung zukam[115]. Eine besondere Bedeutung hatten für die Protestanten auch die Psalmen. „Ils sont péans de victoire, ainsi qu'hymnes identificateurs, ils rythment les travaux comme les loisirs; on les entonne au culte comme le soir à la veillée. Chacun les connaît par cœur, chacun les aime, les plus modestes artisans avec le plus opulent notable"[116].

Zu diesen nach außen hin in Erscheinung tretenden typischen Charakterzügen des Protestantismus gesellten sich grundsätzliche doktrinäre Unterschiede zwischen den beiden Konfessionen, von denen im Laufe dieses Kapitels noch die Rede sein wird; diese Faktoren führten in ihrer Gesamtheit dazu, daß die meisten Protestanten, wenn sie auch oberflächlich den katholischen Glauben angenommen hatten, diesen im Innersten doch schwer akzeptieren konnten und daher ein doppeltes Spiel trieben, ihr Protestantentum mehr schlecht als recht verbargen – und „statistisch" gesehen umso schlechter, je weniger bürgerlich und städtisch sie waren[117]. Ehrlich Bekehrte scheint es nicht gegeben zu haben; nur eine verschwindend kleine Minderheit lebte als überzeugte Katholiken, meistens Notabeln oder Arme, die vor der Revokation von einer Unterstützung durch das protestantische Konsistorium gelebt hatten[118]. Wenige waren auf der anderen Seite echte *opiniâtres*; so wurden die Widerspenstigen genannt, die sich weigerten, sich ins Abschwörregister eintragen zu lassen und, wenn sie nicht gefaßt und zu Galeere oder

115 Dazu in „Différences entre catholicisme et protestantisme", o. A., in: Destin du protestantisme alpin, fascicule pédagogique, 21.: „L'homme est en relation directe avec Dieu par la foi, et c'est l'Écriture ... qui lui apprend à connaître la volonté de Dieu. Dieu s'exprime par l'Écriture. D'où l'importance de la Bible, car l'Écriture a tout dit, et constitue la seule autorité. Elle doit donc être comprise par tous, et sera traduite en langue vulgaire." Letzteres widerspricht allerdings der Aussage JOUTARDS, Les camisards, S. 20, die Bibel sei nicht in die *langue d'oc* übersetzt worden, dadurch seien einfache Landleute zur Zweisprachigkeit ermutigt worden; wenn sie französisch auch nicht sprechen konnten, so hätten sie es doch wenigstens verstehen können. Zur Bedeutung der Bibel bei den Protestanten vgl. auch William SESTON, Simples remarques sur la culture biblique des protestants du 16ème au 18ème siècle, in: BSHPF 115 (1969), S. 301 ff. – Bernard ROUSSEL, Allocution au musée du désert. La bible au désert, in: BSHPF (1989), S. 425–436.

116 GARRISSON, L'Édit de Nantes, S. 132. R. ZUBER, Les psaumes dans l'histoire des Huguenots, in: BSHPF 123 (1977), S. 350 ff.

117 Dazu RICHARD, La vie quotidienne, S. 263: „Ni la banque protestante ni le milieu de grande bourgeoisie d'affaires français ne se soucièrent véritablement de la situation difficile et illégale des protestants de l'intérieur." Und Emile-G. LÉONARD, Problèmes et expériences du protestantisme français. L'urbanisation, l'embourgeoisement, les déviations ecclésiastiques, l'attrait catholique, Paris 1940, S. 17 ff.: „Ce n'est pas seulement le nombre des religionnaires qui diminuait constamment dans les villes, mais aussi [...] la qualité de leur protestantisme. Contre la pression des autorités, du clergé et de la masse catholique, ils n'usaient pas de la résistance passive hardie des ruraux, mais de la seule abstention de tout acte de catholicisme [...] Au protestantisme de plein air de l'Eglise du Désert les villes opposaient le crypto-protestantisme; au protestantisme des huguenots ‚opiniâtre', un protestantisme de ‚marran'."

118 MOURS, ROBERT, Le protestantisme, S. 13.

Gefängnis verurteilt wurden, z. T. in Wäldern, Gebirgen oder in der Anonymität der Großstädte untertauchten[119]. Die große Masse der Neukonvertierten aber lebte nach außen hin mehr oder weniger ausgeprägt als gute Katholiken und pflegte insgeheim den protestantischen Glauben weiter. Das begann bereits bei der Abschwörung: Man ließ – diese Abwehrreaktion ist zum Beispiel für Aix belegt[120] – den Akt der Abschwörung passiv über sich ergehen, gab aber vor, nicht schreiben zu können, um ihn nicht aktiv besiegeln zu müssen: „‚Ne sais pas signer', telle est la notation largement majoritaire, comme si, brusquement, les protestants étaient devenus tous analphabètes [...] Bien entendu, c'est une première forme de réserve: le corps est présent, mais l'esprit est ailleurs"[121].

Widerwillen zeigte sich bei den Neukonvertierten zunächst gegen die nun zur Pflicht gewordene Teilnahme an der katholischen Messe, die zumindest in den Jahren unmittelbar nach dem Revokationsedikt der Überwachung von seiten der katholischen Geistlichkeit unterlag[122]. Allerhand Ausreden wurden erfunden, um den Messebesuch zu vermeiden: man sei krank gewesen, man habe die Glocken nicht gehört o.ä.[123] Als Gegenreaktion auf die Messe und als Fortführung protestantischer Frömmigkeit entwickelte sich unter den Protestanten die Angewohnheit, weiterhin Gottesdienste abzuhalten, und zwar in Form geheimer Versammlungen. Die kleinstmögliche Versammlung war die Zusammenkunft der Familie, der sogenannte *culte de famille*. Die nächstgrößere Variante war der um Bekannte und Nachbarn erweiterte Familiengottesdienst, der sogenannte *culte de société*[124]. In der Provence hat es in den Jahren nach der Revokation in Marseille und in vormals überwiegend protestantischen Orten in der vallée d'Aygues sowie um Arles und Digne (z. B. Velaux, Mouriès, Les Baux, Eyguières, Lauris, Mérindol, Saignon) zunächst nur diese Art von Versammlungen im kleinen Kreise gegeben[125].

Eine dritte Form, die es in dieser Frühphase in der Provence noch nicht, wohl aber schon in der Dauphiné gab, war die der Versammlungen „in der Wüste" (*assemblées au désert*). Die Bezeichnung Wüste lehnte sich zum einen an den Zug des Volkes Israel durch die Wüste an[126] – Symbol der Prüfung und Reinigung; sie verwies andererseits darauf, daß sich diese Versammlungen größtenteils unter freiem Himmel auf Feldern oder in Wäldern abspielten, gelegentlich auch in Grotten oder Scheunen[127]. Diese hauptsächlich

[119] LIENHARD, Zwischen Gott und König, S. 15ff.
[120] STOUFF, Autour de la révocation, S. 20.
[121] Philippe JOUTARD, La résistance protestante, in: L'histoire 77 (1985), S. 64.
[122] LABROUSSE, Essai sur la révocation, S. 202.
[123] JOUTARD, Ende und neue Chance, S. 20.
[124] Emile-G. LÉONARD, Les assemblées au désert. Caractères, adversaires et conséquences, in: BSHPF 87 (1938), S. 473.
[125] BOURRILLY, Protestants de Provence, S. 157.
[126] JOUTARD, Ende und neue Chance, S. 21.
[127] RICHARD, La vie quotidienne, S. 217.

in Südfrankreich abgehaltenen Versammlungen waren eine Art öffentlicher Gottesdienste (*culte public*), zunächst nachts und heimlich abgehalten, dann auch tagsüber, bei denen sich Gläubige versammelten, um einen Laienprediger zu hören, gemeinsam zu beten etc.[128] Notabeln und Reiche, kurz: all „diejenigen, die etwas zu verlieren hatten"[129], nahmen an diesen Versammlungen gar nicht oder erst viel später teil – ganz abgesehen davon, daß auf die Teilnahme an Versammlungen seit 1686 Galeere und Gefängnis, für die Prediger sogar die Todesstrafe standen[130]. Den Vorsitz dieser Versammlungen hatten meist Prediger, von denen manche nicht einmal lesen konnten.[131] Sie rekrutierten sich zum Teil aus den in den Wäldern untergetauchten *opiniâtres*[132] . Arnaud bezeichnet sie als „ignorants" und „exaltants", gleichwohl gesteht er ihnen zu, daß sie während der Abwesenheit regulärer protestantischer Pastoren erheblich zum Erhalt des protestantischen Glaubens in Südfrankreich beigetragen hätten[133]. Auch Frauen ergriffen auf diesen Versammlungen das Wort, ungewöhnlich für die reformierte Kirche, denn seit 1560 durften Frauen nicht einmal ohne ihren Mann ein Kind zur Taufe bringen, geschweige denn öffentliche Versammlungen abhalten[134]. Für diese „Behelfsgottesdienste" wurden später, als sich allmählich wieder kirchliche Strukturen zu bilden begannen, eigens tragbare Kanzeln[135] und demontierbare Taufbecken konstruiert; die Priester der Wüste versteckten ihre Kopfbedekkung in Milcheimern, und die Frauen verbargen unter ihrer Haartracht Miniaturbibeln[136].

Für Léonard haben diese Versammlungen das Überleben der protestantischen Kirche garantiert: „Les assemblées au Désert ont sauvé l'Eglise"[137]. Diese Aussage gründet er u.a. auf die Beobachtung, daß sich der Protestantismus in Gegenden, wo man Versammlungen in der Wüste abgelehnt habe, im Laufe der Periode zwischen Revokation und Revolution erheblich dezimiert habe, dagegen in Gegenden, wo solche Versammlungen abgehalten worden seien – wie in Gesamt-Südfrankreich – keine wesentlichen Einbußen zu verzeichnen gewesen seien[138].

Über die Zahl und Häufigkeit dieser Versammlungen lassen sich keine exakten Angaben machen, da mit einiger Sicherheit nur diejenigen belegt sind, die von den Verfolgern aufgedeckt wurden und über die daher in irgendeiner Form gerichtliche Notizen, etwa Gerichtsakten über Verurteilungen, Proto-

[128] Léonard, Les assemblées, S. 474.
[129] Mours, Robert, Le protestantisme, S. 16.
[130] Arnaud, Protestants du Dauphiné, Bd. 3, S. 62.
[131] Lienhard, Zwischen König und Gott, S. 26.
[132] Mours, Robert, Le protestantisme, S. 12.
[133] Arnaud, Protestants du Dauphiné, Bd. 3, S. 82.
[134] Cadier, Femmes, S. 282.
[135] La France religieuse, Bd. 2, S. 510f.
[136] Joutard, La résistance, S. 62f.
[137] Léonard, Les assemblées, S. 479.
[138] Ibid.

kolle von Verhören o. ä. vorliegen[139]. Für die Dauphiné sind bereits für die Zeit zwischen 1686 und 1689 über zwölf Versammlungen belegt[140]. Aber diese zufällig aufgedeckten Versammlungen sollen hier nicht im einzelnen aufgeführt werden[141]. Es soll nur festgehalten werden, daß auch in Bezug auf die Versammlungen die Verfolgung mal zunahm, mal abnahm. Erst seit etwa 1760 wurden die Versammlungen in der Dauphiné wieder tagsüber abgehalten. Seit dieser Zeit herrschte in zunehmendem Maße religiöse Toleranz[142]. In der Provence fanden Versammlungen im größeren Rahmen erst seit Beginn der Restauration kirchlicher Strukturen statt: Aus dem Jahre 1719 ist etwa der Besuch des Pfarrers Jacques Roger aus dem Languedoc überliefert[143]. Lediglich in Orange gab es schon früher Versammlungen[144].

Ein Phänomen des Widerstandes oder des Sich-nicht-Abfindens mit einer Situation sei hier erwähnt, weil es seinen Ausgang in der Dauphiné nahm: gemeint ist der Prophetismus. Im Februar 1688 begann hier eine junge Hirtin namens Isabeau Vincent im Schlaf zu predigen. Viele Neukonvertierte scharten sich daraufhin um sie, um ihren „Inspirationen" beizuwohnen. Im Juni desselben Jahres wurde Isabeau ins Gefängnis nach Grenoble gebracht. Aber durch „Ansteckung" hatten inzwischen auch andere junge Leute dieselben Fähigkeiten erlangt und „prophetisierten". Die Quellen für dieses Phänomen sind zahlreich: Gerichtsakten mit Zeugenaussagen, Aussagen der Inspirierten zur Rechtfertigung oder Beschreibungen von „fidèles émerveillés." Auf ihrer Basis läßt sich der Prophetismus folgendermaßen beschreiben: „L'inspiration est toujours précédée de phénomènes physiques bien caractéristiques: fardeau sur la poitrine et pesanteur sur l'estomac, suivies de torrents de larmes et quelquefois même de pleurs de sang, puis viennent des frissonnements des tremblements de tout le corps; dans certains cas, la personne atteinte tombe à terre, saisie de convulsions. Elle se met alors à parler, toujours en français, sans en avoir conscience et lorsqu'elle se réveille, elle ne se souvient pas toujours de ce qu'elle a dit. Pendant toute la crise, elle est en état de complète insensibilité. Le prophétisme est contagieux: ‚l'inspiration' s'acquiert en regardant d'autres inspirés"[145].

Die Erklärungsversuche für dieses Phänomen reichen von „Hysterie" bis „geheime Prophetenschule im Ausland". Joutard bietet einen psychosozialen Erklärungsversuch: Mit dem Trauma der Abschwörungen, meint er, hätten die Protestanten nicht nur ihren Glauben, sondern ihre gesamte Kultur verloren. „Dans cette optique, convulsions et tremblements deviennent un

[139] LIENHARD, Zwischen König und Gott, S. 26.
[140] MOURS, ROBERT, Le protestantisme, S. 61.
[141] Die meisten sind bei Bourrilly oder bei Arnaud erwähnt.
[142] ARNAUD, Protestants du Dauphiné, Bd. 3, S. 279.
[143] ARNAUD, Protestants de Provence, Bd. 1, S. 497.
[144] BOURRILLY, Protestants de Provence, 126, S. 145.
[145] BOLLE (Hg.), Histoire des protestants, S. 206.

véritable langage de la personne qui, ne pouvant plus s'exprimer sur le mode rationnel, du fait de l'acculturation brutale, utilise la seule parole qui lui reste, son corps"[146].

Das Verdienst dieser Propheten war es nach Le Roy Ladurie, „d'être concrète, de se limiter à l'essentiel et de le dire, dans les termes simples et émouvants, immédiatement perceptibles par son auditoire [...] Les petits prophètes redonnèrent à tous joie et confiance"[147]. Ebenso Bolle: „Cette prédication prophétique très concrète, évoquant des réalités que connaissaient bien les auditeurs, eut une efficacité beaucoup plus forte que les sermons froids et rhétoriques des pasteurs de Genève ou d'Amsterdam: elle redonnait joie et confiance au petit peuple huguenot"[148].

Mit Antoine Court begann die Erneuerung der kirchlichen Strukturen der protestantischen Kirche Frankreichs im 18. Jahrhundert[149]. Court war im Jahre 1695 in Villeneuve de Berg im Vivarais geboren. Schon als Kind war er von seiner Mutter auf geheime Versammlungen in der Wüste mitgenommen worden. Später wurde er selbst Prediger, stand zeitweise auch den „Propheten" nahe. Seit Ende 1713 aber wandte er sich gegen Prophetismus und auch gegen die Anwendung von Gewalt im Kampf um Religionsfreiheit. Im Jahre 1715 hielt er in Montèzes, nahe bei St. Hippolyte du Fort, im Languedoc – geheim und im kleinsten Kreise von etwa zehn Personen – eine erste Synode der Wüste ab, die die „Disziplin" wiedereinführte, d.h. die Grundsätze, an die sich die zu reorganisierenden Kirchen zu halten hatten: Dem Prophetismus wurde eine Absage erteilt; die Konsistorien wurden wieder eingeführt; *violence vengeresse* wurde abgelehnt; gelegentlich sollten Synoden abgehalten werden[150]. Ausgangspunkt für die Reorganisation der Lokalkirchen war das Eintreffen eines Predigers, der eine geheime Versammlung abhielt. Auf dieser Versammlung wurden dann Älteste zur Bildung eines Konsistoriums bestimmt. Bald wurde es üblich, am Ende der Gottesdienste Taufen und Hochzeiten zu zelebrieren. „Eviter d'aller à la messe et même refuser le baptême et le mariage à l'église catholique devinrent rapidement une obligation morale pour les protestants sincères"[151].

146 JOUTARD, Les camisards, S. 87.
147 Zitiert nach JOUTARD, Les camisards, S. 88.
148 BOLLE (Hg.), Histoire des protestants, S. 207. Der gleiche Standpunkt bei ARNAUD, Protestants du Dauphiné, Bd. 3, S. 65 ff. Zur Frage des Prophetismus siehe auch Robert P. GAGG, Kirche im Feuer. Das Leben der südfranzösischen Hugenottenkirche nach dem Todesurteil durch Ludwig XIV., Zürich/Stuttgart 1961, S. 27 ff., 49 ff., 77 ff.
149 Die Restauration der protestantischen kirchlichen Strukturen im 18. Jahrhundert ist Gegenstand zahlreicher Untersuchungen, vgl. etwa Emile-G. LÉONARD, Histoire générale du protestantisme, Bd. 3, S. 20 ff. BOLLE (Hg.), Histoire des protestants, S. 211 ff. Raoul STEPHAN, Histoire du protestantisme français, Paris 1961, S. 183 ff. MOURS, ROBERT, Le protestantisme, S. 159 ff. Daniel ROBERT, Renaissance de l'église réformée au 18ème siècle, in: BSHPF 134 (1988), S. 209 ff.
150 René MOULINAS, Sociétés et mentalités à l'époque moderne. Cours par correspondance (Université de Provence), Aix-en-Provence année universitaire 1990/91, S. 32.
151 BOLLE (Hg.), Histoire des protestants, S. 212.

Schwierigkeiten bereitete Court das protestantische Establishment (*les autorités qualifiées du protestantisme*), das diese Versammlungen ablehnte, weil sie die Gesetze des Königs verletzten und außerdem ohne Pastoren abgehalten wurden. Um letzterem abzuhelfen, schickte Court 1718 seinen Freund Corteiz in die Schweiz, wo er die Approbation (*l'imposition*) zum Pastorenamt erhielt, die er dann seinerseits Court erteilte[152]. Um eine ordnungsgemäße Ausbildung eines protestantischen Pastorencorps zu sichern, wurde 1729 mit Hilfe von Spenden aus dem gesamten Refuge in Lausanne eine Pastorenausbildungsstätte gegründet[153]. Die Pastoren wurden von der Schweiz oder von Holland finanziert, die Prediger dagegen mußten von den Gläubigen durch Kollekten unterhalten werden[154]. Die ausgebildeten Pastoren führten zunächst ein Wanderleben, d.h. sie reisten durchs Land und hielten Gottesdienste ab, wo immer sich protestantische Gemeinden erhalten hatten. Seit etwa 1740, als die Toleranz allmählich an Boden zu gewinnen begann, ließen sie sich zunächst fest in einer Provinz, etwa 20 Jahre später dann sogar fest als Pastor für ein Konsistorium nieder[155].

Nach 1760 war das kirchliche Leben keinen großen Veränderungen mehr unterworfen. „Colloques et synodes provinciaux fonctionnèrent à peu près normalement“[156]. Seit 1763 hatte die Kirche der Wüste auch halboffizielle Vertreter in Paris, zunächst in der Person Court de Gébelins. Dieser handelte beispielsweise die Freilassung der letzten beiden protestantischen Galeerenhäftlinge aus. Sein Projekt, die religiöse Toleranz durch Zahlung einer freiwilligen Abgabe zu erkaufen, scheiterte. Auf Court de Gebelin folgte 1784 Rabaut-Saint-Étienne, der auch an den Verhandlungen über das Toleranzedikt beteiligt war[157].

In der Provence wurde die erste Versammlung in der Wüste von Jacques Roger aus der Dauphiné abgehalten[158]. Seitdem kamen gelegentlich Pastoren aus den Nachbarprovinzen in die Provence[159]. Erst 1744 wurde auf der vierten Nationalsynode in der Wüste beschlossen, daß auch die provenzalischen Protestanten aufgrund ihres besonderen Eifers einen Pastor zugeteilt bekommen sollten, der wechselweise vom „Bas-Languedoc“ und von der Dauphiné „ausgeliehen“ werden sollte. Es ist allerdings ungewiß, ob dieser Beschluß sofort ausgeführt wurde. 1746 ließ sich zum ersten Mal ein Pastor fest in der Provence nieder, nämlich Pastor Lafont. Er richtete die Kirchen von Cabrières, La Motte-d'Aigues, Peypin-d'Aigues, Saint-Martin de la Brasque, Lour-

152 MOULINAS, Société et Mentalités, S. 32. BOLLE (Hg.), Histoire des protestants, S. 213.
153 KERN, Le séminaire de Lausanne, S. 192ff.
154 Ibid., S. 196.
155 BOLLE (Hg.), Histoire des protestants, S. 213.
156 Ibid., S. 221.
157 Ibid., S. 228f.
158 BOURRILLY, Protestants de Provence, S. 157.
159 ARNAUD, Protestants de Provence, Bd. 1, S. 499.

marin, Lacoste, Sivergues, Mérindol und La Roque-d'Anthéron wieder auf[160]. Seit dieser Zeit waren ständig festansässige Pastoren in der Provence. Marseille erhielt den ersten eigenen Pastor 1762, ein Konsistorium wurde aber erst 1774 gegründet[161].

Der Restaurator des Kirchenlebens in der Dauphiné war Jacques Roger aus Bossières im Languedoc. Dieser hatte sich bereits 1708 in der Dauphiné niedergelassen, um die Kirchen der Wüste zu evangelisieren[162]. Schon als Prediger hielt er Versammlungen ab – so etwa 1710 im Trièves[163]. Er studierte dann in der Schweiz, wurde in Württemberg Pastor und kehrte 1715 als solcher in die Dauphiné zurück[164]. Dort herrschte bis 1719 relative Toleranz gegenüber den Protestanten, die Roger nutzte, um die Reorganisation der Kirche der Dauphiné in die Wege zu leiten[165]. 1716 wurde in der Dauphiné eine erste Provinzialsynode abgehalten, in deren Folge Roger an verschiedenen Orten (zunächst im Trièves, dann in der ganzen Provinz) Versammlungen abhielt, bei denen dann auch jeweils Konsistorien gegründet wurden[166]. Roger gründete auch eine *école ambulante*, die sich in verschiedene Orte der Provinz begab. Sie bildete junge Leute aus, die später nach Lausanne zur Pastorenausbildung geschickt wurden. 1731 zählte diese Schule drei Schüler[167]. Die Jahre 1738 bis 1740 waren von feindseliger Stimmung der katholischen Bevölkerung gegenüber den Protestanten geprägt. Daher wurden die *écoles ambulantes* wieder aufgelöst[168]. Im Jahre 1744 zählte die Dauphiné 60 Kirchen mit je einem Konsistorium (von insgesamt 300 in Gesamtfrankreich, die von insgesamt 28 Pastoren betreut wurden)[169]. Die Jahre 1745/46 brachten noch einmal eine Verschärfung der Verfolgungen: Roger wurde hingerichtet. Die übrigen Pastoren verließen vorübergehend die Provinz[170]. Aber die geschaffenen Strukturen waren inzwischen zu sehr gefestigt, um durch gelegentliche Verschlechterungen der Situation noch ernsthaft gefährdet zu sein. Allerdings gibt es erst für die Zeit nach 1768 gar keine Anzeichen von Verfolgung mehr[171].

160 Ibid., S. 511f.
161 BOURRILLY, Protestants de Provence, S. 211, 223, 238. Madeleine VILLARD, La vie religieuse des protestants à Marseille (1770–1820), in: Pratiques religieuses, mentalités et spiritualités dans l'Europe révolutionnaire (1770–1820). Actes du colloque de Chantilly 1986, u. Leitg. v. Bernard PLONGERON, Turnhout 1988, S. 255–264, hier S. 260. Zur Anzahl der Kirchen in der Wüste vgl. MOURS, Les églises réformées, S. 139ff.
162 ARNAUD, Protestants du Dauphiné, Bd. 3, S. 96.
163 MAILHET, L'église de Mens, S. 41.
164 ARNAUD, Protestants du Dauphiné, Bd. 3, S. 110ff.
165 Ibid., S. 95.
166 Ibid., S. 121ff.
167 Ibid., S. 161.
168 Ibid., S. 189f.
169 Ibid., S. 194.
170 Ibid., S. 224ff.
171 Ibid., S. 290f.

Eine weitere Unerträglichkeit bedeutete für die Neukonvertierten die Pflicht, ihre Kinder zum katholischen Schulunterricht schicken zu müssen. Auf die Verweigerung standen teilweise schwere Strafen: mindestens mit einer Geldstrafe war zu rechnen, im schlimmsten Fall aber wurden die Kinder ihren Eltern entzogen und in ein Kloster zwangseingewiesen, wo sie dann auf Kosten der Eltern in der katholischen Religion aufgezogen wurden[172]. Daß sich trotzdem auch gegen diese Maßnahme Widerstand regte, zeigt das Beispiel La Roque-d'Anthéron: Hier befanden sich die Protestanten sogar leicht in der Überzahl (etwa 500 : 450), waren aber nicht stark genug, um sich gegenüber den Katholiken durchzusetzen. Für 1698 ist belegt, daß sich zu diesem Zeitpunkt auf einmal 68% der Protestanten mit Kindern weigerten, diese zur Schule und zur Messe zu schicken. Woher rührte dieser plötzliche Widerstand? Kinder sind grundsätzlich essentiell für das Überleben einer Gruppe. Deshalb war die Vorstellung, ihre Kinder könnten im katholischen Glauben großgezogen werden, für die Protestanten sozusagen eine Existenzbedrohung. Daß ihr Widerstand erst 1698 dokumentiert ist, erklärt sich daraus, daß genau in diesem Jahr eine königliche Deklaration erlassen worden war, die den Zwang zum Schulbesuch forderte. Dieser hatte zwar vorher auch schon bestanden, seine Einhaltung war aber, nach Audisio, wegen der Kriege bis dahin nicht so streng überwacht worden[173]. Leider wissen wir nicht, welchen Ausgang die Weigerung der Protestanten von La Roque-d'Anthéron nahm, aber wir haben zumindest gesehen, daß es auch in diesem Bereich Widerstand gegeben hat[174].

7.2.3.3. Umgang mit den katholischen Riten

Unerträglicher als die katholische Messe war für die Protestanten die Pflicht, an den katholischen Sakramenten teilzunehmen. Dazu gehörte zunächst die Beichte, die bei den Protestanten nicht existierte. Sauvan-Richou zitiert in diesem Zusammenhang eine Anekdote über eine Protestantin, die offensichtlich mit dem Modus der Beichte noch nicht vertraut war, „l'histoire de cette protestante allant se confesser, et à qui le prêtre, pour l'aider, pose des questions: n'a-t-elle rien volé? a-t-elle fâché son mari? querellé une voisine? est-elle mendisante? a-t-elle commis un adultère? Etonnée, puis bientôt fort en colère, l'apprentie pénitente se relève en ripostant: ‚Moi, Monsieur, pour qui me prenez-vous?' et s'en va en marmottant"[175].

Bis 1687 gab es außerdem noch Zwangskommunionen[176], die dann aber eingestellt wurden, weil sie ihren Zweck nicht erfüllten. „Une pratique aussi

[172] LIENHARD, Zwischen König und Gott, S. 21.
[173] Gabriel AUDISIO, Le seuil de l'intolérable pour les nouveaux convertis: l'éducation catholique (La Roque-d'Anthéron, 1698), in: BSHPF 131 (1985), S. 534–551, hier S. 535 ff.
[174] Zahlreiche weitere Beispiele hierzu bei BOURRILLY u. ARNAUD.
[175] SAUVAN-RICHOU, Grenoble, S. 153 f.
[176] LIENHARD, Zwischen König und Gott, S. 20.

singulière qui avait achevé de persuader les N. C. que leurs persécuteurs étaient d'abominables impies [...] qui n'avaient même pas l'excuse de croire eux-mêmes les dogmes ‚idolâtres' qu'ils prétendaient faire professer à leurs victimes. S'ils avaient cru Dieu présent dans l'hostie consacrée, l'auraient-ils fait ingurgiter de force à des gens rétifs"[177]?

Völlig inakzeptabel erschien vielen Neukonvertierten schließlich die Verpflichtung, vor dem Tode die katholischen Sterbesakramente zu erhalten. Wir haben schon gehört, welch drakonische Strafen auf die Verweigerung der Sakramente standen. Trotzdem widersetzten sich viele Neukonvertierte dieser Verordnung. Sie versuchten, wenn möglich, Krankheitsfälle in der Familie vor dem Klerus geheimzuhalten. War ein Familienmitglied verstorben, so wurde es in einer nächtlichen Aktion im Garten, auf einem Feld, auf jeden Fall außerhalb des katholischen Friedhofs beigesetzt[178]. In Marseille wurden seit 1767 auch französische Protestanten auf dem für ausländische Protestanten eingerichteten Friedhof beerdigt[179].

Eine besonders subtile Art des Widerstands und zugleich ein weiterer Ausdruck für die Verbundenheit der Protestanten mit ihrem ursprünglichen Glauben spiegelt sich in den Formulierungen der Testamente wieder. Vovelle und – für Orange – Navarro haben die unter notarieller Aufsicht entstandenen Testamente von Lourmarin, Mérindol und Orange seriell (1650–1800) bearbeitet. In diesen Orten haben drei Viertel der Männer und die Hälfte der Frauen ein Testament hinterlassen, „ce qui fait de cette source une des plus largement taillées pour toute enquête sociale"[180]. Obwohl die Katholizität der Notare unmittelbar nach dem Revokationsedikt kontrolliert wurde, läßt sich doch bei Notaren, die selbst Neukonvertierte waren, eine „aktive Komplizenschaft", so Vovelle, feststellen: „Sans le conseil du notaire, il ne semble pas que le jeu très subtil des concessions formelles et des refus maintenus eût été possible"[181] und, zumindest ab 1740, treffe dies sogar bei den altkatholischen Notaren in noch stärkerem Maße zu als bei den neukonvertierten: „Ces notaires, plutôt que de pécher par indiscrétion préfèrent [...] évacuer carrément toute référence religieuse quand leur client est ‚de la religion'".

Wodurch unterschieden sich die Testamente der Neukonvertierten von denen der Altkatholiken? Neukonvertierte weigerten sich in vielen Fällen, die Fürsprache der Heiligen zu erbitten oder sich unter den Schutz der Jungfrau Maria zu stellen, die von 90% der Katholiken angerufen wurde. Sie verzichteten häufiger auf ein feierliches Begräbnis, Leichenzug, Gefolge von Laien-

177 LABROUSSE, Essai sur la révocation, S. 205.
178 RICHARD, La vie quotidienne, S. 237ff. Ein Beispiel für eine solche Aktion bei C. PERROSSIER, Un enterrement protestant à Châteaudouble en 1717, in: Bulletin d'Histoire Eccl. et d'Arch. Rel. des diocèses de Valence, Gap et Grenoble et Viviers 19 (1899), S. 107–111.
179 BOURRILLY, Protestants de Provence, S. 216ff.
180 VOVELLE, Testaments réformés, S. 43.
181 Dieses und das folgende Ibid., S. 44.

bruderschaften und Beerdigung auf dem kirchlichen Friedhof – die von zwei Dritteln der Katholiken gewünscht wurde. Das Fehlen von Angaben über den Ort der Bestattung, der fehlende Wunsch nach Totenmessen sowie der Hang, nicht an die von Katholiken gewöhnlich bedachten wohltätigen Einrichtungen zu spenden, sind typische Merkmale der Testamente Neukonvertierter. An „positiven" Merkmalen nennt Vovelle einen weitaus stärker als bei den Katholiken ausgeprägten Christozentrismus. Am „sichersten" jedoch ließ sich eine Zugehörigkeit zur protestantischen Religion daran erkennen, daß ein Teil des Vermögens für den protestantischer Tradition entstammenden *denier des pauvres* gestiftet wurde[182]. Ein Minimum an katholischer Form mußte natürlich trotz allem gewahrt bleiben. Die „concession verbale arrachée du bout de lèvres" kam in der Regel in der Formel „comme chrétien catholique apostolique et romain", oft abgekürzt als „C.C.A.R.", zum Ausdruck[183]. Am Beispiel der Testamente bestätigt sich auch, daß unter den Notabeln die Bereitschaft zu formalen Konzessionen größer war: Ein Girard aus Lourmarin etwa, den wir aus anderen Quellen als engagierten Protestanten kennen, vermerkte in seinem Testament dennoch „une demande non négligeable de messes"[184].

Die katholischen Sakramente der Taufe und der Ehe enthielten über ihre religiöse Bedeutung hinaus auch eine für das bürgerliche Leben entscheidende Komponente, denn mit der jeweiligen Zeremonie war automatisch die Aufnahme in die von der katholischen Kirche geführten standesamtlichen Register verbunden. Wer sich diesen Sakramenten verweigerte, hatte keinen Personenstand. Kinder, die nach dem Erlaß des Edikts von Fontainebleau geboren waren, mußten in der katholischen Kirche getauft werden, bei Androhung von Geldstrafe (Art. 8, Edikt von Fontainebleau). Nicht katholisch getaufte Kinder waren nicht rechtsfähig und waren daher auch nicht erbberechtigt[185]. Die katholische Taufe allerdings war, nach Mours, für die Protestanten ein „erträgliches" Zugeständnis: „Le baptême ne comportant pas [...] de cérémonies préalables, ils s'y résignèrent sans trop de scrupules"[186]. So gab es Orte, wie etwa in Les Baux, wo die katholische Taufe für Neukonvertierte zunächst zur Normalität wurde, übrigens auch aus Mangel an Alternativen,

[182] Ibid., S. 46.
[183] Ibid., S. 47.
[184] Ibid. Inzwischen ist Vovelles Methode zur Textanalyse der Testamente auch auf andere Orte angewandt worden. Vgl. z.B. F. VALETTE, Les protestants de la vallée des Baux après la révocation de l'Édit de Nantes: résistance ou intégration au monde catholique? (mémoire de maîtrise, Université de Provence), 2 Bde., Marseille 1986, S. 168 ff., über die Testamente von Les Baux: „C'est plutôt une impression de fidélité [...] Sur 15 descendants d'abjurants, 11 sont sur la ligne résistante". Über die Testamente der Neukonvertierten in La Roque-d'Anthéron erfahren wir bei AUDISIO, La Roque-d'Anthéron, S. 542 f., daß sie je nach „Konjunktur" mehr oder weniger Zugeständisse an die katholische Form aufwiesen.
[185] LIENHARD, Zwischen König und Gott, S. 21.
[186] MOURS, ROBERT, Le protestantisme, S. 23.

denn gerade in „protestantenarmen“ Gegenden dauerte es ja seine Zeit, bis überhaupt Versammlungen stattfanden bzw. bis diese von echten Pastoren geleitet wurden[187].

Die Kirche der Wüste verbot den Neukonvertierten allerdings, ihre Kinder katholisch taufen zu lassen, bei Androhung des Ausschlusses vom Abendmahl[188]. Wir besitzen keine Zahlenangaben darüber, wieviele Neukonvertierte sich an dieses Verbot hielten; es gibt lediglich Zeugnisse dafür, daß Gewissenskonflikte offenbar bestanden. In Mérindol etwa kam es öfter vor, daß Väter bei der Taufe ihrer Kinder nicht anwesend waren. Da, so Peyre, begründetes Fehlen aufgrund von Krankheit oder wegen einer Reise in den Kirchenbüchern in der Regel vermerkt war, kann man vermuten, daß es sich in solchen Fällen, in denen keine Begründung genannt wurde, um alte Protestanten handelte, die nicht Zeuge eines gegen ihre Überzeugung gerichteten Aktes werden wollten[189]. Andere Protestanten ließen, um ihr Gewissen zu beruhigen, Doppeltaufen vornehmen, wie etwa aus Orpierre zahlreich belegt ist. Das erleichterte für die Kinder die spätere gesellschaftliche Integration, machte Abschwörungen unnötig, sicherte, was natürlich insbesondere für Besitzende von Bedeutung war, die Erbfähigkeit der Kinder und verhinderte schließlich, daß diese ihren Eltern als *bâtards* entzogen und im katholischen Glauben aufgezogen wurden[190].

Eine weitaus höhere Hürde stellte dagegen die Eheschließung in der katholischen Kirche für Neukonvertierte dar, denn erstens mußten sie hier ein Sakrament anerkennen, das die Reformation abgelehnt hatte[191]. Außerdem war die Trauung für Neukonvertierte mit besonderen Auflagen verbunden, die, je nach Pfarrer, sehr unterschiedlich sein konnten. Im besten Falle verlangte er nur eine vage formelhafte Abschwörung vor Schließung der Ehe, die sich dann in der Eintragung im Kirchenregister so anhörte: „Après nous avoir promis de quitter leurs hérésies“[192]. Meistens aber wurden eine gewisse Zeit der religiösen Unterweisung in katholischer Theologie, der Nachweis über regelmäßige Messebesuche über einen vom Pfarrer festgelegten Mindestzeitraum vor der Trauung und eine erneute Abschwörung des protestantischen Glaubens verlangt[193]. Nur Ehen, die in der katholischen Kirche geschlossen waren, hatten Gültigkeit und garantierten damit auch die legale Existenz von aus der Ehe hervorgegangenen Kindern und deren Erbberechtigung. Die Notabeln in ganz Frankreich unterwarfen sich daher in der Regel

187 VALETTE, Les Baux, S. 95 ff.
188 LIENHARD, Zwischen Gott und König, S. 21.
189 B. PEYRE, Histoire de Mérindol en Provence, Avignon 1939, S. 298.
190 Raymond CHAUVET, Les protestants d’Orpierre au 18ème siècle, in: Destin du protestantisme alpin. Actes du colloque, S. 111.
191 CARBONNIER, L’amour sans la loi, S. 55.
192 RICHARD, La vie quotidienne, S. 231.
193 Ibid.

dieser Unannehmlichkeit[194]. Da die Kirche der Wüste ihren Mitgliedern die katholische Trauung untersagt hatte, gab es auch hier wieder, wie schon bei den Taufen, Gewissenskonflikte und in ihrem Gefolge entsprechend Paare, die sich doppelt, d.h. katholisch und protestantisch, trauen ließen[195].

Wer Zugeständnisse dieser Art nicht zu machen bereit war, dem blieb – gemäß einer durchaus verbreiteten Praxis – der Gang zum Notar und der Abschluß eines sogenannten *contrat civil*, d.h. eines notariell beglaubigten Ehevertrages, meist in Verbindung mit einer „kirchlichen“ Trauung entweder in Genf oder in der Kirche der Wüste. „On se fondait sur ces contrats pour assurer la transmission des biens et donner comme une validité légale à ces mariages clandestins“[196]. Vor dem Gesetz machten sich solche Paare weiterhin als in wilder Ehe lebend strafbar, ihre Kinder waren nicht erbberechtigt und durften auch selbst nicht vererben[197]. Das änderte sich in der Praxis in der zweiten Hälfte des 18. Jahrhunderts. Carbonnier erklärt, wie die faktische juristische Anerkennung einer *possession d'état* als *état civil* zustandekam: „La possession, c'est le fait qui a l'apparence du droit. Être possesseur d'une chose, c'est se comporter en fait comme si l'on en était propriétaire. Or, si l'on peut avoir la possession d'une chose, on peut aussi avoir la possession d'un état civil, d'une situation familiale, ainsi de la qualité d'époux ou de celle d'enfants légitimes. C'est ce que les juristes appellent la possession d'état, et ils admettent qu'en général elle puisse suppléer la preuve d'un état régulier“[198]. Eine solche *possession d'état* genügte seit 1760 in der Regel, um den Nachweis der katholischen Trauung zu ersetzen. Kinder von nicht katholisch getrauten Protestanten oder Neukonvertierten, die den Namen des Vaters trugen, von beiden Elternteilen gemeinsam aufgezogen worden und zeitlebens bei Familie und Nachbarschaft als eheliche Kinder gegolten hatten, kamen seitdem also in der Regel auch ohne den katholischen Trauschein ihrer Eltern zu ihrem Erbteil. Trotzdem bestand nach wie vor die Unsicherheit, daß beim Tode eines der beiden Elternteile ein naher katholischer und damit nach dem Gesetz allein erbberechtigter Verwandter einem juristisch nicht Erbfähigen die Erbschaft streitig machte[199]. Vor allem aufgrund dieser Unsicherheit wurde seit der Mitte des 18. Jahrhunderts verstärkt der Ruf nach der Möglichkeit einer nicht-kirchlichen Trauung für Nicht-Katholiken laut[200].

Die verschiedenen Möglichkeiten, das katholische Sakrament der Ehe zu umgehen, gab es in allen ihren Ausprägungen auch in dem hier behandelten

194 BOURRILLY, Protestants de Provence, S. 203.
195 Emile-G. LÉONARD, Le problème du mariage civil et les protestants français au 18ème siècle, Paris 1942, S. 22.
196 BOURRILLY, Protestants de Provence, S. 205.
197 CARBONNIER, L'amour sans la loi, S. 57.
198 Dieses und das folgende Ibid., S. 61f. Hierzu auch Anne LEFEBVRE-TEILLARD, Les problèmes juridiques posés par l'Édit de 1787, in: Actes des journées d'étude sur l'édit de 1787 = BSHPF 134 (1988), S. 250f.
199 CARBONNIER, L'amour sans la loi, S. 63.
200 Ibid.

Gebiet. In der Provence setzte sich mit der Etablierung protestantischer Priester auch die protestantische Trauung unter den Neukonvertierten durch, ohne daß sich die *autorités civiles* dem ernsthaft entgegengestellt hätten[201]. Zahlreiche Einzelbeispiele, wie sie etwa bei Anquez oder Charronet erwähnt werden, belegen, daß auch in der Dauphiné die oben beschriebenen Praktiken mindestens seit 1710 gängig waren[202]. Allerdings annullierte das Parlament von Grenoble noch 1746 27 „Zivilehen", weitere im Jahr darauf und schließlich noch eine 1760[203]. In der Dauphiné wurde dann 1766 das erste uns bekannte Gerichtsurteil in Frankreich gefällt, in dem eine protestantische Zivilehe als auch juristisch legal anerkannt wurde[204].

Zahlreich Schriften unterstrichen die Forderung nach einer legalen Existenz für die Protestanten[205]. Autoren dieser Schriften waren in den selteneren Fällen die Protestanten selbst. Diese lebten inzwischen mit der faktischen Anerkennung ihrer *possession d'état* relativ problemlos[206] und, wenn sie denn schon Forderungen stellten, dann gaben sie sich nicht mit der bloßen Gewährung eines Personenstandes zufrieden, sondern forderten gleich die totale Religionsfreiheit, einschließlich der Kultfreiheit, Aufhebung der Berufsverbote usw. Meistens waren es Juristen oder mit dieser Problematik im täglichen Leben konfrontierte Beamte, wie etwa das Mitglied des Aixer Parlaments Ripert de Montclar, die im Sinne der öffentlichen Ordnung und der Vereinfachung von Erbschaftsfragen Neukonvertierter, also aus mehr oder weniger verwaltungstechnischen Gründen, für die Einführung eines von katholischen Sakramenten unabhängigen Personenstandes für Nicht-Katholiken plädierten"[207]. Maßgebenden Einfluß mit ihren Schriften, und auch das eben erst 1787, hatten allerdings nur die „grands commis de l'Etat", besonders Malesherbes. Deren Beweggründe mögen auch von humanitären und aufklärerischen Gedanken geprägt gewesen sein, etwa im Sinne eines natürlichen Rechts eines jeden Individuums auf eine legale Existenz; aber sie waren auch „fort soucieux de maintenir et d'étendre les droits du Roi contre les empiétements de l'Eglise catholique[208].

201 BOURRILLY, Protestants de Provence, S. 206.
202 Charles CHARRONNET, Les guerres de religion et la société protestante dans les Hautes Alpes (1560–1789), Gap 1861, S. 492ff. Léonce ANQUEZ, De l'état civil des réformés de France, Paris 1868, S. 56ff.
203 MOURS, ROBERT, Le protestantisme, S. 138.
204 ANQUEZ, État civil, S. 82ff.
205 Hierzu LÉONARD, Mariage civil, Paris 1942. Jacques POUJOL, Aux sources de l'édit de 1787. Une étude bibliographique, in: Autour de l'édit de 1787 = BSHPF 133 (1987), S. 343–383.
206 Ein protestantischer Autor 1783: „N'aurions nous pas dès à présent, en France, ce que nous demandons, sans qu'il soit besoin de l'appareil d'une loi expresse?", nach POUJOL, Sources, S. 347.
207 BOLLE (Hg.), Histoire des protestants, S. 231.
208 POUJOL, Sources, S. 346.

Den wesentlichen Gehalt des sog. Toleranz-Edikts, das schließlich 1787 erlassen wurde, kann man in wenigen Sätzen zusammenfassen: Die katholische Religion blieb nationale Religion (Art. 10); jeder öffentliche protestantische Gottesdienst blieb verboten (Art. 11); die Protestanten durften keine Körperschaften gründen, d.h. keine sie repräsentierenden Institutionen (Art. 12); das Vermögen geflohener Protestanten blieb weiterhin beschlagnahmt. Mit einem Wort: Die protestantische Kirche blieb verboten. Die die Protestanten oder Neukonvertierten betreffenden Strafgesetze blieben bestehen (Art. 13)[209]. Dafür wurde den Protestanten angeboten, Taufen, Ehen und Sterbefälle registrieren zu lassen, und zwar entweder beim katholischen Pfarrer, der in diesem Falle nur die Funktion eines Standesbeamten ausübte (Art. 21), oder beim örtlichen königlichen Richter. Letzteres war allerdings mit Verwaltungsgebühren verbunden[210].

Auf protestantischer Seite war die Reaktion auf das Toleranzedikt ambivalent. Einerseits betrachtete man die Anerkennung der faktischen Existenz des Protestantismus im Königreich als ein erstes Zeichen von Befriedung; andererseits vermißte man Gewissens- und Kultfreiheit sowie die Abschaffung der Strafgesetzgebung. Außerdem war die jetzt möglich gewordene Eintragung in die Standesregister ein bürokratischer Akt, der noch dazu mit Kosten verbunden war[211]. Für die Protestanten in Mens und im Trièves hat das Toleranzedikt von 1787 wohl zu der Entscheidung beigetragen, sich 1788 nicht der Opposition des Parlaments gegen den König anzuschließen[212].

209 Christian CHENE, Le contenu et l'accueil de ‚l'édit de tolérance' de novembre 1787, in: BSHPF 133 (1987), S. 135.
210 Ibid., S. 137.
211 LAURIOL, L'édit de 1787, in: BSHPF 133 (1987), S. 131 f.
212 Jean CARRIER u. Pierre. BÉTHOUX, Résonances de l'Edit de 1787 à Mens et dans le Trièves, in: BSHPF 133 (1987), S. 407. Zur Reaktion auf die hohen Kosten vgl. auch Louis MAZOYER, L'application de l'édit de 1787 dans le midi de la France, in: BSHPF 74 (1925), S. 149–176, hier S. 158 f.

8. ERGEBNISSE

Setzt man die verschiedenen Perspektiven zur Betrachtung der französischen Protestantenpolitik, die historische, die obrigkeitliche, die institutionengeschichtliche und die religions- oder kirchengeschichtliche, zum Schluß miteinander in Beziehung, so ergibt sich ein recht eindeutiges und vollständiges Bild über Motive, Durchführung und Erfolge des untersuchten Teilbereiches absolutistischer Politik. Die Revokation des Edikts von Nantes und die französische Protestantenpolitik erscheinen als der gelungene Versuch, den Protestantismus als unkontrollierbare Partikulargewalt auszuschalten. Die typischen Methoden und Merkmale eines Vorganges der Konfessionalisierung lassen sich dagegen nicht nachweisen. Dieses Konzept ist auf den Fall Frankreichs im 17. und 18. Jahrhundert nicht anwendbar.

In der französischen Protestantenpolitik zwischen 1661 und 1789 schlugen sich sowohl grundsätzliche politische Überlegungen als auch Entwicklungen der aktuellen Tagespolitik nieder. Das langfristige machtpolitische Interesse der französischen Monarchen seit Heinrich IV. richtete sich in erster Linie auf den Schutz des Staates, der während der Religionskriege, aber auch während der Fronde in seiner Existenz bedroht gewesen war. Besonders Ludwig XIV. hatte es sich zum Programm gemacht, innere und äußere Feinde des Landes zu bekämpfen, u.a. indem er die Partikulargewalten zugunsten der Zentralgewalt entmachtete. Er hatte also ein fundamentales Interesse daran, auch den Protestantismus auszuschalten. Hinzu kam, daß der Katholizismus als Herrschaftslegitimation in der französischen Monarchie eine wichtige Funktion erfüllte.

Dieser grundsätzliche Aspekt trat zeitweise in den Hintergrund gegenüber kurzfristigen, situationsbedingten Erwägungen. Je nach politischer Lage konnte es gelegentlich opportun sein, die Protestanten als Minderheit im Lande zu dulden und ihnen mehr oder weniger Freiheiten zuzugestehen. Die enge Verzahnung der Protestantenpolitik mit wichtigen Ereignissen der Innen- und insbesondere der Außenpolitik unterstreicht ihren funktionalen und ihren säkularen Charakter. So nahm die Verfolgung der Protestanten in Frankreich in Kriegszeiten tendenziell ab, etwa während des Niederländischen Krieges (1672–78) oder während des Pfälzischen Erbfolgekrieges (1688–97), um nach Beendigung der Kriegshandlungen unter verschärften Bedingungen fortgesetzt zu werden. Dies erklärt die Flut von Gesetzen gegen die Protestanten seit 1679 sowie die ausführliche Deklaration von 1698.

Wenn man einerseits das Protestantenproblem in Zeiten außenpolitischer Konflikte „auf Eis“ legte, wurde eine Schonung (oder Schikanierung) der ungeliebten Minderheit in Friedenszeiten in den Dienst der Politik gestellt. So hatte sich der calvinistische Kurfürst von Brandenburg beim französischen König über die Behandlung seiner Glaubensgenossen in Frankreich beschwert, die durch eine Deklaration von 1666 schwer getroffen worden waren. Um den Verbündeten zu besänftigen, wurde daher 1669, nach Ende des Devolutionskrieges, die ältere aufgehoben und eine neue, ein Minimum an Stabilität für die Protestanten sichernde Deklaration erlassen.

Gehen die Konfessionalisierungstheoretiker davon aus, daß die Einheitskonfession zur Territorialisierung beitrug, so war in Frankreich das Gegenteil der Fall: Zur Aufrechterhaltung des inneren Friedens und der territorialen Einheit hatte man unter Heinrich IV. auf die konfessionelle Einheit verzichtet! Schließlich hätte Frankreich während der Religionskriege ebensogut, nach dem Vorbild der Vereinigten Niederlande, in einen losen Verbund von Provinzen zerfallen können. Die Koinzidenz von Territorium und Konfession als Fernziel blieb bestehen. Wenn man die Protestanten auch zu Zeiten Richelieus und Mazarins noch duldete, so geschah dies, um die verbündeten protestantischen Fürsten nicht zu verprellen. Die zunehmende Verfolgung seit den siebziger Jahren des 17. Jahrhunderts wiederum ist darauf zurückzuführen, daß man nun, gerade mit dem zunehmenden Gegensatz zu den Niederlanden, außenpolitisch keine Rücksichten mehr nehmen mußte. Nun konnte die konfessionelle Vereinheitlichung im Innern zur Stützung des Staates und damit als Instrument des Absolutismus eingesetzt werden.

Auch die Revokation des Edikts von Nantes war von grundsätzlichen und von aktuellen Motiven getragen. Ludwigs XIV. Hauptanliegen war es, die Protestanten als störende Sondergruppe endgültig unterzuordnen, zumal da sie ihre politische Daseinsberechtigung ohnehin seit langem verloren hatten. Abgesehen davon erhoffte sich der König einige positive Nebeneffekte seiner religionspolitischen Maßnahme auch für andere Ziele. So lag ihm sehr daran, die angespannten Beziehungen zum Papst zu verbessern. Als Unterstützung hierfür hoffte er im Innern den – gesamten – Klerus gewinnen zu können. Und schließlich wollte Ludwig XIV. sich durch sein Werk für den Katholizismus als der führende katholische Monarch Europas profilieren.

Auf den ersten Blick lassen sich hinter der französischen antiprotestantischen Gesetzgebung einige der typischen Elemente der Konfessionalisierung vermuten. Ihre Ausführung aber offenbart den pragmatischen und politischen Charakter dieser Maßnahmen. Zwar lassen sich Parallelen finden zwischen den von ihr betroffenen Lebensbereichen der Protestanten und einigen der von Reinhard aufgelisteten „Verfahren der Konfessionalisierung", etwa im Bereich der Personalpolitik (bei Reinhard: Verbreitung und Durchsetzung neuer Normen); der Unterdrückung protestantischer Glaubensäußerungen (bei Reinhard: Verhinderung von Gegenpropaganda); der Bildungspolitik (bei Reinhard: Internalisierung der neuen Ordnung durch Bildung) und der kirchlichen Disziplin (bei Reinhard: Anwendung von Riten). Hingegen finden sich im französischen Fall keine Beispiele für die Reinhardschen Kategorien der „Propaganda", der „Disziplinierung der Anhänger im engeren Sinne", der „Beeinflussung der Sprache". Die bloße Tatsache, daß in Frankreich zahlreiche Gesetze das Auswanderungsverbot für Protestanten und Neukonvertierten mehrfach wiederholten, ist außerdem unvereinbar mit der Annahme, daß wir es hier mit Konfessionalisierung zu tun hätten: Schließlich gehörte es zu den Grundsätzen des konfessionellen Zeitalters, daß dem Fürsten zwar das ‚ius reformandi', seinem Untertanen dafür aber das ‚ius emigrandi' zustand. Im übrigen vermutet man von einem Prozeß, der als „gesellschaftlicher Fundamentalvorgang" bezeichnet wird, daß er die gesamte oder einen Großteil der Gesellschaft betrifft. Die untersuchten Maßnahmen jedoch zielen, wenn überhaupt, nur auf die Integration einer kleinen Minderheit von Protestanten bzw. Neukonvertierten in die große Masse der Katholiken ab.

Die Verteilung der Kompetenzen macht außerdem deutlich: Die Protestantenpolitik (und mit ihr die Revokation) war eine weltliche, und keine religiöse Angelegenheit. Sie wurde von einer weltlichen Einrichtung – dem Staatsrat – beschlossen, und sie wurde von weltlichen Institutionen – Militär, Gerichten, Zentral- und Provinzialregierung – ausgeführt. Sie war stark verrechtlicht und lag im wesentlichen in der Hand von Juristen. Gerade das Recht aber gehörte, nach Schilling, zum „Nichtkonfessionellen im Konfessionellen". Damit dürfte konsequenterweise selbst nach der Definition eines der beiden Hauptvertreter der Konfessionalisierungstheorie die Verfolgung der Protestanten in Frankreich nicht als ein Akt der Konfessionalisierung betrachtet werden.

Der Klerus war zwar auch an der Durchführung dieser Politik beteiligt; er wurde aber vor vollendete Tatsachen gestellt und hatte die Anweisungen der weltlichen Obrigkeit auszuführen. Seine einzige Funktion bestand in der Beobachtung der Ereignisse, über die er weltlichen Stellen Bericht erstatten konnte und sollte; in der Ausstellung von Katholizitätsnachweisen für verschiedene Anlässe und in der Erziehung und Unterweisung der Neukonvertierten durch außerordentliche Missionen und im Rahmen seiner traditionellen Aufgaben im allgemeinen Schulwesen. Hier wurde also nicht eine Kirche durch Konfessionalisierung verstaatlicht (Schmidt). Die gallikanische Kirche war der Regierung seit langem völlig untergeordnet. Für die Ausführung der Protestantenpolitik war sie entsprechend nur Instrument, und überdies, im Vergleich zu den weltlichen Institutionen, noch ein eher marginales.

Die von staatlicher Seite vorgegebenen Grundsätze zur Ausführung der Protestantenpolitik zielten außerdem auf Versöhnung, Nachgiebigkeit und Kompromißbereitschaft ab – nicht auf konfessionalistische Abgrenzung. Auswanderung sollte unter allen Umständen verhindert werden. Dazu konnten und sollten im Umgang mit den Neukonvertierten Kompromisse eingegangen werden und Zugeständnisse gemacht werden. Daher galt der Grundsatz, eher *douceur* als *rigueur* walten zu lassen. Extreme Vorgehensweisen, alles, was „nach Inquisition rieche" , sollten vermieden werden. Es sollte Nachsicht geübt werden, wenn Neukonvertierte ihren katholischen Pflichten – Messe- und Schulbesuch, Erhalt der Sakramente – nicht nachkamen. Kleriker sprachen sich dafür aus, den Neukonvertierten in Fragen des Ritus entgegenzukommen. Um die Gewöhnung an die katholische Religion zu erleichtern, sollten Psalmengesänge, ein typischer Ausdruck protestantischer Frömmigkeit, in den katholischen Gottesdienst integriert werden. Unterschiede zwischen den Konfessionen, so lautete eine staatliche Anweisung, sollten verwischt, nicht betont werden. Die weltlichen Obrigkeiten, insbesondere die Intendanten, wachten genauestens darüber, daß diese moderaten Grundsätze auch in die Praxis umgesetzt wurden. Extreme Verhaltensweisen von seiten weltlicher Beamter oder von seiten des Klerus wurden im Keime erstickt.

In der Personalpolitik wurden dem Intendanten gelegentlich Fälle von Neukonvertierten angezeigt, die beispielsweise öffentliche Ämter bekleideten, ohne ihren Katholikenpflichten nachzukommen. In den meisten Fällen hatte das außer Ermahnungen keine größeren Folgen. Das war vor allem dann der Fall, wenn die Neukonvertierten ihren Beruf zur allgemeinen Zufriedenheit ausübten und sich ansonsten nichts zuschulden kommen ließen oder wenn es an altkatholischen Kandidaten für die betreffenden Positionen fehlte.

Lediglich sichtbare, skandalöse und aufsehenerregende Manifestationen des Protestantismus sollten mit aller Härte bestraft werden. Eine solche Statuierung von Exempeln zur allgemeinen Abschreckung hatte nichts mit Konfessionalisierung zu tun: Sie entsprach einer gängigen Praxis der Rechtsprechung im Ancien Régime und sollte eingängig machen, daß Aufruhr, welcher Art und aus welchem Anlaß auch immer, nicht geduldet wurde. Entsprechend wurden Prediger und Prädikanten oft zum Tode, zumindest aber zu Galeeren- und Gefängnisstrafen verurteilt. Dasselbe galt für Rädelsführer und alle, die beschuldigt wurden, Aufstände anzuzetteln oder das Volk aufzuhetzen. Protestantisches Schriftgut wurde unterdrückt und die Teilnehmer geheimer Versammlungen verfolgt. Jede Art von öffentlichem Ärgernis und Bekenntnis wurden mit schwersten Strafen belegt.

Damit zeigt sich, daß die Revokation des Edikts von Nantes nicht ein Beispiel von Konfessionalisierung war, die man noch dazu als gescheitert ansehen müßte; denn gerade im genuin religiösen Bereich hielten viele Neukonvertierte an ihren Traditionen fest und entzogen sich, so gut es ging, den neuen katholischen Normen. Sie war im Gegenteil ein Akt absolutistischer Staatsräson, der, gemessen an seinen Zielen, erfolgreich durchgeführt wurde und somit als Beispiel für die relative Effizienz absolutistischer Herrschaftspraxis dienen kann. Außer an den Motiven und der Funktionalität der französischen Protestantenpolitik, an der Gesetzgebung hierzu, an der Verteilung der Kompetenzen und den Grundsätzen bei ihrer Ausführung sowie an der praktischen Ausführung zeigt sich das auch an den folgenden Ergebnissen dieser Arbeit.

Die französische Protestantenpolitik war innerhalb Frankreichs über lange Strecken hinweg konsensfähig. Sie kam Klerus und Parlamenten entgegen, die traditionell antiprotestantisch eingestellt waren. Sie entsprach den Wünschen einer Bevölkerung, die zumindest während der Konflikte mit den

Niederlanden (1672–1713) extrem protestantenfeindlich gestimmt war. Selbst kritische Stimmen wandten sich aus theologischen (Le Camus) oder wirtschaftlichen (Seignelay, der Dauphin) Gründen nicht gegen die Auslöschung des Protestantismus an sich, sondern lediglich gegen die Art und Weise des Vorgehens. Sie ließ in dem Moment nach, als mit dem Ausklingen der Erbfeindschaft mit den Niederlanden (1713) auch die Toleranz der Bevölkerung gegenüber den Andersgläubigen zu wachsen begann. Es ist kein Zufall, daß sich die bereits seit der Revokation existierende Untergrundtätigkeit der Protestanten erst jetzt – 1715 fand eine erste Nationalsynode statt – zu einer richtigen Organisation entwickeln konnte, die nicht im Keim erstickt wurde.

Die Neukonvertierten blieben trotzdem unter ständiger Beobachtung. Mit Maßnahmen, die ihr Vermögen betrafen, hielt man sie in Schach. Mit Taufe und Trauung etwa war der Eintrag in das von der katholischen Kirche geführte Zivilstandsregister verbunden. Nicht katholisch getaufte Kinder waren nicht rechtsfähig und damit auch nicht erbberechtigt. Auch eine Trauung galt nur als rechtsgültig, wenn sie von einem katholischen Priester vorgenommen worden war; Kinder galten nur als ehelich und damit erbberechtigt, wenn sie aus einer katholischen Ehe hervorgegangen waren. Wer nicht katholisch war, konnte nicht nur nicht erben, sondern auch nicht das Vermögen seiner ausgewanderten Familienangehörigen erhalten. Die von Protestanten gelegentlich notariell geschlossenen Ehen wurden in der Praxis der Rechtsprechung erst nach 1760 wie gültige Ehen behandelt. Legal wurde eine nicht-kirchliche Trauung für Nicht-Katholiken erst mit dem Toleranzedikt von 1787.

Der „Staat“ konnte im übrigen, wenn nötig, jederzeit wieder mobilisiert werden. In den Jahren 1745/46 etwa, als piemontesische und österreiche Armeen im Var und an der Durance einfielen und die französische Krone eine Verbindung der Protestanten mit dem ausländischen Feind befürchtete, wurde die Verfolgung wieder verstärkt.

Da die Dezimierung des Protestantismus grundsätzlich für wünschenswert gehalten wurde, war die Zusammenarbeit der verschiedenen an der Ausführung der Protestantenpolitik beteiligten Institutionen und Personen von kooperativem Charakter geprägt. In der Korrespondenz zwischen Zentralregierung und Intendanten wurden Methoden diskutiert, wie das allen gemeinsame Ziel am effizientesten zu erreichen sei. Die Zusammenarbeit zwischen der absolutistischen Staatsverwaltung in der Provinz – sprich: den Intendanten – und den provinziellen oder lokalen Institutionen funktionierte nahezu reibungslos. Lokale Gerichte und Kleriker nahmen jeweils ihre separaten Aufgabenbereiche wahr. In der untersuchten Korrespondenz finden sich keine Hinweise darauf, daß der Intendant in seiner Tätigkeit durch provinzielle oder lokale Einrichtungen behindert worden wäre. Die Existenz „vorabsolutistischer“ Institutionen hat sich für die Ausführung der Protestantenpolitik nicht hinderlich ausgewirkt.

Den Intendanten kam bei der Ausführung der Protestantenpolitik eine Schlüsselrolle zu. Sie waren die wichtigsten Informanten des Königs aus der Provinz. Entscheidungen der Zentralregierung wurden auf der Grundlage ihrer Berichte („Sachverständigengutachten") gefällt. Damit bekleideten sie eine einflußreiche Position. Die Intendanten überwachten das Personal der Provinz, welches mit Protestantenfragen in Berührung kam: Juristen, Kleriker, gegebenenfalls das Militär. Sie ließen sie, soweit nach den vorgegebenen Grundsätzen für die Ausführung möglich und vertretbar, gewähren, konnten aber, außer bei am Parlament anhängigen Verfahren, jederzeit eingreifen, sei es eigenmächtig oder sei es mit einer königlichen Sondervollmacht.

Von ihren Eingriffsmöglichkeiten machten die Intendanten in dem hier untersuchten Gebiet Gebrauch: Die Untersuchung der weltlichen Protestantenpolitik hat gezeigt, daß die Kontrolle des Staates, wenn auch vielleicht grobmaschiger als das in Zentralfrankreich der Fall gewesen sein mag, zumindest in Südostfrankreich bis auf die lokale Ebene reichte. Der Intendant, der ja nicht nur für Fragen der Religion, sondern praktisch für die gesamte Provinzialverwaltung zuständig war, beschäftigte sich persönlich mit unspektakulären Einzelfällen, wie die zahlreichen in dieser Arbeit aufgeführten Beispiele belegen. Fälle, die vom Intendanten selbst behandelt wurden, mußten sozusagen die Spitze des Eisbergs sein, denn er sollte sich ja vor allem um solche Ereignisse kümmern, die Aufsehen erregten. Da es sich insgesamt aber meistens um recht harmlose Vorkommnisse handelte, müssen sich die an den lokalen Gerichten anhängigen Verfahren mit noch „geringfügigeren" Vergehen beschäftigt haben. All das deutet darauf hin, daß man die Protestantenpolitik gut im Griff hatte. Bei alledem wurden die von der Zentralregierung vorgegebenen Grundsätze notfalls auch gegen die lokalen Kräfte durchgesetzt. Es wurde bereits erwähnt, daß extremen Forderungen oder fanatischen Beschwerden von Richtern oder Klerikern nicht stattgegeben wurde. Was generell die Akzeptanz der Intendanten durch die Bevölkerung betrifft, so muß auf jeden Fall die Vielfalt der französischen Provinzen berücksichtigt werden. Solche, die noch Ständeversammlungen hatten, scheinen grundsätzlich eigenständiger und selbstbewußter gewesen zu sein. Auch neu eroberte Gebiete konnten erst nach und nach in die königliche Verwaltung integriert werden. Wenn es um die Auslöschung des Protestantismus ging, herrschte aber auch hier im großen und ganzen Einigkeit.

Der tragenden Funktion des Intendanten stand die beigeordnete Rolle des Klerus gegenüber. Die Kirche war dem Staate zum Zeitpunkt der Revokation bereits sehr stark untergeordnet und spielte daher in der Protestantenpolitik nur eine Nebenrolle. Zum Teil mischte sich der Staat sogar in so theologische Angelegenheiten wie die Abhaltung von Missionen, die Abnahme von Konversionen oder die Spendung der Sakramente ein.

Ludwigs XIV. Horror vor Faktionen, der noch von seinen Kindheitserinnerungen der Fronde herrührte, machte auch vor den Protestanten nicht halt: Die Auslöschung des Protestantismus als politische und gesellschaftliche

Kraft war im großen und ganzen erfolgreich. Bereits vor der Revokation waren die letzten namhaften Protestanten konvertiert – so 1668 Turenne unter dem Einfluß Bossuets. Selbst in Provinzen, in denen die protestantische Kirche am Vorabend der Revokation noch einigermaßen funktionsfähig gewesen war, wie wohl auch in der Provence und in der Dauphiné, verlor der Protestantismus mit der Revokation durch die Ausweisung der Pastoren seine führenden Köpfe. Durch bewußt nachlässige Kontrollen ließ man zu, daß auch die aufsässigsten protestantischen Gläubigen das Land verließen. Dabei scheint der wirtschaftliche Schaden, den Frankreich dadurch erlitt, sich in Grenzen gehalten zu haben. Die Masse der Protestanten wählte den Weg der Konversion und der oberflächlichen Anpassung. Damit wurden nun alle Untertanen in den Zivilstandsregistern der katholischen Kirche geführt. Die Protestanten bildeten verwaltungstechnisch keine unkontrollierbare Sondergruppe mehr.

Jegliche Karriere oder sozialer Aufstieg wäre einem „bekennenden" Protestanten verschlossen geblieben. Er und seine Kinder mußten, wie wir gesehen haben, mit erheblichen Komplikationen rechnen, was Personenstand und Erbfähigkeit anging. Daher hielten sich sozial höher Gestellte, auch als sich nach 1715 bei den Protestanten wieder kirchliche Strukturen zu bilden begannen, tendenziell von verbotenen Veranstaltungen fern. Diese fanden vor allem in Südfrankreich und hier unter der einfachen Landbevölkerung Zulauf. Auch das Phänomen des Prophetismus befiel bevorzugt Menschen aus dem einfachen Volk. Aber selbst dieses war häufig bemüht, selbst, wenn es Taufen oder Trauungen in der Wüste abhielt, sich gleichzeitig, soweit eben nötig, an die Gesetze des Königs zu halten – etwa in Form von „Doppeltaufen" oder „Doppeltrauungen". Damit trugen die Protestanten zu ihrer eigenen Disziplinierung bei.

Wenn sich seit etwa 1760 eine Art faktischer Toleranz den Protestanten gegenüber einstellte, so ist das einerseits darauf zurückzuführen, daß „Konfession" in der 2. Hälfte des 18. Jahrhunderts, u. a. unter dem Einfluß der Aufklärung , als Mittel zur Erlangung politischer Ziele seine Wirksamkeit verloren hatte. Andererseits konnte die „Entpolitisierung" des Protestantismus nun als vollendet betrachtet werden, ein Ergebnis, das im Grunde für beide Seiten von Vorteil war: für den Staat, da er eine politische Sondermacht neutralisiert hatte; für die Protestanten, da sie auf diese Weise auf lange Sicht zumindest als Kirche überlebten.

9. ANHANG

9.1. Zitierte Dokumente im Wortlaut (in der Reihenfolge ihrer Erwähnung)

Zu Kapitel 5.2.2.

AAT A/1/903, pièce 78, comte de Grignan an den Kriegsminister, Nions, 1. März 1689.

„Le lieu de Lacharce d'où je viens présentement, et qui est du gouvernement de Provence, est dans les montagnes de Dauphiné entouré de plusieurs villages de la mesme province remplis de nouveaux convertis qui ont fait des assembleés. Ceux de La Charce qui ne sont pas plus de quatrevingts furent assez fous pour suivre ce mauvais exemples, un d'eux nommé David Combel dit le moine, qui est un paysan assez accommodé, se mit à prescher d'une fenestre de sa maison, disant qu'il voyoit les lieux divers, qu'il estoit inspiré du St. Esprit et envoyé pour convertir le peuple de Lacharce. Il sortit ensuitte avec une fille qu'il nommoit la fille de Sion, disant aux autres paysans de venir à la bergerie. Il en battit mesme quelques uns qui ne se déterminoient pas assez promptement à le suivre, il vouloit y forcer des anciens catholiques d'un lieu voisin, et mesme y entraisner le curé qui fut obligé de sortir de Lacharce. Ils s'assemblèrent dans les rues et ensuitte sur les masures du temple où ils chantèrent des pseaumes de Marot. Des femmes s'avisèrent de prophétiser en faisant semblant de dormir, leur sottise alloit jusque à dire que le roy avoit envoyé des gardes à Charenton pour y prescher. Les Sieurs de Bruis gentilshommes du voisinage dont l'un est capitaine dans le régiment de Larray accoururent avec leurs domestiques pour faire cesser ce désordre, mais ne purent en venir à bout et ils furent mesme repoussez avec violence, et ces insolents s'estant joints avec d'autres d'un lieu de Dauphiné nommé Stabeau, ils allèrent ensemble se présenter devant un autre village nommé Valdrome où l'on ne voulut pas les recevoir. La dame et la Dam(oise)lle de Lacharce qui estoient à Nions ayant sceu les folies de leurs habitants se rendirent sur les lieux, et par leur présence et leurs soins firent cesser les assemblées, et les misérables craignant la punition de leur crime se sauvèrent dans les montagnes. Je fus adverty à Marseille de ce qui se passoit à Lacharce qui en est à trente-cinq lieues, et je partis pour y aller. Monsieur le marquis de Valavoire qui est gouverneur de la viguerie de Sisteron dans laquelle le lieu de Lacharce est compris voulut se joindre à moy tout incommode qu'il est, et tout ce qu'on put luy dire des chemins horribles par où il faut passer dans les glaces et sur des montagnes chargées de neige, ne fut pas capable de l'arrester. Il est vray qu'on peut dire que le zèle avec lequel il agit dans les choses qui ont quelque rapport au service de Sa Majesté le rend infatiguable. Le Marquis de Lacharce qui estoit alors à Avignon vint de me joindre, la mauvaise conduitte de ses habitans l'a mis au désespoir, et bien loin de demander quelque grâce pour eux il a emandé leur punition, quoy qu'elle doive estre suivie de la perte d'un revenu considérable pour luy. Pour faire voir à ces canailles que leurs montagnes n'empêchent pas les troupes de les aller visiter, j'y fis aller la compagnie de Crouset du régiment de la cavalerie du chevalier Duc, que j'ay ensuite renvoyée dans son quartier, et affinqu'il y eut une procédure régulière sur laquelle on puisse les juger, j'ordonnay au lieutenant du sénéchal de Sisteron de se porter aussy sur les lieux, et néantmoins sans attendre la fin de sa procédure j'ay fait abbattre par voye d'autorite, la maison de ce nommé J'ay pris des mésures pour tâcher de le Lemoine aucteur du désordre. faire arrester, de mesme que les prophétises et quelques autres des plus notez, trois paysans du nombre des séditieux ont esté pris et je les fais conduire dans les prisons de Sisteron. Le procèz leur sera fait incessament, et je tiendray la main qu'on en fasse une punition exemplaire. Un paysan nommé René Arnaud eut assez de bon sens pour ne vouloir jamais suivre les autres qui le maltraittèrent avec furie. Je luy ay donne quelque argent et une exemption de contribuer aux frais qui devront estre supportez par la communauté. Mr. de Valavoire s'est chargé du soin de veiller sur la conduitte de ces gens la, de m'adresser de toutes leurs démarches, et de tenir la main à l'exécution des ordres qu'on envoyera, soit pour les punir de ce qu'ils ont fait, soit pour les empescher de retomber dans les mesme fautes. Il y envoyera quand il sera nécessaire des soldats de la citadelle de Sisteron; au reste, Monsieur, on ne peut rien adjouter aux soins qu'il prend de tenir cette place en bon estat. Elle est bien fortifiée et dans une situation importante, c'est un passage nécessaire pour ce qui vient de Dauphiné en Provence, mesme pour une partie de ce qui vient de Savoye et de Piedmont. C'est la qu'aboutissent plusieurs vallées de Dauphiné, la rivière de Durance et la petite rivière de Buech passent du pied de la citadelle et s'y joignent l'une à l'autre. Et c'est en ce seul endroit quil y a un pont sur la Durance."

Zu Kapitel 5.2.3.

BNF fr 8865, fol. 50 ff., Mémoire du Roy pour servir d'instruction aux intendans et commissaires départis dans les provinces et généralités du royaume:

„20. Le Roy a eu pour principal obiet dans la révocation de l'édit de Nantes, et dans les soins qui sa maiesté a pris pour les conversions le salut d'un si grand nombre de ses sujets que le malheur de la naissance et les [...] prejuges de l'éducation avoient engages dans l'hérésie il a plu à Dieu d'eclaircir l'esprit et de toucher le coeur de plusieurs d'entre eux qui édifient auiourd hui l'église par leur piété, et par leurs bons exemples. Mais sa maiesté sait qu'il y en a d'autres qui ne sont pas encore bien affermis dans la religion catholique; et qui ont de la peine a en prendre l'esprit et les maximes. L'amour paternel de Sa Maiesté pour tous ses sujets fait qu'elle s'attendrit particulièrement sur ceux cy, par la compassion qu'elle a de leur état. Ainsi ses soins et ses désirs ne se bornent pas à la seule satisfaction de leur voir observer les pratiques extérieures de la religion catholique: ils vont jusqu'à tâcher de procurer, par toute sorte de moyens, la sincère et parfaite conversion de leurs coeurs. Mais Sa Maiesté reconnoit en même tems que ce changement est l'ouvrage [...] du très haut, et le fruit de sa parole: et comme cette sainte parole ne se communique que par la voye de l'instruction faite au nom et avec la mission de l'église, le roy veut que les dites s.rs intendans et commissaires départis donnent aux archevêques et évêques, qui en sont les dispensateurs tout les secours dont ils auront besoin pour s'acquitter de cette partie si importante de leur devoir.

21. Quoy que les instructions regardent principalement les nouveaux convertis, il est important néanmoins que les anciens catholiques y assistent le plus exactement qu'ils pourront. Ils le doivent faire pour leur propre sanctification, mais ils le doivent encore pour donner l'exemple aux premiers. Le roy veut donc que lesdites sr.s intendans et commissaires départis tiennent la main à faire en sorte que les uns et les autres s'y rendent assidus. Sa Maieste souhaitte qu'il le fassent librement et volontairement: mais elle se réserve en cas de refus et opiniâtrete, à employer son autorité pour les y obliger.

22. S'il y a des lieux où les curés ne soient pas en état par leur âge, leurs infirmitès, ou autres empêchemens de faire autant d'instruction qu'il seroit nécessaire, par raport à l'étendue des paroisses ou au nombre des habitans; les archevêques et évêques pourront ménager leurs consentement à la résignation de leurs curés, en faveur de personnes capables, par promulgation avec des bénéfices simples; ou moyenant des pensions. Et cependant, pour supplier au deffaut des curés en cette partie de leurs fonctions, y envoyer d'autres prêtres dont le roy fera payer la rétribution, pour le tems qu'ils auront esté employés à faire les instructions, sur les avis qui en seront donnés à Sa Maieste par les archevêques et évêques; et par les s.rs intendans et commissaires départis.

23. Les dites intendans et commissaires départis connoîtront par la déclaration particulière qui a été faite pour les séminaires le désir que le roy a d'en procurer l'augmentation: et comme une des principales utilités de ces établissemens est de former des ecclésiastiques, et de les rendre capables d'instruire les peuples, et principalement les nouveaux convertis; Sa Maieste ordonne aux intendans et commissaires départis d'examiner avec les archevêques et évêques les moyens qui se pourront rendre; soit pour augmenter le fonds des séminaires qui sont déjà établis, soit pour en établir dans les diocèses où il n y en a pas, et où ils seront jugés nécessaires: d'y concourir en tout ce qui dépendra de leur soins, et d'envoyer au secrétaire d'état leur avis sur tous les secours qu'elle y pourra donner par son autorité; poursuit le raport qui luy en sera fait, y être pourvue ainsi qu'il apartiendra.

24. Afin de faire cesser tout ce qui pourroit servir d'occasion aux peuples pour les détourner de leur devoir, les intendans et commissaires départis auront soin d'empêcher que les foires et les marches ne se tiennent les fêtes et les

dimanches; et de faire que les cabarets soient fermés les mêmes jours, pendant les heures du service divin et des instructions. Ils recommanderont aux juges des lieux et officiers de police d'y tenir la main et d'y pourvoir en cas de contravention conformément aux anciennes ordonnances, et à la déclaration particulière du 16. décembre 1698.

25. S'il arrive qu'il y ait des gens assez hardis pour oser détourner par menaces, et autres voyes publiques les nouveaux convertis d'assister aux instructions, et de remplir les autres devoirs de la religion; le roy enioint aux intendans et commissaires départis de les faire arrêter, pour leur être le procès fait par les juges qui en doivent connoître, à la diligence des procureurs de Sa Maiesté.

26. Ceux qui sont détenus dans les prisons pour crimes ou pour dettes, ne pouvant aller aux instructions ne doivent pas en être privés: leur état les rend peut être même plus disposés à en profiter. Les intendans et commissaires départis donneront et feront donner par tous les magistrats qui ont quelque inspection, et quelque autorité sur les prisons des présidiaux, et autres justices royalles et subalternes, les ordres nécessaires pour y donner l'entrée aux curés et ecclésiastiques qui seront chargés par les archevêques et évêques de consoler, et d'instruire tous les prisonniers; soit anciens catholiques ou nouveaux convertis: en prenant néanmoins les précautions nécessaires, à l'égard des accusés de crimes capitaux, qui n'auront pas encore subi la confrontation des témoins.

27. L'attention du roy sur tout ce qui regarde le biens spirituel des peuples l'oblige d'entendre ses soins jusques aux enfans, dont l'éducation dans la piété et les bonnes moeurs est si utile a la religion et a l'état. Le premier devoir des pères et des mères est de les faire porter à l'église pour y etre baptisés. Les intendans et commissaires départis chargeront les officiers et magistrats d'y tenir exactement la main; et d'obliger les sages femmes et autres personnes qui assistent les femmes dans leurs accouchements de satisfaire à l'ordre qu'elles ont d'avertir les curés de la naissance des enfans: soit qu'ils soients nez de parens anciens catholiques ou nouveaux convertis.

28. Les intendans et commissaires départis auront soin de s'informer dans tous les lieux de leurs départemens s'il y a des maîtres, et maîtresses d'école, pour l'instruction des enfans, et s'ils s'acquittent bien de cette fonction et en cas qu'il y en ait point en quelques lieux, ils prendront les mesures nécessaires pour y en établir, soit sur le fonds des deniers communs et d'octroy, soit par imposition, soit par les contributions volontaires des particulières, soit par les autres voyes qui se présenteront.

29. Ils veilleront soigneusement à ce que les maîtres et maîtresses d'école soient sages, de bonnes moeurs, capables, et qu'ils ayent l'approbation des archevêques et évêques diocésains.

30. On ne dit rien icy des cathéchismes qu'ils enseigneront, et feront apprendre aux enfans; ny de la methode qu'ils tiendront pour leur inspirer les principes, et les premières élémens de la religion et de la morale qui leur

peuvent convenir parce que c'est un détail qui dépend principalement du soin et de l'inspection des archevêques et évêques et des curés des lieux.

31. Les parens, tant ancien catholiques que nouveaux convertis, doivent envoyer leurs enfans, savoir les garçons chez les maîtres, et les filles chez les maîtresses d'école aux heures reglés. Les tuteurs doivent faire la même chose pour les enfans dont ils sont chargés, et les maîtres pour leurs domestiques. Les intendans et commissaires départis y tiendront exactement la main tant par eux mêmes que par les juges et officiers des lieux, lesquels ils chargeront d'y veiller avec une application suivie et continuelle; et de condamner ceux qui y contraviendront aux peines portés par la déclaration du 13. décembre 1698.

32. S'ils ont avis que quelque parens nouveaux convertis détournent les enfans de la religion catholique par promessés, par intimidations, ou autres voyes directement ou indirectement, ils y pourroient avec toute la force et la fermeté nécessaires, lors qu'ils jugeront le devoir faire par eux mêmes; et feront mettre dans des colleges, et monastères les enfans de qualité à y être élevez; et feront payer des pensions pour leur nourriture et entretiennement sur les biens de leurs pères et mères; et à déffaut de biens ils les feront mettre dans des hopitaux, pendant le tems qui sera suffisant pour leur instruction seulement. Ils recommanderont aux juges et officiers d'en user de mêmes dans l'étendue de leur jurisdiction; et s'ils ont besoin de leur autorité d'y avoir recours; sans préjudice des poursuittes qui seront faites extraordinairement contre les coupables à la diligence des procureurs de Sa Maiesté.

33. Ils feront pareillement mettre dans des collèges, ou des couvens, ou dans des maisons catholiques les enfans dont les pères et les mères n'assisteront pas aux instructions, et ne feront pas le devoir de catholiques, apres qu'ils les en auront avertis; comme aussi les enfans qui marqueront par leurs actions, et par leurs paroles beaucoup d'éloignement de la religion catholique: le tout aux dépens des pères et mères, en faisant payer des pensions sur leurs biens: et en cas de pauvrete ils les feront mettre dans des hopitaux, ainsi qu'il est dit cy dessus. Et pour finir tout ce qui regard les enfans les intendans et commissaires départis s'appliqueront particulièrement à faire en sorte que l'éducation de ceux qui n'ont ny pères ny mères ne soit confiée qu'à de parens bons catholiques et qu'il ne leur soit donné que des tuteurs qui ont été nommés par le passé. Et en cas qu'elle ne fut pas bonne ny conforme aux intentions de Sa Maiesté, sur le fait de la religion, ils exciteront le ministère des juges ordinaires, pour en faire nommer d'autres dans les formes accoutumées. Et si les enfans n'ayant ny pères ny mères n'avoient point de biens pour subsister, ils les feront mettre dans des hopitaux, ou autres lieux, où ils seroient élevées dans la religion catholique; et où ils puissent apprendre à travailler, et à gagner leur vie.

34. Et néanmoins s'il y a des enfans dont les pères et mères, tuteurs, et curateurs, ne puissent pas payer les pensions et entretiens en tout ou en partie dans les cas cy dessus exprimés, et qui soient de qualité à ne devoir pas être mis dans des hopitaux les intendans et commissaires départis en rendront compte au roy, pour y etre pourveu par Sa Maiesté ainsi qu'elle jugera à propos."

AN G/7/464, 1698, pièces 128 und 129, der comte de Grignan an den Generalkontrolleur der Finanzen, 28. November 1698 :

„Il y a à Nyons, et dans un district de trois ou quatre lieues, en tirant vers le Comtat Venayssin, la principauté d'Orange, et la Provence, environ quinze cens familles de nouveaux convertis, qui ont toujours esté regardés comme des plus obstinéz et des plus mutins, et les ordres pour les empêcher d'aller au presche, à Orange, ont esté pour le moins autant nécessaire à leur égard, que pour ceux d'aucun autre pays. Le redoublement de précautions et de gardes aux environs d'Orange, dans ces derniers temps, donna lieu audit Sieur de Sainte Colombe, chargé du soin des postes, du costé du Dauphiné, d'entrer en discours avec les nouveaux convertis de Nyons, pour leur faire comprendre, mieux qu'ils n'avoient fait peutestre encore, qu'on vouloit fort sérieusement leur véritable conversion, passant d'une remonstrance à une autre, tantost avec quelques uns en particulier, tantost avec plusieurs ensemble, il crut voir qu'elles faisoient quelque impression sur eux. Il y en eut mesme qui luy dirent qu'ils seroient bien aisés qu'on voulut leur prescher, les jours de dimanche, sur les points de religion. Le Sieur de Sainte Colombe me consulta sur ces commencements d'apparence de bonne volonté de leur part. Nous convinmes des moyens de suivre celà de prèz. Enfin, Monsieur, pour ne pas vous arrester par un long détail de ce qui a esté fait et dit. Il est arrivé qu'au lieu qu'il n'y avoit, de tous les nouveaux convertis de Nyons, que le Sieur de Serremoreau, qui allast à l'église, on y a veu, ces derniers dimanches, plus d'une trentaine d'hommes et de femmes qui sont mesme des plus considérables parmy eux; au lieu que les enfants des nouveaux convertis avoient esté retirés des écoles, par leurs parents, à cause qu'on vouloit les mener à l'église, ces mesmes enfants ont esté renvoyés aux écoles, et de là font aller à l'église et y vont journellement, et de plus une quinzaine de ces nouveaux convertis des plus apparents de Nyons, dont l'exemple pourra estre suivi par d'autres, ont signé un écrit du 24.e de ce mois, contenant leur promesse d'assister aux offices divins, et d'estre assidus aux prédications que leur gouverneur leur fait espérer pour leur instruction et pour celle de leurs familles. Il semble, Monsieur, qu'on puisse espérer quelque chose de ces petits commencements. Le Sieur de Sainte Colombe n'oubliera rien pour maintenir ce qui est fait, et pour tâcher de l'augmenter, et j'y contribueray par tous les soins que je seray à portée d'y donner, sans entreprendre sur les fonctions d'autruy; il paroît cependant qu'il n'y auroit point de temps à perdre pour l'éstablissements des sermons que ces gens là souhaitent d'avoir les jours de dimanche, je crois mesmes qu'il y en a parmy eux qui ne demandent pas mieux que de pouvoir dire que ses sermons les auront désabusés et persuadés. Il seroit bon aussy que, par ces éstablissements, ils pussent connoistre que les propositions de leur gouverneur sont écoutées, et qu'il plut à Sa Majesté d'augmenter la confiance qu'ils ont en luy par celle que Sa Majesté voudroit bien témoigner d'avoir en son zele. Il luy rendra compte du besoin qu'on auroit en ce pays là d'ecclésiastiques mieux réglés, moins attachés à leurs intérests et plus ardents pour la conversion de leurs frères. Si heureusement les gens de ce canton venoient à prendre un bon party, leur exemple fairoit vraysemblablement ouvrir les yeux à beaucoup d'autres, et les encourageroit à se débarasser d'une fausse honte qui est souvent ce qui les retient."

Zu Kapitel 5.2.4.

BNF fr 8865, fol. 43–60, Mémoire du roy pour servir d'instruction aux intendans et commissaires départis dans les provinces et généralités du royaume. – Dasselbe auch unter BNF fr 20966, fol. 257–266:

„17. Le roy ayant été informé qu'en certains endroits quelques officiers peu eclairs avoient voulu par un faux zèle obliger les nouveaux convertis à s'approcher des sacremens, avant qu'on leur eut donne le tems de laisser croitre et fortifier leur foy: Sa Maieste qui sait qu'il n'y a point de crime plus grand, ny plus capable d'attirer la colère de Dieu que le sacrilège, a cru devoir déclarer aux intendans et commissaires départis qu'elle ne veut point qu'on use d'aucune contrainte contre eux, pour les porter à recevoir les sacremens. Il n'y a point de différence a faire à cet égard entre eux, et les anciens catholiques. Les magistrats doivent laisser aux supérieurs ecclésiastiques et aux confesseurs le soin de discerner les dispositions intérieures de ceux qu'il jugeront, suivant les regles de l'église, pouvoir être admis à la participation des sacrements. Et quant aux intendans et commissaires départis, ils se renfermeront à cet égard dans ce qui est porté par la déclaration du 13. décembre 1698; et par la suite et la présente instruction.

18. Ils tiendrons la main à ce que les médecins, chirurgien, et apoticaires qui verront des malades, soit nouveaux convertis soit anciens catholiques en danger, en avertissent les curés, vicaires, ou autres ecclésiastiques attacher au service des paroisses. Ils employeront leur autorité, si besoin est, et obligeront les officiers des lieux à prets la leur pour donner aux cures, et autres ecclésiastiques la liberté toute entière de visiter le malade; de l'entretenir seul et examiner ses dispositions, pour en user, à l'égard des sacremens selon les règles de l'église, et ils les exhorteront à se conduire en ces occasions avec toute la prudence et la sagesse qui convient à leur ministère.

19. Le roy a été averty que quelques uns des nouveaux convertis mal intentionnez osent aller dans les maisons des malades aussy nouveaux convertis pour les exhorter à mourir dans les sentimens de la R.P.R.: ou apres que les curés, vicaires, ou autres ecclésiastiques en sont sortis, ils affectent de s'y rendre pour abuser de la foiblesse des malades, et tâcher de détruire en eux les bonnes impressions qu'ils ont recues. Les intendans et commissaires départis veilleront avec une très grande attention sur la conduitte et ces faux zèlés: et si après les déffences très exprèsses qu'ils leur feront d'aller chez les malades, dont ils ne scont pas tres proches parents, ils apprennent, qu'il y ont contrevenu, ils en informeront Sa Maieste pour y etre pourveu avec toute la rigueur."

Zu Kapitel 6.1.

BNF fr 8865, fol. 40–48, Louis und Phélypeaux an den Bischof von Montauban, Versailles, Januar 1699:

„Après tant de bénédictions signalées qu'il a plu à Dieu de repandre sur ma personne et sur mon estat pendant tout le cours de mon règne et particulièrement dans celui de la dernière guerre, j'ay cru ny luy en pouvoir mieux marquer ma juste reconnaissance ny luy offrir un plus digne fruit de la paix que sa bonté infinie a accordé à mes désirs qu'en taschant de procurer l'augmentation du culte qui luy est deub et l'affermissement de la religion catholique dans mon royaume. C'est dans cette veue que j'ay fait expédier trois déclarations dont j'ay ordonné l'enregistrement dans toutes mes cours de parlemens et dresser une instruction aux intendans et commissaires départis dans les provinces sur tout ce qu'ils doivent faire de leur costé en conformité de ces déclarations. Vous verrez par les copies que je donne pour défendre dans toute l'étendue des pais soumis à mon obéissance tout exercice de la R.P.R. pour faire rendre le respect deu aux choses saintes, à l'église et à ses ministres pour faire observer les dimanches, les festes, les abstinences et autres pratiques commandées par l'église, pour faire establir des maistres et des maistresses d'école pour l'éducation et instruction des enfans dans la piété et les bonnes moeurs et généralement pour faire que dieu soit servi et honoré dans la seule et véritable religion par tous mes sujets tant anciens catholiques que nouveaux convertis. Mais quoy que toutes ces dispositions regardent également les uns et les autres, je scai néanmoins que les derniers ont besoin d'une attention particulière pour tascher d'achever la parfaite et sincère conversion de leurs coeurs qui est l'objet de mes plus ardens désirs, c'est principalement du ministre des archevêques et évesques et de la grâce attachée à leur caractère que j'attends la consommation de ce grand ouvrage par la sainteté de leur vie, par l'exemple de leurs vertus, par leur charité et surtout par leur application infatigable à instruire les peuples soumis à leur conduite spirituelle. C'est aussi ce que je me promets de vos soins persuadé que vous n'obmettrez rien de tout ce qui pourra contribuer à l'accomplissement d'une fin sainte et à rendre les instructions que vous ferez par vous même ou par les ecclésiastiques à qui vous en donnerez ce pouvoir, utiles et efficaces, et quoy que dans une fonction de cette qualité qui regarde uniquement le salut des âmes, je n'aye qu'à laisser agir vostre zèle et vos lumières dans le choix des moyens qui y peuvent estre les plus propres par raport aux dispositions particulières de vos diocésains qui vous sont connues plus qu'à personne, j'ay cru nécessaire dans la conduite qui doit estre tenue à l'égard de tous les nouveaux convertis de mon royaume qu'il estoit important de vous en proposer quelques uns de généraux que vous trouverez dans un autre mémoire aussi joint à cette lettre. Je ne prétend pas en faire des règles immuables, et je scai que quoy qu'il en soient generalement très utiles, ils peuvent estre néanmoins diversement tempérés selon les besoins, les occasions et les circonstances. J'en remets donc l'usage à vostre prudence et me contente de vous assurer que j'apuierai toujours de mon autorité vos bonnes intentions et vous donnerai dans la suite tous les secours temporels dont vous aurez besoin pour les mettre en oeuvre. Vous verrez par la déclaration particulière que j'ay fait expédier pour les séminaires, non seulement le désir que j'ay de procurer et d'augmenter des sortes d'establissement mais encore le pouvoir que je donne aux archevêques et évesques de mon royaume en ordonnant par provision l'exécution des ordonnances qu'ils rendront pour obliger les curés et autres ecclésiastiques ayant charges d'âmes de se retirer dans des séminaires aux cas et conditions y portés. Je m'assure que vous ne vous porterez pas même à rendre de pareilles ordonnances qu'après avoir tenté les voyes de la douceur et des avertissemens secrets, et qu'en fin vous y apporterez tant de sagesse et de modération que je ne recevrai pas de plaintes de cette extention que j'ay bien voulu dans cette confiance donner à la juridiction épiscopalle. Comme ces déclarations sont adressées à mes cours de parlemens et jugés ordinaires, vous vous entendrez pour tout ce qui peut estre de leur exécution avec le premier président et le procureur général du parlement dans l'étendue duquel vostre diocèse est scituée. Je leur ordonne non seulement de tenir la main à l'entière observation de ces déclarations, mais encore de vous donner dans vos fonctions par raport aux dispositions qui y sont contenues tous les secours qui peuvent dépendre du pouvoir de leurs charges et de faire faire la même chose par les officiers de leur ressort. J'ay recommandé aux intendans et commissaires départis d'entretenir une liaison et une correspondance continuelle avec les archevêques et évesques surtout ce qui peut regarder le bien de la religion. Vous en userez de même avec celui dans le département duquel vostre diocèse est scitué. Vous n'aurez qu'à vous adresser à luy pour toutes les choses qui dependent du pouvoir que je luy donne, et à l'esgard de celles où vous croirez devoir recourir à mon autorité immediat, vous m'en informerez apres les avoir examinés de concert avec luy, afin que sur vos avis et sur les siens, je puisse donner les ordres nécessaires. Sur ça je prie Dieu qu'il vous ayt, Mons.r l'évesque de Montauban, en sa s.te garde. Ecrit à Versailles le 6ème jour de janvier 1699. Signé Louis et plus bas Phélipeaux."

BNF naf. 507, Lettres de Fénelon, fol. 5–10, Fénelon an Madame Beauvilliers, Rochefort, 16. Januar 1686:

„Nous avons trouvé dans tous les esprits un attachement incroyable à l'hérésie. Ils paroissent néanmoins frappés de nos instructions jusqu'à verser des larmes, & à paroître quelquefois persuadés, mais la cabale qui est entr'eux & les lettres envenimées qu'ils reçoivent souvent des ministres qui ont passé en Hollande, renversent bientost aprèz toutes ces bonnes dispositions. D'ailleurs ils nous disent sans cesse nous serions volontiers d'accord avec vous mais vous n'estes ici qu'en passant. Dèz que vous serez partis nous serons à la merci des moins qui ne nous prescheront que du latin, des indulgences et des confréries. On ne nous lira plus l'Evangile, nous ne l'entendrons plus expliquer, & on ne nous parlera qu'avec menaces. Il est vrai qu'il n'y a en ce païs que trois sortes de prestres, les séculiers, les Jésuites, & les Récollets. Les Récollets sont méprisèz & haïs surtout des huguenots dont ils ont été les délateurs & et les parties en toute occasion. Les Jésuites de Marennes sont quatre testes de fer qui ne parlent aux nouveaux convertis pour ce monde que d'amende & de prison & pour l'autre que du Diable & de l'enfer. Nous avons eu des peines infinies à empescher ces bons pères d'éclatter contre nôtre douceur, parcequ'elle rendoit leur sévérité plus odieuse, & que tout le monde les fuyoit pour courir aprèz nous avec mille bénédictions. Mais nous avons témoigné tant de défférence à ces bons pères qu'ils n'ont, Dieu merci, osé se fâcher, & que nous sommes tous les jours chez eux pour entretenir une grande correspondance. Ils vivent bien & sont respectéz. Si au lieu de ces testes dures & chaudes, leur compagnie veut mettre en ce lieu des esprits modérés & droits tels qu'un certain père Aimar que j'ai vu à Saintes, ils pourront être fort utiles dans tout le païs. Aprèz tout il n'y a rien de si bon qu'eux. Pour les curéz, ils n'ont aucun talent de parler & c'est une grande confusion pour l'Eglise Catholique car les Huguenots étoient accoutumez à avoir des ministres qui les consolaient & les exhortaient par des paroles touchantes de l'écriture. Le curé de Marennes qui est le principal lieu du païs est vieux, un peu fou, & incapable de tout. M. de Saintes n'a point de prestres forméz dans son Diocèse, & à vous parler franchement il est trop moû & trop crédule pour remédier à de si grands besoins. Il faudroit donc, si je ne me trompe, employer des Jésuites, mais choisir les plus modérés & leurs faire une loi de prescher avec douceur, de retrancher le latin qui est inutile, & de ne proposer certaines pratiques de devotion, que quand les esprits y seroient disposéz. Le père Aimar est très propre à mener les autres par ce chemin. Mais il faudroit outre cela donner par exemple un habile curé à Marennes avec deux bons vicaires, faute de quoi le ministère de pasteur demeurera méprisé & les sacrements seront administrés sans fruit. Si on donne ainsi à cette coste des prédicateurs qui gagnaient peu à peu l'estime et la confiance des peuples, ils feront qu'on oubliera les ministres, ils trouveront que nous leur aurons préparé les coeurs des peuples, & ils acheveront ce que nous ne pouvons que commencer. Mais si on laisse les choses dans les main où elles sont, un mois aprèz notre départ, les peuples seront plus aigris & et plus entestez de l'hérésie qu'ils ne l'ont été jusqu'ici. Il est certain que cette disposition des peuples est dangereuse dans un païs qui est une porte du Royaume qu'on ne peut fermer, surtout les ministres qui tiennent les coeurs des peuples dans leurs mains, étant chez les étrangers toujours veillants pour allumer le feu. La seconde chose qui vous paroîtra peut être d'abord peu importante, & que je crois capitale, c'est de leur accorder le chant des psaumes. Ils demandent instamment la paraphrase de Godeau en vers françois. Il faudroit la notter de manière que le chant en fut simple & facile à tout le peuple. On leur permettroit de chanter les dimanches dans l'église avec les catholiques quelques pseaumes avant la messe & aprèz vespres. Ne pourrait-on pas faire pour les pseaumes ce que les missionaires font à la campagne pour certains cantiques sur les mysteres qu'ils font chanter aux païsans aprèz l'office. Si nous pouvions pendant que nous sommes ici leur donner cette consolation, ils seroient charmés, ils courroient en foule à l'Eglise, ils s'accoutumeroient à nôtre culte, ce qui fait la plus grande difficulté, & ce la joint à des instructions solides & insinuantes acheveroit de leur faire oublier toutes les controverses. Il leur faut quelque chose qui frappe les sens, qui les console, & qui semble nous rapprocher d'eux pour les accoutumer à nous. Sans cela toutes nos instructions ne sauroient prendre racine. Si on pouvait établir dans les deux ou trois principaux lieus du païs des écoles pour les deux sexes, cela assureroit l'éducation de toute la jeunesse qui faute de ce secours sera empoisonnée par les parents. Il y a en certains diocèses des maîtresses d'école admirables. Il est vrai que toutes ces choses ne peuvent se faire sans argent. Mais il importe moins au Roi par exemple de fortifier des places frontières que de mettre en sureté une coste toute ouverte où il y a des hérétiques innombrables, qui par une abjuration contrainte n'ont fait que s'envenimer d'avantage contre l'Eglise & contre le Roi, & dont on devroit attendre les dernières fureurs dans des tems de trouble. Enfin sans me mesler de faire le politique rien ne me paroit en tout sens si dangereux que de laisser les choses comme elles sont. Avec toutes les abjurations qu'on a fait faire, on n'a fait qu'ébranler les esprits & presque tout l'ouvrage reste à faire. Les esprits ne peuvent demeurer dans cet état violent, si peu qu'ils trouvent d'ouverture. Dieu veuille qu'ils n'en ayent pas."

Zu Kapitel 6.2.3.

BNF naf. 507, fol. 45–50, „Mémoire sans date adressé par Fénelon à la fin de la seconde mission" (1687):

„Le vrai état des nouveaux convertis de la Rochelle est difficile à représenter. Comme ils sont fort agitéz, ils changent souvent, & chacun a ses pensées fort différentes de celles des autres. Les familles sont divisées, & ils sont en déffiance mutuelle. Les plus sages se tournent vers l'Eglise catholique. Mais comme ceux là sont encore un peu flottants, les autres qui sont ardents & opiniâtres les retiennent. Il y en a peu qui ayent une persuasion assez vive pour se déclarer. Ceux qui résistent sont ou des visionnaires qui croyent sentir le Saint Esprit, ou des politiques sans religion qui se soucient peu de leur réforme, mais qui haissent & qui craignent l'Eglise catholique. Ils ne peuvent se résoudre à laisser tomber un parti dont ils étoient les chefs, & à n'être plus rien. Ils se forment des espérances chimériques & les sement parmi le peuple. Sans eux le peuple se soumettroit assez facilement. Je persiste à croire qu'il faudroit écarter quelques uns de ces chefs qui dogmatisent, en cas qu'ils continuent à le faire. Ce seroit des ôtages qu'on auroit pour empescher la désertion de leurs familles. On pourroit en envoyer quelques uns dans les provinces du coeur du royaume où il n'y point eu de huguenots. On pourroit même donner aux autres quelque petit emploi pour les éloigner plus doucement de leurs familles. Peut être ne seroit-il point mauvais d'en envoyer quelqu'un dans le Landes. C'est un pais dont ils font eux mêmes le commerce. Tout y est catholique. Le gouverneur, l'évêque & l'intendant veilleroit sur eux. Il faudroit en écarter ainsi un petit nombre. Monsieur l'intendant connoit à peu prèz ceux qu'il faudroit choisir.

Il est certain qu'il faut quelque autorité ici plus qu'ailleurs à cause du naturel dur & hautain des Rochellois. Dèz qu'on paroit les ménager, ils concluent que le roi y est obligé par l'état des affaires étrangères, ou par quelque reste secret de sa maladie, ou par la lassitude de les presser toujours. Ainsi ils l'immaginent qu'il n'y a qu'à résister, & qu'enfin on les laissera vivre à leur mode, ou que du moins on leur accordera la coupe. Il n'y point de visions dont ils ne se repaissent. S'ils sentent qu'on lâche la main, ils deviendront insolents, ils s'accoutumeront à rentrer dans leur ancienne liberté, peut être iront ils jusqu'à faire des assemblées qu'ils faudra punir. Tout au moins ils s'endurciront si on les laisse prendre haleine, & on sera à recommencer quand on voudra les ramener. Peut être même qu'ils seront moins souples une seconde fois qu'ils ne l'ont été la première.

Je croirois donc qu'il faudroit les assujettir sans relasche à assister aux instructions. On pourroit y employer l'autorité sans rigueur. A l'égard de la messe je me contenterois de les presser tantost par de simples ordres, tantost par quelques menaces légères & générales pour les sermons. Je voudrois les y assujettir par de très légères amendes. Ne fussent elles que de cinq sols. Mais il faudroit les faire payer sans remission chaque semaine. En ce cas il seroit important d'avoir de bons prédicateurs foibles qu'on les contraindroit d'entendre. Il faut réserver cette sujettion pour les instructions où l'on est sûr qu'ils seront malgré eux édifier en nôtre religion. C'est dans cette vue que j'ai cru capital que les pères de l'oratoire donnassent deux de leurs meilleurs sujéts pour les deux principales paroisses de cette ville qui dépendent d'eux. Ces légères amendes feroient que toutes les familles viendroient à l'Eglise. Elles ne seroient pas assez fortes pour causer des désertions, & elles le seroient assez pour produire l'assiduité aux instructions. Il y a eu peut être deux ou trois cents nouveaux convertis qui sont venus nous entendre, & qui ont été ébranlez. Les autres n'y sont pas venus de peur d'être persuadéz de nôtre doctrine. Ainsi nous avons été presque inutiles au plus grand nombre. Tout ce qui leur est venu de nous, c'est que ceux qui nous ont entendus, & qui ont été touchéz, leur ont rapporté quelque chose de nos discours. Il est certain que si on faisoit ici de suitte des instructions solides & touchantes, auxquelles tout le monde fut assidu, le gros du peuple seroit entrainé.

Selon les apparences plusieurs entestéz songent encore à déserter. Mais plus ils retarderont, plus leur ardeur se rallentira. C'est autant le mauvais état de leurs affaires que la religion qui les presse de s'en aller. On en voit qui couvrent leurs banquerotes du prétexte de la religion. J'entens dire de tous costéz que les commis des fermiers du Roi gênent trop le commerce. Châque intéressé qui passe ici fait pour sa compagnie de nouvelles règles. Les marchands ne savent tous les jours à quoi s'en tenir. Souvent on leur tend des pièges, & puis une confiscation les met au désespoir. Un peu de douceur & de comodité dans le commerce les retiendroit."

AN G/7/244, fol. 5 f., der Bischof von Gap an Monsieur de Pontchartrain, Gap, 12. Januar 1698:

„J'ay recue l'honneur de votre lettre du 28. décembre par la quelle vous m'écrivez que le roy veut bien m'aider de ses finances à l'entretien de quelques missionaires pour travailler dans mon diocèse à l'entier instruction et conversion des nouveaux convertis et que pour cet effet je dois vous faire un plan de mes veues et nous mander en détail ce qui seroit nécessaire. Mon dessein seroit non pas de faire de ces grandes missions nombreuses et dispendieuses dont la reputation et la force se diminue quand elles sont trop fréquentes ny ayant pas assez de tems que nous en avons fait dans notre diocèse, mais d'envoyer en différens lieux quatre bandes de missionaires biens choisis, savans, doux et prudens deux à deux lesquels iroient et viendroient dans les paroisses les plus huguenottes passer tantost huit jours tantost quinze ou moins selon qu'ils y trouveroient les esprits disposéz et là ne feroient autre exercise que la prière publique soir et matin à la fin de la quelle ils liroient un chapitre du nouveau testament en françois ce que les religionaires aiment extrèmement et en lisant ce chapitre qu'ils auroient preveu et choisi ils l'expliqueroient et surtout les passages qui prouvent notre religion d'ou ils prendroient occasion sans que cela parut affecté d'instruire des points controverséz et d'y faire proposer des objections pour les expliquer et aplanir et le reste du jour seroit employé par eux à visiter les nouveaux convertis pour entrer en conversation dans le fond des matières qui feroient de la peine à chaqun en particulier. Il y a déjà du tems que j'ay deux bandes en campagne. Je ne demande rien pour le passé il n'est pas juste que le roy fasse tout. Je voudrois que Sa Majesté me donne 180 ll. par mois à commencer le 20e janvier affin d'entretenir ainsi huit missionaires à quinse sols chaqun par jour compris leur voyage. Ils auront besoin de distribuer quelques feuilles et livres instructifs ainsi il seroit bon d'aller jusqua 200 ll. Cela feroit pour six mois 1200 ll. après quoy Sa Majesté qui veroit l'état, l'employ et le fruit qu'auront produit ses charitéz jugera de la suite et nous luy exposerons alors nos pensées. Voyla Monsieur le plan que vous m'avez ordonnez de vous faire pour lequel je vous supplie de m'envoyer un ordre de 1200 ll sur le tresor royal. J'y joindray de mon costé ce que je pouray mais comme nous ne pouvons pas tout faire il n'est pas juste aussi que le roy fasse tout. Le R. Pere Polla jésuite que j'ay envoyé dans le fort des religionaires m'écrit qu'ils ont fait courir un bruit qu'il y avoit dans les traitéz de paix des articles secrets de ne les point contraindre à l'exercice de le religion catholique ce qui empêchoit le fruit des discours. (depuis ma lettre ecrite nos missionaires m'ont dit que la guerre ayant enchery les denrees et n'allant que deux ensemble il leur seroit difficile de depenser par jour moins de 20 s. chacun sur ce pied il faudroit un ordre non de 12. mais de 1600ll. s'il vous plaist et a s. m. <signature:> evesque de Gap)".

9.2. Lebensläufe im Text zitierter weltlicher Beamter, Kleriker und Protestanten

Aguesseau, Henri-François d' oder Daguesseau

Geboren am 27. November 1668 in Limoges, gestorben in Paris am 5. Februar 1751. Sohn eines ehemaligen Intendanten und späteren Präsidenten des *Conseil du commerce*. Bereits in jungen Jahren *Avocat général* am Parlament in Paris (1691), dann *Procureur général* (1700). Überzeugter Verteidiger der Freiheiten der Gallikanischen Kirche, widersetzte er sich energisch der Registrierung der Bulle Unigenitus. 1717 durch den Regenten zum Kanzler ernannt. Er stach durch völlige Integrität und eine große Hingabe für das öffentliche Interesse hervor. Sein unabhängiger Geist brachte ihm zweimal das Exil ein. Er verfaßte mehrere große Ordonnanzen – 1731 über die Schenkungen (*donations*), 1735 über die Testamente, 1747 über Fideikommiß –, die zur Kodifizierung und partiellen Vereinheitlichung des Privatrechts beitrugen[1].

Aimar bzw. Aymar, François

Einziger Sohn von Jacques Aymar, seigneur du Perou et du Grand-Lauron, *conseiller du Roi*, und Enkel von Jacques, Bürgermeister von Saintes seit 1600, der viel dazu beigetragen hatte, daß sich Jesuiten am *collège* der Stadt niederließen. Seine Mutter war Renée Urvoy, Stifterin des *collège*. Der Pater Aymar stand immer in enger Verbindung mit dem *collège*, wo er am 11. Oktober 1700 starb[2].

Angervilliers, de, siehe: Bauyn d'Angervilliers

Armenonville, siehe: Fleuriau d'Armenonville

Basville oder Bâville, siehe: Lamoignon

Bauyn d'Angervilliers, Nicolas Prosper

Geboren am 15. Januar 1675, gestorben in Marly am 15. Februar 1740. Sohn von Prosper Bauyn d'Angervilliers (16..-1700), *maître de la chambre aux denier du Roi* (1669), und Gabrielle Choart de Buzanval. *Conseiller au parlement de Paris* (27. August 1692); *maître des requêtes* (20. März 1697); Inten-

1 René u. Suzanne PILLORGET, France baroque. France classique, 1598–1715, Bd. II: Dictionnaire, Paris 1995, S. 29f.

2 Jean ORCIBAL (Hg.), Correspondance de Fénelon, Bd. 2, Paris 1972, S. 57.

dant von Alençon (23. März 1702); Intendant der Dauphiné (3. Mai 1705); Intendant des Elsaß (8. Oktober 1715); *maître des requêtes honoraire* (31. August 1717); *conseiller d'Etat surnuméraire* (16. Januar 1720); *conseiller d'Etat semestre* (5. Dezember 1720); Intendant von Paris (1. März 1724); *secrétaire d'Etat de la guerre* (22. Mai 1728, gestorben während der Amtszeit), *ministre d'Etat* (30. Dezember 1729). Verheiratet in Paris am 14. Juni 1694 mit Marie Anne de Maupeou (1676–1741), Tochter von Charles de M. (1627–1703), *maître en la chambre des comptes de Paris* (1652–1671) und Madeleine Le Charron (16..-1680)[3].

Beauvillier, Mme de, Henriette-Louise Colbert

Geboren 1653 oder 1655, heiratete am 19. Januar 1671 Paul de Beauvillier. Im April 1679 hatte sie das *droit au tabouret chez la Reine* erhalten, deren *dame du Palais* sie am 27. Januar 1680 wurde. „Naturellement gaie et mondaine, elle avait vite subi l'influence de son mari qui écrivait le 10 juin 1677: ‚Elle a plus d'envie que jamais de contenter Dieu et il me semble qu'elle ne recule pas'"[4].

Beauvillier, Paul de

Getauft am 24. Oktober 1648 in Saint-Aignan-sur-Cher, Sohn von François, duc de Saint-Aignan, und seiner ersten Frau Antoinette Servien. Zuerst für die kirchliche Laufbahn bestimmt, erhielt er nach dem Tode des älteren Bruders die *charge de premier gentilhomme de la chambre*, die sein Vater besaß (10. Dezember 1666) und wurde nach England geschickt (Oktober 1669). Am 21. Januar 1671 heiratete er Henriette-Louise, zweite Tochter Colberts. *Maître de camp de cavalerie* (1671), brigadier (25. Februar 1677). Am 2. März 1679 wurde er *duc und pair par la démission de Saint-Aignan*. Zum großen Erstaunen der Höflinge ersetzte er am 6. Dezember 1685 den maréchal de Villeroy als *Chef du Conseil des finances*, ein Posten, der sonst immer nur mit alten Herren besetzt worden war. Er folgte 1687 auf seinen Vater in den Gouvernements von Le Havre, Loches et Beaulieu. Er wurde am 31. Dezember 1688 *chevalier des ordres*; duc de Bourgogne am 16. August 1689 und Staatsminister am 24. Juli 1691. Er galt als sehr devot und nicht besonders intelligent[5].

Bouchu, Claude, siehe: Bouchu, Etienne-Jean

Bouchu, Etienne-Jean

Geboren am 28. November 1655, gestorben in Tournus (Saône-et-Loire) am 27. Oktober 1715. Sohn von Claude Bouchu (1628–1683), *conseiller au par-*

[3] Michel ANTOINE, Le gouvernement et l'administration sous Louis XV. Dictionnaire biographique, Paris 1978, S. 23.
[4] ORCIBAL, Fénelon, S. 49.
[5] Ibid., S. 51 f.

lement de Metz (1649), *maître des requêtes* (1653), Intendant der Bourgogne (1656–1683), *conseiller d'Etat* (1672), und von Louise Guérin (1634–1699). Etienne-Jean Bouchu wird *conseiller* am Parlement von Metz (9. April 1679); *maître des requêtes* (30. März 1685); Intendant der Dauphiné (19. März 1686 bis Mai 1705); *conseiller d'Etat semestre* (10. Dezember 1702); *maître des requêtes honoraire* (24. Februar 1703). Verheiratet 1683 mit Elisabeth Rouillé de Meslay (1662–1740)[6].

Chamillart, Michel

Geboren in Paris am 10. Januar 1652, gestorben in Paris am 14. April 1721. Sohn von Guy Chamillart, *maître des requêtes* (1662) und Intendant in Caen (1665), und Catherine Compaing. Seit 1676 *conseiller* am Parlement, seit 1686 *maitre de requêtes,* dann Intendant in Rouen (1689), Generalkontrolleur der Finanzen (1699), Staatsminister (23. November 1700) und schließlich Staatssekretär für das Kriegswesen. Er verläßt die Generalkontrolle der Finanzen 1708, das Kriegsministerium 1709. Seine Verwaltung und die Ernennung der Generale während des Spanischen Erbfolgekrieges wurden – wahrscheinlich zu Unrecht – kritisiert[7].

Châteauneuf, Balthazar Phélypeaux, Marquis von

geboren in Paris 1638, gestorben am 27. April 1700. Zweiter Sohn von Louis II Phélypeaux, Sieur de la Vrillière, und von Marie Particelli. Cousin von Louis II Phélypeaux, Graf von Pontchartrain. Zunächst für die kirchliche Laufbahn bestimmt, erhielt er eine solide Ausbildung. Bereits mit kirchlichen Pfründen ausgestattet vor Abschluß seines Doktors der Theologie (1661). Er wurde *conseiller clerc* am Parlement (1664). Aber nach einem Unfall seines älteren Bruders (Louis, geboren 1636) ersetzte er diesen im Amt des Staatssekretärs (14. Juni 1669: „la survivance de la charge de secrétaire d'état“). Er gab daher sein Amt als *conseiller* am Parlement und seine kirchlichen Pfründen (bénéfices *ecclésiastiques*) ab. Von seinem Vater erhielt er den Titel eines marquis de Châteauneuf, nachdem sein älterer Bruder schon marquis von La Vrilliere war. Seit 1678 füllte er die Funktion des Staatssekretärs allein aus. Sein politischer Einfluß, der immer gering war, nahm nach 1685 noch mehr ab. Saint-Simon führte hierzu aus:

„Châteauneuf n'avait aucun département que des provinces. Les huguenots étaient le département particulier de sa charge de secrétaire d'Etat, qui la rendait importante lorsqu'ils faisaient un corps armé avec lequel il fallait compter; mais depuis la révocation de l'édit de Nantes, cette charge de secrétaire d'Etat était à peu près nulle, et Chateauneuf, de son génie et de sa personne, existait encore moins, s'il se pouvait.“

[6] ANTOINE, Dictionnaire, S. 47.
[7] PILLORGET, Dictionnaire, S. 215.

Er wurde niemals Staatsminister. Dafür war er sehr wohlhabend. 1670 heiratete er Marie-Madeleine de Fourcy, Tochter eines *conseiller* im Grand Conseil, und Schwiegertochter des Präsidenten Le Pelletier. Er hatte vier Kinder[8].

Chaulnes, Paul de

Zunächst Geistlicher in St. André in Grenoble; dann Bischof von Sarlat. Seit 1721 Bischof von Grenoble. Er starb am 20. Oktober 1725[9].

Choisy, François-Timoléon, de

Geboren in Paris am 16. Juni 1644, gestorben in Paris am 20. Oktober 1724. Sohn von Jean de Choisy, *conseiller d'Etat*, Kanzler von Gaston d'Orléans, und von Jeanne-Olympe de Belesbat. Hatte sich angeblich dreißig Jahre seines Lebens immer wieder als Frau verkleidet und sich „comtesse des Barres" oder „comtesse de Sancy" nennen lassen. Trotzdem wurde er Geistlicher, begleitete den Kardinal von Bouillon nach Rom zu einer Konklave (1666) und veröffentlichte mehrere apologetische Werke: „Quatre Dialogues sur l'immortalité de l'âme, l'existence de Dieu, la Providence et la religion" (1684). Er wurde Mitglied der *Académie française* (15. August 1687). Seine Memoiren (1727) lassen gut informierte Kreise sprechen und liefern vortreffliche Portraits. Die „Histoire de la comtesse Des Barres" (1736), deren Autorschaft allerdings nicht gesichert ist, erzählt die Liebesgeschichten eines jungen, als Frau verkleideten Mannes[10].

Colbert, Charles, marquis de Croissy

Geboren in Reims am 2. August 1629, gestorben in Versailles am 28. Juli 1696. Jüngerer Bruder des Grand Colbert. Studierte bei den Jesuiten am Collège de Clermont, dann an der Rechtsfakultät in Orléans. 1654–1663 *intendant des armées de Catalogne, de Provence et de Naples*. Anschließend erwarb er das Amt eines *conseiller* am Parlement von Metz, wodurch er mit den deutschen Angelegenheiten vertraut wurde. Gleichzeitig war er Intendant im Elsaß (23. Februar 1656). Er lernte deutsch mit seinem Sekretär Gallinger. Er führte verschiedene diplomatische Missionen aus, etwa in Frankfurt (1657) und in Danzig, um an den Friedenskonferenzen von Oliva teilzunehmen, und in Rom (1660). Dann nahm er seine Arbeit in der Verwaltung wieder auf: er wurde Präsident des *Conseil Souverain* im Elsaß, *président à mortier* au parlement de Metz. 1663 wurde er *maître des requêtes*. 1664 heiratete er Françoise Béraud, Tochter eines *conseiller d'Etat, grand audiencier de France*, Sieur de Croissy-en-Brie, was ihm Land, ein Schloß und einen Namen ein-

[8] Ibid., S. 238 f.
[9] Gallia christiana, Bd. 16, Paris 1715, ND 1970, s. 257 f.
[10] Pillorget, Dictionnaire, S. 246 f.

brachte. In den folgenden Jahren setzte er die Ämterlaufbahn fort: *conseiller d'Etat semestre* (1668), *ordinaire* (1669), *président à mortier au parlement de Paris* (1679). Gleichzeitig wurden ihm wichtige Aufgaben im Innern übertragen: Intendant der Generalitäten von Touraine, Anjou und Maine, Kommissar der Stände der Bretagne (*commissaire aux états de Bretagne*), Intendant von Amiens et Soisson (1666), Intendant der Armee, dann der Generalität von Flandern (*intendant de l'armée, puis de la généralité des Flandres*) (1668). Er war an allen großen diplomatischen Verhandlungen beteiligt. Bevollmächtigter in Aachen, Botschafter in England (1668–1674), Bevollmächtigter auf den Konferenzen von Nimwegen (1675–78), Sonderbotschafter in München, um die Vermählung des Dauphins mit der Prinzessin von Bayern auszuhandeln. Die Entlassung Pomponnes brachte ihm den Posten des Staatssekretärs für Äußere Angelegenheiten ein (1679–1696). Während Louvois für die Durchsetzung der Reunionspolitik auf juristischem und militärischem Gebiet zuständig war, war es Croissys Aufgabe, mit diplomatischen Mitteln die enteigneten deutschen Fürsten ruhig zu halten und Allianzen zur Verhinderung eines neuen Krieges zu bilden. Sein ältester Sohn, Torcy, folgte ihm im Amt[11].

Colbert de Seignelay, siehe: Seignelay

Colbert de Torcy, siehe: Torcy

Cosnac, Daniel de

Geboren 1627, wurde 1652 *premier gentilhomme de la chambre du prince de Conti*, dann Bischof von Valence und Die (1654), *premier aumônier de Monsieur* (1658), Erzbischof von Aix (1687), Abt von Saint-Taurin (1689) und von Saint-Riquier (1695), *commandeur du Saint-Esprit* (1701). Er starb in Aix am 18. Januar 1708 mit über 80 Jahren. Außer einer Sammlung seiner „ordonnances synodales“, die 1694 gedruckt wurden, hinterläßt er Memoiren, die einer seiner Großneffen 1852 veröffentlichte. Cosnac trat mehrere Male auch bei den Kirchenversammlungen in Erscheinung; in der Frage der Regalien gehörte er zu den schärfsten Verfechtern der Freiheiten der Gallikanischen Kirche[12].

Court, Antoine

Geboren in Villeneuve-de-Ber (Ardèche) 1695, gestorben in Lausanne 1760. Zentralfigur beim Wiederaufbau der reformierten Kirchen Frankreichs nach dem Kamisardenkrieg[13].

[11] Ibid., S. 264.
[12] Saint-Simon, Ausgabe BOISLISLE, Bd. 4., 1884, S. 59, Anm. 6.
[13] Encyclopédie du protestantisme, hg. v. Pierre GISEL, Paris/Genf 1995, S. 258.

Court de Gébelin, Antoine

Geboren 1724 (?), gestorben 1784. Sohn von Antoine Court. Studierte an der Pastorenausbildungsstätte in Lausanne. Erhielt 1754 die *consécration pastorale*. Unterrichtete danach bis 1763 selbst in Lausanne. Zusammen mit seinem Vater unterhielt er die Korrespondenz mit den reformierten Kirchen Frankreichs. Er besuchte das protestantische Frankreich: Nîmes, Lyon, die Cevennen, den Bas-Languedoc, die Pays de Foix, das Béarn, das Agenais, Bordeaux, La Rochelle, Poitiers und Paris. Von 1764 bis 1767 hielt er sich im Auftrag der Nationalsynode in Paris auf „pour la correspondance entre les Eglises du ‚second Désert'"[14].

Croissy, siehe: Colbert, Charles, marquis de Croissy

Daguesseau, siehe: Aguesseau, d'

Durand, Marie

Hugenottin aus Bouchet-de-Pranles (Vivarais). Sie wurde wegen ihres Glaubens 1730 mit fünfzehn Jahren in der Tour de Constance in Aigues-Mortes eingesperrt und erst 1768 wieder freigelassen. Ihr Bruder Pièrre Durand war Pastor der „Wüste" und starb 1732 den Märtyrertod[15].

Estrées, François-Annibal II, duc d'

Geboren in Cœuvres, Aisne, am 5. Juli 1623, gestorben in Rom im Januar 1687. Sohn aus erster Ehe von François-Annibal d'Estrées, Marquis de Cœuvres. Seneschall von Quercy (1656), Generalleutnant (1667). Während vierzehn oder fünfzehn Jahren Botschafter in Rom. Von seiner Frau Cathérine de Lauzières de Thémines hatte er einen Sohn, François-Annibal III (1648–1698)[16].

Fénelon, François de Salignac de La Mothe-

Geboren auf Schloß Fénelon im Périgord am 6. August 1651, gestorben in Cambrai am 7. Januar 1715. Vater: Pons, Graf von Fénelon. François studierte zunächst im Schloß, dann an der Universität Cahors. 1666 nahm ihn sein Onkel, der marquis de Fénelon, mit nach Paris, wo er in Saint-Sulpice eintrat. Von missionarischem Geist erfüllt, wollte er in den Nahen Osten aufbrechen, aber dieser Wunsch verwirklichte sich nicht. Er übte zunächst das Pfarramt (*ministère paroissial*) in Saint-Sulpice aus, bis er 1679 Supérieur der Maison des Nouvelles Catholiques in Paris wurde – eine Einrichtung zur Konversion junger protestantischer Mädchen. Er war gut bekannt mit dem Duc und der Duchesse de Beauvillier sowie mit dem Duc und der Duchesse

[14] Ibid.
[15] Dictionnaire Larousse.
[16] PILLORGET, Dictionnaire, S. 390.

de Chevreuse. Beide Herzoginnen waren Töchter von Colbert. Ihr Bruder war Seignelay, der Fénelon zweimal (1685–86 und 1687) mit Missionen im Saintonge beauftragte, wo er an der Konversion der Protestanten arbeiten sollte. Diese guten Beziehungen zu den *grands seigneurs dévots* verhalfen Fénelon schließlich auch zum Posten des Erziehers (*précepteur*) des Herzogs von Bourgogne, Sohn des Grand Dauphin (1689–1697). Er wurde in die Académie française aufgenommen und zum Bischof von Cambrai ernannt. Seine Nähe zum Quietismus und seine Doktrin des *pur amour* veranlaßten Ludwig XIV. dazu, Fénelon in seine Diözese zu exilieren, wo er die letzten achtzehn Jahre seines Lebens verbrachte[17].

Fleuriau d'Armenonville, Joseph Jean-Baptiste

Geboren in Paris am 22. Januar 1661, gestorben in Paris am 27. November 1728. Sohn aus zweiter Ehe von Charles Fleuriau d'Armenonville (1604–1694), *secrétaire du Roi* (1633–1655), und von Françoise Guillemin (16..-1684). Er wurde *premier commis* seines Schwagers, Claude Peletier, und von Monsieur de Pontchartrain, beide Generalkontrolleure der Finanzen. *Conseiller* am Parlement von Metz (29. Januar 1686); Intendant der Finanzen (6. April 1690); *directeur des finances* (2. Juli 1701 bis Februar 1708); *bailli et capitaine de Chartres* (9. Oktober 1702); *conseiller d'Etat semestre* (10. Mai 1705); *capitaine des châteaux de Madrid et La Muette et des chasses du bois de Boulogne* (28. Oktober 1705); *secrétaire d'Etat* (3. Februar 1716); *secrétaire du Roi* (16. Februar 1716); *conseiller d'Etat ordinaire* (23. Juli 1717); *grand-croix-secrétaire-greffier de l'ordre de Saint-Louis* (15. April 1719); *garde des sceaux de France* (28. Februar 1722, Rücktritt: 17. August 1727); *grand trésorier-commandeur des ordres du Roi* (19. März 1724). Verheiratet 1685 mit Marie Jeanne Gilbert (1660–1716)[18].

Fleuriau de Morville, Charles Jean-Baptiste

Geboren in Paris am 30. Oktober 1686, gestorben in Paris am 3. Februar 1732. Sohn von Joseph Jean-Baptiste Fleuriau d'Armenonville. *Avocat du Roi au Châtelet de Paris* (1706); *conseiller* am Parlement von Paris (15. Dezember 1708); *procureur général du Grand Conseil* (7. März 1711); Botschafter in den *Provinces-Unies* (Januar 1718); *grand-croix-secrétaire-greffier de l'ordre de Saint-Louis* (24. April 1719, Rücktritt: August 1727); *secrétaire d'Etat des affaires étrangères* (10. August 1723, Rücktritt: 19. August 1727); *conseiller d'honneur au Grand Conseil* (8. Januar 1718). Verheiratet 1711 in Paris mit Charlotte Elisabeth de Vienne (1687–1761)[19].

[17] Ibid., S. 401 ff. Fénelon, Extraits, eingel. u. komm. v. A. CAHEN u. P. RICHARDOT, Paris o. J., S. VI.
[18] ANTOINE, Dictionnaire, S. 103 f.
[19] Ibid., S. 104.

Fleury, Hercule-André de

Geboren in Lodève am 22. Juni 1653, gestorben in Issy am 29. Januar 1743. Studium an verschiedenen Pariser Einrichtungen: collèges Navarre, Louis-le-Grand, Harcourt, Sorbonne. Erhielt 1666 die Tonsur, wurde 1668 *chanoine* der Kathedrale von Montpellier. 1675 wurde er *aumônier* der Königin Marie-Thérèse, 1678 *aumônier* des Königs. Am 1. November 1698 wurde er zum Bischof von Fréjus ernannt. Dieses Amt übte er von Mai 1701 bis Juli 1715 aus. Seit 1717 *précepteur* von Ludwig XV. Im selben Jahr Aufnahme in die *Académie française*. 1726 wurde er Kardinal. Unter Ludwig XV. wichtigster Minister[20].

Fontanieu, Gaspard Moïse de

Getauft in Paris am 1. September 1694, gestorben in Paris am 26. September 1767. Sohn von Moïse Augustin Fontanieu (1662–1725), *receveur des tailles de l'élection de Meaux* (1690), *payeur des gages des secrétaires du Roi* (1693), *receveur général des finances de la généralité de La Rochelle* (1694), *secrétaire du Roi* (1697), *trésorier général de la marine* (1701–1710), *intendant et contrôleur général des meubles de la couronne* (1711), und seiner Frau Catherine Geneviève Dodun. Intendant der Dauphiné 1724–1740[21].

Foucault, Nicolas Joseph

Geboren in Paris am 8. Januar 1643, gestorben in Paris am 7. Februar 1721. Sohn von Joseph Foucault (1612–1691), *maréchal féodal de l'abbaye de Saint-Denis* (1650–1679), *secrétaire du Roi* (1653), *greffier de la chambre de justice* (1661), *procureur général de la commission chargée de la recherche des usurpateurs de noblesse* (1666), *secrétaire du Conseil d'Etat Direction et Finances* (1669) und seiner Frau Marie Metezeau (1620–1670). *Procureur général aux requêtes de l'hôtel et en la grande chancellerie de France* (1. September 1666); *avocat général au Grand Conseil*, 23. April 1671; *maître des requêtes* (18. Februar 1674); Intendant von Montauban (28. Februar 1674); Intendant des Béarn (4. Januar 1684); Intendant von Poitiers (15. August 1685); Intendant von Caen (25. Januar 1689 bis September 1706); *maître des requêtes honoraire* (2. Oktober 1694); *membre honoraire de l'Académie des Inscriptions et Médailles* (16. Juli 1701); *conseiller d'Etat semestre* (2. April 1704); *chef du Conseil de Madame, duchesse d'Orléans* (11. Oktober 1712); *conseiller d'Etat ordinaire* (26. November 1716). Verheiratet in Paris am 24. November 1675 mit Marie Jassaud (1655–1731)[22].

[20] PILLORGET, Dictionnaire, S. 415 f.
[21] ANTOINE, Dictionnaire, S. 98.
[22] Ibid., S. 107.

Gaillard-Lonjumeau, Jean de

geboren in Aix am 22. Mai 1634. Trat in den geistlichen Stand ein. Seine Schwester, Madame de Gaillard de Venel war Erzieherin der Kinder des Königs. Sie holte ihn nach Paris und machte ihn mit Mazarin bekannt. Kurz darauf wurde er mit dem Erzdiakonat von Bayeux betraut, dann mit dem Bistum Apt (1671). Das Bistum von Limoges lehnte er ab. Er starb 1695 in Apt[23].

Grignan, François Adhémar de Monteil

zuerst marquis de Grignan, nach dem Tode seines Vaters (1668) comte. Geboren um 1629, gestorben am 30. Dezember 1714. *Colonel du régiment de Champagne* (1654), *capitaine-lieutenant des chevau-légers* der Königin Anne von Österreich (1656), *lieutenant général* im Languedoc für die Diözesen von Toulouse, Montpellier, Cominges, Rieux, Albi, Lavaur, Castres, Carcassonne, Saint-Papoul und Saint-Pons (Dezember 1663); schließlich *lieutenant général* des *duc de Vendôme au gouvernement de Provence* (29. November 1669). Verwitwet 1665 von Angélique-Claire d'Angennes-Rambouillet, dann 1667 von Marie-Angélique du Puy-du-Fou, heiratete er am 29. Januar 1669 „la plus jolie fille de France", mit der er zwei Kinder hatte[24], Françoise-Marguerite de Sévigné, Gräfin, dann Marquise von[25].

Guichard, Henri, auch genannt La Rapine, d'Hérapine oder d'Herpine

Sohn eines Kochs der Töchter der Königin. Er war zunächst Valet eines Jesuiten, *solliciteur* für die Gefangenen des Grand-Châtelet, Schwiegersohn des Architekten Levau, selbst Architekt, Direktor einer Blechmanufaktur, Musiker etc. „Dans plusieurs de ces emplois il se montra indélicat et larron. Il vola son beau-père, déroba des ornements d'église, en dépensa le prix dans des lieux de débauche et tenta d'empoisonner le grand musicien Lulli, dont il avait séduit la femme. Pour le vol commis chez Lavau il fut enfermé quelque temps à la Bastille, mais il sut arrêter les poursuites qui lui furent intentées pour le rapt des ornements d'église. Quant à la tentative d'empoisonnement sur Lulli, il en évita les suites en fuyant à l'étranger. Après avoir erré dans diverses cours, il revint en France sous le pseudonyme aristocratique d'Hérapine." 1687 ernannte ihn Daniel de Cosnac, Bischof von Valence, zum Direktor des Krankenhauses in Valence. „Protégé par Cosnac, La Rapine ne tarda pas à passer pour un convertisseur hors ligne au près et au loin, et on prit l'habitude de lui envoyer les religionnaires qui avaient résisté à tous les autres convertisseurs" [26].

[23] Biographie universelle, Bd. 15, 1856, S. 378. Gallia christiana, Bd. 1, S. 373.
[24] Saint-Simon, Bd. 12, 1896, S. 287f.
[25] Pillorget, Dictionnaire, S. 484f.
[26] Arnaud, Protestants du Dauphiné, Bd. 3, S. 45ff.

Harlay de Champvallon, François de

Geboren in Paris am 14. August 1625, gestorben in Conflans am 9. August 1695. Schüler des collège de Navarre und von beachtlicher Begabung, stieg Harlay schnell auf. Sein Onkel, François de Harlay, Erzbischof von Rouen, überließ ihm zunächst die reiche Abtei von Jumièges (1645), um ihn unmittelbar nach seiner Priesterweihe (*ordination sacerdotale*) zu seinem Koadjutor zu machen. 1651, wurde Harlay mit nur 26 Jahren selbst Erzbischof von Rouen, nachdem sein Onkel zurückgetreten war. Seit 1660 war er Präsident der Kirchenversammlung. Er wurde u. a. wegen der Orthodoxie seiner Doktrin geschätzt, die er im Kampf gegen den Jansenismus und für die Rückführung der Protestanten in die katholische Kirche einsetzte. Trotz seines Hangs zur Galanterie gewann er das Vertrauen Ludwigs XIV. und wurde am 3. Januar 1671 Erzbischof von Paris – ein Amt, das er 24 Jahre lang ausüben sollte. Mit dem Père La Chaise teilte er ein wahrhaftes Ministeramt für Kirchenangelegenheiten. Er war ein standhafter Vertreter der Rechte der Krone und sehr antijansenistisch. In der Regalienfrage bedrängte er den König unablässig, den Forderungen Innozenz XI. nicht nachzugeben. Zusammen mit Le Tellier, Erzbischof von Reims, hatte er den Vorsitz der Kirchenversammlung von 1681/82, auf der die vier Gallikanischen Artikel verabschiedet wurden. 1685, 1690, 1693, 1695 erneuter Vorsitz der Kirchenversammlung. Die Memoiren seines Sekretärs, des Abbé Le Gendre, wurden 1863 veröffentlicht.

Hervé, Charles-Bénigne

1684 zum Bischof von Gap ernannt, aber wegen der Streitigkeiten zwischen der römischen Kurie und der französischen Krone erst 1692 geweiht. Er übte dieses Amt bis 1706 aus[27].

La Feuillade, François d'Aubusson (troisième du nom, comte, puis duc de), maréchal de France, Vize-König von Sizilien

Geboren um 1625, gestorben in Paris in der Nacht vom 18. auf den 19. September 1691. In jungen Jahren bewährte er sich als *capitaine de cavalerie* im Regiment von Gaston de France, in der Schlacht von Réthel (15. Dezember 1650), als mestre de camp bei der Belagerung von Mouzon (1653) etc. 1663 übertrug Ludwig XIV ihm das Kommando über die Truppen, die er nach Italien schickte, um seine Alliierten zu unterstützen. 1664 wurde er *maréchal de camp* für die Truppen zur Unterstützung Kaiser Leopolds. Siegreich gegen die Türken (Schlacht am Sankt-Gotthard), woraufhin er vom König zum *lieutenant général des armées du roi* ernannt wurde. 1672 *colonel des gardes françaises* an Stelle des abtretenden *maréchal de Gramont*. 1675 *maréchal de France*. Am 30. März kommandierte er die *armée de Flandre* in Abwesenheit des Herzogs von Orléans und am 30. Dezember 1677 erhielt er *lettres paten-*

[27] Gallia christiana, Bd. 1, S. 471.

tes, die ihn zum Vizekönig von Sizilien und zum Gouverneur von Messina auf drei Jahre ernannten. 1681 kehrte La Feuillade nach Frankreich zurück und erhielt das Gouvernement von Grenoble und der Dauphiné. 1688 wurde er *chevalier du Saint-Esprit*[28].

Lafitau, Pierre-François

Geboren in Bordeaux 1685. Novize bei den Jesuiten seit Oktober 1708. Lehrer am *collège* von Pau. Bischof von Sistéron seit November 1719. Er starb am 3. April 1764[29].

Lafont, pasteur, genannt Fontenelle

Studierte von April 1745 bis Juli 1746 an der Ausbildungsstätte für protestantische Pastoren in Lausanne, ließ sich 1746 als Pastor in der Provence nieder, wo er an den folgenden Orten Kirchengemeinden gründete: Cabrières, La Motte-d'Aigues, Peypin-d'Aigues, Saint-Martin-de-la-Brasque, Lourmarin, Lacoste, Sivergues, Mérindol und La Roque-d'Anthéron. Er lebte in Lourmarin. Sein Amt scheint er bis 1754 ausgeübt zu haben. Danach war er im Poitou tätig, 1774 im bas Languedoc. 1750 tauchte er für kurze Zeit in der Dauphiné auf[30].

Lamoignon de Basville, Nicolas de

Geboren 1648, gestorben am 17. Mai 1724. Sohn von Guillaume I. Die Familie Lamoignon kam ursprünglich aus dem Nivernais. Unter Ludwig XIII. und Ludwig XIV. traten mehrere ihrer Mitglieder durch ihren glühenden und militanten Katholizismus hervor. Nicolas Lamoignon war zuerst Advokat am Parlement (1667), dann Sekretär von Colbert bei der Unterzeichnung des Friedens von Aachen (1668), *conseiller* am Parlement in Paris (27. November 1670), *maître des requêtes* (1674), Intendant der Armee von Turenne während des Elsaßfeldzuges. Er wurde in Turckheim verwundet und übte anschließend Ämter in der Verwaltung aus als Intendant in Montauban, Pau, Poitiers und schließlich, von September 1685 bis Mai 1718, im Languedoc. Er war bekannt für sein brutales Vorgehen gegen die Protestanten (Revokation des Edikts von Nantes/Kamisardenkrieg), motiviert u.a. durch die Angst, letztere könnten sich mit dem Feind verbünden[31].

Lavrilliere, Louis Phélypaux, marquis de la, siehe: Vrilliere, Louis Phélypaux de la

[28] Nouvelle biographie générale, Kopenhagen 1967, Bd. 28, 1967, S. 731 ff.
[29] Saint-Simon, Bd. 30, 1919, S. 213.
[30] Arnaud, Protestants de Provence, Bd. 1, S. 512.
[31] Pillorget, Dictionnaire, S. 595.

Le Blanc, Claude

Geboren am 1. Dezember 1669, gestorben in Versailles am 19. Mai 1728. Sohn von Louis Le Blanc (= 1707), *conseiller au Châtelet* (1653), *puis à la cour des aides de Paris* (1659), *maître des requêtes* (1669–1697), Intendant in Rouen (1677–1682), und seiner Frau Suzanne Henriette Bazin de Bezons (= 1699). *Conseiller* am Parlement von Metz (17. Juli 1694); maître en survivance de son père (25. April 1697); Intendant der Auvergne (1. Juli 1704); Intendant der *Flandre maritime* (12. Juni 1708); *conseiller au Conseil de la Guerre* (Polysynodie; Januar 1716); *maître des requêtes honoraire* (9. August 1716); *secrétaire d'Etat de la guerre* (24. September 1718), in Ungnade gefallen am 1. Juli 1723, wiedereingesetzt am 19. Juni 1726 und während der Amtszeit gestorben. Heiratete am 3. Juni 1697 Madeleine Petit de Passy (= 1727)[32].

Le Bret, Cardin

geboren am 21. Januar 1673, gestorben in Versailles am 14. Oktober 1734. Sohn von Pierre Cardin Le Bret (1640–1710), *conseiller au Grand Conseil* (1668), *maître des requêtes* (1676), Intendant des Limoges (1681), Intendant der Auvergne (1682), der Dauphiné (1683), von Lyon (1686), der Provence (1687–1704), *premier président du parlement d'Aix* (1690–1710), und seiner Frau Marie Françoise Veydeau de Grandmont (= 1719). Cardin Lebret wird conseiller au parlement d'Aix (17. Dezember 1693), *maître des requêtes* (14. Oktober 1696); Intendant des Béarn (18. April 1701); Intendant der Provence (5. April 1704, starb im Amt); *maître des requêtes honoraire* (18. Dezember 1719); *commandant pour le Roi en Provence* (5. Juni 1724); *conseiller d'Etat semestre* (12. Januar 1730). Verheiratet (1697) in erster Ehe mit Marie Thérèse de Lubert, in zweiter Ehe (1708) mit Marguerite Charlotte Geneviève Le Féron, in dritter Ehe (1710) mit Thérèse Angélique Croiset, in vierter Ehe (1712) mit Marguerite Henriette de La Briffe[33].

Le Bret, Cardin François-Xavier

Geboren in Aix-en-Provence am 12. Dezember 1719, gestorben in Paris am 26. Mai 1765. Sohn aus vierter Ehe von Cardin Le Bret. *Chevalier de Malte*; *avocat du Roi au Châtelet de Paris* (11. März 1740); *avocat général au Grand Conseil* (15. Dezember 1741); *avocat général au parlement de Paris* (15. Juli 1746); Intendant der Bretagne (17. April 1753, starb während der Amtszeit). Heiratete 1746 in Paris Anne Louise Charlotte Félicie Le Pelletier de la Houssaye[34].

32 ANTOINE, Dictionnaire, S. 151.
33 Ibid., S. 152f.
34 ANTOINE, Dictionnaire, S. 153.

Le Camus, Etienne

Geboren in Paris am 24. November 1632, gestorben in Grenoble am 12. September 1707. Stammte aus einer Familie des Amtsadels. Er war Doktor der Sorbonne, *aumônier* am Hof. 1666 wandte er sich von der Welt ab und hielt sich fortan im Kloster Notre-Dame de la Trappe beim Abbé Rancé, dann in Port-Royal und im Oratoire auf. Seine strenge Lebensweise erregte die Aufmerksamkeit des Königs. Ein erstes Angebot desselben, ein Bistum zu übernehmen, lehnte Camus ab. 1671 übernahm er, nach anfänglichem Zögern, das Bistum Grenoble. Während seiner Amtszeit unternahm er zahlreiche Visitationen in die Diözesen seines Bistums. Er war Gegner von Zwangskonversionen und Dragonaden[35].

Le Gendre, Louis

Französischer Historiker, geboren in Rouen 1655, gestorben in Paris am 1. Februar 1733. Nachdem er in den Kirchenstand eingetreten war, wurde er Anhänger von François de Harlay, der zuerst Erzbischof von Rouen, dann von Paris war und ihm 1690 eines der Kanonikate von Notre-Dame anvertraute. 1724 erhielt er die Abtei von Claire-Fontaine in der Diözese von Chartres. Zu seinen Werken zählen u. a.: *Eloge de François de Harlay*, Paris 1695; *Essai du règne de Louis le Grand jusqu'à la paix générale de 1697*, Paris 1697[36].

Le Tellier, Michel

Geboren in Paris 1603, gestorben in Paris am 30. Oktober 1685. Sohn von Michel Le Tellier, *maître en la Chambre des comptes, acquéreur de la seigneurie de Chaville en 1596, et de Claude Chavelin.* Er wurde *conseiller au Grand Conseil* (1624). 1629 heiratete er Elisabeth Turpin. Anschließend *procureur du roi au Châtelet* (1631), *maître des requêtes de l'Hôtel* (1638), *intendant auprès de l'armée d'Italie* (3. September 1640), *secrétaire d'Etat* (11. April 1643). Königstreu während der Fronde, spielte er eine wichtige Rolle während der Abwesenheit Mazarins. 1656 erwarb er das Marquisat von Louvois. Bis 1661 übte er seine Funktion als Staatssekretär allein aus, anschließend gemeinsam mit seinem Sohn Louvois. 1677 wurde er Kanzler und *garde des Sceaux*. Unmittelbar vor seinem Tod gehörte er zu den Mitunterzeichnern der Revokation des Edikts von Nantes[37].

Le Tellier, Charles-Maurice

Nachgeborener Sohn von Kanzler Le Tellier, Bruder von Louvois, geboren am 4. Juli 1642 in Turin; 1668 Koadjutor in Reims, mit dem Titel eines Erzbischofs von Nazianze *in partibus*; 1671 Erzbischof von Reims, 1679 *con-*

35 PILLORGET, Dictionnaire, S. 621 ff.
36 Nouvelle biographie générale, Bd. 30, S. 378 f.
37 PILLORGET, Dictionnaire, S. 651 f.

seiller d'Etat, 1688 *commandeur de l'ordre du Saint-Esprit*. Starb am 22. Februar 1710[38].

Louvois, François-Michel Le Tellier, Sieur de Chaville, dann marquis de Louvois

Geboren in Paris am 13. Januar 1641, gestorben in Versailles am 16. Juli 1691. Sohn vom Kanzler Michel Le Tellier. 1655 erhielt er die *charge de secrétaire d'Etat à la Guerre en survivance*. Zwei Jahre später verteidigte Louvois seine Dissertation in Philosophie. 1658 wurde er *conseiller au parlement de Metz*. Seit Februar 1661 durfte er das Amt des Staatssekretärs in Abwesenheit seines Vaters ausüben – wobei sich bis 1677 jener das Recht zur Unterschrift vorbehielt. 1661 heiratete Louvois Anne de Souvré, Tochter von Charles de Souvré, *marquis de Courtenvaux*. Seit 1666 Reformen in der Heeresverwaltung. Im Juni 1668 wurde er *surintendant général des Postes*, 1670 *grand vicaire de l'ordre de Saint-Lazare*, 1671 *chancelier de l'ordre du Saint-Esprit*, Februar 1672 Staatsminister. Nach dem Tode Colberts wurde Louvois *surintendant des Bâtiments, Arts et Manufactures*. Im November 1683 wurde sein Sohn Barbezieux *secrétaire d'Etat en survivance*; seit 1687 war er ihm assoziiert im *secrétariat de la Guerre*. In Louvois' Amtszeit fallen die Dragonaden und die Politik der Reunionen[39].

Mabillon, Jean

Geistlicher der congrégation de Saint-Maur, geboren 1632 in Saint-Pierremont bei Vouziers. Kam 1667 nach Paris. Wurde von Colbert beauftragt, in Deutschland Dokumente zu sammeln; begab sich 1689 im Auftrag des Königs nach Italien. Danach reiste er nur noch im Auftrag der Abtei Saint-Germain-des-Prés für seine bekannten Werke über den Benediktinier-Orden, über die Liturgie, die Diplomatie, „les études monastiques", „les documents des temps primitifs". Im Juli 1701 nahm ihn der Königs als Ehrenmitglied in die *Académie des inscriptions* auf. Er starb in der Abtei am 27. Dezember 1707[40].

Massillon, Jean-Baptiste

geboren in Hyères am 24. Juni 1663, gestorben in Beauregard-l'Evêque in der Auvergne am 28. September 1742. Er studierte bei den Oratorianern zunächst in Hyères, dann in Marseille. Er trat dieser *congrégation* in Aix bei (1681) und studierte Theologie in Arles. In Vienne erhielt er 1692 die Priesterweihe. 1696 übernahm er in Paris die Leitung des Seminars Saint-Magloire. Trat hervor durch verschiedene Fastenpredigten (1699, 1701, 1704) sowie durch Grabreden für den Prinz Conti (1709), den Grand Dauphin

38 Saint-Simon, Bd. 1, 1879, 64, Anm. 2.
39 PILLORGET, Dictionnaire, S. 690f.
40 Saint-Simon, 1899, Bd. 14, S. 240f., Anm. 4.

(1711) und für Ludwig XIV. 1717 wurde Massillon Bischof von Clermont. 1719 Mitglied der *Académie française*[41].

Montfaucon, Dom Bernard de

geboren im Schloß von Soulage, Aude, am 13. Januar 1655, gestorben in Paris in der Abtei Saint-Germain-des-Prés am 21. Dezember 1741. Er diente zwei Jahre lang in der Armee von Turenne. Nach einer schweren Krankheit trat er mit 19 Jahren in den Benediktinerorden ein. In Paris arbeitete er unter der Leitung von Du Cange. Er besuchte die Bibliotheken Italiens und traf in Mailand Ludovico Antonio Muratori (1698–1701). Nach Paris zurückgekehrt, umgab er sich mit einer Gruppe von Gelehrten, der *Académie des bernardins*, zu denen Dom Bouquet, Dom Thuillier, Dom Vaissette u. a. gehörten[42].

Morant, Alexandre, seigneur de Seulles

Intendant der Provence 1680–87.

Morville, siehe: Fleuriau de Morville, Charles Jean-Baptiste.

Nesmond, Henri de

Abt von Chézy 1682; Bischof von Montauban 1687; Erzbischof von Alby 1703; Erzbischof von Toulouse 1719, wo er am 27. Mai 1727 starb[43].

Noailles, Adrien-Maurice de, comte d'Ayen

Geboren am 29. September 1678, gestorben in Paris am 24. Juni 1766. Sohn von Herzog Anne-Jules de Noailles und seiner Frau Marie-Françoise de Bournonville. Er wurde 1692 *mousquetaire*, diente als *officier*, dann als *mestre de camp* im Regiment von Noailles unter seinem Vater und unter dem Herzog von Vendôme in Katalonien (1694–95) und in Flandern (1696–97). Er begleitete Philippe V. nach Madrid und erhielt die *Toison d'or* (1702). 1704 wurde er *brigadier* und *maréchal de camp* und nahm den Titel eines Herzogs von Noailles an; 1707: *capitaine des gardes du corps*, 1706 *lieutenant général*; 1712: *grand d'Espagne*; 1715: *président du conseil des finances*; 1717: *gouverneur et capitaine des chasses de Saint-Germain-en-Laye*; 1718: *conseiller au conseil de régence*; *bâton de maréchal de France* (1734); Oberkommando der Armeen in Italien (1735), dann in Flandern und im Elsaß (1744). 1743 wurde er *ministre d'Etat*; 1746 Sonderbotschafter in Madrid. Er zog sich 1756 aus dem *Conseil* und sämtlichen Geschäften zurück[44].

41 PILLORGET, Dictionnaire, S. 767f.

42 Ibid., S. 819.

43 Saint-Simon, Bd. 21, S. 339, Anm. 6.

44 Ibid., Bd. 5, 1886, S. 122f., Anm. 4. PILLORGET, Dictionnaire, S. 874ff. ANTOINE, Dictionnaire, S. 191f.

Pajot du Plouy, Séraphin de

Von 1694–1701 Bischof von Die. Es wird berichtet, daß er am 30. Mai 1699 einer Gruppe von Bischöfen angehörte, die Innozenz XII. in seiner Meinung über die Schrift „Explication des Maximes des Saints" zustimmten[45].

Pellisson-Fontanier, Paul

Geboren in Béziers am 30. August 1624, gestorben in Versailles am 7. Februar 1693. Als junger Protestant studierte er zunächst in Castres, dann an der Universität Toulouse. 1645 kam er nach Paris, kehrte drei Jahre später nach Südfrankreich zurück, um sich 1650 erneut in Paris niederzulassen. 1657 wurde er *premier commis ou secrétaire de Fouquet*. Als Fouquet angeklagt wurde, richtete er an den König einen „Discours", eine „Seconde Défense" und „Considérations". Als Folge von Fouquets Ungnade wurde auch Pellisson in der Bastille eingekerkert und erst 1666 wieder freigelassen. Er konvertierte daraufhin zum Katholizismus und wurde Historiograph des Königs. Nach der Priesterweihe wurde er *économe de Saint-Germain-des-Prés et de Saint-Denis*. Der König setzte ihn ein, damit er seine ehemaligen Religionsbrüder – gegen Geld – zur Konversion brachte[46].

Phélypeaux, marquis de La Vrillière, Louis, siehe: Vrillière, Louis Phélypeaux, marquis de la

Phélypeaux de la Vrillière, Michel, siehe: Vrillière, Michel Phélypeaux de la

Pontchartrain, Louis II Phélypeaux, comte de

Geboren 1643 in Paris, gestorben auf Schloß Pontchartrain in Jouars-Pontchartrain, Yvelines, am 22. Dezember 1727. *Conseiller au parlement de Paris* (1661). 1677: *premier président du parlement de Bretagne*. Seit 1687 *intendant des finances*. 1689: Generalkontrolleur der Finanzen. Nach dem Tod Seignelays (1690) wurde er außerdem *secrétaire d'Etat à la Marine et à la Maison du roi*. Um den Krieg gegen die Augsburger Liga zu finanzieren, griff er zu Notlösungen – Anleihen, Verkauf von Ämtern und Adelstiteln – und führte die *capitation* ein (1695). 1699 wurde er Kanzler und verteidigte vehement die Freiheiten der Gallikanischen Kirche. Er trat 1714 zurück[47].

Rabaut Saint-Etienne, Jean-Paul

Geboren 1743, gestorben 1793. Sohn vom Pastor Paul Rabaut. Jean-Paul Rabaut, genannt Saint-Etienne, vertrat am Ende des Ancien Régime in Paris die

45 Gallia christiana, Bd. 16, S. 531 f.
46 PILLORGET, Dictionnaire, S. 913 f.
47 Ibid., S. 935.

Interessen der Protestanten. Er verfaßte eine Denkschrift, in der er sich für ein Toleranzedikt aussprach (1786)[48].

Ranc, Louis

geboren in Ajoux bei Privas um 1719; *proposant* und Schüler von Jacques Roger 1736–1740. *Consécration* 1744. Predigertätigkeit in der Dauphiné. Hingerichtet am 12. März 1745[49].

Ranuzzi, Angelo

Zuerst *commissaire des milices papales* (1663) während der „affaire des Corses", dann Inquisitor in Malta (1667); erhielt 1668 das Erzbistum von Damiette und die Nuntiatur von Turin; wurde Vizelegat von Urbino; *gouverneur de la marche d'Ancône* (1675). Bischof von Fano (1678), Nuntius in Polen; 1683: *nonce extraordinaire* in Paris um dem Herzog von Bourgogne die geweihten Windeln zu überbringen. 1686: Kardinal; 1688: Erzbischof von Bologna; er blieb aber bis Juli 1689 in Frankreich, als ihn der Abbruch der Beziehungen zum Heiligen Stuhl zur Rückkehr nach Italien zwang. Er starb in Fano am 27. September 1689[50].

Ripert de Montclar bzw. Ripert-Monclar, Jean-Pierre-François de

geboren in Apt 1711, gestorben in St.-Saturnin-lès-Apt 1773. *Jurisconsulte, procureur général au parlement d'Aix*[51].

Roger, Jacques

Erster Pastor, der nach der Revokation die Provence bereiste (1719). Er kam aus Boissière im Languedoc, hatte den Protestantismus in der Dauphiné wiedererrichtet und war Schüler von Antoine Court. 1745 hingerichtet[52].

Savines bzw. Savine, Antoine de la Font, marquis de,

Getauft am 16. Februar 1669, gestorben am 12. April 1748. Begann als *page du Roi* (1685); wurde 1687 *mousquetaire* und erhielt im selben Jahr das Gouvernement von Embrun „sur la démission de son père". Er erhielt eine *compagnie de cavalerie* (August 1688) und ein Regiment (Mai 1695). 1702 wurde er zum *einseigne aux gardes du corps* ernannt; 1704 erhielt er den Grad eines *brigadier*; 1709: *maréchal de camp*; 1710: *lieutenant aux gardes du corps*; 1718–1727: *lieutenant général des armées;* 1734: *directeur de la cavalerie*; 1739: *chevalier du Saint-Esprit*. Zugunsten seines Neffen trat er das Gouver-

[48] Encyclopédie du protestantisme, S. 1238.

[49] ARNAUD, Protestants du Dauphiné, Bd. 3, S. 205 ff.

[50] Saint-Simon, Bd. 15, 1901, 269, Anm. 2.

[51] E. BARATIER u. a., Atlas historique. Provence, Comtat, Orange, Nice, Monaco, Paris 1969, S. 147.

[52] ARNAUD, Protestants du Dauphiné, Bd. 3, S. 226 f.

nement von Embrun ab, der König übertrug ihm dafür das Gouvernement von Bergues, das er bis zu seinem Tode innehatte[53].

Seignelay, Jean-Baptiste Colbert, marquis de

Geboren in Paris am 1. November 1651, gestorben in Versailles am 3. November 1690. Ältester Sohn des Grand Colbert, dessen Assoziierter im Amt des *secrétaire d'Etat de la Marine* er war. Er wurde von seinem Vater ausgebildet, der ihm 1669 die *survivance de cette charge* gab und ihn eine Reise machen ließ, in deren Verlauf er die wichtigsten Häfen Frankreichs und Italiens sah. 1683 folgte er seinem Vater im Amt des *secrétaire d'Etat à la Marine et à la Maison du roi.* 1689 wurde er Staatsminister. Am Hofe hatte er die Familie und die Klientel Louvois gegen sich, wurde aber von Madame de Maintenon unterstützt[54].

Spanheim, Ezechiel

Protestant, geboren in Genf am 7. Dezember 1629 als Sohn einer französischen Mutter, gestorben am 25. November 1710. Studierte an der Universität Leiden. 1654 wurde ihm die Erziehung des Sohns des pfälzischen Kurfürsten übertragen. Dieser Fürst schickte ihn auf Mission nach Italien (1661–1665), dann auf den Friedenskongreß von Breda (1667); nach Frankreich (1668), nach Köln (1671), nach London (1675), auf den Friedenskongreß von Nimwegen (1677). 1679 trat er in den Dienst des brandenburgischen Kurfürsten ein, der ihn 1680 nach Paris schickte und ihm 1685 den Titel eines *conseiller privé* und eines Staatsministers verlieh. Der Krieg zwang ihn 1689, Frankreich zu verlassen. Bis 1697 ohne Beschäftigung, wurde er dann aber nach Paris zurückgeschickt, nachdem er einige Monate lang Kommissar der Vereinigten Niederlande in Regensburg gewesen war. Aufgrund des Spanischen Erbfolgekrieges mußte er Frankreich 1701 erneut verlassen und ging nach London als Minister für den Brandenburgischen Kurfürsten und König von Preußen. Dort blieb er bis zu seinem Tode. Sein bekanntestes Werk: „Relation de la cour de France en 1690"[55].

Tessé, René, sire de Froulay et comte de

Geboren in der Provinz Maine um 1650. Begann seine Laufbahn 1670 als *aide de camp du Roi*; 1674: *colonel de dragons*; 1678: *brigadier*; 1680: *lieutenant général du Maine*; 1683 *commandant en chef* der Provinzen Languedoc und Dauphiné; 1684: *mestre de camp général des dragons*; 1688: *maréchal de camp*; 1691: Gouverneur von Ypres sowie *commandement* von Pinerolo und der gesamten piemontesischen Grenze. 1692: *colonel général des dragons und lieutenant général. Désigné pour recevoir le collier de l'Ordre depuis le 2 dé-*

[53] Saint-Simon, Bd. 36, 1924, S. 229, Anm. 4.
[54] PILLORGET, Dictionnaire, S. 1091 f.
[55] Saint-Simon, Bd. 20, 1908, S. 225 f., Anm. 8.

cembre 1688. 1696: Sonderbotschafter in Savoyen und *premier écuyer* der Herzogin von Bourgogne; 1703: *maréchal de France*; 1704: *grand d'Espagne*; 1708: Botschafter in Rom; 1712: *général des galères*; 1715: Mitglied des *conseil de marine*; 1722: *grand et premier écuyer* der Königin; 1725: *chevalier de la Toison d'or*. Stirbt am 30. Mai 1725 in einem Kamaldulenserkloster mit etwa 74 Jahren[56].

Thomassin, Louis

Geboren in der Provence, obwohl seine Familie aus Lyon stammte. Er war Koadjutor von Antoine Godeau, Bischof von Vence. Vom Bistum Vence wurde er im Mai 1680 nach Sistéron gerufen, seine Funktion als Bischof von Sistéron übte er aber erst seit Dezember 1682 aus[57].

Torcy, Jean-Baptiste Colbert, marquis de

Geboren in Paris am 14. September 1665, gestorben in Paris am 2. September 1746. Ältester Sohn von Charles Colbert de Croissy und Françoise Béraud. Neffe des grand Colbert. Torcy studierte am *collège de La Marche* und wurde von seinem Vater in der Diplomatie ausgebildet. 1684 wurde er auf seine erste Mission nach Lissabon geschickt. Es folgten weitere nach Spanien und Dänemark. Er erhielt die *survivance de la charge de secretaire d'Etat* von seinem Vater (12. November 1689). Am 12. August 1696 folgte er auf seinen Vater im Amt des Staatssekretärs. Am 13. August heiratete er Cathérine-Félicité Arnauld de Pomponne, deren Vater Staatsminister war und mit dem er seine Funktion teilte. Torcy redigierte die diplomatischen Depeschen, Pomponne empfing in seiner Gegenwart die Botschafter. Beide handelten den Vertrag von Rijswijk aus. Nach dem Tode Pomponnes (1699) war Torcy, der inzwischen Staatsminister und *surintendant général des Postes* war, der einzige Verantwortliche für die französische Außenpolitik. Er spielte eine wichtige Rolle bei sämtlichen Verhandlungen während des Spanischen Erbfolgekrieges. Am 21. September 1715 trat Torcy zurück, übte aber trotzdem weiterhin Einfluß aus während der Regentschaft[58].

Villeroy, François-Paul

geboren 1677. Doktor der Sorbonne. Abt von Fécamp (1698); Erzbischof von Lyon (1714); *commandeur du Saint-Esprit* (1724); gestorben in Lyon am 6. Februar 1731[59].

56 Saint-Simon, Bd. 1, 1879, S. 272 f., Anm. 7.
57 Gallia christiana, Bd. 1, S. 505.
58 Pillorget, Dictionnaire, S. 1154.
59 Saint-Simon, Bd. 7, 1890, S. 42, Anm. 3.

Vrillière, Louis Phélypeaux, marquis de la, marquis de Châteauneuf et de Tanlay, Comte de Saint-Florentin

Geboren am 14. April 1672, gestorben am 17. September 1725. Ältester Sohn von Staatssekretär Châteauneuf und Mademoiselle de Fourcy, folgte er auf seinen Vater am 28. April 1700. *Secrétaire du Roi* (9. Mai 1700); *secrétaire des ordres du Roi* (17. Mai 1700, Rücktritt am 3. Dezember 1713); *capitaine et gouverneur de Jargeau* (31. Mai 1700); *secrétaire du Roi honoraire* (20. April 1723). Verheiratet 1700 in Versailles mit Françoise de Mailly (1688–1742)[60].

Vrillière, Michel Phélypeaux de la

Bruder von Staatssekretär Châteauneuf. Zunächst *conseiller au Châtelet*, dann am Parlement (1671); Abt von Nieulund von Saint-Lô; Bischof von Uzès (1674), Erzbischof von Bourges (1676). Gestorben am 28. April 1694 mit 52 Jahren[61].

Wilhelm III. von Oranien, König von England, Schottland und Irland

Geboren in Den Haag am 14. November 1650, gestorben in London am 19. März 1702; seit 1674 Erbstatthalter der Niederlande; seit 1677 verheiratet mit Maria, der Tochter des späteren letzten Stuartkönigs Jakob II. Auf ein Hilfegesuch des parlamentarischen Opposition gegen letzteren, landete Wilhelm von Oranien 1688 in England und wurde König von England (1689–1702). 1690 Sieg über seinen nach Irland zurückgekehrten Schwiegervater an der Boyne. Er war einer der größten Feinde Ludwigs XIV.[62].

9.3. Liste der Bischöfe der im Text erwähnten Diözesen[63]

Aix

1645-November 1685 Hieronymus de Grimaldi
1685–1687 Carol. Legoux de la Berchère
1687–1708 Daniel de Cosnac
1708–1729 Caspar. Vintimille du Luc
1729–1770 Joann. B. Anton. de Brancas

Apt

1671–1695 Joannes VII. de Gaillard
1695–1722 Joseph Ignatius de Foresta
1723–1751 Joann. Bapt. de Vaccon

[60] Ibid., Bd. 5, 1886, S. 83, Anm. 4. ANTOINE, Dictionnaire, S. 202.
[61] Ibid., Bd. 6, S. 412, Anm. 2.
[62] Dtv Lexikon, München, 1990, S. 89.
[63] Nach Series episcoporum ecclesiae catholicae, hg. v. P. Pius Bonifacius GAMS, Regensburg 1873, 2 Bde., hier: Bd. 1, S. 476–658: „Gallia (Francia)".

Arles

1643–1689 Franc. II. Adhemar de Monteil de Grignan
1689–1697 Adhemar II. Joann. Bapt. de Monteil
1698–1710 Franc. III. de Mailly
1711–1741 Jacob II. de Forbin-Janson

Erzbischöfe von Avignon

1673–1684 Hyacinth. Libelli
1686–1689 Alexand. II. de Monte-Catino
1690–1705 Laurentius Fieschi
1705–1742 Franc. Mauric. Gonterio

Carpentras

1665–1684 Caspar. Lascaris de Castellar
1688(sic)-1690 Marcell. Durazzo
1691–1710 Laurent. Buti
1710–1735 Franc. Maria Abbati

Die

(1276–87 unitur ep. Valentino et separatur 1687).
1687–1694 Armand. de Montmorin
1694–1701 Séraphin. de Pajot du Plouy
1702–1734 Gabriel de Cosnac

Digne

1677–1708 Franc. Le Tellier
1708–1728 Henric. de Puget
1730–1741 Anton. Amabilis de Feydeau

Embrun

1668–1714 Carol. Brulart de Genlis
1715–1719 Franc. Elias de Voyer d'Argenson
1719–1724 Joann. Franc. de Hénin-Liétard
1724–1740 Petr. Guerin de Tencin

Fréjus

1680–1697 Lucas d'Aquin
1697–1698 Ludov. d'Aquin
1698–1715 Andreas Hercul. de Fleury
1715 Joseph. Petrus de Castelane

Gap
1679–1684 Victor Augustin. de Méliand
1692–1706 Carol. II. Benignus Hervé
1707–1738 Franc. Berger de Malissolles

Grenoble
1671–1707 Stephan. Le Camus
1708–1719 Ennemund. Alleman de Montmartin
1721–1725 Paulus de Chaulnes
1726–1771 Joannes IV. de Caulet

Montauban
1674(75?)-1687 Joann. Bapt. Michael Colbert
1687–1703 Henric. de Nesmond
1704–1729 Franc. Henric. d'Haussonville
1730–1762 Michael Verthamon de Chavagnac

Orange
1666–1706 Petrus du Cambout Coislin
1706–1733 Ludovic. Gasto Fleuriau
1723(Coadj.)–1753 Nicolaus Joseph. de Paris

Paris (Erzbischöfe)
1671–1695 Franc. de Harlai de Champvallon
1695–1729 Ludovic. Anton. de Noailles
1729–1746 Carol. Caspar Guil. de Vintimille du Luc

Riez
1652–1685 Nicolaus de Valavoire
1685–1713 Jacob. de Marets
1713–1751 Ludovic. Balthas. Phélypaux d'Herbault

La Rochelle
1661–1693 Henricus Maria de Laval de Bois-Daufin
1694–1702 Carol. Magdal. Frézau de la Frézière
1703–1724 Stephan. Champflour
1725–1729 Joann. B. Anton Brancas
1730–1767 Augustin. de Menou de Charnisay

Rouen
1672–1691 Franc. Rouxel de Médavy
1691–1707 Jacob. Nicol. Colbert

1707–1719 Claudius Maurus d'Aubigné
1719–1721 Armand. Bazin de Bezons
1723–1733 Ludov. de la Vergne de Tressan

Saint-Paul-trois-chateaux
1680–1714 Ludov. Aube de Roquemartine
1714–1717 Joseph. Maurel de Chaffaud
1717–1743 Claud. Ignat. Joesph. de Simiane

Saintes
1677–1702 Guilielm. de la Brunetière
(1702, 3. VI. nom. – 10.VIII. 1702 Bernard de Sénaux)
1702–1710 Alexander de Chevrières de Saint-Maurice
1711–1716 Henr. Augustin. Le Pileur
1716–1744 Leon. de Beaumont

Sénez
1671–1695 Ludov. Anna Aubert. de Villeserin 1695
1696–1727 Joann. Soanen

Sistéron
1680–1718 Ludov. de Thomassin
1719–1764 Petrus Franc. Lafiteau
1764–1789 Ludov. Hieron. de Suffren de Tropez

Uzès
1678–1728 Michael Poncet de la Rivière
1728–1736 Franc. de Lastic de S. Jal

Valence
1655–1687 Daniel de Cosnac
1687–1705 Guilielm. Bochard de Champigny
1705–1725 Joannes de Catelan
1726–1771 Alexander Milon

Vienne
1662–1693 Henricus de Villars
1694–1713 Armand. dem Montmorin
1714–1720 Franc. de Bertons de Crillon
1721–1745 Henric. Oswald de la Tour d'Auvergne

9.4. Liste der Intendanten der Provence und der Dauphiné[64]

Provence:
1680–1687 Morant, Alexandre
1687–1704 Le Bret, Pierre Cardin
1704–1734 Le Bret, Cardin

Dauphiné:
1683–1686 Lebret, Cardin
1686–1705 Bouchu, Etienne Jean
1705–1715 Bauyn d'Angervilliers, Nicolas Prosper
1715–1720 Boucher d'Orsay, Charles
1724–1740 Fontanieu, Gaspard Moïse, de

9.5. Liste der Generalkontrolleure der Finanzen[65]

1683–1689 Le Peletier, Claude
1689–1699 Pontchartrain, Louis Phelypeaux, de
1699–1708 Chamillart, Michel
1708–1715 Desmarets, Nicolas
1720 Law de Lauriston, Jean
1720–1722 Le Pelletier de la Houssaye, Félix
1722–1726 Dodun, Charles Gaspard
1726–1730 Le Peletier des Forts, Michel Robert
1730–1745 Orry, Philibert

9.6. Liste der Staatssekretäre für das Kriegswesen[66]

1677–1691 Le Tellier, François-Michel, marquis de Louvois
1691–1701 Le Tellier de Barbezieux, Louis-François-Marie
1701–1709 Chamillart, Michel
1709–1715 Voysin, Daniel-François
1718–1723 Le Blanc, Claude
1723–1726 Letonnelier de Breteuil, François Victor
1726–1728 Le Blanc, Claude
1728–1740 Bauyn d'Angervilliers, Nicolas Prosper

[64] Nach ANTOINE, Dictionnaire.
[65] Nach ANTOINE, Dictionnaire. BLUCHE, Louis XIV.
[66] Nach ANTOINE, Dictionnaire. BLUCHE, Louis XIV.

9.7. Liste der Staatssekretäre für Äußere Angelegenheiten[67]

1679–1696 Colbert, Charles, marquis de Croissy,
1696–1715 Colbert, Jean-Baptiste, marquis de Torcy
1717 Dubois, Guillaume
1723–1727 Fleuriau de Morville, Charles Jean-Baptiste
1727–1737 Chauvelin, Germain Louis

[67] Nach ANTOINE, Dictionnaire. BLUCHE, Louis XIV.

10. VERZEICHNIS DER ABKÜRZUNGEN

ATT	Archives des Armées de la Terre
AAE	Archives des Affaires Etrangères
AD	Archives Départementales
AKG	Archiv für Kulturgeschichte
AN	Archives Nationales
BNF	Bibliothèque Nationale de France
BSEHA	Bulletin de la Société d'Etudes Hautes Alpes
BSHPF	Bulletin de la Société de l'Histoire du Protestantisme Français
BT	Bibliothèque du Travail
Conf. I.H.P.	Conférences de l'Institut Historique de Provence
CMR 17	Centre Méridional de Rencontres sur le XVIIe siècle
fr	Fonds Français
MD	Mémoires et Documents
PH	Provence Historique
QSJ	Que sais-je?
RH	Revue Historique
ZHF	Zeitschrift für Historische Forschung

11. QUELLEN- UND LITERATUR-VERZEICHNIS

11.1. Nichtgedruckte Quellen

11.1.1. Archives de France (Paris)

11.1.1.1. Série E: Conseil du Roi

I. Minutes d'arrêts

II. Mélanges

11.1.1.2. Série G/7: Contrôle général des finances

1. Correspondance générale

G/7 1–62 Minutes ou copies de lettres du Contrôleur général (classés généralement dans un ordre chronologique strict, toutes matières confondues) (1677–1747)

G/7 71–531 Lettres originales adressées au Contrôleur général des finances par les intendants des généralités (1678–1786)

G/7 239–256 Dauphiné (Grenoble) (1679–1724)

G/7 458–490 Provence (Aix-en-Provence) (1678–1737)

G/7 532–540 Lettres originales adressées au Contrôleur général par des secrétaires d'État (1691–1725)

G/7 541–545 Lettres originales adressées au Contrôleur général par des princes et princesses ... cardinaux, archevêques et évêques, maréchaux de France, ambassadeurs et autres dignitaires, français et étrangers, concernant des affaires à caractère public ou d'ordre personnel (le plus souvent) (1684–1726)

G/7 551–681 Correspondance adressée au Contrôleur général par des particuliers, sur des sujets d'ordre personnel principalement (1681–1735)

11.1.1.3. Série G/8: Agence générale du Clergé

I. Cartons

3. Assemblées générales et particulières du clergé

G/8 117–120 Actes des assemblées XVI–XVIIIe siècles

G/8 117 et 118 Cahiers du clergé présentés au roi par les assemblées générales (1571–1786)

G/8 119 et 120 Correspondance des assemblées avec le pape, les évêques, le roi, les secrétaires d'État, les syndics et agents généraux du clergé (1512–1786)

4. Droits et privilèges du clergé

G/8 140–156 (u. a.) Correspondance concernant les protestants (1568–1685)

5. Rentes et pensions sur le clergé

G/8 255–261 4 Brevets de pension et quittances d'arrérages des ministres protestants convertis (1601–1756)

8. Correspondance et actes des agents généraux et du conseil du clergé

G/8 619–661 Correspondance reçue par les agents généraux du clergé (par ordre alphabétique des expéditeurs désignés, soit par leur nom, soit par le lieu où ils exercent leurs fonctions) (XVIIIe siècle).

G/8 662–670 Correspondance reçue par les agents généraux du clergé, avec quelques minutes de réponses (sans classement) (XVIIe–XVIIIe siècles)

G/8 671–686 Minutes de lettres des agents généraux (par ordre chronologique sommaire) (1727–1787)

11.1.1.4. Série H/1: Pays d'États. Pays d'Élections. Intendances.

I. Documents groupés par pays ou généralités

H/1 669–672 Dauphiné (1731–1790)

H/1 1182–1362/2 Provence (1291–1791)

11.1.1.5. Série TT: Affaires et biens des protestants

TT 230 à 276B: Archives des consistoires (XVIe–XVIIIe siècle)

TT 237 Cabrières (1735)

TT 243 (u. a.) Dauphiné, Mémoires et pièces concernant les religionnaires et leurs biens (1614–1735); Die (1664–1735)

TT 245 Grenoble (ville et diocèse)

TT 251 Marseille

TT 253 Mérindol (1683–1736)

TT 263A Queyras (vallée de, diocèse d'Embrun)

TT 266 Saumur (1611–1689); Savasse-en-Dauphiné (1703)

TT 267 Serres, diocèses de Viviers et de Gap (1581–1685)

TT 270 Saint-Jean-d'Herans, diocèse de Die 1582–1686

TT 274 Valence (ville et diocèse) (1612–1685)

TT 275A Velaux à Vèzenobres

TT 430 à 464 Mélanges

TT 430 et 431 Mémoires, pièces diverses (cahiers des députés, requêtes, questions de droit, extraits d'édits, rapports, instructions) „sur l'exercice de la Religion Prétendue Réformée“ (1585–1724)

TT 435–442 Papiers personnels du Comte de Saint Florentin, ministre et secrétaire d'État chargé des affaires des religionnaires, de 1725 à 1775

TT 435 et 436 Mémoires et documents concernant les religionnaires, adressés à Saint Florentin (1700–1748)

TT 446 Papiers Florimond: édits et ordonnances relatifs aux Religionnaires 1524–1787

11.1.2. Archives des Armées de la Terre (Paris)

Série A: Archives historiques du ministère de la guerre, correspondance
A 165–740 Correspondance concernant protestants et nouveaux convertis (1661–1684)
A 741–3753 Correspondance concernant protestants et nouveaux convertis (1685–1792)
A 666 Expéditions des années 1680 et 1681 à Morant, intendant de Provence
A 685 Expéditions des années 1680, 1681, 1682 à Morant, intendant de Provence et Lebret, intendant de Provence
A 799 Expéditions 1687–1688 à Lebret, intendant de Provence

11.1.3. Bibliothèque Nationale de France (Paris)

11.1.3.1. Manuscrits français: Fonds français
BNF fr 6557 fol. 244 Lettre circulaire aux Intendants des provinces touchant l'Instruction des nouveaux Convertis, 29. Oktober 1685
fol. 245 Lettre circulaire à M.rs les Archevesques & Évesques, du 27 Janvier 1686 à Versailles
fol. 246f. Lettre circulaire du Roy aux Archevêques, et Évêques touchant les déclarations de Sa Maj.té des 13, 15 et 16 decembre 1698 à l'égard des nouveaux convertis
fol. 247 Mémoire pour servir d'instruction aux archevêques et Évêques à l'égard des nouveaux convertis envoyé le 7 Janvier 1699 de la part du Roy
fol. 248–253 Mémoire du Roy Pour servir d'instruction aux intendants et commissaires départis dans les provinces, et generalitéz du royaume
fol. 294 Lettre circulaire de M. de C.<roissy> à M.rs les Intendans, touchant les mariages des N. Catholiques, Du 1er Janv. 1694.
BNF fr 8362–8467 Archives de l'Intendance de Dauphiné, sous l'administration de M. de Fontanieu (1724–1740)
BNF fr 8417–8428 Lettres de M. le Chancellier, M. le Garde des sceaux et M. le Secrétaire d'État de la Province
BNF fr 8429–8437 Réponses aux lettres de Mgr. le Chancelier, M. le Garde des sceaux et de M. le Secrétaire d'État de la Province
BNF fr 8438–8448 Lettres particulières de la Cour sur différentes matières, scavoir Ponts et chaussées, Fortifications, Artillerie, Marine, Postes, Affaires ecclésiastiques, et autres
BNF fr 8449–8467 Reponses aux lettres particulières de la Cour sur différentes matières, scavoir ... Affaires ecclésiastiques
BNF fr 8468–8476 Mémoire d'observations faittes par M. de Fontanieu pendant ses tournées (en Dauphiné), et envoyées à la Cour. Avec cartes et plans.
BNF fr 8820–8852 Correspondance et papiers de Pierre-Cardin Lebret, intendant de Provence (1618–1759)

BNF fr 8952 Minutes de lettres de P.C. Lebret (1682–1692)
BNF fr 11390–11406 Mémoires sur l'état général de toutes les provinces de France, rédigés par les intendants pour l'instruction du duc de Bourgogne, 1697–1699, Bd. 10:
BNF 11399 Dauphiné et Provence
BNF fr 11413–14 Mémoires sur diverses Géneralités de France: Dauphiné, par Bouchu
BNF fr 11419 Recueil de mémoires sur différentes parties d'administration, Bd. 2, S. 97: Mémoires sur les religionnaires du Dauphiné
BNF fr 13588–13613 Mémoires abrégéz des Généralités du royaume de France, dressés par les intendants des provinces en 1697–1699, pour l'instruction du duc de Bourgogne, et recueillis par M. de Boulainvilliers
BNF fr 13618–32 Mémoires des Généralités du royaume de France, dressés par les Intendants des provinces, en 1697–99, pour l'instruction du duc de Bourgogne, Bd. 12:
BNF fr 13629 Dauphiné
BNF fr 14310–14329 Mémoires concernant les Généralités du royaume, dressés par les Intendants pour le duc de Bourgogne (1697–1699), Bd. 7 und 8:
BNF fr 14316 et 14317 Dauphiné
BNF fr 16755–60 Mémoires des Intendants sur les Généralités de la France:
BNF fr 16756 = Bd. 2, Mémoires sur les Généralités d'Auvergne, de Lyon, de Dauphiné, par J.-E. Bouchu, de Provence, par P. Cardin Le Brest, premier président du Parlement d'Aix (1698)
BNF fr 16759 = Bd. 5, Mémoires sur les Généralités de Rouen, Alençon, de Caen, de Provence, par P. Cardin Le Bret (1698)
BNF fr 16760 = Bd. 6, Mémoires sur les Généralités de Tours, de
Limoges, de Dauphiné, par J.-E. Bouchu (1698)
BNF fr 22203 Mémoires concernant les Généralités de France, u.a. Dauphiné und Provence (1698)
BNF fr 20966 Recueil de pièces concernant les Religionnaires

11.1.3.2. Manuscrits francais: Nouvelles acquisitions françaises

BNF naf. 507 Lettres de M. de Fénelon
BNF naf. 22151 Protestants 16ème au 18ème siècle
BNF naf. 22942 Minutes de lettres de Cardin Lebret à divers (1702–1737)

11.1.4. Archives du Ministère des Affaires Étrangères (Paris)

11.1.4.1. Mémoires et documents: France

240–350 Affaires intérieures et extérieures (composés avec les papiers Richelieu, Mazarin, Croissy, Mesmes), des dossiers intitulés France et divers états (travaux d'érudits, Saint-Prest, Godefrey, fonds Noailles)

744–1415 Affaires intérieures (ou réapparaissent des papiers Richelieu, Chavigny, Mazarin, Croissy et également Lionne, Torcy et d'autres papiers de toute provenance), darunter mehrere hundert Bände „Expéditions de la secrétairerie d'État des Affaires étrangères" unter Croissy und Torcy.

11.1.4.2. Petits fonds

1700–1742 Provence

1546–1548 Dauphiné

1667–1668 Orange

11.1.5. Archives Départementales

(Marseille, Aix-en-Provence, Draguignan, Digne, Gap, Avignon, Valence, Grenoble)

Série A: Actes du pouvoir souverain et domaine public

Série C: Administrations provinciales

Série G: Clergé séculier

11.2. Gedruckte Quellen

BENOÎT, Elie, Histoire de l'Édit de Nantes et de sa révocation, Delft 1693–95, 5 Bde.

BERGÉAL, Cathérine, DURRLEMAN, Antoine, Éloge et condamnation de la Révocation de l'édit de Nantes, Carrières-sous-Poissy 1985.

BOISLISLE, A. de, Correspondance des contrôleurs généraux des finances avec les intendants des provinces, 3 Bde, Paris 1874–97.

CLARK, Ruth, Lettres écrites d'Orange en 1685, in: BSHPF 86 (1937), S. 453–469.

Collection des procès-verbaux des assemblées générales du Clergé de France, depuis l'année 1560 jusqu'à présent, Paris 1767–1778, 9 Bde.; Bd. 5: 1670–1690.

Correspondance de Fénelon, hg. v. Jean ORCIBAL, Paris 1972, Bd. 2: Lettres antérieures à l'épiscopat 1670–1695.

Correspondance du nonce en France Angelo Ranuzzi (1683–1689), hg. v. Bruno NEVEU, 2 Bde., Rom 1973.

Correspondance inédite de Mabillon et de Montfaucon avec l'Italie, contenant un grand nombre de faits sur l'histoire religieuse et littéraire du 17ème siècle etc., hg. v. M. VALÉRY, Paris 1846.

Le Dauphiné. Recueil de textes historiques, ausgewählt u. komm. v. Henri BLET, E. ESMONIN, u. Gustave LETONNELIER, Grenoble 1938.

DÉON, Michel, Louis XIV par lui-même, Paris 1983.

DEPPING, Georges Bernard, Correspondance administrative sous le règne de Louis XIV. Collections des documents inédits sur l'histoire de France, 4 Bde., Paris 1850–5.

Desubas. Son ministère, son martyre (1720–1746). Une victime de l'intolérance au 18ème siècle, hg. v. Daniel BENOIT, Toulouse 1879.

Documents relatifs aux rapports du clergé avec la royauté de 1682 à 1789, hg. v. Léon MENTION, 2 Bde., 1893–1903.

Das Edikt von Nantes. Das Edikt von Fontainebleau, hg. v. Deutschen Hugenottenverein, Flensburg 1963.

Édit du Roi, Concernant ceux qui ne font pas profession de la Religion Catholique. Donné à Versailles au mois de Novembre 1787, in: Actes des journées d'études sur l'édit de 1787 = BSHPF 134 (1988), S. 179–186.

FONTANIEU, G.-M. de, Mémoire sur les religionnaires du Dauphiné 1726, eingel. v. O. Jules, in: Revue du Dauphiné 3, o. J., 355–371.

GAILLARD, Pol, Vauban, la révocation de l'édit de Nantes et la dîme royale, in: BSHPF 121 (1975), S. 354–369.

Gallia christiana in provincias ecclesiasticas distributa; qua series et historia archiepiscoporum, episcoporum et abbatum Franciae vicinarumque ditionum ab origine Ecclesiarum ad nostra tempora deducitur, 16 Bde, Paris 1715, ND 1970.

GONIN, François, DELTEIL, Frank, La révocation de l'édit de Nantes vue par les informateurs du Grand Condé, in: BSHPF 118 (1972), S. 115–172, S. 354–382 u. BSHPF 119 (1973), S. 287–301, 400–418.

GRISELLE, Eugène, Avant et après la révocation de l'édit de Nantes. Chroniques des évènements relatifs au Protestantisme de 1682 à 1687, Paris 1912.

Une héroïne protestante. Récit des persécutions que Blanche Gamond, de Saint-Paul-trois-Châteaux en Dauphiné, âgée d'environ 21 ans a endurées pour la querelle de l'évangile avant dans icelles surmonté toutes tentations par la grâce et providence de dieu, hg. v. Théodore CLAPARÈDE, Paris 1867.

INGOLD, le P., Lettres du cardinal Le Camus évêque et prince de Grenoble (1632–1707), Paris 1933.

ISAMBERT, François-André., Recueil général des anciennes lois françaises depuis l'an 420 jusqu'a la révolution de 1789, 29 Bde., Paris 1822–33.

LATREILLE, A., La révocation de l'édit de Nantes vue par les nonces d'Innocent XI., in: BSHPF 102/103 (1996–57), S. 229–236.

LOUIS XIV. Mémoires, hg. u. komm. v. Jean LONGNON, Paris 1978.

MARTEILHE, Jean, Mémoires d'un galérien du Roi-Soleil, hg. v. André ZYSBERG, Paris 1982 (dt.: Galeerensträfling unter dem Sonnenkönig, München 1989).

Un martyr de désert. Jacques Roger, restaurateur du protestantisme dans le Dauphiné, au dix-huitième siècle, et ses compagnons d'œuvre (1675–1745), hg. v. Daniel BENOIT, Toulouse 1875.

Mémoires de Daniel de Cosnac, hg. v. Jules de COSNAC, 2 Bde., Paris 1852.

Mémoires de l'abbé Choisy pour servir à l'histoire de Louis XIV, hg. v. M. LESCURE, 2 Bde., Paris 1888.
Mémoires de l'abbé Le Gendre, hg. v. M. ROUX, Paris 1863.
Mémoires des évêques de France sur la conduite à tenir à l'égard des réformés (1698), hg. V. Jean LEMOINE, Paris 1902.
MENTION, Léon, Documents relatifs aux rapports du clergé avec la Royauté de 1682 à 1705, ND Genf 1976.
MÉTHIVIER, Hubert, La France de Louis XIV. Un grand règne?, Paris 1975.
METTAM, Roger, Government and society in Louis XIV's France, London 1977.
MICHAUD, Edmond, Louis XIV et Innoncent XI d'après les correspondances diplomatiques inédites du ministère des affaires étrangères de France, Paris 1883.
MIEG, Philippe, Validation par le curé de Pont-en-Royans de trois mariages protestants déjà célébrés à Genève (21 décembre 1699), in: BSHPF 121 (1975), S. 551–560.
MONTESQUIEU, Charles de, Perserbriefe, a. d. Franz. v. Jürgen v. STACKELBERG, Frankfurt a. M. 1988.
Négociations relatives à la succession d'Espagne sous Louis XIV ou correspondances, mémoires, et actes diplomatiques concernant les prétentions et l'avénement de la maison de Bourbon au Trone d'Espagne accompagnés d'un texte historique et précédés d'une introduction par François-Auguste MIGNET, 4 Bde., Paris 1842.
NOAILLES, Adrien-Maurice, duc de, Mémoires politiques et militaires, pour servir à l'histoire de Louis XIV et de Louis XV, composés sur les pièces originales recueillis par A.-M. duc de Noailles, maréchal de France et ministre d'état, hg. v. abbé MILLOT, 6 Bde., Paris 1776–77.
Œuvres complètes de Massillon, évêque de Clermont, hg. v. Emile-Antoine BLAMPIGNON, 3 Bde., Bar-le-Duc 1871.
Œuvres complètes du chancellier d'Aguesseau, hg. v. Jean-Marie PARDESSUS, 16 Bde., Paris 1819.
PILATTE, Léon, Édits, déclarations et arrêts concernant la religion protestante réformée 1662–1751, Paris 1885.
PINETON DE CHAMBRUN, Jacques, Les larmes, Den Haag 1726 (ND Paris 1854).
READ, Charles, Le mémoire présenté en 1689 par le maréchal de Vauban et ses efforts réitérés en faveur des huguenots, in: BSHPF 38 (1889), S. 190–209, 243–256, 314–322, 375–388.
–, L'opinion du duc de Bourgogne sur la question protestante et le rappel des huguenots (1710), in: BSHPF 41 (1892), S. 337–353.
Recueil des actes, titres et mémoires concernant les affaires du clergé de France, 14 Bde., 1771.
Recueil des instructions données aux ambassadeurs et ministres de France

depuis les Traités de Westphalie jusqu'à la Révolution française, hg. v. Ministère des Affaires Etrangères, 30 Bde., Paris 1884–1983.

RIVIÈRE, G., Un projet de soulèvement des religionnaires dauphinois en 1710, in: Bull. Soc. d'Arch. et de Statistique de la Drôme 63 (1931/32), S. 342–346.

SAINT-SIMON, Duc de, Ecrits inédits de Saint-Simon, hg. v. M. P. FAUGÈRE, 8 Bde., Paris 1880–93.

SAINT-SIMON, Duc de, Mémoires, hg. v. A. de BOISLISLE, 45 Bde., Paris 1879–1930.

SAMBUC, Jean, Documents sur le protestantisme en Provence, in: BSHPF 123 (1977), S. 285–299.

–, Religionnaires fugitifs du canton de Dieulefit (Dauphiné). Sources notariales, in: BSHPF 128 (1982), S. 189–206.

SAULZET, M. de, Abrégé du recueil des actes, titres et mémoires concernant les affaires du clergé de France, 1752; ^{2}1764.

Series episcoporum ecclesiae catholicae, hg. v. P. Pius Bonifacius GAMS, Regensburg 1873, 2. Bde.

SPANHEIM, Ezechiel, Relations de la Cour de France, Paris 1973.

Testamtent politique du marquis de Louvois, premier ministre d'état sous le règne de Louis XIV etc., Köln 1695.

VILLARD, Madeleine, L'édit de tolérance vu par un parlementaire aixois, in: PH 38 (1988), S. 465–468.

WEISS, Nathanaël, La révocation en Dauphiné de juin à octobre 1685, in: BSHPF 34 (1885), S. 177–179, 308–312, 364–367, 454–457, 591–593.

11.3. Literatur

Actes des Journées d'étude sur l'édit de 1787 Paris 1987 = BSHPF 134 (1988).

AGULHON, Maurice u. Noël COULET, Histoire de la Provence (QSJ 149), Paris 1987.

AMAT, C., Les protestants de Tallard en 1685, in: BSEHA 3 (1884), S. 120f.

ANDERSON, Perry, Lineages of the Absolutist State, London 1974 (dt.: Die Entstehung des absolutistischen Staates, Frankfurt a.M. 1979).

ANQUEZ, Léonce, De l'état civil des réformés de France, Paris 1868.

ANTOINE, Michel, Le conseil du Roi sous le règne de Louis XV, Paris/Genève 1970.

–, Gouvernement et administration sous Louis XV. Dictionnaire biographique, Paris 1978.

–, Louis XV, Paris 1989.

ARDASCHEFF, Paul, Les intendants de province sous Louis XVI (übers. v. Jousserandot u. Dorpat), Paris 1909.

–, Les Intendants de province sous l'Ancien Régime, Revue d'Histoire Moderne, 1903–04.

ARDOIN, abbé P., L'activité de Mgr Belsunce à Marseille, Mémoires de l'Institut Historique de Provence, IV.

–, L'épiscopat de Mgr Belsunce, Mémoires de l'Institut historique de Provence, IV.

ARMOGATHE, J.-R., Croire en liberté. L'Église catholique et la révocation de l'Édit de Nantes, Paris 1985.

ARNAUD, Eugène, Histoire de l'académie protestante de Die en Dauphiné au 17ème siècle, Paris 1872.

–, Statistique des églises réformées et des pasteurs de la province du Dauphiné aux 16ème et 17ème siècles, Valence 1874.

–, Histoire des protestants de Provence, du Comtat-Venaissin et de la Principauté d'Orange, 2 Bde., Paris 1884.

–, Bibliographie huguenote du Dauphiné, Grenoble 1884.

–, Histoire des protestants de Crest en Dauphiné pendant les trois derniers siècles, Paris 1893.

–, Histoire des protestants du Dauphiné aux 16ème, 17ème et 18ème siècles, 3 Bde., Paris 1875–76, ND Genf 1970.

ASCH, Ronald G., DUCHHARDT Heinz (Hg.), Der Absolutismus – ein Mythos?, Köln 1996.

ASENDORF, Manfred, u. a., Geschichte. Lexikon der wissenschaftlichen Grundbegriffe, Reinbek bei Hamburg 1994.

AUDISIO, Gabriel, Le seuil de l'intolérable pour les nouveaux convertis: l'éducation catholique (La Roque-d'Anthéron, 1698), in: BSHPF 131 (1985), S. 534–551.

Autour l'édit de 1787 = BSHPF 133 (1987), S. 339–410.

AVEZOU, R., La vie religieuse en Dauphiné du 16ème au 18ème siècle, in: Procès-Verbaux Mensuels de la Société Dauphinoise d'Éthnologie et d'Archéologie 1955/2, 22–60.

BARATIER, Eduard, Georges DUBY u. Ernest HILDESHEIMER, Atlas historique de Provence, Comtat, Orange, Nice, Monaco, Paris 1969.

BARJAVEL, L., Dictionnaire historique, biographique et bibliographique du département du Vaucluse, Carpentras 1841.

BARUDIO, Günter, Das Zeitalter des Absolutismus und der Aufklärung 1648–1779, Frankfurt 1981.

BAUBÉROT, Jean, Protestants, aristocrates, républicains. Les proscrits de l'histoire de France, in: Notre Histoire 11 (1985), S. 42–45.

–, Histoire du protestantisme, Paris ^{2}1990.

BEIK, William, Absolutism and society in seventeenth-century France. State power and provincial aristocracy in Languedoc, Cambridge 1985.

BELLET, Ch., abbé, Histoire du cardinal Le Camus, évêque et prince de Grenoble, 1886.

BÉLY, Lucien, Dictionnaire de l'Ancien Régime, Paris 1996.

BERLUC-PERUSSIS, Léon de, Le protestantisme à Forcalquier, Digne 1892.
BERNARD, Alfred, Liste des Orangeois expulsés en 1703 et réfugiés en Prusse (a. d. Deutschen übers. v. M. Farinole), Orange 1892.
Bernard Automne. Quelques pages d'histoire du pays de Bourdeaux, in: Études Drômoises 2,2 (1981), S. 11–28.
BERNARD, Gildas, Les familles protestantes en France (16ème siècle à 1792). Guide des recherches biographiques et généalogiques, Paris 1987.
BERNARD, Luther Lee, Foucault, Louvois, and the Revocation of the Edict of Nantes, in: Church History 25 (1956), S. 27–40.
BERNOS, M, Sociétés et mentalités à l'époque moderne, cours par correspondance, Université de Provence, Aix-en-Provence année universitaire 1990/91.
BERTHOUZE, Jean-Paul, Étude historique et sociologique d'une paroisse réformée rurale: Châtillon-en-Diois, des origines à nos jours, Teil 1, in: BSHPF 117 (1971), S. 63–68.
BÉTHOUX, Pierre, Sortez du Babylone! La révocation de l'Édit de Nantes dans le pays de Mens, Grenoble 1985.
BIGOT, P.-H., Le livre du consistoire de l'église réformée de Riez, in: Annales de Provence 8 (1911), S. 315–335.
BLACK, Jeremy u.a. (Hg.), A Dictionary of Eighteenth Century World History, Oxford 1994.
BLET, Pierre, Le clergé de France et la monarchie. Étude sur les assemblées générales du clergé de 1615 à 1666, 2 Bde., Rom 1959/60.
–, Les assemblées du clergé et Louis XIV de 1670 à 1693, Rom 1972.
–, Le Conseil d'État et les protestants de 1680 à 1685, in: Bibliothèque de l'École des Chartes 130 (1972), S. 131–142.
–, Le clergé du Grand Siècle en ses assemblées 1615–1715 (Histoire religieuse de la France 7), hg. v. M. MOLLAT DU JOURDIN, Paris 1995.
BLUCHE, François, Louis XIV, Paris 1986.
–, (Hg.), Dictionnaire du Grand Siècle, Paris 1990.
BOLLE, Pierre, Une paroisse réformée du Dauphiné à la veille de la révocation de l'Édit de Nantes: Mens-en-Trièves (1650–1685), in: BSHPF 111 (1965), S. 109–135, 212–239, 322–345.
–, DEBON, René, MASSEPORT, Annette, Le protestantisme en Dauphiné au 17ème siècle. Religion et vie quotidienne à Die, Gap et Mens-en-Trièves 1650–1685 (Les pays protestants à la veille de la révocation 1), Poët-Laval 1983.
BOLLE, Pierre, Le protestant dauphinois et la république des synodes à la veille de la révocation, Lyon 1985.
–, Dauphiné: dans l'étau catholique, in: L'Édit de Nantes est révoqué. Sondernummer von Réforme, Paris 1985, S. 63–66.
–, Le protestantisme français à la veille de la révocation: la montée des périls, in: BSHPF 131 (1985), S. 123–129.
–, Deux évêques devant la révocation: Etienne Le Camus et Daniel de Cos-

nac, in: La révocation de l'édit de Nantes et le protestantisme français 1685. Actes du colloque de Paris 1985, Paris 1986, S. 59–73.
–, DESAYE, Henry, Itinéraires protestants (Promenades autour de la vallée de la Drôme 1), Crest 1986.
BONGIOVANNI-CHEMOUL, Marguerite, La révocation de l'Édit de Nantes à Marseille: élimination d'une communauté protestante cohérente et solidaire? (Mémoire de Maîtrise), Aix-en-Provence 1979.
BONJOUR, Edgar u. a., A Short History of Switzerland, Oxford 1952.
BONNET, Marcel, La seigneurie de Saint-Rémy-de-Provence et les huguenots des Alpilles, St. Rémy 1968.
BONNEY, Richard, L'absolutisme, Paris ²1994.
BORDES, Maurice, Les intendants de Louis XV, in: RH 123 (1960), S. 45–62.
–, Les Intendants éclairés à la fin de l'Ancien Régime, in: Revue d'Histoire Economique et Sociale 1961.
–, Le rôle des subdélégués en Provence au 18ème siècle, in: PH 23 (1973), S. 386–403.
BORNECQUE, Robert, Les Vaudois et le Queyras d'après les mémoires des ingénieurs du Roi (1690–1700), in: Croyances religieuses et sociétés alpines. Actes du colloque de Freissiniéres 1981, in: BSEHA 104/5 (1985/86), S. 179–185.
BOURRILLY, Victor-Louis, Les protestants de Provence aux 17ème et 18ème siècles, Aix-en-Provence 1956.
BRAUBACH, Max, Versailles und Wien. Von Ludwig XIV. bis Kaunitz. Die Vorstadien der diplomatischen Revolution im 18. Jahrhundert, Bonn 1952.
BRES, Robert, L'église réformée d'Embrun au 17ème siècle, in: Destin du protestantisme alpin. Actes du colloque, Gap 1987, S. 34–36.
BURKHARDT, Johannes, Konfession als Argument in den zwischenstaatlichen Beziehungen, Friedenschancen und Religionskriegsgefahren in der Entspannungspolitik zwischen Ludwig XIV. und dem Kaiserhof, in: Rahmenbedingungen und Handlungsspielräume europäischer Außenpolitik im Zeitalter Ludwigs XIV., hg. v. Heinz Duchhardt, Berlin 1991, S. 135–154.
BUSQUET, Raoul, Les subdélégations de Provence, in: Annales de Provence 1914.
–, Les institutions de la Provence de 1481 à 1789, in: Encyclopédie Départementale des Bouches-du-Rhône, Bd. 3, Marseille 1920.
–, Histoire de Marseille, Paris 1945.
–, BOURRILLY, Victor-Louis, AGULHON, Maurice, Histoire de la Provence, Paris 1966.
CABOURDIN, Guy, VIARD Georges, Lexique historique de la France d'Ancien Régime, Paris ⁴1990.
CADIER, Sylvie., Les femmes du désert, in: BSHPF 129 (1983), S. 277–284.
CAMPBELL, Peter Robert, The Ancien Régime in France, New York 1988.
CARBONNIER, J., L'amour sans la loi. Réflexions de psychologie sociale sur

le droit de la filiation, en marge de l'histoire du protestantisme français, in: BSHPF 125 (1979), S. 47–75.

–, Sociologie et psychologie juridiques de l'édit de révocation, in: La révocation de l'Édit de Nantes et le protestantisme français 1685. Actes du colloque de Paris 1985 = Supplementband des BSHPF, Paris 1986, S. 31–57.

Le cardinal des montagnes Etienne le Camus, Evêque de Grenoble (1671–1707), Actes du colloque Le Camus Grenoble 1971, Grenoble 1974.

CARRIER, Jean, BÉTHOUX, Pierre, Résonances de l'édit de 1787 à Mens et dans le Trièves, in: Autour de l'édit de 1787 = BSHPF 133 (1987), S. 395–410.

CARRIÈRE, Charles, Protestantisme et commerce à Marseille au 18ème siècle, in: Conf.I.H.P. 3 (1965), S. 180f.

CATY, Roland, RICHARD, Eliane, Les Fraissinet, une famille d'armateurs protestants marseillais, in: BSHPF 135 (1989), S. 229–260.

CHABRAND, Dr., Des anciens protestants de Briançon et de leur temple, in: BSEHA 15 (1896), S. 147–158.

CHAIX, Pierre H., La Bresse protestante au 17ème siècle, Bourg 1977.

CHARRONET, Charles, Les guerres de religion et la société protestante dans les Hautes-Alpes (1560–1789), Gap 1861.

CHAUNU, Huguette, Le mariage civil des protestants au 18ème siècle et les origines de l'état civil, in: Annales. E.S.C. 5 (1950), S. 341–343.

CHAUNU, Pierre, La décision royale. Un système de révocation?, in: La révocation de l'Édit de Nantes et le protestantisme français en 1685. Actes du colloque de Paris oct. 1985, Paris 1986, S. 13–30.

CHAUVET, Joseph, L'état civil des protestants de la vallée du Buëch au 17ème siècle, in: BSEHA 33 (1914), S. 4-11.

CHAUVET, Raymond, Les protestants d'Orpierre au 18ème siècle, in: Destin du protestantisme alpin. Actes du colloque, Gap 1987, S. 107–114.

CHAUVIN, Charles, Révocation de l'Édit de Nantes. L'erreur du Grand Siècle, in: Notre Histoire 11 (1985), S. 32f.

CHÊNE, Christian, Le contenu et l'accueil de l'„édit de tolérance" de novembre 1787, in: BSHPF 133 (1987), S. 133–139.

Cinq siècles de protestantisme à Marseille et en Provence. Actes du colloque de Marseille 1976, Marseille 1978.

COMBY, Louis, Histoire des Dauphinois des origines à nos jours, Paris 1957.

La conversion au 17ème siècle. Actes du 12ème colloque de Marseille 1982 (CMR17), Marseille 1983.

CORVISIER, André, Louvois, Paris 1983.

–, La France de Louis XIV 1643–1715. Ordre intérieur et place en Europe, Paris ^{3}1990.

COTTRET, Bernard, Révocation et prodromes de la tolérance: le parallèle des protestants français et des catholiques d'Angleterre, in: BSHPF 126 (1980), S. 559–566.

COULLAUT, Pierre, Histoire de l'église réformée de Marseille et de sa région jusqu'à la fin du Second Empire, Valence 1961.

Croyances religieuses et sociétés alpines. Actes du colloque de Freissinières 1981, in: BSEHA 104/5 (1985/86).

DAVIN, Emmanuel, La Réforme à Toulon (1553 à nos jours), Toulon 1946.

DEDIEU, Joseph, Histoire politique des protestants français 1715–1794, 2 Bde., Paris 1925.

DELORMEAU, Charles, Le protestantisme à Nice avant et après la réunion du comté à la France, in: BSHPF 135 (1989), S. 353–371.

DELUMEAU, Jean, Naissance et affirmation de la réforme, Paris ^{5}1988.

DENKINGER, Henri, Die Refugiés d'Orange in der Schweiz 1703–1704, Magdeburg 1908.

DESTANDAU, pasteur, La réforme dans la ville et la vallée des Baux, Avignon 1895.

Destin du protestantisme alpin 1685–1985. Catalogue de l'exposition (1985); actes du colloque de Gap 1985 (1987); sources et bibliographie (1987) u. fascicule pédagogique (1989), hg. v. den Archives départementales des Hautes-Alpes, Gap 1985–1989.

DEVISMES, Bernard, Unité religieuse, unité nationale. De l'évangélisme à la révocation de l'édit de Nantes, Paris 1946.

DEURSEN, Arie Theodorus van, Professions et métiers interdits. Un aspect de l'histoire de la révocation de l'édit de Nantes, Groningen 1960.

DEYON, Solange, Du loyalisme au refus. Les protestants français et leur député général entre la Fronde et le révocation, Lille 1976.

–, La destruction des temples, in: La révocation de l'Édit de Nantes et le protestantisme français 1685. Actes du colloque de Paris 1985, Paris 1986, S. 239–259.

–, Protestants avant et après la révocation, in: Revue d'histoire et de philosophie religieuses 66 (1986), S. 277–286.

DOMPNIER, Bernard, Le venin de l'hérésie. Image du protestantisme et combat catholique au 17ème siècle, Paris 1985.

DUBIEF, Henri, La réception de l'Édit de Nantes par les parlements, in: Actes des journees d'études sur l'édit de 1787 = BSHPF 134 (1988), S. 281–295.

DUBLED, Henri, Les protestants français et l'étranger dans le midi de 1685 à 1710: pour répondre à une vieille accusation, in: Annales du Midi 102 (1990), S. 427–449.

DUCHÊNE, Roger, Monsieur de Grignan et les protestants de Provence, in: PH 20 (1970), S. 57–66.

DUCHHARDT, Heinz, Die Konfessionspolitik Ludwigs XIV. und die Aufhebung des Edikts von Nantes, in: Der Exodus der Hugenotten. Die Aufhebung des Edikts von Nantes als europäisches Ereignis, hg. v. Heinz Duchhardt, Köln/Wien 1985 (BH AKG 24), S. 29–52.

–, Das Zeitalter des Absolutismus, München ^{3}1998.

–, Absolutismus – Abschied von einem Epochenbegriff?, in: HZ 258 (1994), S. 113–122.

L'Édit de Nantes est révoqué, Sondernummer v. Réforme, Paris 1985.

ELLUL, Jacques, Histoire des institutions, Bd. 16: Seizième au dix-huitième siècles, Neuaufl., Paris 1991.

EMMANUELLI, François-Xavier, Pouvoir royal et vie régionale en Provence au déclin de la monarchie. Psychologie, pratiques administratives, défrancisation de l'intendance d'Aix 1745–1790, 2 Bde., (Diss. 1971) Lille 1974.

–, La fin des persécutions en Provence au 18ème siècle, in: BSHPF 121 (1975), S. 516–530.

–, Histoire de la Provence, Paris 1980.

–, Un mythe de l'absolutisme bourbonien: l'intendance du milieu du XVIIème siècle à la fin du XVIIIème siècle, Aix-en-Provence 1981.

ENCREVÉ, André, Remarques sur le sens général de l'édit de 1787, in: Actes des journées d'études sur l'édit de 1787 = BSHPF 134 (1988), S. 413–424.

Encyclopédie du protestantisme, hg. v. Pierre GISEL, Genf/ Paris 1995.

ESMONIN, E., Les Intendants du Dauphiné, des origines à la Révolution, Annales de l'Université de Grenoble 24 (1923).

Der Exodus der Hugenotten. Die Aufhebung des Edikts von Nantes als europäisches Ereignis, hg. v. Heinz. DUCHHARDT, Köln/Wien 1985 (BH AKG 24).

EYRAUD, Jean- Pierre, Le protestantisme dans la vallée du Champsaur, St. Bonnet 1985.

FARVAQUE, Cathérine, La Tour de Crest, forteresse et prison aux 17ème et 18ème siècles, in: Revue Drômoise 84 (1985), S. 344–355.

FAUCHER, Benjamin, Les registres de l'état civil protestant en France depuis le 16ème siècle jusq'à nos jours, in: Bibliothèque de l'école des Chartes 84 (1923), S. 306–346.

FAUCHOIS, Yann, Jansénisme et politique au XVIIIe siècle: légitimation de l'État et délégitimation de la monarchie, in: R.H.M.C. 34 (1987), S. 473–491.

FÉLICE, Paul de, Les protestants d'autrefois. Vie intérieure des églises, mœurs et usages, 4 Bde., Paris 1896–1902.

FELIX, Fred, Orange-Berlin. Aller et retour. Zum Schicksal zweier Protestanten aus Orange im 18. Jahrhundert, in: Der Deutsche Hugenott 55 (1991), S. 95–100.

FERMAUD, Jean Claude, Le protestantisme dans l'arrondissement de Draguignan 1540–1725, Draguignan 1965.

FERRAN, Jean-Pierre, Quelques notes sur l'esprit de la haute bourgeoisie protestante à Marseille à la fin de l'Ancien Régime, in: PH 8 (1958), S. 131–149.

La France protestante. Histoire et lieux de mémoire, hg. v. Henri DUBIEF u. Jacques POUJOL, Montpellier 1992.

GACHON, P., Biens des églises protestantes en 1685 et les „œuvres pies“, in: Annales du Midi 25 (1913), 298–322.

GAGG, Robert P., Kirche im Feuer. Das Leben der südfranzösischen Hugenottenkirche nach dem Todesurteil durch Ludwig XIV., Zürich/Stuttgart 1961.

GARRISSON, Janine, Le coup de grâce, in: L'histoire 77 (1985), S. 44–59.

–, L'Édit de Nantes et sa révocation. Histoire d'une intolérance, Paris 1985.

GEISENDORF, Paul-F., Recherches sur les conséquences démographiques de la révocation de l'édit de Nantes en Dauphiné, in: Cahiers d'histoire 6 (1961), S. 245–264.

GELIN, Henri, Cent cadavres de huguenots sur la claie et à la voirie sous Louis-le-Grand, in: BSHPF 52 (1903), S. 385–419.

GILLIER, Georges, Registre d'état civil de l'église réformée de Manosque, in: BSHPF 112 (1966), S. 426f.

–, Les protestants en Haute Provence aux 16ème, 17ème et 18ème siècles, in: BSHPF 125 (1979), S. 379–448.

–, Les protestants de la sénéchaussée de Forcalquier. Notes tirées des archives judiciaires, in: BSHPF 129 (1983), S. 183–187.

–, La destruction du temple de Seynes-les-Alpes, in: BSHPF 131 (1985), S. 215–217.

–, Abjurations en Haute-Provence, in: BSHPF 132 (1986), S. 433–440.

GLASSON, Ernest, Histoire du droit et des institutions de la France, 8 Bde., Paris 1887–1903.

GODARD, Charles, Les pouvoirs des intendants sous Louis XIV, particulièrement dans les pays d'élections de 1661 à 1715, Paris 1901.

GOERTZ, Hans-Jürgen, Umgang mit Geschichte. Eine Einführung in die Geschichtstheorie, Reinbek bei Hamburg 1995.

GONNET, Giovanni, La révocation de l'Édit de Nantes et ses conséquences sur les Vaudois „dauphinois“ et „savoyards“, in: BSHPF 132 (1986), S. 117–124.

GOUBERT, Pierre, Louis XIV et vingt millions de Français, erw. Neuaufl. Paris 1991.

GOUNELLE, André, Force et faiblesse du protestantisme en 1684, in: BSHPF 131 (1985), S. 131–136.

GRANT, A J., The Huguenots, ND London 1969.

GRUDER, Vivian R., The Royal Provincial Intendants. A Governing Elite in Eigthteenth Century France, New York 1968.

HARDING, Robert R., Anatomy of a Power Elite. The Provincial Governors of Early Modern France, New Haven/London 1978.

HARTMANN, Peter Claus, Französische Verfassungsgeschichte der Neuzeit (1450–1980). Ein Überblick, Darmstadt 1985.

–, Regionen in der frühen Neuzeit, Berlin 1994.

HARTUNG, Fritz, MOUSNIER, Roland, Quelques problèmes concernant la monarchie absolue, in: Relazioni del X. congresso internazionale die scienze storiche, Roma 1955, Bd. 4, Florenz 1955, S. 1–55.

HASSINGER, Erich, Wirtschaftliche Motive und Argumente für religiöse Duldsamkeit im 16. und 17. Jahrhundert, in: Gegenreformation, hg. v. Ernst Walter Zeeden, Darmstadt 1973.

HATTON, Ragnhild (Hg.), Louis XIV and absolutism, London 1976.

–, (Hg.), Louis XIV and Europe, London 1976.

HECKEL, Martin, Deutschland im konfessionellen Zeitalter, Göttingen 1983.

HENSHALL, Nicolas, The Myth of Absolutism. Change and Continuity in Early Modern European Monarchy, London/ New York 1992.

–, Early Modern Absolutism 1550–1700: Political Reality or Propaganda?, in: ASCH, Ronald G., DUCHHARDT, Heinz (Hg.), Der Absolutismus – ein Mythos?, Köln 1996, S. 25–53.

HERSCHE, Peter, „Klassizistischer" Katholizismus. Der konfessionsgeschichtliche Sonderfall Frankreich, in: HZ 262 (1996), S. 357–389.

HEYMÈS, Michel, L'église réformée de Riez (1550–1700), in: Annales de Haute Provence. Bull. Soc. Scient. et Litt. des Alpes de Hte Provence 295 (1983), S. 73–88.

HILDESHEIMER, Françoise, Protestants, gibier de montagne, in: Notre Histoire 13 (1985), S. 11–13.

–, 1787: carte d'identité pour les Huguenots, in: Notre Histoire 39 (1987), S. 44–48.

HIMLY, François-J., La sauvegarde des archives paroissiales protestantes: un premier bilan, in: Revue d'Histoire de l'Église de France 66 (1980), S. 77–82.

HINRICHS, Ernst (Hg.), Vom Ancien Régime zur Französischen Revolution. Forschungen und Perspektiven, Göttingen 1978.

–, (Hg.), Absolutismus, Frankfurt a. M. 1986.

Histoire de la France religieuse, hg. v. Jacques LE GOFF u. René REMOND, Bd. 2: Du christianisme flamboyant à l'aube des Lumières (14ème–18ème siècle), hg. v. François LEBRUN, Paris 1988.

Histoire des catholiques en France du 15ème siècle à nos jours, hg. v. François LEBRUN, Toulouse 1980.

Histoire des protestants en France, hg. v. Jean BAUBÉROT, Pierre BOLLE u. a., Toulouse 1977.

HOLTZMANN, Robert, Französische Verfassungsgeschichte vom 9. Jahrhundert bis zur Revolution, München/Berlin 1910.

HORDERN, Francis, Histoire d'une famille protestante drômoise du 16ème siècle au 19ème siècle: les Lombard-Latune, in: BSHPF 113 (1967), S. 220–245.

HSIA, R. Po-Chia, Social Discipline in the Reformation. Central Europe 1550–1750, London/New York 1989.

Die Hugenotten, hg. v. Rudolf v. THADDEN u. Michel MAGDELAINE, München ^{2}1986 (franz.: Le refuge huguenot, Paris 1985).

The Huguenot Connection. The Edict of Nantes, its Revocation, and Early French Migration to South-Carolina, Dordrecht/Boston/Lancaster 1988.

HUGUES, Edmond, Antoine Court. Histoire de la restauration du protestantisme en France au 18ème siècle, d'après des documents inédits, 2 Bde., Paris 1872.

IMBERT, Jean, L'hospitalisation des protestants sous l'Ancien Régime, in: BSHPF 131 (1985), S. 137–187.

JACQUIER-ROUX-THEVENET, Nicole, Le Luberon protestant au moment de l'édit de „tolérance", in: PH 38 (1988), S. 169–180.

JORDAN, Augustin, Une lignée de huguenots dauphinois et ses avatars. Les Jordan de Lesches-en-Diois du 16ème au 20ème siècle, Clermont-Ferrand 1983.

JOUTARD, Philippe, Les Camisards, Paris 1976.

–, La résistance protestante, in: L'histoire 77 (1985), S. 60–67.

–, 1685 – Ende und neue Chance für den französischen Protestantismus, in: Die Hugenotten, hg. v. Rudolf v. THADDEN u. Michelle MAGDELAINE, München ²1986, S. 11–25.

–, Le défi protestant, in: L'histoire 135 (1990), S. 28–34.

JOUVAL, R., Les intendants de Provence et la Chambre de Commerce de Marseille, Aix 1948.

Die katholische Konfessionalisierung. Wissenschaftliches Symposion der Gesellschaft zur Herausgabe des Corpus Catholicorum und des Vereins für Reformationsgeschichte 1993, hg. v. Wolfgang REINHARD u. Heinz SCHILLING (Schriften des Vereins für Reformationsgeschichte 198), Heidelberg 1995.

KERN, Hélène, Le séminaire de Lausanne et le comité genevois, in: BSHPF 108 (1962), S. 192–218.

KETTERING, Sharon, Judicial Politics and Urban Revolt in Seventeenth Century France: the Parlement of Aix 1629–1659, Princeton 1978.

KIEFNER, Theo, Die Waldenser auf ihrem Weg aus dem Val Cluson durch die Schweiz nach Deutschland 1532–1755, 2 Bde., Göttingen 1980/85.

KLAITS, Joseph, Printed Propaganda under Louis XIV. Absolute Monarchy and Public Opinion, Princeton 1976.

KÖPECZI, Bela, Staatsräson und christliche Solidarität. Die ungarischen Aufstände und Europa in der 2. Hälfte des 17. Jahrhunderts, Wien/Köln/ Graz 1983.

KREISER, B. Robert, Miracles, convulsions, and ecclesiastical politics in early eighteenth-century Paris, Princeton 1978.

KRETZER, Hartmut, Calvinismus und französische Monarchie. Die politische Lehre der Akademie Sédan und Saumur, Berlin 1975.

KREUZ, Reinhard G., Absolutismus als Revolution. Staatsräson und Protestantenfrage im Frankreich Ludwigs XIV., in: Deutsche Vierteljahresschrift für Literaturwissenschaft und Geistesgeschichte 50 (1976), S. 575–596.

KRUMENACKER, Yves, Les registres de „l'édit de tolérance", in: BSHPF 133 (1987), S. 385–394.

KUNISCH, Johannes, Absolutismus. Europäische Geschichte vom Westfälischen Frieden bis zur Krise des Ancien Régime, Göttingen 1986.

LABROUSSE, Elisabeth, „Une foi, une loi, un roi?". Essai sur la révocation de l'Édit de Nantes, Paris/Genf 1985.

–, De l'Édit de Nantes à sa révocation. Un enchaînement inéluctable (1598–1685), in: Notre Histoire 11 (1985), S. 34–38.

–, Les premières „lettres pastorales", in: La révocation de l'Édit de Nantes et le protestantisme français 1685. Actes du colloque de Paris 1985, Paris 1986, S. 229–238.

–, 1787: Un état civil pour les protestants, in: L'histoire 101 (1987), S. 84f.

–, La révocation de l'Édit de Nantes, Paris 1990.

LANDRY, Jean-Pierre, Les jésuites et la révocation de l'édit de Nantes: L'exemple de Bourdaloue, in: BSHPF 131 (1985), S. 301–313.

LAURIOL, Claude, L'édit de 1787, in: Autour de l'édit de 1787 = BSHPF 133 (1987), S. 129–132.

–, L'édit de 1787 et la tolérance à la fin de l'Ancien Régime, in: Actes des journées d'études sur l'édit de 1787 = BSHPF 134 (1988), S. 426–433.

LAVISSE, Ernest, Louis XIV. Histoire d'un grand règne 1643–1715, überarb. Neuaufl., Paris 1988.

Le BRUN, Jacques, Rezension zu „Wolfgang Reinhard u. Heinz Schilling, Die katholische Konfessionalisierung, Münster 1995", in: Francia 24 (1997), S. 260f.

LEFEBVRE-TEILLARD, Anne, Les problèmes juridiques posés par l'édit de 1787, in: Actes des journées d'études sur l'édit de 1787 = BSHPF 134 (1988), S. 241–259.

LÉONARD, Emile-G., Problèmes et expériences du protestantisme français. L'urbanisation, l'embourgeoisement, les déviations ecclésiastiques, l'attrait catholique, Paris 1940.

–, Le problème du culte public et de l'église dans le protestantisme français du 18ème siècle, Cahors 1938.

–, Les assemblées au désert. Caractères, adversaires et conséquences, in: BSHPF 87 (1938), S. 470–486.

–, Histoire ecclésiastique des réformés français au 18ème siècle, Paris 1940.

–, Le problème du mariage civil et les protestants français au 18ème siècle, Paris 1942.

–, Le protestantisme français au 17ème siècle, in: RH 1948, S. 153–179.

–, Le protestant français, Paris 1955.

–, Histoire générale du protestantisme, Bd. 2: L'établissement (1564–1700); Bd. 3: Déclin et renouveau (18ème–20ème siècle), Paris 1961 u. 1964.

LE ROY LADURIE, Emmanuel, L'Ancien Régime, 2 Bde., Paris 1991.

LIENHARD, Marc, Zwischen Gott und König. Situation und Verhalten der französischen Protestanten nach der Aufhebung des Edikts von Nantes, Heidelberg 1986.

LIGOU, Daniel, Le protestantisme en France de 1598 à 1715, Paris 1968.

LIVET, Georges, Louis XIV et les provinces françaises, in: Le XVIIème 16 (1952).

–, L'Intendance d'Alsace sous Louis XIV, 1648–1715, Paris 1954.

LÜTHY, Herbert, La banque protestante en France de la révocation de l'édit de Nantes à la révolution, 2 Bde., Paris 1959 u. 1961.

MAGDELAINE, Michelle, Les huguenots sur le chemin de l'exil, in: L'histoire 77 (1985), S. 68–73.

–, Le Refuge à Francfort-sur-le-Main. Les Dauphinois du Valcluson, de l'Embrunais et du Gapençais à Francfort en 1686–1687, in: Croyances religieuses et sociétés alpines. Actes du colloque de Freissinières 1981, in: BSEHA 104/5 (1985/86), S. 203–209.

MAGER, Wolfgang, Frankreich vom Ancien Régime zur Moderne. Wirtschafts-, Gesellschafts- und politische Institutionengeschichte 1630–1830, Stuttgart 1980.

MAILHET, André, Les protestants du Diois et des Baronnies en 1692, pendant l'invasion du Dauphiné, in: BSHPF 58 (1909), S. 7-43.

–, Étude historique sur l'église réformée de Mens, o. O. 1926.

–, Récits dauphinois. Histoire des églises protestantes de Bourdeaux et de sa vallée, Valence 1931.

–, FLAVIEN-GIRARD, Eugène, Vinsobres. Histoire type d'une église réformée rurale dauphinoise, Marseille 1951.

MALZAC, Louis, Le premier cimetière protestant de Marseille, in: Provincia 2 (1922), S. 118–125.

–, Le deuxième cimetière protestant de Marseille, in: Provincia 2 (1922), S. 126–142.

–, L'église protestante de Marseille depuis le 16ème siècle jusqu'en 1825, in: Bull. de l'église réformée de Marseille 1925/1926. Compte rendu de la fête du centenaire du temple de l'église réformée évangélique de Marseille, Marseille 1925/26.

–, La révocation de l'Édit de Nantes à Marseille, in: Provincia 9 (1929), S. 77–98.

–, Une expulsion „manu militari" de fugitifs protestants en Provence, in: Provincia 12 (1932), S. 255–267.

MANDROU, Robert, Louis XIV en son temps 1661–1715, Paris ²1978.

–, La France aux XVIIème et XVIIIème siècles, Paris ⁵1993.

MARCHAND, Pierre-Joseph-Abel, Un intendant sous Louis XIV. Étude sur l'administration de Lebret en Provence, 1687–1704, Paris 1889.

–, Quelques étapes de la présence protestante à Marseille, in: Marseille. Revue municipale 100 (1975), 57–60; auch in: Conf.I.H.P. 2 (1976), S. 385.

MARTIN, Marcel, Trescléoux et la révocation de l'Édit de Nantes, Trescléoux 1985.

MAZOYER, Louis, L'application de l'édit de 1787 dans le Midi de la France, in: BSHPF 74 (1925), S. 149–176.

MERRICK, Jeffrey W., The Desacralization of the French Monarchy in the Eighteenth Century, Baton Rouge/London 1990.

MÉTHIVIER, Hubert, Le siècle de Louis XIV, Paris 1994.

METTAM, Roger, Two-dimensional history. Mousnier and the Ancien Régime, in: History 66 (1981).

–, Power and Faction in Louis XIV's France, New York 1988.

MILLER, John, Absolutism in seventeenth century Europe, London 1990.

MONTCLOS, Xavier de, Histoire religieuse de la France, Paris 1988.

MÖRKE, Olaf, Die politische Bedeutung des Konfessionellen im Deutschen Reich und in der Republik der Vereinigten Niederlande. Oder: War die Konfessionalisierung ein Fundamentalvorgang?, in: ASCH, Ronald G., DUCHHARDT, Heinz (Hg.), Der Absolutismus – ein Mythos?, Köln 1996, S. 125–164

MOUGEL, Dario, Une communauté protestante face à la révocation de l'Édit de Nantes: Velaux (Mémoire de Maîtrise), Aix-en-Provence 1983.

MOULINAS, René, Sociétés et mentalités à l'époque moderne, cours par correspondance, Université de Provence, Aix-en-Provence année universitaire 1990/91.

MOURS, Samuel, L'église réformée de Montélimar, des origines à nos jours, Montélimar 1957.

–, Les églises réformées en France, Paris/Straßburg 1958.

–, Essai sommaire de géographie du protestantisme réformé français au 17ème siècle, in: BSHPF 111 (1965), S. 303–321.

–, Le protestantisme en France au 17ème siècle (1598–1685), Paris 1967.

–, Les pasteurs à la révocation de l'édit de Nantes, in: BSHPF 114 (1968), S. 67–105; S. 290–316; S. 521–524.

–, Note sur les galériens protestants (1683–1775), in: BSHPF 116 (1970), S. 178–231.

–, ROBERT, Daniel, Le protestantisme en France du 18ème siècle à nos jours (1685–1970), Paris 1972.

MOUSNIER, Roland, État et société sous François Ier et pendant le gouvernement personnel de Louis XIV, 2 Bde., Paris o. O.

–, Note sur les rapports entre les gouverneurs de provinces et les intendants dans la première moitié du XVIIe siècle, in: RH 238 (1962), 339–50; auch in: La Plume, la faucille et le marteau, Paris 1970.

–, État et commissaire. Recherches sur la création des intendants des provinces (1634–1648), in: Forschungen zu Staat und Verfassung, hg. v. R. Dietrich 1958, S. 325–44; auch in: La Plume, la faucille et le marteau, Paris 1970.

–, Les Concepts d'„ordres", d'„états", de „fidélité" et de „monarchie absolue" en France de la fin du XVe siècle à la fin du XVIIIe siècle, in: Revue historique 247 (1972), S. 289–312.

–, Les institutions de la France sous la monarchie absolue 1598–1789, Bd. 1:

Société et État, Paris 1974, Bd. 2: Les Organes de l'État et la société, Paris 1980 bzw. ²1992.

MÜLLER, Michael G., Zweite Reformation und städtische Autonomie im königlichen Preußen. Danzig, Elbing und Thorn in der Epoche der Konfessionalisierung 1557–1660, maschsch. habil., Meinecke-Inst., FU Berlin 1993.

MUHLACK, Ulrich, Absoluter Fürstenstaat und Heeresorganisation in Frankreich im Zeitalter Ludwigs XIV., in: Staatsverfassung und Heeresverfassung in der europäischen Neuzeit, hg. v. Johannes KUNISCH, Berlin 1986, S. 249–278.

MUHLETHALER, Madeleine, Les huguenots dans le Diois, in: BT 620 (1966), S. 8–33.

OESTREICH, Gerhard, Strukturprobleme des europäischen Absolutismus, in: DERS., Geist und Gestalt des frühmodernen Staates. Ausgewählte Aufsätze, Berlin 1980, S. 179–197.

ORCIBAL, Jean, État présent des recherches sur la répartition géographique des „nouveaux catholiques" à la fin du 17ème siècle, Paris 1948.

–, Louis XIV et les protestants, Paris 1951.

PAPPAS, John, La répression contre les protestants dans la seconde moitié du siècle, d'après les registres de l'Ancien Régime, in: Dix-huitième siècle 17 (1985), S. 111–128.

PARKER, David, The Making of French Absolutism, London 1983.

PÉRONNET, Michel, Les assemblées du clergé et les protestants, in: Dix-huitième siècle 17 (1985), S. 141–150.

PERROSSIER, Cyrien, Un enterrement protestant à Châteaudouble en 1717, in: Bull. d'Hist. Eccl. et d'Arch. Rel. des diocèses de Valence, Gap et Grenoble et Viviers 19 (1899), S. 107–111.

PEYRE, B., Histoire de Mérindol en Provence, Avignon 1939.

PIERRE, Roger, Notes sur le protestantisme drômois de 1750 à l'édit „de tolérance" (1787), in: Revue Drômoise 85 (1986), S. 103–111.

PILLORGET, René, Die juristischen, finanziellen und familiären Auswirkungen des Edikts von Fontainebleau in Frankreich, in: Der Exodus der Hugenotten. Die Aufhebung des Edikts von Nantes als europäisches Ereignis (BH AKG 24), Köln/Wien 1985, S. 53–68.

PILLORGET, Réné u. Suzanne, France baroque. France classique, 1598–1715, Bd. 2, Dictionnaire, Paris 1995.

PITTION, Jean-Paul, Les académies réformées de l'Édit de Nantes à la révocation, in: La révocation de l'Édit de Nantes et le protestantisme français 1685. Actes du colloque de Paris 1985, Paris 1986, S. 187–207.

PONT, Gaston, Quatre siècles d'histoire réformée à Lamastre, Valence 1960.

PONTBRIANT, A. de, Histoire de la principauté d'Orange, Avignon/Paris/La Haye 1891 (ND Marseille 1980).

PORRENTRUY, L. A. de, La correspondance de Mgr de Belsunce, Marseille 1911.

POUJOL, Jacques, Aux sources de l'édit de 1787: une étude bibliographique, in: Autour de l'édit de 1787 = BSHPF 133 (1987), S. 343–384.

POUJOL, Robert, Le rôle des intendants dans les préliminaires de la révocation, in: La révocation de l'édit de Nantes et le protestantisme français 1685. Actes du colloque de Paris 1985, Paris 1986, S. 87–112.

Protestants en Provence du 16ème au 20ème sìecles = PH 38 (1988), S. 3–56.

QUÉNIART, Jean, Les hommes, l'église et dieu dans la France du 18ème siècle, Paris 1978.

–, La révocation de l'Édit de Nantes. Protestants et catholiques français de 1598–1685, Paris 1985.

REINHARD, Wolfgang, Zwang zur Konfessionalisierung? Prolegomena zu einer Theorie des konfessionellen Zeitalters, in: ZHF 10 (1983), S. 257–277.

–, Was ist katholische Konfessionalisierung?, in: Die katholische Konfessionalisierung, hg. v. Wolfgang REINHARD und Heinz SCHILLING, Heidelberg 1995, S. 419–452.

La révocation de l'Édit de Nantes et le protestantisme français en 1685. Actes du colloque de Paris 1985, u. Leitg. v. Roger ZUBER u. Laurent THEIS, Paris 1986 = Supplement zum BSHPF 1986.

RICHARD, Michel, La vie quotidienne des protestants sous l'Ancien Régime, Paris 1966.

ROBERT, Daniel, Renaissance de l'église réformée au 18ème siècle, in: Actes des journées d'études sur l'édit de 1787 = BSHPF 134 (1988), S. 209–218.

ROCHE, Daniel, Le siècle des lumières en province. Académies et académiciens provinciaux, 1680–1789, 2 Bde, Paris/Den Haag 1978.

ROUSSEL, Bernard, Allocution au musée du désert: La bible au désert, in: BSHPF 135 (1989), S. 425–436.

ROUTIER, Jacqueline, Installation d'un pasteur à Briançon et réactions des catholiques (1664–1666), in: Destin du protestantisme alpin. Actes du colloque, Gap 1987, S. 25–33.

ROUX, Christine, La société protestante de Veynes, in: Destin du protestantisme alpin 1685–1985. Actes du colloque de Gap 1985, Gap 1987, S. 47–53.

SAUVAN-RICHOU, Madeleine, La révocation de l'Édit de Nantes à Grenoble (1685–1700), in: Cahiers d'histoire 1 (1956), S. 147–171.

SAUZET, Robert, „Les dragons ont été de très bons missionnaires", in: Notre Histoire 11 (1985), S. 39–42.

SCHEUNER, Ulrich, Staatsreligion und religiöse Einheit des Staates. Zur Religionspolitik in Deutschland im Zeitalter der Glaubensspaltung, in: Staatsräson. Studien zur Geschichte eines politischen Begriffs, hg. v. Roman SCHNUR, Berlin 1975, S. 363–405.

SCHILLING, Heinz, Die Konfessionalisierung im Reich. Religiöser und gesellschaftlicher Wandel in Deutschland zwischen 1555 und 1620, in: HZ 246 (1988), S. 1-45.

–, Die Konfessionalisierung von Kirche, Staat und Gesellschaft. Profil, Leistung, Defizite und Perspektiven eines geschichtswissenschaftlichen Paradigmas, in: Die katholische Konfessionalisierung. Wissenschaftliches Symposion der Gesellschaft zur Herausgabe des Corpus Catholicorum und des Vereins für Reformationsgeschichte 1993, hg. v. Wolfgang REINHARD und Heinz SCHILLING (Schriften des Vereins für Reformationsgeschichte 198), Heidelberg 1995), S. 1-49.

SCHMIDT, Heinrich Richard, Konfessionalisierung im 16. Jahrhundert, München 1992.

SCOVILLE, Warren C., The Persecution of Huguenots and French Economic Development 1680–1720, Berkeley/Los Angeles 1960.

SESTON, William, Simples remarques sur la culture biblique des protestants du 16ème au 18ème siècle, in: BSHPF 115 (1969), S. 301–306.

SMEDLEY-WEILL, Anette, Les intendants de Louis XIV, Paris 1995.

SOLE, Jacques, L'exploitation de la révocation de l'Édit de Nantes par le prince d'Orange, in: Tricentenaire de la révocation de l'Édit de Nantes. La révocation et l'extérieur du royaume 1685. Actes du 4ème colloque Jean Boisset 1985, hg. v. Michel PÉRONNET, Montpellier 1985, S. 147–155.

STOUFF, Jean, La révocation de l'Édit de Nantes à Aix (mémoire de maîtrise, Université de Provence), Aix-en-Provence 1985.

–, Autour de la révocation de l'Édit de Nantes. Répression et communauté protestante à Aix-en-Provence (1660–1685), in: PH 38 (1988), S. 11–21.

STRASSER-BERTRAND, Otto-Erich, Die evangelische Kirche in Frankreich, Göttingen 1975.

SUTHERLAND, Nicola Mary, The Huguenot Struggle for Recognition, New Haven/London 1980.

TOURN, Giorgio, La révocation de l'Édit de Nantes dans les vallées françaises d'au delà des monts, in: Destin du protestantisme alpin. Actes du colloque, Gap 1987, S. 54–63.

TURBET-DELOF, G., Autour de la révocation de l'Édit de Nantes. La censure dégonée, in: BSHPF 119 (1973), S. 205–208.

VALETTE, F., Les protestants de la vallée des Baux après la révocation de l'Édit de Nantes: résistance ou intégration au monde catholique? (mémoire de maîtrise, Université de Provence), 2 Bde., Marseille 1986.

VILLARD, Madeleine, La révocation de l'Édit de Nantes à Marseille et en Provence, in: Provincia 6 (1971), S. 53f.

–, Sources de l'histoire du protestantisme dans les archives provençales, in: Cinq siècles de protestantisme à Marseille et en Provence. Actes du colloque Marseille 1976, Marseille 1978, S. 159–182.

–, Le pouvoir devant la foi: la révocation de l'Édit de Nantes à Marseille et en Provence d'après la correspondance de l'intendant, in: Cinq siècles de protestantisme à Marseille et en Provence. Actes du colloque Marseille 1976, Marseille 1978, S. 61–72.

–, Marseille 1685: faites donner les dragons, in: Notre Histoire 26 (1986), S. 52–55.

–, La vie religieuse des protestants à Marseille (1770–1820), in: Pratiques religieuses, mentalités et spiritualités dans l'Europe révolutionnaire (1770–1820). Actes du colloque Chantilly 1986, u. Leitg. v. Bernard PLONGERON, Turnhout 1988, S. 255–264.

VOSS, Jürgen, Geschichte Frankreichs, Bd. 2: Von der frühneuzeitlichen Monarchie zur Ersten Republik 1500–1800, München 1980.

–, Jürgen, Deutsch-französische Beziehungen im Spannungsfeld von Absolutismus, Aufklärung und Revolution. Ausgewählte Beiträge, Bonn/Berlin 1992 (Pariser Historische Studien 36).

VOVELLE, Michel, Piété baroque et déchristianisation en Provence au 18ème siècle, Paris 1978.

–, Jalons pour une histoire du silence: les testaments réformés dans le sud-est de la France du 17ème au 18ème siecle, in: Cinq siècles de protestantisme à Marseille et en Provence. Actes du colloque de Marseille 1976, Marseille 1978, S. 41–59.

–, De la cave au grenier. Un itinéraire en Provence au 18ème siècle. De l'histoire sociale à l'histoire des mentalités, Québec 1980.

WAKSMAN, Pierre, Nouveaux convertis du Bas-Dauphiné au début du 18ème siècle, in: CTHS Actes du 89ème congrès national des sociétés savantes, section d'histoire moderne et contemporaine, Bd. 2, Paris 1965, S. 893–906.

WEBER, Edith, Le psautier huguenot: hier et aujourd'hui, in: BSHPF 125 (1979), S. 523–547.

WEBER, Hermann, Die Hugenottenfrage zur Zeit Ludwigs XIII., in: Der Exodus der Hugenotten. Die Aufhebung des Edikts von Nantes 1685 als europäisches Ereignis, hg. v. Heinz DUCHHARDT, Köln/Wien 1985, S. 9-28.

WEISS, Rudolf, Das Bistum Passau unter Kardinal Joseph Dominikus von Lamberg (1723–1761). Zugleich ein Beitrag zur Geschichte des Kryptoprotestantismus in Oberösterreich (Münchner Theologische Studien F/21), St. Ottilien 1979.

YARDENI, Myriam, Le refuge protestant, Paris 1985.

ZEEDEN, Ernst Walter, Die Entstehung der Konfessionen. Grundlagen und Formen der Konfessionsbildung im Zeitalter der Glaubenskämpfe, München/Wien 1965.

ZUBER, Roger, Les psaumes dans l'histoire des huguenots, in: BSHPF 123 (1979), S. 350–361.

ZYSBERG, André, „Convertir et punir sous le règne de Louis XIV: l'exemple des galériens protestants", in: La conversion au 17ème siècle. Actes du colloque C.M.R. 1982, Paris 1983, S. 127–157.

–, Marseille au temps des galères, 1660–1748, Marseille 1983.

–, Les galériens protestants du Roi-Soleil, in: L'histoire 66 (1984), S. 20–28.

–, Les galériens de Louis XIV, in: L'histoire 98 (1987), S. 30–38.

–, Les galériens. Vies et destins de 60000 forçats sur les galères de France 1680–1748, Paris 1987.

Sach-, Orts- und Personenregister

Die im Register aufgenommenen Seitenzahlen beziehen sich auf den Text. Auf Fußnoten und Anhänge wird nicht verwiesen.